南开大学经济类系列实验教材

实验与行为经济学

秦海英　编著

中国财政经济出版社

图书在版编目（CIP）数据

实验与行为经济学/秦海英编著. —北京：中国财政经济出版社，2010.10
南开大学经济类系列实验教材
ISBN 978-7-5095-2457-2

Ⅰ.①实… Ⅱ.①秦… Ⅲ.①经济学-高等学校-教材②行为经济学-高等学校-教材
Ⅳ.①F069.9②F019

中国版本图书馆CIP数据核字（2010）第169590号

责任编辑：马　真　　　　责任校对：李　丽
封面设计：贾　林　　　　版式设计：汤广才

中国财政经济出版社出版

URL：http：//www.cfeph.cn

E-mail：cfeph@cfeph.cn

社址：北京市海淀区阜成路甲28号　邮政编码：100142

发行处电话：88190406　财经书店电话：64033436

北京财经印刷厂印刷　　各地新华书店经销

787×1092毫米　16开　15.75印张　384 000字

2010年10月第1版　2010年10月北京第1次印刷

定价：32.00元

ISBN 978-7-5095-2457-2/F·2091

（图书出现印装问题，本社负责调换）

本社质量投诉电话：010-88190744

目　　录

MULU

第一章 DIYIZHANG

实验经济学概述

经济学较早就已经形成了独立完备的理论体系，但是其相应的实验检验的发展却相对滞后，所以实验经济学一经产生，立即显示出较快的发展势头。随着实验经济学的发展和社会实际的需要，实验经济学逐渐从一般经济学概念的研究中脱离出来，转而研究更为现实的经济问题。实验经济学与其他经济学理论流派不同，它并不以相对独特的理论体系为特征，而是对经济学研究方式的革新，就像现在天文学已经成为一门高度实验性的学科一样，经济学实验也逐渐发展成为经济研究的一种重要工具。目前，越来越多的经济学家通过实验，模拟经济环境得到相关数据，一方面能用来解释经济运行，另一方面则能对经济运行效果作出相应判断，从而完成实证经济学和规范经济学赋予的任务。由此看来，实验经济学更确切地说是一种方法论，是对已有的经济学研究方法的一种补充。

1.1 实验在经济学中的角色

在近 30 年中，经济学的研究方法有了革命性的变化。20 世纪 80 年代以来，实验方法在经济学中的使用已经有了爆炸性的增长。实验方法现在已经被接受为经济学科的一部分。全球有很多经济学家都在进行实验研究，其研究结果会定期地刊登在主要杂志上。2002 年，Daniel Kahneman 和 Vernon Smith 由于在实验与行为经济学上的杰出贡献而获得了诺贝尔经济学奖。

即使如此，如果认为实验性研究方法在经济学中不再具有争议，那是错误的。在 20 世纪大多数时期，经济学文献中几乎没有出现过实验报告。经济学（经济学家以及专业的方法论学者眼中的经济学）被认为是一个非实验性质的学科。正如萨缪尔森和诺德豪斯在其著名的《经济学》（Samuelson and Nordhaus，1985）中所说的：“可控性的实验是测算出经济规律的一种可行方法，然而，经济学家们还不能开展像化学家们或生物学家们开展的那种可控制性实验，因为他们不能轻松地控制影响实验的其他重要因素。像天文学家或气象学家一样，他们通常只能满足于观察。”萨缪尔森和诺德豪斯回应了一个广泛共识，即一些学科天生地具有实验性，然而，另一些（包括经济学）是不具有实验性质的。但历史却从来没有认同这种观点，早在2000多年前的亚里士多德时代，甚至连物理都被认为是不具备实验性的。大约400年前，培根、伽利略等一批革新者建立了主要集中于物理学的一套可控制性实验的传统，实验在诸如化学等相关学科也相继出现。在相当长的一段时间里，生物学也被认为是天生的不具备实验性，因为它们的研究对象是活的有机体或组织，但是在19世纪蒙代尔、巴斯德和其他的一些科学家引进了新的实验技术，现代生物学不可否认地成为了一门实验科学。甚至是心理学，这门以精神物资为研究对象看似最不适宜于实验室研究的学科，在上个世纪已经演化成了一套独特的实验传统。

历史启示我们，当实施相关实验的技术革新并发展后，一门学科就会变成实验性的。这种技术的进步过程是相互作用的，一门学科实验技术的进步会激发其他学科实验技术的进步。然而，每一学科的进步还要靠学科自我的革新，即使最紧密相关的学科在思维焦点上也是不相同的，所以，跨越学科界限整体的实验技术的转移是几乎不可能的。

为什么实验传统这么晚才出现在经济学中？如前所述，当某学科的创新者发明了进行相关实验的方法时，这一学科就变得实验化了。但是，实验方法的发展只是问题的一部分，接踵而来的问题是：为什么创新者能在20世纪60年代和70年代发明这些新的方法而不是更早一些？为什么主流经济学家在20世纪80年代开始承认实验室实验的适用性，而不更晚一些？要回答这些问题，我们必须把经济学看作一个整体的学科来看它的发展。

任何学科，只有当本学科认可的一些关键变量服从于实验的控制，进行有意义的实验才成为可能。但是这些关键变量并不是固定不变的，而是随理论变化而演变。当一组建立在很多变量基础上的复杂解释被建立在较少的变量基础上的简单解释取代时，研究范式就改变了。也就是说，一个学科对实验的服从并不是学科本身与生俱来的，它取决于潜在理论当前的状态。虽然亚里士多德认识到现场观察的重要性，但是他和其他一些古希腊学者却低估了物理实验的方法，因为他对于这个学科（自然哲学）的理论观点是不允许实验方法存在的（Lloyd，1984）。直到牛顿和其他人创造了适合人们用来控制的理论上的一些概念（如力、质量等等）之后，实验方法在物理学中的运用才成为了规范。

在1960年以前，主流经济学研究范式中，实验经济学没有立足之地。当时微观经济学和宏观经济学有清晰的划分。宏观经济学研究现象的范围排除了可控制的大多数种类的实验方法。依照同样的标准，天文学同样可能被认为是不可实验的科学。因为天文学家不可能操纵行星、恒星、或者是星系，所以他们不得不在自然界发生的现象中发现出具有独创性的、有时还是引人入胜的准实验（quasi - experiment）来引证出足以令人信服的证据，以支持或反对有争议的理论（例如：1914年关于日蚀的准实验证明了爱因斯坦对大质量物体周围空间会出现弯曲的预见）。为了收集证据来证明或拒绝各种各样的宏观经济学理论而进行宏观经济学实验，如：操纵货币和财政政策，即使理论上是可行的，但在政治上和伦理上来说，也是相当困难的。因此，在20世纪中期，Pual Samuelson、Milton Friedman以及大多数经济学家都认为经济学本质就是不可实验的也就不足为奇了。

为什么20世纪50年代之前的主流微观经济学家不寻求实验方法呢？在我们看来，这里的原因更加微妙，而且涉及经济学理论的核心。

在所有的社会科学中，由于积极有效地对现实进行抽象，使用最优化的数学处理和采用均衡概念，（微观）经济学在一致性和功用（power）上达到了很高的高度。因此，主流经济学家当时（现在大多数仍是）对于检测人类是否真正追求自己的效用最大化、或者企业是否追求自己利润最大化、或者检测市场是否真正出清并不感兴趣，只是（现在还是）对检验假设条件下产生的结果感兴趣，比如检验比较静态下的竞争均衡。而在实验室中明确出现最优化和均衡的假设是完全不可能的，所以对于实验室实验是否能够对经济学科的发展有所贡献，微观经济学家对此持漠视甚至拒绝的态度。

我们的观点是，实验经济学之所以被接受，是因为自 20 世纪 60 年代以来微观经济学（随后的宏观经济学）占统治地位的范式的改变为有意义的实验方法的运用创造了机会。一般均衡理论、社会选择理论、产业组织理论、博弈论和投票理论等使得一个观点得以成熟：作为理解经济现象的基础，这些理论完全可以互相作为重要的替代品。60 年代晚期，微观经济学家在他们解释田野数据之前，经常不得不在这些可替代的均衡概念中进行选择（例如：竞争均衡、纳什均衡）。有时他们甚至不得不在单个均衡概念假设下，在多重均衡中来进行选择。

在这一背景下，大家认识到有必要找到对这些竞争的经济学原理进行选择的方法。当每种理论对于其他理论都有一些言之有理的影响时，“最好的模型是能够预测到在简单实验经济学中所观察到的结果”这一问题就变得关键起来。在只有一个可接受的理论的条件下，实验经济学家的工作沦落为以“如果 x，得出 y”的形式对理论部分进行检验。典型的 x 包括不可观察的东西，比如信仰、偏好或战略，而“如果”部分在条件显示上不能在实验室中得到满足。实验对于这些理论是否是“真的”，很难给经济学家提供建议。当存在可替代理论的时候，实验存在的意义仅仅是对既有理论进行检验就产生了巨大改变，由此给予了实验经济学更大的发展空间。

由于这些原因，在 20 世纪 70 年代试验方法开始走进微观经济学、博弈论、公共选择理论和产业组织理论。几乎与此同时微观经济理论开始被应用于任何一门新的理论，如信息经济学、宏观经济学和金融经济学等。实验方法由此也就跟随着微观经济学进入了新的研究领域去检验大量的经验主义的部分，例如关于期望的形成。

1.2 实验经济学的发展历程

作为一名对实验经济学感兴趣的学生，你应该知道实验经济学是怎么产生的，还有实验经济学和其他社会学科的实验传统是怎样联系起来的。我们的历史记录可能提供一些有用的观点，你也可能从历史记录本身发现一些有趣的事情。

1.2.1　1952 年以前的博弈论与决策理论

运用心理学方法在实验室中对选择行为的研究已经有很长的历史了，由 von Neumann

and Morgrenstern（1944/1947）发现并作为博弈论的附属物，实验室实验最初被用来检验效用理论，随后由 Savage（1954）、Arrow（1971）等学者按照自己的研究方向推动了其发展。在最开始，博弈论被认为是不完善的，需要经验的证据来识别相关的均衡概念，并且要从多重均衡中进行选择。

1950 年，普林斯顿的一群天才数学家（包括 John Nash、Lloyd Shapley and John Milnor）开始了他们称之为“博弈”的实践传统，即为了教学、操作或者娱乐的目的，人人参与验证或演示博弈理论观点。位于美国加州 Santa Monica 的兰德（RAND）集团的一群数学家和心理学家和全美其他的团体，在新兴的选择理论和博弈论的指导下，也在此时开始进行经济实验。

1952 年，在密西根大学的提议下，由福特基金会、Naval 研究办公室和兰德（RAND）集团赞助，在 Santa Monica 举行了一次跨学科的会议。Herbert Simon，参与者之一，描述了当时的背景：“我认为 1952 年 Santa Monica 会议上出现的对全部一系列事情的全面的推动（general stir），后来有时被放在控制论的名下。兰德（RAND）集团就处于这个推动的中心，而且基本上所有参与的人都和兰德（RAND）集团与 Cowles 委员会有紧密的关系。这不仅仅是对 VN & M（von Neumann and Morgenstern，1944）（他们本身是对这些发展的反应）的反应，而且是对整个战后数学应用于人类活动的兴趣的一个反应——这些包括计算机、自动伺服系统理论、信息理论、大脑结构、机器人、手术研究（operation research）（我肯定遗漏了一些东西）。由于在这些范围内，其中一些对这些事情感兴趣的人具有各个实验科学领域的背景，所以他们把实践方法，包括实验行为，带入到图表（picture）中。”

此次会议的主题是数学在社会科学中的应用，但是在 19 篇论文中有 5 篇，以及在会议上的一个不错的讨论都是围绕经济实验问题而展开的。

会议的一些参加者——Jacob Marschak、Roy Radner 和 Herbert Simon，后来在博弈论和实验经济学的发展上都具有重要影响。如 Simon 运用会议上得出的结果发展了他的关于本质理性和程序理性的对比：假设实验操作者知道所有的情况，而实验参与者典型地高度缺乏他们被期望表现的环境的知识，那么对于实验操作者所谓的理性和实验的参与者所谓的理性可能大为不同。

1.2.2 两个先行者

1952 年的会议上争论问题之一就是对 William Este（1954）的“伯努利选择”（Bernoulli - choice）实验结果的解释。在独立的 Bernoulli 实验中，真实的顺序是随机的。这些实验观察到的结果符合心理学家渐进学习理论（asymptotic learning theory）——参与者对每次情形的预测的相关频率趋近于这个情形的真实概率，而选择理论者和博弈理论者却发现这些行为是非常不理性的，因为参与者可以通过总是预测具有较大概率的情形而使得他们的期望收入最大化。给参与者支付报酬是不显著（salient）的；他们被要求“尽最大努力去作出一个正确的预测”。

Sidney Siegel，一位斯坦福大学的年轻实验心理学家，对 Simon 的本质理性和程序理性的区别以及这一区别对 Estes 的结果的启示进行了思考，Siegel 推测由于实验被试对于简单重复、基本上不用动脑的应答容易产生厌倦，使得 Bernoulli 学习实验中的参与者偏离了理性行为。因此，他推断通过操纵与预测任务有联系的货币报酬和惩罚，以及在任务中引进认知力和肌肉运动知觉的可变性，偏离的量将会增加或减少。Siegel（1959）给出了针对假说的令人信服的实验支持。

Siegel也对群体决策（group decision）产生了兴趣，而且和一位宾夕法尼亚大学的专攻寡头垄断（oligopoly）理论的经济学家——Lawrence Fouraker 合作，致力于双边垄断、双寡头垄断（duopoly）和三寡头垄断（triopoly）假设条件下议价行为的实验研究。他们记录了当改变显性支付和信息条件时所产生的显著效应（Siegel and Fouraker，1960；Fouraker and Siegel，1963）。从此，实验经济学家开始密切地关注这些变量。Siegel 留给实验经济学的另一项遗产就是坚持细致的实验说明，并且把实验说明写进研究报告中。实际上，今天的实验经济学者可能惊讶于在 Fouraker and Siegel（1963）著作中作为附录的实验说明中，竟发现如此多的熟悉的实验用语。

虽然 Martin Shubik 并不是 1952 年会议的参与者，但是他在普林斯顿和兰德（RAND）集团数学家的圈子中工作，并且满腔热情地推广"博弈"和实验方法。Fouraker、Shubik、Siegel 被认为是这项充满雄心的实验研究项目的创始者，但是他们的合作由于 Siegel 在 1961 年的过早离世而中断。Shubik 对免费形式（free - form）的博弈同样感兴趣，包括与 Richard Bellman 等人合作开发的角色扮演商务模拟博弈。

Shubik 在 20 世纪 60 年代曾预想有一个大规模的计算机化的实验室，用来进行实验和进行博弈。这一想法后来在加利福尼亚大学伯克利分校由 Austin Hoggatt 教授将其变为现实。Shubik 作为 James Friedman 的论文指导老师也激起了 James Friedman 对博弈论和实验室寡头垄断实验的兴趣。Friedman 与 Hoggatt 也成为了 20 世纪 60 年代实验经济学者中的翘楚。他们努力探寻当时博弈论所能具有的内在含义。20 世纪 70 年代的实验走的是一条不同的道路。随着 80 年代博弈论的复苏，早期的这些博弈论实验的重要性变得明显起来。

1.2.3　实验经济学在德国

德国对实验经济学的研究开始于 Reinhard Selten，他最为经济学者所熟知的是其在纳什均衡理论改进的开创性工作，并在 1994 年与 Nash 和 Harsanyi 一起获得了诺贝尔经济学奖。Selten 对实验经济学产生兴趣是在他职业生涯早期的 20 世纪 50 年代，在他接触到法兰克福的心理学家 Rausch 的理论以及阅读了关于实验经济学的两本著作后，一本是 1952 年会议论文集（由 Thrall、Coombs 和 Davis 主编），另一本是 Richard Bellman 等著（1957）的计算机化商务博弈实验的著作。Selten 说服了他的经济学老师 Sauermann，合作探讨经济学实验的合理性，并且在 1960 年与 Sauermann 共同发表了他的第一篇论文《寡头卖主垄断的实验》（Ein Oligopolexperiment）。除了 Selten 和 Sauermann 以外，德国的研究团队也包括了 Sauermann 的其他学生，比如 Becker、Berg、Haselbarth、Tietz 等。Sauerman 收集、编辑出版了《对实验经济学的贡献》（Beiträge zur experimentellen irtschaftsforschung）系列文集三本（1967、1970、1972）。十年后由 Tietz（1982）编辑出版了本章集的第四本。

20 世纪 80 年代，德国的实验经济学研究开始更多地偏离美国朝不同的方向发展。德国方面的工作大多与博弈和选择理论（包括议价）有关系，而且主要是在有限理性思想指导下展开的。在最近的几年，实验经济学变得更加世界性和统一了，这部分归功于诸如 Selten

1991 年在波恩大学两个星期的夏季研讨会、经济科学协会的年会之类的努力。然而公平地说，美国方面所做的大多数工作保持了经济科学注重结果的方向，而德国方面所做的工作大多数以理解行为过程为方向。德国实验经济学研究的主要目标仍然在于建立一个有限理性的理论。

1.2.4 早期的实验室市场实验

美国实验经济学研究注重实验结果而不是过程，并且以明晰的均衡理论来检验市场效率的研究方向，可以追溯到由张伯伦（Edward Chamberlin）开始的市场实验。Chamberlin 于 20 世纪 40 年代在哈佛大学进行教室实验。Chamberlin 最先通过对参与者的效用和成本进行赋值而创造出供给和需求曲线。然而，在教室实验中所采用的市场机制设计在现在看来是较为粗略的，其中的交易没有固定的重复，对实验被试也没有显著支付。Chamberlin 是把垄断竞争当作一个可替代竞争均衡理论的主要倡导者，强调教室市场里产生的结果与竞争均衡预测结果的不同，这毫无疑问地提高了他的理论地位。考虑到当时的经济学中没有实验传统，而且当时竞争均衡也是经济学理论的核心，因此只有很少的（如果有）Chamberlin 的学生或同行们在这些教室实验中看出其中的科学价值就不足为奇了。

在 20 世纪 40 年代后期，Vernon L. Smith 作为哈佛大学的一名研究生参加过一次 Chamberlin 教室市场，最初他对此也是轻视的。但是几年以后，当他已经是普度大学的一个助理教授时，Smith 对这件事情重新进行了思考并得出结论：对经济理论进行实践性的测试是个明智的作法。为了给竞争均衡更有力的一击，他在两个重要的方面改进了 Chamberlin 的程序：（1）所有的买和卖的活动信息都即时公开，因为公开的信息比 Chamberlin 市场上的局部价格信息能够更好地抓住完全竞争背后的思想。这种被 Smith 称为双向拍卖的市场结构更加贴切地模拟了现代金融和商品市场上的交易机制。（2）取代完全均衡在任何时候可以瞬间达到的假设，Smith 信仰 Marshal 的理论——在供给和需求保持固定时，市场经过一段时间将慢慢趋向于均衡。所以他在每一个交易单元以单位指定个人（和市场）的供给和需求函数，而且在几个连续时段中每个时段的开始时，补充交易者的禀赋。这个后来被称为固定重复的程序，使得参与者能够有机会去熟悉他们进行交易的环境。

Smith 的第一篇实验经济学论文发表在 1962 年的《政治经济学杂志》（Journal of Political Economy）上，展示了跨越六年进行的 11 个教室实验的结果。这些实验的参与者没有得到真实的报酬，而只是被要求争取尽可能多的分数。即使这样，在每次买卖和交易价格被公开的条件下，交易价格及最后的配置都非常接近于竞争均衡的预测。而由于对供给和需求情况控制的变化所导致的价格和量的变化，除去在极短时间的状态下，其他也非常接近竞争均衡理论比较静态的预测。Smith 还给出了与现成理论明显不同和超越它的两个观测结果：（1）竞争均衡的收敛可能受到供给和需求函数，以及它们的交叉点的影响，所以瓦尔拉斯喊价（Walrasian Tatonnement）模型是个不充分的解释。（2）交易部门的规则（比如单向相对于双向拍卖）可能影响到市场的结果。这些结论至今仍然影响着经济学的实验。

1.2.5 建立理论基础阶段（1960—1976 年）

在结束其第一篇实验经济学文章的大部分工作后，Vernon Smith 在 1961 年访问了斯坦福大学。受 Siegel 的方法论及其技术方法的影响，Smith 开始系统性地思考能够保证经济学实验有意义的条件。他回到普度大学并在 1963 年开设了一门研究生课程，这门课涉及个人与集体选择决定、效用和矩阵博弈实验。在 1964 年和 1965 年的夏天，Richard Cyert、Lester Lave 和 Smith 组织了由福特基金会赞助的卡内基工学院实验经济学工作坊，工作坊吸引了全美国对此感兴趣的大多数学者，但是组织者却找不到一个出版商来出版这次工作坊相关成果的论文集。虽然《经济研究评论》（The Review of Economics Studies）在 1969 年发表了此主题的专集，但是 James Friedman 和 Vernon Smith 的另一项努力——在 1969 年出版实验方面论文的再版工作也没有成功。

在 20 世纪 60 年代和随后的 70 年代，实验经济学简直没有市场。如果你在做实验的同时也做一些更加体面的其他工作，那是非常正常的事情。比如，Smith 最初研究的是投资和资本理论，然后转向自然资源经济学和不确定性理论及信息理论。人们对于实验经济学的质疑大都体现在其方法论上：你是怎么在不具备完全信息的条件下得到竞争性结果的？我们能从学生做的实验——仅是为了获取较低的金钱报酬中得到什么启发？经济理论中的假设条件能否在实验室中得以实现？等。这些都促使 Smith 对实验经济学的基础进行重新思考。

Charles Plott 是普度大学的一名对政治经济学感兴趣的年轻学者，而且是 Smith 一起钓鱼的伙伴。当他们讨论到实验时，Plott 对一个想法产生了兴趣：比起以供给和需求为基础的竞争均衡理论，一些 Bayesian 博弈可以对均衡过程作出更好的解释。虽然易于处理的模型被证明是难以描述的，Plott 仍然鼓励他的研究生 Harvey Reed 去做实验以探求 Bayesian 博弈的潜能。

1971 年，Plott 去了加州理工学院。为了向自然科学和工程领域的同事们解释经济学家做什么，他发现自己经常被迫要给出几个简单的经济学实验。而在那年与 Smith 一起去 Powell 湖的一次钓鱼旅程，使他意识到实验方法不仅只是与经济学相关，同样适用于社会选择理论、公共经济学和政治科学的很多方面（Plott，1979）。

Plott 开始与加州理工学院的一名年轻的科学家 Morri Fiorina 合作，Morri Fiorina 之前曾经与 William Riker 一起做过实验。在 1973—1974 年间，Plott 帮助 Smith 做了一年的加州理工学院的访问学者。他们合办的工作坊对几个研究项目和实验室方法起到了推动作用，在国家科学基金资助的一个项目中，Fiorina 和 Plott 发现博弈——理论上的均衡可以预测委员会决策程序对于公共产品分配所产生的影响（这个结果给作者和当时其他大多数社会心理学者带来了一个震惊，在当时，大家倾向于认为博弈论与现实行为没有什么关系）。Fiorina and Plott（1978）为当时的政治经济学理论研究带来了一股清新的实证空气。Plott and Levine（1978）证明了决策程序对公共选择机制的结果所能产生的影响。

这些论文为新生的实验经济学方法平台打下了三个重要的基础：（1）关注通过实验数据对竞争性经济理论进行比较；（2）特殊案例（special case）原则（如果一项理论宣称它是一般性的，那么它应该只是在一些特殊案例中有效，这个原则也适用于简单的实验经济学）；（3）实验方法在经济现实和政策问题上的外延应用。

1.2.6 融入主流经济学

Vernon Smith 在 1975 年去了亚利桑那大学。他与 Arlington Williams 一起开发了第一个计算机双向拍卖市场，而且与 James Cox 一起开始用不合作博弈理论来研究密封价格拍卖。与新同事一起，Smith 开始了持续的实验经济学研究，而且开始对他早期实验得到的数据进行系统性分析。最终，他提出了其核心的方法观点（Smith，1976，1982b）。与此同时，Plott 也坚持并拓展了其在加州理工大学的研究项目，写出了具有影响的综述（Plott，1982）。因为我们前面提到过的原因，到 20 世纪 80 年代早期，主流经济学已经开始潜在地接受实验方法，而如上所述的文章和进行中的实验就为实验方法融入主流经济学奠定了良好基础。在主流经济学期刊中新出现的研究者、项目、出版物的数目在 80 年代早期呈现出爆炸式增长，直到十年后，增长才放缓到一个更加可持续的速度。

在 20 世纪 90 年代，美国亚利桑那大学、加州理工学院和德国波恩大学仍然是实验经济学研究的“领头羊”，他们都拥有数目众多的实验室项目以及固定或访问的研究人员。亚利桑那大学的经济研究实验室、加州理工的实验经济学和政治科学实验室和波恩的实验经济学实验室，都具备大规模实验室研究所需的现代化计算机设备。然而，随着实验经济学在全球的长足发展，现在实验经济学研究呈现出多中心化的趋势。

在几乎整个 20 年中，Raymond Battalio 与他在 Texas A & M 的同事们及其他周围研究机构的同行们走出了一条坚定的实验经济学研究道路。印第安纳大学在 1979 年后，以 Smith 的学生 Arlington Williams 和 James Walker 为召集人，也成为了一个主要的研究中心。自从 Robert Forsythe 在 1982 年由加州理工转到依阿华大学后，依阿华大学在实验经济学领域也做出了很多重要的贡献。在 Alvin Roth 和 John Kagel 追随 Jack Ochs 来到匹兹堡大学，Shyam Sunder 追随 Howard Rosenthal 和 Sanjay Srivastava 来到卡耐基梅隆学院后，匹兹堡大学也成为了实验经济学一个主阵地。其他主要的研究中心（具有超过一位有经验的实验经济学家和超过一个研究项目的），最近更多地生根于弗吉尼亚大学（Charles Holt）和弗吉尼亚大学 Commonwealth 分校（Douglas Davis）、明尼苏达大学（John Dickaut 和 Kevin McCabe）和科罗拉多大学（William Schultze）。目前中等和小型的研究中心（常常是单个的研究项目和只有一位研究者），比如 1985 年后的加利福尼亚大学 Santa Cruz 分校也后劲十足。20 世纪 50 年代和 60 年代老牌的研究中心当为宾夕法尼亚州普度大学、哈佛大学、斯坦福大学和加州大学伯克利分校。在美国本土之外，大多数的实验经济学项目在欧洲进行，有少量在亚洲。中国实验经济学研究刚刚起步，现在包括北京大学、中国人民大学、南开大学、浙江大学、上海交通大学、上海财经大学、西南交通大学、东北财经大学、天津商业大学等多所高校都有相关学者在此领域孜孜以求，并且具备了较好的相关实验条件。

1.2.7 应用：实验室博弈

博弈论是对独立的代理人决策的一种规范的分析。它假定所有的代理人都是完全理性的，并且正确地意识到他们的独立性。自从数学家 John von Neumann 和经济学家 Oscar Morgenstern 在 1944 年给出博弈论的第一个一般意义上的公式表达时起，人们就对博弈均衡解的多样性褒贬不一。在存在一些可选择的博弈路径（比如合作性或特殊的形式对应于大量的非合作或正常形式）时，对于每一博弈路径来说，都会产生无数多的均衡解的概念，而且常常在一个解的概念和路径给定的情况下，也会得到无数的均衡。

尽管作出了勇敢的尝试（Harsanyi and Selten，1988），博弈论学者至今仍未能令人信服地找到一条如何选择相关均衡理论的道路。这样，博弈论从标准化的意义上来说就是不完整的。当然，还有一个实证的问题，即人类是否具有足够的理解和认知能力使理论得以更精确的阐述。

实证问题和标准化的问题促使博弈论学者（以及一些研究垄断、不完全竞争、产业组织和议价的经济学家）去寻找经验性证据。结果博弈论学者成为了实验经济学方法的主要使用者。他们之中的一些学者，尤其是 Martin Shubik、James Friedman 和 Reinhard Selten 等也成为了实验经济学主要的创始人。许多的博弈论学者，不管是其侧重理论研究还是实际应用，都在密切地关注实验方法之于博弈论的意义，而且有时切身参与（甚至主持）实验研究。结果，实验技巧和博弈论的发展都大大加速了。

虽然经历了一个相当长的时期，但是经济学最终还是成为了一门实验科学。大部分经济学者已经听说了在过去的 30 年里，Vernon Smith、Charles Plott、Reinhard Selten 和其他的一些人所作的实验工作（事实上，在他们著作的后来版本中，萨缪尔森和诺德豪斯已经删除了我们前面所引用的评论）。如今，实验在工业组织、博弈论、财政、公共选择和大部分其他微观经济领域已经相当普遍。虽然由于预算和政治的原因，全盘的宏观经济实验似乎不可行，但是在宏观经济理论的相关部分最近也进行了实验检验（我们所指的是真实、可控制的实验；在近年来不可控制的宏观经济“实验”非常的普遍）。或许，宏观经济学也将如气象学、天文学一样变成一门具有间接实验性的学科。

1.3 实验经济学的主要方法

如前所述，2002 年，Daniel Kahneman 和 Vernon Smith 由于在实验与行为经济学上的杰出贡献而获得了诺贝尔经济学奖。事实上，两位诺贝尔经济学奖获得者呈现出两种完全不同的研究路线。经济学家 Vernon Smith 发展了独特的实验方法来研究市场运作这一传统的经济学问题；心理学家 Kahneman 使用了心理学已为大家所接受的实验方法来挑战经济学家传统的理性经济人的假设。一些评论员发现这两种研究风格是如此不同，因此他们把 Vernon Smith 的研究称为实验经济学，以区别 Kahneman 的行为经济学①。我们发现，把经济学中实验性研究的各种形式定义为“实验经济学”，而对涉及使用心理学假说来解释经济行为的工作，无论实验性与否，都使用“行为经济学”这一名词，这样显得更为自然。但是不论使用什么术语，无可否认的是，Vernon Smith 和 Kahneman 从事的研究项目是从不同的假设前提以及方法论开始的。

经济学的研究方法一般分为规范研究方法和实证研究方法两种，通常认为实验经济学在研究方法上属于实证研究方法，但从实验经济学的发展趋势来看，这一结论过于简单。实验经济学虽然在研究过程上更加符合定义、假设、假说、检验和预测的实证研究范式，但是在

① 比如 Leowenstein（1999）“从行为经济学的高度”批判了“实验经济学”的一些特点。

整个过程的某些阶段，特别是在与行为经济学的合流中，在一定的研究目标或相关假设下，实验经济学在方案设计时要舍掉许多被认为是不重要的环境因素，这个过程就不可避免地涉及价值判断问题。另外，研究目标和要素之间关系的假设本身也含有价值判断。因此，实验经济学研究可以根据其使用基本方法不同细分为实证性理论和规范性实证研究两种。其中，实证性理论研究是实验经济学的主要方法和主要内容，如 Smith 所做的实验。而规范性实证研究是指对一些价值判断问题本身的实验经济学研究，如早期的个人效用实验研究和现在关于“偏好逆转”等问题的实验研究，这部分研究以行为经济学的内容为主。

经验研究和理论研究是研究方法的另一种分类。整体上，实验经济学主要进行的是经验研究，其目标是通过实验研究对现有的经济理论进行证伪或者证实。实验经济学也有理论建议实验，这类实验能力为寻求新的经济理论提供暗示和线索。

具体来说，在实验经济学研究过程中采用的方法主要有以下四种：

1.3.1 行为分析和心理研究

经济理论的实验是把社会中的人作为实验者，所要验证的是人的行为命题，自然就要借助行为和心理分析的方法。首先，要运用行为理论来完善和改进实验。例如，针对被实验者对重复行为厌烦的心理，在实验设计中就需要运用价值诱导的方法，同时将实验时间控制在 3 小时以内；其次，还要运用行为理论来解释实验结果。在实验过程中，实验结果往往会和理论预测有差异，其原因就是在理论中我们假设行为人是理性人，而在实验中被实验者都是理性与非理性的统一体。因此，只有运用诸如期望理论、锚定效应、后悔和认知失协理论、心理间隔理论等行为理论来分析被实验者的非理性行为，才能更好地解释实验结果。

1.3.2 模拟和仿真

经济学理论的实验不能刻意复制出经济运转的过程，而是要模拟出允许不同人类行为存在的环境，以便于实验者能够在这样的环境中观察出人们的不确定的价值及其环境之间的相互作用。实验经济学的代表人物 Plott 曾说过：“实验室建立的经济与现实经济相比可能特别简单，但是却一样真实。真实的人物被真实的金钱所驱动，因为真实的天赋和真实的局限，作出真实的决策和出现真实的错误，并为其行为后果真实地悲喜。”此外，经济学实验通常还需要通过一些仿真技巧来提高实验结果的可信度和可重复性，首先是采取随机方法，如实验的选取、角色的分配均随机产生；其次是保密实际意图，十分小心地讲解实验，避免出现暗示性术语，以防止实验者在实验前对行为错误已有判断；最后是使用价值诱导理论，通常是用本国货币诱导被实验者发挥被指定角色的特征，使其个人先天的特性尽可能与实验无关。

值得一提的是，随着计算机技术的发展，目前经济实验也越来越多地采用了计算机模拟的方式，Gode and Sunder 于 1993 年首创零智力交易者（zero intelligence traders）计算机模拟经济实验方法。零智力并非是指交易者一点智力也没有，而是指经济实验在计算机上模拟进行，而受试者并不是真正的人。虚拟的参与者按照一定的规则在计算机里自动地进行选择，在上一轮选择基础上不断地重复博弈，在充分地重复博弈后，观察选择序列的收敛情况。虚拟参与者的选择来自于一个随机数发生器，随机数服从于某个概率分布，比如说均匀分布。

虚拟参与者的最基本的行为规则是零损失原则（no－loss rule）。Sadrieh 在他的双向竞价拍卖市场的计算机模拟中，还有一条规则——讨价还价差递减规则（ask－bid reduction rule），即虚拟买者本轮的讨价要比上一轮低。Sadrieh 规定他的模拟实验每期最多重复 10000 次，进行 50000 期交易。通常把计算机模拟结果与经济实验相比的好处是节省费用，特别是当经济重复博弈、稍微复杂一点、数学推理几乎不可能进行时，计算机模拟实验的优点就更加突出。

1.3.3 比较和评估

实验经济学高度重视比较和评估的方法。通过比较和评估，能判断实验本身的好坏，分析实验失败的原因，验证理论的真实性。在比较和评估过程中，需要注意的是：首先，应将效率作为比较标准。Plott 和 Smith 将付给被实验者的薪酬总和与最大可能薪酬的比率作为实验的效率，并把效率作为比较分析相互竞争理论的依据，进而探讨如何改进理论模型标准，甚至在没有现在理论的情况下，根据效率来提出、验证新的理论；其次是采用独立变动自变量的方法。当实验关系到两个或两个以上的变量时，容易出现变量之间的混合作用。因此，实验中应独立地变动每个变量，获得每个变量对因变量作用的最确切数量，为比较评估提供非偶发事件资料；最后，评估结论是建立在概率分布基础上的。现实生活中的人并不是处于理性状态，非理性就会使人们行为出现变异，因而经济理论的实验数据呈概率分布状态，所以评估得出的结论不可能按照形式逻辑的模式，只存在真或伪两种结果，而应该运用概率密度的乘积来表示。

1.3.4 “风洞”实验法

所谓“风洞”，本义是指在一个特殊的管道内用动力设备驱动一股速度可控的气流，模拟现实世界的风力用以对模型进行空气动力实验的一种设备。风洞的产生和发展同航空航天科学的发展与需要息息相关，通过风洞实验，可以测量作用于飞船、飞机、直升机、巡航导弹等飞行器模型的空气动力，如升力、阻力等，从而确定其飞行性能；也可以测量作用于上述模型表面的压力分布，确定飞行器载荷的强度等；还可以进行布局选型实验，即把飞行器模型的各部件做成多套，可以更换组合，选择最佳的布局和外形等。除了应用于航空航天领域外，风洞实验还被广泛应用于解决汽车、船舶、桥梁、建筑物等的设计问题，随着工业技术的发展，风洞实验已逐渐扩展到一般工业部门，并形成了新的学科——“工业空气动力学”和“风工程学”。而“风洞”实验法真正为世人所瞩目可能是因为它在实验经济学中的应用。

风洞实验最初被引入经济学领域源于实验经济学者对著名的 1940 年美国纽约湾塔科马（Tacoma Narrows）大桥倒塌事件的关注。当这座桥于 1940 年 6 月建成时，它是当时世界上第三大钢索吊桥，却因为在风中会剧烈晃动，不久就被禁止通行。1940 年 11 月 7 日，就因为并不是很大的风载荷，导致桥体强烈振动和共振，引起断塌，从建成到此时大桥仅仅维持了四个多月。尽管大桥的倒塌造成了数百万美元的经济损失，但却促进了桥梁设计的改进。此后，在桥梁设计过程中都会将桥梁模型置于风洞中，运用可控制的气流和风速模拟桥梁在现实世界中所处的环境，来进行空气动力和桥梁性能的测试。这种实验方法与建造一座真正的桥梁相比更方便、能节省大笔费用，更重要的是可以避免危及生命的风险，现在风洞实验已成为工程设计中的标准程序之一。由此，实验经济学家很自然地想到，既然风洞实验能为工程设计提供一种更为方便安全和节约成本的方法，那么经济学家和政策制定者为什么不能将风洞实验运用到经济学中来检验理论、协调市场规则，以降低和避免决策失误导致的现实世界中市场崩溃的风险及由此带来的巨大损失呢？①

Vernon L. Smith 是经济学风洞实验的开拓者，他试图用工程学中的风洞实验思路将实验方法运用于某些经济学理论和思想中。实际上，经济学中的“风洞”只是借用了航空航天学中的风洞实验思想，它是实验经济学方法论的基石和根本指导思想，它将实验看作真实微观经济系统的缩影，把实验中观察到的行为作为经济理论检验的凭证，在用理论指导实践或将一些市场规则应用于现实经济之前对它们可能产生的影响在实验室中进行检验。

经济学中的风洞主要强调了实验在检验理论预期中的证实和证伪作用，它通过再造理论的环境和机制基础，得到所需的观察结果来检验理论解释，看理论的预测与所观察到的事实是否一致。实验的观察结果符合理论预测的频率越高，理论预期的可信度就越高。而当理论预测与实验结果不一致时，若经过多次实验排除其他因素影响后，仍常常出现与理论预期不符合的情况，就完全有理由怀疑原有理论模型的正确性。Plott 认为风洞实验还可以为新理论的提出提供有启发的数据，或者说在风洞实验中出现的新问题很可能成为经济学家研究的对象，这样又促进了理论的形成。所以，风洞实验不仅可以作为对传统理论的检验和对新市场规则和政策在进入市场前的测试方法，也可以作为发现新理论的工具。

与传统经济学对现实世界的直接观察对比，风洞实验主要有以下优点：

首先，具有更高的安全性，并能节约大笔费用。在实践中，如果盲目将新理论和市场规则运用于现实经济，当它们存在问题和错误时，不仅会造成巨大的社会和经济损失，而且会动摇公众对政府政策的信心。而将理论和市场规则在引入现实经济前先置于实验环境中，即经济风洞中对其进行测试，则不仅能降低由于理论失效、政策失效导致社会财富损失的风险，还能节约修正理论与政策的费用。

其次，具有重复性和可控性。传统的经济理论通过直接观察所得到的自然市场具有一次性的特点，而对理论预测的证实或证伪都需要大量的检验，显然传统的经验数据难以达到在相同环境和机制下大量重复的要求。另外，传统的经验数据是一种整体数据，受到众多干扰变量的影响，这样就失去了对行为命题的理论预期的检验能力。比如在现实生活中，经济形势瞬息万变，企业永远都无法确定其财富的变化是行动的结果还是其他外部因素所致。而风洞实验具有可重复性和可控性，经济学家可以通过再造实验，独立验证，克服自然经验数据非复制记录的性质，同时可以有效控制不可控因素的变化。实验的可控性也使得参与人只需要面对与理论相关的环境因素，而不必面对理论问题以外的其他影响因素，这样就能得到比有关理论验证更纯粹的经验数据。实验还可以调节市场机制的参数，观察它对市场行为的影响，甚至通过改变模型的制度参数，对新的经济微观系统进行观察，从而提出新的假说。

最后，数据的针对性更强。假定一个非实验研究人员希望研究某一产品市场，为了构造供给曲线，他必须从单个生产商或行业协会收集数据；同样，为了画出需求曲线，他也不得

① 唐文进、袁沁：“‘风洞’实验方法与实验经济学的发展”，载《经济学动态》2003 年第 2 期。

不从消费者调查机构或政府机构获取数据。但问题是这些数据并不是为其经济研究专门设计和搜集的，针对性不强，研究人员往往需要进行一系列繁琐的数学运算或作出一些条件性假设来促使数据与其他的模型协调匹配。而实验室实验为经济学家的模型专门提供了一些匹配性很强的数据，避免了这一问题的出现。

近年来，经济学中的“风洞”实验涉及的领域不断拓宽，已经从最初的市场供求分析延伸到了包括拍卖形式的设计、摸彩行为、不确定条件下的决策、选举方式、公共物品提供机制、垄断的取消和限制等方面。总之，风洞实验现已被广泛运用于各种市场机制的研究中，成为实验经济学的基本研究方法。

1.4 实验经济学和相关学科的关系

在当今科学研究领域，不同学科间的交叉研究是一种时尚，实验经济学是发展历史较短的新兴学科，是一门正在“实验”的、活跃的、具有强大生命力的学科，它只有通过和其他学科相互间的交流和渗透，兼收并蓄，才能得以拓展和深化。

1.4.1　实验经济学和实验心理学的分野

心理学和经济学的结合在近年的理论研究中颇为引人注目，因为这两个学科结合的产物——行为经济学和实验经济学已经跻身于经济学最活跃的领域之列，2002 年诺贝尔经济学奖得主就是在这两个领域从事研究的前辈：Daniel Kahneman 和 Vernon L. Smith。事实上，在 20 世纪 50 年代之前，实验经济学还只是作为实验心理学的一个分支，主要研究经济学家的潜在兴趣问题。在 20 世纪 50 年代，实验经济学和实验心理学开始“分道扬镳”。之后，实验经济学经过多年的发展，逐渐科学化和规范化，成为一个有自己特色的经济学分支，但实验心理学始终影响着实验经济学。

实验经济学研究的成功经验在于其能在借鉴、消化、吸收实验心理学的基础上，根据自己研究领域的特点不断“扬弃”、创新，从而取得了超越实验心理学研究成果的巨大成就。

实验经济学源于实验心理学，心理学家和经济学家的许多兴趣点存在着重叠，经济学家感兴趣的一些问题，如个人的经济决定、经济主体间的相互作用、市场等都已纳入心理学研究领域。从 20 世纪 50 年代实验经济学和实验心理学开始“分道扬镳”，那么目前在实验经济学和实验心理学上的差异主要是什么呢？

首先，在感兴趣的问题上存在巨大的差异。经济学家更多地关注于特定制度下的行为，例如市场体制就经常严格地制约了经济主体的行为；心理学家则通常喜欢研究在缺乏特定制度下的行为，显然他们相信在较少限制的实验环境下更能清楚地观察到人的认识力和社会过程，所以两个学科关注的重点就有明显的不同。

其次，实验经济学和实验心理学风格不同。在过去 40 多年里，主流经济学是强调理论基础的，能够被人们所接受的经济学理论必须在恪守先前建立的基本原理基础上发展，同时特别需要和微观经济学的核心理论相联系；心理学正好相反，有新的概念或新的理论（例如最近的神经网络理论），只要它能对数据作出更好的解释，人们就愿意接受它，而不管它和先前的理论是否有联系。此外，和多数实验室相关的经济学理论迄今为止还只是静态均衡理论，获得（或未获得）均衡的实际过程在这样的经济学实验里是很麻烦的。而对于实验心理学来说，这个过程本身才是主要的理论兴趣点。

实验经济学和实验心理学第三个重要分歧和前两个相关，对于实验经济学家来说凸显性是基本的、不言而喻的规则。为了将实验和相关理论相联系，经济学家竭力在制度框架内建立一个明确的激励机制。而对于心理学家来说在实验中对参加对象的激励显得更为随意，特别是大多数心理学家认为没有必要提供显著的奖励，只要告诫参加者尽最大努力就可以了。

以 1954 年 Estes 组织的贝努利选择实验为例，在实验中参加者都试图努力做得最好以达成以下目标之一：（1）正确反应部分最佳化；（2）形成一个在统计意义上能尽可能准确反映结果的反应序列；（3）在正确反应的情况下尽可能超越其他参加者。心理学家相信他们观察到了行为过程的本质，认为简单的“尽自己的全力”对参加者是很重要、没有歧义的警示。而一个经济学家可能认为这三个目标意味着不同的最佳行为，他会尝试用一个特别的奖励结构来实现其中某个明确的目标，或者会比较为实现不同目标的奖励结构下的行为。

此外，对于“欺骗问题”经济学家和心理学家也往往持不同态度，经济学家的个人道德标准可能和心理学家的一样，但他们对“欺骗”的容忍度却更小，经济学家认为“欺骗”直接或间接地破坏了凸显性。而心理学家则认为“欺骗”并不能影响基本的过程，所以他们对此采取了更为随意的态度。心理学家对欺骗的容忍界限主要源于个人的道德、社会的压力、人权委员会，而不是来自科学的原则。

既然实验经济学源于实验心理学，因此两个学科还是存在很多共同点，人们很自然地会考虑寻找两个学科的整合，目前看来似乎方法上的整合是值得做的，也是可能的。一方面人们希望心理学家能更认真地看待凸显性，重新继承 Siegel 的传统；另一方面，经济学家也应将实验设计得更为精致，因为如果这样的话，这两门学科在方法论上的差距是可以缩小的。

有共同兴趣的经济学家和心理学家联手发展一门着重于过程理论来加强均衡理论的边缘学科是可能的（笔者认为也是值得做的）。但是方法论上的整合并不能填补理论上和社会科学实验传统上的鸿沟。德国的实验主义者为此理论已奋斗了几十年，仍是没有什么突破，所以我们不可能很快看到成功的过程理论。即使经济学家和心理学家最终走到一起来建立他们关于学习和调整过程的共同的理论，他们的巨大差异依然会存在，经济学家会将重点放在制度如何规范行为，而心理学家的重点是行为的内在规律性。当然，如果我们有幸真等到这一天，实验经济学和实验心理学的差距一定比现在小。

1.4.2 实验经济学和行为经济学的关系

Kahneman 教授和 Smith 教授共同获奖本身就说明了实验经济学和行为经济学之间存在着必然的联系：首先，这两位经济学家都关注人的行为，Smith 更多地关注人在经济环境中的行为表现和由此导致的经济后果；Kahneman 关注的则是人的行为选择本身。他们的工作都揭示了人的实际行为与新古典经济学的“期望效用最大化”这一基本假设并不一致。但是，Smith 的工作是直接基于经济学实验，而 Kahneman 的工作则是基于心理学实验。前者通过建立可控的实验经济环境，直接以现实的人为对象，进行经济运行的实验，研究其结果是否与原有经济理论的预测相一致，并分析经济环境中各种因素的变化对经济的影响；后者则限于人的行为选择上的实验，直接考虑人的行为选择与原有的经济理论对仁道的行为的先验假设是否一致。行为经济学直接针对人在面对不确定性选择问题时心理的作用，由此出发，Kahneman 和另一位行为经济学家，斯坦福大学的 Tversky 教授建立了著名的展望理论（Prospect Theory），用于描述人的实际行为，实验经济学家可以在此基础上重新思考经济理论，从这个意义上讲，行为经济学的工作可能是更基本的。而 Smith 所进行的经济学实验考虑人在实际中的行为，因而可直接针对已有的经济理论进行实验，检验其正确性，并由此引起对经济理论的重新思考，一方面可导致对人的行为的分析，另一方面还可导致对其他经济因素的分析。

行为经济学和实验经济学的另一个重要区别在于心理学上的实验只能检验人的瞬时选择行为，而经济学实验则可用于考虑整个经济过程中人的动态行为，因而前者不能考察长期经济行为的后果，而后者则可分析人在动态过程中的行为调整以及由此产生的经济后果。两者的区别体现了他们对经济学上关注人的行为方面的互补性。近几年的发展趋势显示，他们的研究成果在进一步地渗透和融合，就如波士顿大学经济学教授威布尔所说的：“目前，经济学家往往在实验室里使用 Smith 的实验方法来测试 Kahneman 的有关决策理论。”

1.4.3 实验经济学和计量经济学的比较

计量经济学曾经并且现在仍然是我们研究经济问题的一种主要手段，它的应用最初是基于以下两个前提：（1）经济学是一种不可实验的，或必须在一定环境约束下的局部的实验性学科。（2）偏好和知识是无法被直接观察和控制的。这两个前提使我们无法对一些最基本的经济学问题作出合适的回答。经济计量模型为偏好、技术和制度等经济要素提供了一个从结构到结果的映射关系，它主要是通过统计学方法，利用非实验数据对理论模型的参数进行估计，并对其进行统计学意义上的检验。然而，由于参数的识别能力和估计量的性质依赖于模型的结构（如线性模型、指数模型等），因此，对于模型结构的选择就不再仅仅是由于学术目的，它不可避免地会受到一些技术需求的影响，这就使得由计量经济学得到的模型，即使各种检验都能够通过，其有效性也值得怀疑。实验经济学则是从理论出发，根据假设设计实验（即事先将参数确定），得到实验结果，通过对结果数据的分析（这里也会用到大量的统计学方法）来判定模型的好坏。因此，与计量经济学相比，由实验经济学得出的结论通常更具有说服力。

1.4.4 博弈论与实验经济学

博弈论的出现，使经济学家改变了思维方式，更加关注决策行为之间的相互影响，从而极大地推进了经济学的理论研究。实验经济学的出现可以说与博弈论息息相关，因为博弈论从一开始就被认为是不完整的，需要借助实际的资料决定相关的均衡概念以及在多个均衡中作出选择，最初的经济实验大都是针对博弈论结论而设计的检验实验。

现在，经济实验的范围已大大地拓展，但它与博弈论间的关系仍然是密不可分的，这主要是因为：（1）博弈论的研究对象是不同主题决策的相互作用的过程和结果，这种相互作用在经济系统中是普遍存在的，因此在经济实验中不可能忽略对博弈论的应用。经济实验的实验对象是人，实验中的人在作出决策时必然会受到他人决策的影响，因此，在实验中得到的很多结论需要博弈论来解释。（2）博弈论虽然发展多年，但直到现在其理论并不完整，尤其是对不完全信息动态博弈的研究，还有很多不甚清楚的地方，而通过经济学实验，研究人员可以检验理论假设，获得经验性规律，从而推进对博弈论的研究。例如，1962 年和 1976 年 Smith 通过保持市场中的供应和需求状况的一致性，仅仅改变拍卖方式，用实验的方法检验了英式拍卖、荷兰式拍卖、第一价格拍卖方式，用实验的方法检验了英式拍卖、荷兰式拍卖、第一价格密封拍卖和第二价格密封拍卖这四种拍卖方式与理论预测的差异。

1.4.5 经济仿真与实验经济学

近些年，随着计算机技术的发展，经济仿真作为经济学研究的新方法越来越受到经济学家的重视。经济仿真是指以现实世界中的经济环境和经济代理人行为的特点为原型，将经济系统抽象成为程序模型，在计算机中进行运算，模拟现实经济运行的方法。研究可以通过改变一些参数的设置，模拟现实生活中某些经济变量的改变，观察程序运行的结果，作为经济学研究的辅助手段。

经济仿真是美国的圣塔菲研究所（Santa Fe Institute）的约翰·霍兰（John Holland）于 1994 年提出的复杂适应系统（Complex Adaptive System，简称 CAS），是关于系统的复杂性的形成原因、特点和机制的一个理论。该理论认为，系统的复杂性形成的原因主要来自内部，是大量具有适应性的主体相互作用的结果。而经济系统正是一个典型的 CAS，它的复杂性根源是系统中的具有适应性的主体，也就是人的相互作用。具体来说，每个主体置身于由大量其他主体组成的经济环境中，他们不断地与周围的主体发生交互作用，并根据作用的结果修正自己的行为（即适应性），这样，从微观角度来看，经济呈现极大的不确定性，而从宏观角度来看，经济又具有一定的规律性。

根据这一理论，在构造经济仿真模型时，需要做的工作主要是将代理人的行为和环境进行一定的限制，这样就可以在计算机中模拟出一个虚拟的经济环境，其中的虚拟代理人会根据事先定义的制度自动进行各种事先定义的经济行为，而整个模型则会呈现出一些宏观的特性。

利用这一模型，我们可以达到与经济实验同样的目的，可以说经济仿真模型就是在计算机中虚拟的经济实验，两者在方法论上是一致的，在作用上是相同的，在结构上是类似的。

但是两者又有很大的区别，最主要就体现在对“人”的模拟上面。经济实验是利用真实的人作为实验对象，因此它具有了人的一切特性，其行为特征完全复制了真实经济环境中人的特点，同时实验的可控环境是根据真实经济环境合理简化归纳形成的。实验经济学让实验对象在设计好的可控环境下行动，借以分析人的行为，总结人的行为模式，并检验理论的均衡点是否能实现，或提出对理论均衡的修正，从而验证和发展经济学原理。相比之下，经济仿真模型就不具备这一特点。在模型中对人的特点的描述与在通常的数学模型中所作的相比并没有多大不同，但是，计算机与人脑相比，具有高运算速度和高存储容量两大特点，所以在经济仿真模型中可以实现诸如遗传算法等一些单纯利用人脑无法实现的计算方法，同时可部分地模拟人的一些特点（如学习）。目前在宏观经济系统研究中，开始尝试进行大规模的仿真，如“政策实验室”，它利用计算机模拟经济运行过程、一般均衡实验过程，然后利用已知的宏观经济运行数据对计算机所模拟的经济模型进行标定和修正，并根据目的采用不同的输入，如技术的冲击等，概率事件用随机数发生器模拟，从而得到不同情况对经济周期的影响，称为计算机实验。计算机实验有五个步骤：（1）提出问题；（2）选择一个已被很好地验证过的理论作基础；（3）构造经济模型；（4）标度经济模型；（5）进行计算机实验。五个步骤中最重要的、同时也是技术性最高的一步是标度。

标度过程就是证明经济模型确实具有现实环境的某些特征，并用数字量度的过程。通过给模拟环境输入已知输出结果的信息，模拟环境的结果就与现实结果一一对应起来，就像对温度计刻度一样，测量冰水混合物时，水银柱的高度被定为 0 摄氏度；水沸腾时，水银柱的高度被定为 100 摄氏度，中间再等分成若干小刻度，经济模型的标度过程与此类似。

利用仿真主要是可以较好地模拟有非线性特征的复杂环境，帮助理论进行较困难的非线性计算，模拟的可靠性主要由标度过程保证。但是经济实验和经济仿真各有各的特点，经济实验基本上能够在实验中模拟实际经济系统，因而其结论具有很强的说服力；经济仿真却无法完全模拟实际经济系统，一般仅适用于那些假设较为严格的理论。但是与经济实验相比，经济仿真具有实验速度快、成本低的优点，尤其适用于一些需要长时间或多次检验的理论，如果能够将二者结合起来，扬长避短，一定能够极大地促进对经济学的研究。

20 世纪 90 年代以来，伴随着电脑价格的急剧下降，电脑化经济学实验迅速普及，相关的软件业日见标准化和普及化。实验经济学的三大重镇——美国亚利桑那大学、加州理工学院以及德国波恩大学——拥有了最现代化的电脑实验室。现在通过电脑网络，人们就可以一窥经济学实验的究竟，并“亲身”参加实验。Plott 在 20 世纪 90 年代初甚至在网络上进行了全球性的实验。

另外，这里我们还要澄清受控经济实验与问卷调查的区别，它们最大的区别在于相关性。在典型的问卷调查中，所要得到的是被调查者的个人特征、过去的行为或者可能的事，有的问卷调查还附加一些假设条件，例如“如果你的年薪超过 10 万元，你将如何投资”之类，并可能列举一些投资方式供选择，但这样取得的数据不是受控实验的数据，原因是它缺乏对薪酬的相关性。因为问卷调查的付酬对每一个被调查者一视同仁，他的回答与他的薪酬无关，没有刺激他必须真正表达自己偏好的动机，因而他可能出于某种原因而随意回答。而在受控实验中，参加对象的行为通常会因薪酬的改变而改变，所以在经济学实验中薪酬体系的设计很关键，因为它会直接影响实验的结果。

1.5

实验经济学在方法论上的贡献

实验经济学家从来对“社会科学不可实验”的论断持否定的观点，他们认为经济理论完全具备实验检验的条件，实验经济学突出的特色在于理论研究工具的创新，它引进实验的研究方法，是经济学方法论上的一次重大变革，具体表现在：

1.5.1 对经济人假设的突破

实验经济学抛弃了传统经济学的“经济人”行为假设，代之以一些行为的实证命题，作为理论和实践探讨的出发点。John Miller 在其论文《论政治经济学的某些未解决的问题》(1936) 中论述“经济人”假设时，认为人具有“厌恶劳动，渴望享受”的动机，随后又出现了“牺牲货币收入以实现心理收入最大化”的假设等，无论哪一种假设都是属于“假定——推理”的理论模式，这种高度抽象而又简化的形式肯定不能与现实的经济世界相一致。而实验经济学将经济参与人定义为可犯错误的、有学习能力的行为者，这个假设更具有理论意义和现实的合理性。Vernon Smith (1989) 认为经济行为人在解决决策问题时，不可能经历与经济学家相同的思考和计算过程，但他们更现实的行为方式并不一定会导致市场的失败。例如，Roth 的实验研究提出了参与人的行为低理性和参与人是认知有现实赢得学习者的命题。实验经济学的研究证实了 Herbert Simon 的思想：无意的行为可能会产生比按逻辑推理行为更合理的结果。

1.5.2 检验方法的突破

现代经济学研究一般采用逻辑演绎和计量统计的方法，而实验经济学提出一种新的实验研究方法，对传统经济学解释的方法进行了拓展。经济学是用来揭示现实市场运行的，经济学家虽然构造了大量的、深奥的、技术复杂的经济模型，但人们一直对这些依靠逻辑推理的方式建立的模型与现实市场的相符程度持怀疑态度。经济学想成为科学理论就必须给出适于观察的、完善的理论评价方法。事实上，主流经济学对经济模型的评价方法的发展史是相对滞后的，传统的经济理论的评价来自计量经济学的统计验证，然而传统的统计验证得到的市场的“自然”数据存在两大缺陷：首先，传统的经验数据具有不可重复的缺陷，即所谓“历史不能重复”，对理论预测的证实或证伪都需要大量的检验，但现有的数据却难以达到在相同的环境和机制下大量重复的要求。其次是数据的“整体性”缺陷，无法成为区分理论的分类数据，而且这种经验数据中既包含特定理论假说的环境特性，又包括众多干扰变量导致的结论特征，这样就失去了对理论的检验能力。

实验经济学则正好弥补了传统检验方式的缺陷，实验经济学家认为实验工具至少具有两个优点：可重复性和可控制性。可重复性克服了所有观察结论普遍的一次性缺陷，经济学家可以再造实验，独立验证，以克服自然经验数据非复制记录的性质，同时防止各种与之相伴的不可观察因素的变化。可控制性是指实验条件的可操纵性，实验的这种特性可以使参与人只面对与理论相关的环境因素，而不必面对理论问题以外的其他影响因素，这样能够得到理论验证所需要的更纯粹的经验数据。

1.5.3 实验经济学探究经济理论和实验统一的分析结构

实验经济学试图明确经济理论和经济实验统一的分析结构，以此作为研究工作的共同的基本起点。传统经济分析的结构遵循一种从初始条件，通过契约规则，再到行为结果的逻辑方式，实验经济学家对此进行了更加明确的说明。Vernon Smith 倡导建立一个与主流经济学研究相衔接的系统，并将这个统一的经济学和经济研究体系总结为：环境、制度和行为。

Vernon Smith 认为实验经济学主要检验和研究的是参与人行为，同时同意新制度经济学的基本看法，即强调制度的重要性。因为社会和经济系统的规则能影响参与人的信息、观念和受到的激励，这些会对参与人的决策产生影响，所以参与人在不同的机制下会作出不同的决策行为。因此，对经济系统中不同制度的探讨同样是实验经济学的重要工作之一。

1.5.4 实验经济学遵从科学研究的实证主义传统

自 John Miller 开始，Kant 的实证主义就一直是西方主流经济学研究遵从的一般范式。经济学家希望能继承长期以来自然科学重视经验的实证主义传统，体现理论解释过程的“确定性”和“实证性”。Friedman 认为实证主义的中心任务就是要“提供一个能对环境中任何变化的结果作出正确预见的归纳系统。该系统的运作情况将根据其产生的语言的准确性、影响范围，以及与经验相符合的程度而加以判断”。所以，作为科学而言的经济学的思维结构和分析方式也遵循了经验归纳的逻辑，并强调理论必须具有的可检验性。也就是说，经济学家思考和分析的中心任务是构造各种可证伪的经济理论，进而进行检验，而实验方法是理论检验的方法中，除了经验验证之外最直接、最有效的方法。因此，经济学研究中实验工具的引入可以说是受经济学方法论的实证主义传统的影响，尤其是波普尔证伪主义流行的直接后果。

实验经济学遵循 Neyman - Pearson 统计推断理论的思想传统，强调实验在检验理论预期中的证实和证伪作用，实验经济学就是要再造理论的环境和机制基础，从而得到所需的观察结果来检验理论解释，看看理论解释的预言与所观察到的事实是否一致。

1.6 实验经济学的应用

笔者认为实验经济学之所以能得到越来越多的经济学家的青睐，主要是因为：

首先，实验方法为经济学家提供了前所未有的可复制性和可控制性，使经济学更加科学和完善。实验方法的最大优势是可复制性和可控制性，利用这一点，其他研究者可以复制实验从而独立地验证结果，同时可以操纵实验室条件来评估各种理论和政策。Plott 认为，实验经济学通过简单的实验来比较和评估各种相互竞争的理论，这种比较和评估并不因简单实验没有完全模拟现实经济而影响其效力，“简单性”正是经济学实验的长处，在实验室中预测能力相对较差的理论应该被扬弃或者改进，而那些经受了实验检验的模型和原理可以被用于解释现实经济问题。

其次，实验方法是经济理论和证据之间相互印证的桥梁。当存在多种理论时，可以通过简单的实验，比较和评估各种相互竞争的理论在解释行为时的准确性；当仅存在一种理论时，可以找出该理论解释实验数据的条件，并（可能的话）检验理论的效力，使理论更加完善；当不存在任何理论时，可以利用实验发现某些实际规律，从而为经济学建设出力。

再次，实验方法是研究不同经济政策建议有效性的经济可行的办法。实验方法可以被应用到现实现象和政策问题上。譬如，有些实验被用于取得数据，以影响政府、消费者、选民以及管理者的决策。经济学家和政策制定者最近还发现新体制被实际采用之前先在实验室进行研究，颇有助益。虽然政策实验的结果较少是决定性的，但是一般认为那些在简单情况下不可行的政策在较复杂的自然环境下也难以奏效。因此，实验可以帮助排除那些在实验室里无效的建议，使得现实中只需考察那些在实验室里有预测价值的政策（Friedman and Sunder，1994）。

最后，在高中或大学课程中辅以实验解释经济学理论，让学生参加实验，有助于学生掌握经济学原理，并了解经济学作为一门实验科学的自然演变过程。

在现实生活中，实验经济学的理论和方法得到了广泛的应用，不只是应用于经济领域，而且还广泛应用于政治、法律、管理等方面，这样的好处是：

首先，避免决策的失误。实验经济学在一个理论实施以前先在实验室里通过仿真环境来进行实验，能有效验证和判断理论的正确与否，进一步决定理论的可实施程度，从而有效避免了理论失误给现实带来的实施过程中的损失。

其次，加强对市场的监督。实验经济学强调对市场的研究，通过对市场的各方面的实验，弄清理论政策对市场的影响，以及对市场机制的作用等，可以加强对市场的监督。比如金融市场，以往用计量经济学的方法实际上很难分析人的行为对金融市场的影响，只有通过实验的方式才能做到。又如金融泡沫是怎样形成的，通过计量的方法是找不到答案的，但在实验环境下却可以做到，我们可以通过改变各个因素来观察金融泡沫的形成、发展和消失。

最后，实验经济学还可以应用于公共政策、国际关系、彩票的购买、垄断的消除和限制等方面。可通过精确实验来代替传统的经验观察，从而获得精确的数据和资料，由此来对股票、彩票的购买、拍卖的形成等进行优化设计。

实验经济学是研究人类行为的经济学，它的发展有待于博弈论、经济学、心理学等学科的共同发展。实验经济学揭示了传统新古典经济学的缺陷，同时也指出了今后经济学的前进方向。

1.7

实验经济学的局限性及发展展望

尽管实验经济学发展到今天取得了很大的成绩，但我们仍要充分认识到实验经济学在发展过程中存在的局限性。

实验经济学家不仅需要掌握经济学，还要系统地了解实验所涉及的专业技术知识。实验的目的是研究现实经济，揭示现实经济运行和人类行为的规律，但是实验也不可能完全模拟现实生活，这一点与传统经济模型是一致的。而且从理论上来看，越是与现实接近，需要引入的变量就越多，实验就越难控制，最后的数据也越难处理。

随着实验问题的专业性、复杂性程度增加，对实验参与者的要求也越来越高。除了设定合理的激励动机，实验参与者的主观性也影响到实验实现的有效性，导致对同一理论的验证，不同的研究者设计或不同的实验参与者执行，有可能得到不同的结论，这对实验经济研究的可复制性提出了挑战，最明显的就数“霍桑效应”了。科学家在新泽西州霍桑的一家工厂想要检验这样一个假设，即是否“在某种程度上，灯光越亮会使得工人的生产效率越高”。于是，增加了灯光的亮度，工人的效率升高了，接着继续增加灯光的亮度，工人的效率则继续提高，后转而将灯光亮度调暗，工人的工作效率还是提高。改变无论是向哪个方向进行，生产效率都会提高，这就是“霍桑效应”。之所以出现这种情况，就是因为工人知道有人在观察他们，所以无论灯光调亮或调暗，他们都会努力工作，目前还没有系统的解决这个问题的办法。

近年来在实验中面临的新问题是实验参与者是否有足够的学习或者推理能力，从而能对变化的实验环境作出正确的应对。近期大量的产业组织问题的实验研究表明，大部分的实验参与者都存在对专业范围的博弈问题推理能力不足的缺陷，因此实验首先不具备内部有效性。Vernon Smith 所做实验的参与者是他的学生，这些学生参加为期两天的训练后被安排进行四个阶段共 56 天的实验，他们对电力系统运行知识的缺乏使人难以相信这些学生能够像世纪电力企业经营者那样有动力，并且有能力进行正确的报价竞争。与此同时，Vernon Smith 与实验参与者的师生关系难免会影响到实验的结果，实验参与者很有可能仅仅为了达成教师或研究者的期望而工作。

最后，实验经济学的应用目前主要还是集中在微观经济学领域，对在宏观经济领域的应用还需要进一步的拓展。

经济学理论的发展是一个不断创新、不断完善、永无止境的过程，实验经济学的出现打破了几百年以来形成的，即认为经济学无法进行实验的教条，使经济学向真正的科学迈进了一大步，它也表明经济学研究既要重视数学和数学模型的应用，也要重视经济实验，对已有的理论进行观察实验，以进一步推动经济学理论的完善。同时，以上有关实验经济学面临的种种问题以及争论，一方面说明了实验经济学仍存在诸多困惑，对这些困惑的解决，无疑将有助于实验经济学这门新兴的经济学分支向纵深方向发展；另一方面也恰恰说明了实验经济学是一门正在“实验”的、活跃的、具有强大生命力的学科。实验经济学的兴起促进了现代经济理论的发展。首先，实验经济学拓展了经济理论的研究范围，将人类决策行为当作研究对象，把经济运行过程纳入研究领域，从而发现更符合现实的经济规律。其次，实验经济学还催生出新的经济学科，实验经济学的发展把心理学和经济学有机联系起来，从而形成了行为经济学。最后，实验经济学构建了连接宏观经济学和微观经济学的桥梁。宏观经济理论的实验是建立在微观行为的基础上，而对微观经济理论的实验也常常验证了宏观经济理论。

但是，从学科发展的时间来看，实验经济学的发展只经历了短短的 50 多年，作为一门新兴学科，尽管实验经济学开辟了经济学研究的一个新视野，但它毕竟尚处于年轻的状态，难免存在某些不完善的方面。况且，实验的设计总会舍弃很多真实环境，而且实验者的行为与真实的经济行为往往相去甚远，因此这就使得运用其得出的结果来观察现实的经济行为增加了某些不可靠性。从方法论的角度看，实验经济学的研究常常没有考虑到研究的有效性和潜在的经济意义，这就使得要想把这些理论很好地融入主流经济学的分析之中会遇到不少困难。正如 Alvin E. Roth 教授指出的那样，在实验经济学高速发展的时刻要清醒地意识到实验经济学在方法论上的缺陷，这种缺陷主要表现为，实验参与者的主观性影响到实验的有效性。实验者在设计方案时无法完全排除个人偏好和主观猜测，被实验者在实验时有可能考虑到与实验者的关系而有意识地完成实验期望。这些主观因素对实验的可复制性提出了挑战，造成许多相同实验由不同的实验者设计或者由不同的被实验者执行，就有可能得出不同的研究结论。此外，目前实验经济学取得的主要成果还局限在微观经济理论，如何拓展其运用领域还有待进一步探索。

对于实验经济学，西方学术界褒贬不一。正如一位学者所指出的：实验方法的好处足以使实验经济学像计量经济学那样，成为经济学上的一场革命；但是实验方法的局限（尤其是对经济学而言）完全可以置实验经济学于死地。对于实验经济学学者来说目前需要做的主要是如何立足于已有的实验成就，特别是在决策理论和博弈论方面的成就，抓住经济学理论快速发展过程中所创造的机遇，把实验经济学的研究不断引向深入。

第
二
章 DIERZHANG

实验设计基础

2.1 实验室设备

在20世纪70年代中期以前，实际上所有经济实验都只是在标准的教室或会议室中进行，并且仅仅使用纸、铅笔、黑板和手表。自从20世纪80年代早期，越来越多的实验依赖于计算机来输入数据、传递和保持纪录。计算机的使用既有优点又有缺点。有一些实验绝对地需要计算机（一些实验不使用它），而大多数的情况，是由你来决定是否使用计算机来指导你的实验。我们先讨论这个命题，然后再描述你用各种方法指导实验时需要的设备。

2.1.1 选择手工操作还是用计算机操作

用手工操作与计算机操作的实验就像驾车和坐飞机一样，既有相同点，也有不同点。交通工具的选择很难是任意的，不同的目的地和旅行的目的要求不同的选择。类似地，在选择你的实验方法时，你必须清楚地知道你的实验目的。

在纸笔实验中，你能毫不费力地立即改变你的实验设计、设置、参数和程序。相反，计算机实验经常需要重写软件（不可避免地再次调试）。除非你能幸运地拥有一套实验经济学软件，它已经包括了你想要的所有变化，否则改变软件将花费很多时间。如果软件是外借的，你可能没有密码去做改变；即使密码是可获得的，译解程序至少是困难的。如果实验需要被试录入不少内容，使用计算机可能也带来录入技巧之类的麻烦事。最后，计算机设备的安装、维护不仅花费昂贵，而且也要耗费维护人员的大量时间。不仅需要最初的安装费用，而且还需要资金用于频繁升级，以适应快速发展的技术。以计算机为基础的实验的最大不足是，既然开发软件的高额成本已经存在，你就要承担该成本，以保持硬件和软件的可用性，才能用它们指导你整个研究课题。如果坚持纸笔实验，你就有更好的机会，使实验过程与一些你想要研究的真实的经济学问题紧密联系。

但是现在，相对于面对面的、纸笔的和使用粉笔黑板的实验，运用计算机网络的比例正在增加。这是因为，尽管存在高额成本，使用计算机还是呈现出许多明显的优势。

在计算机网络中，比在房间中面对着许多张富于表情的脸庞、交流的目光、肢体语言和高低的声音，你更能严格地控制信息流。当你在实验室中划分微小信息流时，计算机网络能提供更好的操作和更精细的辨别。但是，如果你的目的是在纸笔模型中理解经济学问题的一些方面，你可能就不想使用计算机网络，因为它消除了一些人类认识和交流的重要方面。“交易成员的心理状态对芝加哥商务部未来的交易市场是否有重要（超出经济学基础的）影响?”计算机网络可能就不是用于解决这类问题的正确工具。

使用计算机也有另外的好处。当你和被试、被试之间进行快速和个别交流时，计算机能快速和准确地捕捉数据，并且还能提供计算机化的指导。在一定程度上，计算机可以避免你与被试过多的相互影响，也能削弱你通过命令作用污染实验结果的可能性。威廉（1980）报告了第一套使双向拍卖过程全计算机化（plato 自动指导操作程序设计逻辑的双向拍卖）的实验室软件的执行情况。这套软件已经用于亚利桑那州大学和印第安纳州大学进行的大量实验研究中。威廉的这篇论文论证了他对口头表达的和计算机化的交易制度所导致的不同行为的性质的早期关注。例如，在计算机模型中的被试比在口头模型中需要更多时间去学习交易。在面对面拍卖中，交易者能够并且确实发送的信息范围更广，而且更少地被主试所控制。

计算机化不是一种要么全部化要么一点也不进行的事情。即使已经通过纸笔实验获取的数据，也常常被计算机化以进行数据分析。一种传统的程序是让被试使用铅笔和纸张记录下他们的选择，然后收集这些纸张，输入电脑以计算结果，此时需要被试在旁等待。如果数据总体较大，这个过程既耗时又难以使用。但是，考虑到开发软件的巨大成本，上述方法对于许多实验课题还是具有吸引力的，特别是在早期阶段。如果部分的计算机化结果真是太慢或者难以操作，通常你就会更进一步进行软件开发。部分计算机化的第二个重要优势是方便，你的实验室可以在公文包里随你走遍各处，而你的朋友和同事也不需要建立实验室，就可以独立重复你的实验。指导语的计算机化是最后一步，通常可以被忽略。

我们提一个忠告：当你第一次进行实验课题时，你可以和某些已经做过实验的人合作，以便使用相同的设备和技术。像许多其他的技巧一样，做实验的技巧最好通过学徒身份学习。参加美国经济科学协会（Economic Science Association，简称 ESA）举办的学术会议，以便和其他研究者联络，对许多人来说是一个很好的开始。如果你必须独立开始，我们建议，你可以首先尝试做一些纸笔实验。投资用于计算机的硬件和软件是一个冒险的事情，特别是在你的初始几个课题上。

2.1.2 纸笔实验室设备

你可以在教室里进行纸笔实验，你需要大量空间以放置黑板，一个或者两个高架放映机和屏幕，还要为每一个被试准备足够的桌椅空间和一张大桌子以放置你自己的材料。在房间里要有足够的空间，以便使被试分散坐开，降低他们通过目光或者声音泄漏信息的可能性。在主试位置和每个被试之间要有通道，以便主试在实验指导阶段能够对被试进行个别关注。例如，在纸笔双向拍卖中，重要的是要使每个被试能够听到其他人，并且能清楚地看到黑板和屏幕；马蹄形布局比较适合。当你需要分隔不同被试群目光和声音的交流时，要寻找到有门联接的领接教室。大多数的实验能够在一般的教室中进行。

2.1.3　计算机化的实验室的设备

计算机化的实验室需要更多的空间、时间和资源。一个计算机化的实验室通常被认为是高固定成本、低边际成本的生产设备。给定充分的需求和资源，有两个原因促使最好有一个正规的经济学的计算机化实验室。第一，计算机教室和临时使用者的模式不适合经济学实验室的使用模式。实验经常在很短的时间内确定下来（Experiments are often scheduled at short notice），前提条件是参与者已经确定，并且预先的一系列实验已经完成。因此就很难调整共享设备的使用时间，以便错开提前几个月已确定好时间的课程。第二，实验使用的设备是要交叉组合的，在某个时间段内需要很多台设备，而实验室的单独使用是纵向的，经常在几个很长的时间段内需要一台或者数台设备。为了实验需要在短时间内关闭整个实验室可能不便于共享设备的其他使用者。仅几个学校有充足的需要去配备正规的设备，而现在大部分的研究者还在不同程度上与他们学校内其他的计算机使用者共享设备。

有关计算机化的经济学实验室的规划问题，将分为空间、硬件、软件、维护和管理几个方面讨论。

（一）空间

在规划经济学实验室的设备时，每个工作站 50 平方米是一个尺度（a rule of thumb）——在每个工作站的单个房间内大约 35 平方米用于安排被试的工作站，5 平方米用于设备贮藏，10 平方米用于主试的工作空间。被试的房间应该被一道门和一个玻璃隔离物（不需要单方向的镜子）与主试的房间分隔开，以便在实验进行时允许主试在房间内谈话。你应该用隔离物阻碍被试看到其他被试的屏幕，但是被试应该能够越过屏幕看到黑板或放映灯屏幕上的公共信息。既然自然光干扰了屏幕的能见度，实验室应该建在地下室的水平面上，以使实验室有足够的高度。

（二）安排

工作站的安排取决于四个主要因素：被试视线的控制、告知全体与个体指导语的便利、给工作站安装电线的安全与成本和监控被试行为（特别是非批准的交流）。一些实验室把工作站安上滑轮，使之具有了以上优势，这种方法可以根据不同实验的需要，以方便的形式灵活地安排工作站。人工地板是另外一个优势，它方便在工作站选择性的布置中电线的安装。

（三）设备

在选择工作站的设备时，除了考虑舒适以外，还有两个相矛盾的因素是重要的。如果有效地阻止了被试之间不被允许或不在监控下的交流（例如，通过交谈、键盘声、目光交流和看其他人的屏幕），那么就难于告知全体公共信息与指导语，或者监控被试的行为。最近一种有用的（但相对高成本的）工作站设备使得在实验室内不需要放置隔离视线的障碍物了，它是将屏幕放置在书桌表面上的一块玻璃窗下。但是，这种方法没有考虑到舒适、机动性和对不允许交流等其他形式的控制。一种更为普遍的方法是使用重量轻、可移动的桌面隔离物。

（四）硬件和信息传递系统

经济学实验室的硬件和信息传递系统需要考虑实验需要、成本、软件的兼容性以及机动性等因素。已有实验室的硬件配置从与因特网联接的远程主机到租借的电话线（在亚利桑那州和印第安纳州的 Novanet），到局部工作站或迷你电脑和无声终端设备（科罗拉多州、爱荷华州和三藩市的加利福尼亚分校 university of california at santa cruz），到与 Token Ring 或其他局域网（伯恩、Cal Tech、卡内基·梅隆、匹兹堡大学、宾西法尼亚州大学、芝加哥大学、南卡罗莱纳州大学和华盛顿大学）联接的兼容 IBM 的个人计算机，可谓各式各样。虽然为苹果公司的 Macintosh 型号微机开发应用软件比较麻烦，但是赖斯大学的 Rick Wilson，可能还包括其他一些人已经成功。而 NeXT 更容易录入，但是直到现在还没有很多与之配套的软件。UNIX 操作系统工作站（例如，SUN 公司的工作站系统和 IBM 的精简指令集计算机）开始做一些改动 inroads，但是它们对于在大多数实验室实验中使用的相对小量的局部计算设备 power，仍然价格昂贵。

实验室的设备每隔几年就要升级为更快的机器。这是因为硬件价格持续下降，并且经济学实验的实验室设备日趋复杂与精密，需要实时数据的图表显示和为交易者提供的智能决策支持。可以客观假设，实验室设备每五到七年必须更新一次。因此，设计既容易适应新款硬件又不需大改动的设备是非常重要的。

给工作站安装电线不仅包括配置电力、与其他工作站和监控机器的联接，而且还包括联接到大学、国家和国际的更大网络。在许多大学的 NOVANET（正式名称是自动指导操作程序设计逻辑）实验室已经被用于学校间的大规模同等实验。由于因特网和其他一些联接了全美所有高校和国外许多大学计算机的高速网络，所以现在有可能进行超过单一学校范围的更大规模的实验（参考威廉和沃克，1993）。此外，机动性似乎是实验室设计中关键的必备条件，因此鉴于它的实用性，主试应当开发新技术。

（五）软件

鉴于在开发与维护方面花费的时间与经费，软件是计算机化实验室的关键资源。普遍情况下，认真开发独立软件的研究人员在开始的时候，常常低估开发实验室软件所花费的时间与成本，甚至在已经被告知有关普通软件公理的情况下，软件开发工作只占整个工作的最后 5%，但是它要花费整个努力的 95%。

实验室软件没有大众市场。商业上用于统计、图表、工作表、传递信息和数据库的实用软件可以用于处理结果，但是很少能用于指导实验。几个实验室已经开发出优秀的软件，用于指导经济学实验，例如，阿林顿·威廉的自动指导操作程序设计逻辑的双向拍卖模型、Plott 的多个体双向拍卖模型、托马斯·Copeland 和丹尼尔·Friedman 的双向拍卖资本市场、Shyam·Sunder 和丹·高德的市场——2001、Srivastava 和 O'Brien 的模拟语言等软件。大部分的软件都已经被各个实验室所共享。但是，经济学家还要开发与其研究程序相配套的插件。所以，这些插件很少具有商业软件的一般性、可移动性（transportability）和实用性（documentation），虽然 Plott 的 MUDA 接近商业软件。外借到的软件通常需要原创者的高度支持，即使原创者非常乐意合作，但是这种支持也难于提供。Plott 和他的实验室成员是个例外，他们不仅分发他们的软件和文件，而且还提供给使用者慷慨的支持。

第二个问题是大多数可用的软件还不能被经过训练的软件工程师开发出来，并且它们也不能根据不同研究课题的各种使用要求被灵活地使用。既然研究人员倾向于发现经济学理论与派别的新特征，那么可能你很快就想更改你外借来的软件。在大多数情况下，分享软件的实验室不会分享资源密码。即使资源密码是可获得的，那么修改别人的软件也不容易，特别是当软件没有被很好地构造与编程时。

这些不利的情况可能还会延续，因为没有类似的机构与市场去支持用于指导实验的这种高度归纳性软件的商业开发。指导性软件的巨大市场正在出现，但是这种软件不可能支持研究的大范围应用需要。原则上，这个问题可以由譬如美国国家科学基金这种类似的中央基金机构所解决。但是到目前为止，美国国家科学基金仍然限定本机构的职责，就是为有实际意义的经济学应用筹措资金，而不认可有必要去支持一般工具手段的发展或者去鼓励局部的创新积极性。

既然硬件与软件的兼容性非常关键，所以一个刚入门的主试，如果定位于选择本实验室开发出的较为合适的软件，那么相对于外借来的软件，更利于他指导实验。虽然它也排除了实验研究在教育学方面的副产品，但是从长期来看，这种副产品更为重要，这种方法能节省时间与金钱。第二种可能性是通过参观现有的实验室来获取经验，同时根据你的需要来修改、设立自己站点，然后把它移植到你自己的制度中或者重新编写它。

你可以在专业会议，特别是通过经济学科学协会的会议和亚利桑那州经济学科学实验室的电子公告版面，获取有关实验室硬件和软件的最新信息。

（六）产生随机数的设备

许多经济学实验需要产生随机数。研究人员必须选择装置来产生随机数，并且决定这些数字是否应该被提前产生，如果需要提前产生，那么它们是否被允许看成是随机的。

掷硬币、抽纸牌（poker chips in a bag）、转轮盘和 bingo cage 都是常被用在实验室中产生随机数的装置。可视的 A bingo cage 随着参与者注视小球滚进笼子直到它落入桶中，也会产生某种戏剧性场面与悬疑。可视的物理装置增强了可信度，因此相对其他选择是最好的。

在纸笔实验中，因为三个原因使得不能选择物理装置：（1）期望的随机变量分配很难从物理装置中获得；（2）主试通常担心在被试目光注视下由物理装置产生的随机数可能会产生一种“不平常的”结果，从而被试认为结果不是随机的。比如掷硬币时连续出现十个正面的情况，不仅主试担心出现这种情况，而且它可能破坏了实验的可信度或者相对于花费在实验上的宝贵金钱与时间来说，产生了较少的合理数据；（3）也是最为重要的是，主试可能想通过进行配对实验增强实验的统计性，这些配对实验随着设置的不同而变化，但是在其他所有方面又是相同的，包括随机变量的产生。通常情况下，上述第一个原因可以通过使用计算机产生伪随机数来解决，如果伪随机数合适就可以转换成随机数；第二和第三个原因可以通过选用预先选取的和筛过的随机数，以及告知被试结果是由产生随机数的特定装置得到的等方式来解决。由计算机程序产生的伪随机数是一个依赖于最初数字选择的确定性结果。因此，对于某些具备有关计算机产生随机数的运算法则及其最初变量丰富知识的人而言，计算机产生的数字可能不是随机的。更进一步说，在实验室中，实验中的被试无法知道呈现给他们的数字是否为主试预先确定好了的，虽然按照推测这些数字是随机的。甚至更坏的是，参与者可能怀疑主试在观察到市场到达某一点的结果后，通过以假定数字是随机的结果来选择每个数字，来参与到游戏中以对抗被试。

当在物理装置与预先选定的结果或者计算机产生的随机数字之间进行选择时，可信度是一个主要因素。作为一个实际指导，你应该自问以下问题：如果我是这个实验中的被试，我是否有理由怀疑选择出的随机数可能是由主试特意选用的？如果答案是肯定的，那么你应该尽可能地使用可视的物理装置。

2.2 实验设计的原则

2.2.1 实验的基本原则

实验经济学不同于自然科学的实验，它通过选择真实的行为人（subject，即实验被试者或者实验被试）在模拟的实验环境中进行实验，因此实验需要在程序、激励等方面遵循一定的基本原则，以实现实验设计的可控制性与可重复性目标。

价值诱导理论（Induced value Theory）已成为实验经济学的标准工具，这一理论是由 Vernon Smith 在《实验经济学：价值诱导理论》（Vernon Smith，1967）一文中提出的。价值诱导理论的含义为可以用适当的报酬手段，诱发被试者的特定特征，而被试者本身的特征与此无关。价值诱导方法是实验经济学的基本方法，其核心是把被试者置于同真实市场交易相似的模拟实验环境中，在合理的实验机制设计下，通过为被试者提供真实的物质激励，考察其在物质激励下的经济行为，而将非经济方面的影响减小到最低的程度，这也是实验经济学同心理经济学和其他非实验经济学的重要区别。Vernon Smith 通过总结大量的实验设计的成功经验，提出为确保经济实验的科学性和规范性，实验设计必须满足显著性、并行性、支配性、隐私性与报酬的单调性等原则。

2.2.2 关于被试者问题

为便于理解，首先定义如下术语：本章所提到的被试者，是指实验经济学中进行的实验中的实验对象；而相对的，主试者是指实验经济学中实验的主持者。

（一）被试者的选择

从原则上说，经济实验对实验对象的选择没有任何特定的限制，可以是任何背景的人，但具体选择时要视具体实验目的而定。迄今为止，已有的实验经济学文献中，实验被试主要是大学里的本科生、研究生。但是，这种选择实验被试者的方式也曾遭到实验经济学批评者的非议，他们认为经济学实验主要模拟的是真实经济市场中的环境，而学生远不如真实市场投资者那样富有经验，因此无法达到期望的实验结果。基于此，为了避免所谓的“被实验者不真实”指责，已经有一些经济学实验从真实市场中招募某一领域的专家作为被试者参与实验的行为决策。但是实验结果显示，由于这些专家很看重自己多年来积累的经验，早已习惯于遵循自己多年习惯的法则，因此反而无法适应主试者订立的新规则；同时由于他们具有较为雄厚的经济实力，因此对于获得实验报酬的数额也不很看重，种种原因导致了这类经济学实验无法满足显著性这一条件。所以，与其选择某个方面的专家作为被试者，不如选择大学里的本科生、研究生作为被试者参与实验的效果好。同样的道理，博士生也不适合作为被试者参加实验。

这一结论也被一批实验经济学家所证实，Dyer（1989）、Vernon Smith（1988）、Mestelman and Feeny（1988）等人都通过经济学实验得出结论，即这些参与人的决策与学生做出的决策相比并不存在显著的差异性，而后者作为实验对象的费用往往远远低于前者。

（二）被试者数量的选择

对实验经济学而言，被试者的数量也是非常重要的，其与实验的质量有很大关系。然而被试者人数由于受预算经费、实验设备等限制，一般不宜过多，因此应根据具体实验所要描述的实际经济系统的不同而决定被试者的人数。例如，讨论竞争市场中合理预期模型的适用可能性时，若利用三类交易者和两种信息上的约束，为保证任何一个组合均有最小限的竞争，把全部的交易者分为6组，每组至少有两个人，这个市场实验计划至少要用12名被试者。实际上刚好用12个人就可以了。在绝大多数的经济学实验中，同一状况下配置2~3名被试者，就足以在实验室的模拟市场环境中达成竞争均衡。如果被试者数目过少，虽然节省了时间和资金经费，但是过少的被试者可能不足以满足实验的需要，导致实验质量较差，甚至无法达到实验目的；如果被试者数目过多，会使实验不易控制，结果实验效率并未提高太多反而耗时耗资巨大，同时过多的被试者还会导致实验重复的次数过多，反而得不偿失。

（三）实验被试者与统计样本的区别

自然科学实验的研究对象可能是动物、植物等，而实验经济学中所进行的实验对象（即被试者）是活生生的人，这也是实验经济学与其他实验的重大区别之一。实验经济学通过模拟与真实经济环境相类似的实验室环境，利用精心设计的实验，可以直接观察被试者在实验中的行动，通过对实验结果的分析，对经济理论进行验证、评价。

而在抽样调查中对样本的定义是：抽样调查是指从总体中抽取部分个体进行调查。其中抽取的一部分个体叫做总体的一个样本。因此，被试者与样本最根本的区别是：样本不一定是人，而实验经济学中的被试者则一定是人，被试者的行为决策将影响实验结果。

（四）被试者的报酬说明

由上文提到的价值诱导理论可知，通过为被试者提供真实的物质激励，可以更好地考察其在物质激励下的经济行为，并且减少非经济方面的因素对经济行为的影响，如降低甚至排除随机行为带来的干扰等。

而真实的物质激励，又以货币所带来的激励最为直接和强烈。由于货币报酬相对实物形式的报酬而言，既可分割，又不会饱和，还能将被试者在面对不同报酬时表现出的态度差异降到最低限度。因此，这是实验设计的一个关键环节。实验经济学研究表明采用报酬手段作为诱发经济主体（即人）的特征需要满足单调性、突显性和优超性三个条件①。从这三个条件来看，相比其他真实物质激励而言，货币最适宜作为被试者的报酬，这也能够满足Vernon Smith的实验设计原则。因此通常情况下，多数经济学实验中采用真实货币作为被试者的报酬。

（五）被试者与主试者之间关系的处理

在处理主试者与被试者之间的关系时，最重要的就是不可以欺骗被试者。因为一旦被试者发现被欺骗，那么他的实验积极性就会降低，并且由于不信任而对实验中已说明的行动和

① 高鸿祯："实验经济学的理论与方法"，《厦门大学学报》，2003（1）：5~14。

报酬之间的关系产生怀疑，甚至可能采取一些防御措施，这样就会损害实验的突显性和优超性。即使这种欺骗行为在该次实验中未被发现，被试者也会在以后的实验中发现被骗，这样的结果会严重损害实验经济学的真实性。一旦被试者对实验产生怀疑和抵触，那么被试者的后续招募难度就会非常大，即使能招募到，也可能因被试者的抵触和防范使实验结果难以接近真实。

从另一方面说，不欺骗被试者并不意味着一切信息必须公开，因为在某些特殊的情况下，对被试者隐瞒一些信息也是实验所要求的。比如，对被试者的报酬等私人信息，不但要求主试者对所有被试者保密，并且直至实验结束也不公开，同时还要规定被试者之间也不可互相询问，这不仅是模拟经济现实的需要，也是经济学实验的需要。因为如果被试者对其他人的货币报酬都了如指掌，那么可能由此产生妒忌或利他主义心理，而无法使被试者按照自身利益实现最大化的偏好行动，从而无法控制货币激励的效果，那么实验结果就会产生偏差。

2.2.3　实验的变量

由于经济学实验是在对真实环境模拟的基础上进行的，因此经济学实验越是与现实环境接近，需要引入的变量就越多，实验就越难以控制，最后的数据也越难以处理。在众多的经济学实验变量中，将实验中作为主要目标加以控制的变量称为焦点变量；而与目标无直接关系，但可能影响实验结果的变量称为干扰变量。经济学实验中的焦点变量和干扰变量不是一成不变的，而是由具体实验所决定，随实验的不同而改变。也就是说，在一个实验中的焦点变量，变换实验环境后，在另一个实验中同一个变量可能就成为干扰变量；或者随着具体实验的不同，同一个变量可能由变量变为常量。在实验设计中要尽量突出焦点变量的影响，而把干扰变量的作用降到最低。

在具体实验中，为了达到实验的可控性，应将所有可能控制的变量加以控制。在实验设计过程中，为了突出焦点变量的影响，可以将焦点变量作为处理变量加以控制，尽量避免复杂的实验程序，以降低实验费用，因此可以把绝大多数干扰变量看作常量加以控制。例如，在市场实验中，费用和评价额等参数是可以自由选择的，交易规则也是可以自由选择的；在个体选择实验中可选方案集合同样也是可选择的。这样实验结果得到的数据是可供利用的实验数据，因为重要变量已经加以控制所以不是偶然发生的数据。但是在实验中有的变量无法对其进行控制，或者很难实行控制，而这些无法控制的干扰变量如果与焦点变量产生交互作用就会使实验结果产生误差，这时我们要将这些变量随机化。

总而言之，在变量的选择上，要注意做到：首先，要将所用可控的变量都加以控制；其次，根据具体实验的需要正确划分焦点变量和干扰变量；最后，为使数据更有效，使实验结果更有意义，要尽量避免干扰变量和焦点变量产生交互作用，变量之间要保持相互独立。

2.2.4　实验经济学实验与其他实验设计原则的区别

实验经济学与自然科学实验如物理、化学实验等不同，实验经济学把社会中真实的人作为实验对象。而社会中的每个人都有自己的特征，很难像商品分类一样把人简单地分为几类，因此实验对象的差异，即人的差异会对实验结果产生巨大影响。即使同为经济类实验，实验经济学实验的设计原则还是与其他经济类实验的设计原则有所区别。

（一）实验经济学实验设计原则与心理学实验设计原则的区别

实验经济学实验采用价值诱导方法作为其研究的基本方法，其核心就在于将被试者置于模拟真实市场交易的实验环境中，通过为被试者提供货币的激励，在合理的实验机制设计下，考察其在物质激励下真实的行为反应，同时将非经济方面的影响减小到最低的程度。这也是实验经济学实验和心理学实验的最重要区别。

而心理学实验的形式多数选择问卷调查，除部分实验的受试者会得到少量的被试费外，绝大多数心理学实验不提供报酬给受试者。此外，在心理学实验中，即使能够得到少量的被试费，每个受试者得到的费用也是相同的，不会因为其个体行为的差别而得到不同的报酬。而在经济学实验中，被试者得到报酬的多少取决于他们在实验中的决策和行为。在心理学实验中，被试者通常不知道实验者的真正实验目的，而在经济学实验中则不然，被试者对实验本身有着充分的了解。因此很多经济学家认为实验经济学的结果更符合人的市场经济决策行为，而对心理学实验的结果大打折扣。

（二）实验经济学实验设计原则与行为经济学实验设计原则的区别

即使同为经济类实验，实验经济学和行为经济学所讨论的“实验”本身在设计原则上也有一些区别。

第一，实验经济学家为各种实验制作详细的实验说明等操作指示文件，使实验可以通过简单的再造实验得到精确重复，即实验经济学实验的设计原则应遵循“可重复性”特点。而行为经济学家的实验规则，一般限制性较实验经济学实验宽松。

第二，实验经济学实验设计与行为经济学实验设计在适用范围方面不同。实验经济学中的实验是典型的“静态重复”，即让被试者在不同时期重复做同一实验，实验结果具有可比性，因此应在实验设计方面有相应体现。而行为经济学的实验承认长期经济均衡趋势的同时，更注重人们每一时期的经济行为。行为经济学家认为，诸如婚姻、购房、养老金储蓄等很多决策，其可选次数对每一个人而言是有限的，因此是很少有机会去通过“试错法”找到一个均衡点的。

2.3 实验准备过程控制

学习做经济实验犹如学习游泳和学习自行车那样，大量的阅读并不能取代进行一个尝试。你可能会发现做其他的进行经济学实验者的助手是一个很有效的学习操作的方法。那样也很容易从其他人那里学到其好的和坏的习惯。本章打算作为初始者一个很有用的核对录，当你独自学习进行经济实验时，你将会形成你自己的，有关应该做和不应该做的更加详细的核对录。

2.3.1 实验日志

以有日期、目的、被试、软件和参数价值为标准的一系列的实验日志对所有的实验进行一个记录，是一个很好的实验室行为。也记录任何不正常的事件（例如“由于有人未出席把计划由十个被试进行的实验代之以八个被试进行”），我们如此快的忘记我们所做事情的内容，什么时候做的，以及为什么那样做等一系列问题的原因，这是很惊人的。日志书是一个具有巨大价值的永久性的记录。

2.3.2 先行性的试验

进行先行性的试验通常是形成有关新的实验的相关设计和程序的唯一合理的方式。在进行先行性的试验时，你可能会发现很多的东西，包括：说明的模糊不清（有歧义）、信息遗失、未料到的信息漏缺、一些活动耗时太多而另一些活动可能是投入过少、相关软件或数字随机产生设备的缺点或失灵、助手不够充分，以及自己的工作缺乏协调性和时序性。一些先行性的试验是这样设计的，但是更通常的，这种设计是事后性的，应用于产生程序性故障的实验。

你需要记录、分析和报告有关先行性实验的数据吗？我们相信所有的数据资料都是应当保存的；只要你能准确地记清究竟是什么发生了错误，你不知道或许什么时候你想再看一次。先行性的试验增加了有关实验室技术和设备的知识积累。实验者很少会花费大量的时间去分析或报告有关试图解决程序性故障的先行性试验的数据资料。另一方面，如果你用先行性试验去探索当理论性的相关参数（也就是协议双方的人数或协议谈判的轮数）改变时行为表现是如何变化的，那么在公布你报告的结果时，你应当避免选择性的偏见。有关该点的进一步阐述参阅 Roth（1990）。

2.3.3 实验设置

有所保留的实验时间应该是在安排好有关被试出现时间的 30 分钟以前开始，并且延续到该时间点以后 30 分钟。在前面阶段的后期，要留有安装和调试设备、计算机和软件的时间；要有在黑板上写出说明的时间；要有通过说明、身份证码、惯例等等确立被试状态的时间；当实验需要时要有安装照相机、幻灯机以及安排作记录的时间。供应物品（例如：粉笔、铅笔、写字簿、白板笔、空白纸条、计算器、计算机储存盘）应该提前安排。公用的计算机实验是需要额外的时间去检查并按要求重新设计机器的设置（记住 Murphy 定理式的计算机实验室情况，即如果存在一个你的软件无法进行工作的错误情况时，每当你喝一杯咖啡进行休息时，实验室机器就会转向这种情况）。在实验的总结之后，仍然需要时间去支付和询问实验被试，对计算机、幻灯机或黑板上的数据进行下载，或者至少做一个备份，并且归还所借的设备。

2.3.4 实验被试到达情况记录

按到达的情况辨认并记录下每一个被试。如果实验被试要求的话，可以给实验被试一个写有他们权利及义务的声明并要求他们签一个公开化的表格。如果可行的话，支付是促使被试到达的额外奖励，或者至少让被试知道，只要能确保在一定时期结束时在，就能获得这个奖励。一些被试可能会带来其没有被征募到该实验中的朋友，如果他们是没有到达的被试的可以接受的替补，那么可以先邀请他们列席，直到计划的开始时间。

按抽签的情况决定席次是一个很好的作法，因为这样帮助我们分化了在实验过程中有可能会倾向于进行互相讨论的任何朋友群组，从而使你免于受到某种歧视的影响。不要和候选被试参与到与实验相关的小讨论中，这种非正式的评论可能最终会主导你在后来实验说明阶段任何可能要告诉他们的东西。如果出现的被试数目超过了实验所需，一些可以用作帮手或监督者，给他们以固定报酬的或者所有参与者所得报酬的平均水平的报酬的承诺。一些实验者（包括作者）有时候用这些帮手作为多时期实验的列席替补，但是并不是每一个人都赞同这种观点。

2.4 实验实施过程的控制

2.4.1 实施者

谁应该对实验的各个时期进行实施呢？设计和筹划该实验的调研者并不一定是实施各期实验的最合适的人选，尤其是如果在人为控制的模式里。通常存在一个独立的，仅告知实验程序，而对相关的理论或实验目的相当陌生的人作为各期实验的实施者，从而达到减少需求效应的目标，这可能是走近在医学里或其他的实验研究中称之为双盲（double blind ）的一步。由于在实验经济学里被其他的调研者复制研究成果还不是一件非常主要的问题，所以现在来讲还很难证实这种设计安排所包含的额外的成本和努力。然而，由于经济学旨在不断扩展，争论将会出现，而且该问题很可能必须再一次的讨论，你在先行性和探索性期间的出现是很有价值的。直接性的观察可能给你带来通过间接的阅读关于该时期相关的二手资料所不能获得的，有关程序性改进与发展的启发。

2.4.2 监督者

有时，在实施状态不确定和信息非对称的过程中，例如在资本市场实验中，你可能必须使被试相信你的有关表面价值的未被证实的推断。大部分的被试会很乐意这样的，但是一些被试可能会默默地保持着怀疑，尤其是如果他们经历过或是听说过有关欺骗性实验的事情。你可以通过让被试自己随机地选择一个被试作为非参与的监督者，从而解决这个问题。监督者被期望能看到有关实验的所有方面，其中包括被试所看不到的（比如，随机数字的获得）并且报告给被试或实验者，如果有违反任何先前所声明的有关规定和程序的事情发生。可以向监督者支付一固定数目的报酬，或是（如果其不影响被试的所得时）获得所有参与者在试验期间所得报酬的平均数的报酬。

2.4.3 实验说明

在确定了被试的席次以后，说明就排在了实验工作的第一位置。如果信息遗漏是非相关的或不一定的，那么让被试持有写好的说明并在相应的期段未开始之前进行阅读是更行之有效的。采用口头说明的一个目的是为了利用一个已成事实的优势，即对大多数人来讲，理解一个口头的有关某一事项规则的解释或阐释要比理解一个书面的相关说明容易得多。另外，对于坐在同一房间里的被试来讲，口头说明可以使该说明成为被试之间的一个公共知识(或者至少是公共信息)。在人为操作的实验中，你可能会大声地读出书面的说明，并且要求被试在他们的副本上跟着读。这样可以强化写在黑板上的程序要点或给出有关比较复杂步骤的说明性的例子。在该阶段一定数量的有解释力的问题也是可以引入的。在对书面化的内容进行延伸的过程中，你必须对复制性问题保持敏感——合理地确保其他的实验者会对书面化的说明提出一个类似的解释或理解。否则，这样的理解必须明确为只是书面说明的一部分，因为毕竟是书面的说明构成了实验的相关记录，并以此传递到读者和其他的研究者那里。在计算机操作化的实验里，所有的或一部分的说明可以通过计算机屏幕来提供。苹果电脑的 Hypercard 和 IBM 及与其兼容电脑的相关的 Windows 软件都是产生说明的比较方便的方式，并且被试可以以自己的方式进行浏览。然而，通过私人电脑来传递实验说明并不是一个很有效的向被试提供公共信息的方式。

当要求参与者理解复杂的步骤时，一些实验者选择把说明分解为许多的子步骤。每一个子步骤伴随一个阐释性的（或者是实际性）的活动，以此来要求和促使对该步骤的理解。被试可能会在这些中间步骤中赚得一定的收入。当某一被试好像不理解该步骤的说明时，实验者就面临一个比较棘手的问题，即决定给该被试做出一个特殊的或具体的解释是否合适。当观察到被试的行为是源于对说明的一个错误的理解，实验者就要重新读一遍说明的相关部分或者举例说明。对被试要付出特别的注意，除非是他们主动要求，才能去冒给他们没有根据的信息的风险，这是对说明的有关复制性的一个可能的威胁。

2.4.4 处理被试的询问

即使是最细心的说明和阐释也很少有足够的情况；毫无疑问，存在着来自被试的询问。我们有四条建议：(1) 公开地处理被试的询问，或至少在适当的被试组织内公开化，避免给其他的被试一种好像遗漏什么信息的感觉；(2) 提醒被试注意他们询问的措辞，以防泄漏隐私信息（如果有的话），并且提醒自己在回答这些问题时注意不要泄漏了任何人的隐私信息（或他们在实验中的角色地位，如果把其当作隐私的话）；(3) 注意在回答问题时的措辞以防对被试在实验中的选择行为有导向作用；(4) 应该注意到你可能必须在某些问题上推导答案；否则，你可能就不能够保持某一具体的行为或正被调研理论的隐私性。

2.4.5 排练阶段

很多的实验把一时期的前两个到前四个阶段作为排练阶段，在这个过程中是不对被试所进行的表现进行支付的。在这些阶段可以处理被试的询问，甚至允许被试的一些隐私性信息被泄漏，如果这些信息和以后的阶段不相关的话。在首先的一定阶段里是很特殊的：可能会产生几乎所有的询问；被试需要更多的时间；实验者发生程序上的错误；被试发生重要的错误（例如，把说明阶段用于阐释的数字带入到了实际的实验之中）。当然，你应该提前宣布排练的阶段。在早期阶段，如果你对被试的差错是很友善的并且帮助其改正，他们会更倾向于用比较幽默的方式去原谅你的过失。承认错误，重新开始，并且以注释的形式把这样的事例报告到研究报告中。

2.4.6 人为市场的控制

人为市场实验会产生一些额外的问题。你应该提醒被试这些是很重要的：（1）根据说明做出准确的记录；（2）不要参与非正式的交流。另外，在人为市场中，实验者可能会忘记限时性问题，因此，一个专门的时间控制者是很有帮助的。实验者不应该对有关提出价格或提供某物的行为进行鼓励或反鼓励，而是应当保持一个中间的立场和声音。在人为控制的拍卖中，拍卖者可能会因为被试有关行为的过度繁忙而无法对其进行控制。增加这一阶段的时间长度并不一定能解决问题，因为所有交易者可能都想在这一阶段的中期或后期进行交易。采用下面的规则或许是有帮助的：在拍卖者重复出价，问价或交易后的第一个说话者是被承认的。如果你一个人进行实验，你可能再按交易者举手的先后顺序对其进行操作的时候存在困难，因为在拒收的过程中你可能在关注着黑板或纸带。除非被试面对一个带有秒针的壁钟，一个提前 30 秒或 15 秒的提醒帮助被试在阶段结束之前完成交易。要求你的被试在每一阶段的末期更新他们的笔录；在一个整体时期结束之前不要让他们推测整体的笔录结果。

2.4.7 数据资料的记录

数据资料是你从实验中获得的一切，因此，不管你做什么，都不要把数据弄乱或弄丢。你应该提前计划如何使你的数据变成永久性的记录。在电脑操作化的实验中，软件会自动地获得相关的数据，但是在一个时期的末尾你也应该对数据文档做一个副本，在你的日志录里记下文档的名称、大小等等。

在人为操作的实验里，数据保留在由被试或实验者填写的记录簿里。设计良好的记录簿使做出正确的相关条目变得更加容易。公共信息（例如，在双向拍卖中的出价与要价）是记录在黑板上或纸条上的。纸条是相对较好的，因为它本身就构成了一个永久性的记录，然而黑板上的数据必须转移到一些更具永久性的东西上。你可以对黑板或次序安排进行拍照，如果在该时期内声音和其他的行为表现重要的话，甚至用录像机录下整个时期过程。

除了表现出的数据，你还必须准确地记录下实验的处理方式、条件和参数，写下你为什么决定进行这个时期的有关原因的描述。在几个月之后，当你对所有时期的数据进行一个分析时，相关的数据资料就会顺手可得。

2.4.8 实验结尾的控制

为了一个不确定数目的测试（通常很多的测试会安排到一个时期中指定的时期段内），很多的经济实验都要进行重复。进行这些实验的目的是为了使这些被试的经验、学习成果最大化，使被试的行为表现安置到一个比较稳定节奏的机会最大化。如果你让被试提前知道第 n 个阶段将会是一时期的最后一个阶段，一些被试可能会在最后的阶段里尝试“一些不同的东西”。在一些实验里——例如重述性的囚徒困境实验——存在着一个在最后一个阶段表现不同化的经济性的理性；在其他的情况下，人们仅能推测出这样行为下的动机，即在最后一个阶段可能由于“如果……，将会怎样呢?”的好奇主导着其他的动机。既然学习的争论表明最后阶段的数据是推测相关的均衡的最重要的数据，最好是避免发现其是最后阶段，直到其已经结束。如果你已经答应在下午两点结束实验，那么最好在该时点提前一些结束实验。

在最后阶段的末尾，提醒被试去做一些仍然需要去做的步骤，诸如转移或传递电脑屏幕上的数据，完成他们的相关记录和利润的计算，填写问询表和现金收据，收集并整理他们的清单、记录簿等等。把这些都存放到准备好的文件夹里，并且当他们到支付台领取报酬时让他们带着自己的文件夹。

2.4.9 实验中的问卷调查

问卷调查是实验心理学的一种传统作法。相反，在经济学领域中的很多实验者并没有提出正式的问卷调查方式。因为他们害怕如果询问被试有关实验的具体问题或其行为表现问题，将会影响被试在后续实验中的行为表现，或者是担心被试通过集体宿舍式的讨论关于实验者希望从实验中得到什么的问题，从而可能影响整个被试群。经济学家对参加过重复实验的被试的学习和经验效应的依赖程度的担忧不是毫无根据的。另一方面，实验经济学者把决定被试行为表现的大部分因素都归因于相关的制度。但是，巧妙的问卷处理和询问方法可以有助于提供有关被试是否真正理解了说明，被试在实验室的个人态度，以及他们的策略和思考过程等重要的信息，这些有利于我们对所研究问题的深度把握。我们认为，你不应该放弃这次学习的机会，尤其是在你调研工作的先行或探索阶段。因此，我们推荐附加“写下你有关该实验的任何评论和你所参与的部分”等的问卷调查。

2.4.10 实验报酬支付

被试喜欢现金的支付方式。实验者为了避免处理现金的麻烦可能希望采取一个变通的签写支票的方式。保持你支付给每一被试数目的秘密性，否则你可能会创造一个有关“谁获得最多的钱”的奖励心理，并且减弱你边际奖励的显著性。在任何可能的时候，把被试单独地叫到一个孤立的地方或一个隔离的房间里对其进行支付。他们仍然可能会交流关于他们所挣多少的信息。你也不可能针对于此再做些什么了。在进行支付之前让被试填写一个现金收据。如果进行的是一个多期的实验，也就是同一批被试参与多期实验，那么最好是填写一个分期报酬表，从而作为被试在第一期段所挣多少的一个有形的证据，从而鼓励他们返回做后续性期段的实验。

2.4.11 实验报酬为负数的处理

虽然在实验中你竭力使某一被试破产的机会最小化，碰巧的是你可能会遇到一个拥有最终收入为负的被试。通常情况下要求一个不走运的被试对你进行一个净的支付是不现实的，并且这样的支付会使你和被试的关系陷入僵局。你应该怎样做呢？你应该用一个设计良好的，而不是一个即兴爆发的决定去处理破产事件。最简单的选择是让破产的被试以一个零报酬支付离开。不幸的是，这倾向于得出被试的风险寻求行为得到低（或负）收入的结论。

而且，如果你不提前宣布这一选择，这就成了一个事后的对支付计划的违反，并且会影响到被试关于你自己的或你同事的实验的预期。这显然不是我们所期望看到的。一个更为常用的作法是，当某一被试的收入低于某一临界值时，他就立即从实验中被解雇。这一作法保持了你的信用水平，但是被试数目（而且他们所引导出的风险偏好）的内生性变化可能会削弱你的实验的有效性。

第三个选择，可以让被试在一个时期开始以前明白并达成一个协议，即他们将以每小时一固定报酬率来做助理工作的方式偿还在实验中所得的任何负的收入。

2.4.12 摆脱困境计划

每个实验者都有感觉好像任何事情都不顺利的时候。比如，没有足够的被试，或是他们迟到了，使时间不足以完成实验；计算机或其他设备发生故障；软件程序运行中突然报错导致实验不能顺畅进行；实验主持人忘记带实验说明、表格、纸带、实验参数、现金，或是带错了相关的条目等等。你可以通过努力把该时期作为实验导语说明时期从而为摆脱该困境尽量争取时间，或为这一意外事件的出现向被试表示道歉，给被试以固定的奖酬作为对其造成不便的经济补偿，并且同他们重新约定时间来做实验。一般来说，大部分人将会对此表示理解并会合作。

第三章 DISANZHANG

公共品供给机制实验

3.1 现实背景

从传统计划经济体制到改革开放30年的市场经济改革，中国社会公共品的供给方式从主要由政府提供，逐步转变为主要由市场自主调节供给，这体现了中国社会的经济发展，以及中国经济结构和社会结构的巨大变化。如何实现中国公共品的有效供给一直是学术界探讨的重要问题之一，虽然公共品的多元化供给已成为当前学术界和政府决策层公认的改革趋势，但是在公共品供给问题上，政府究竟要扮演怎样的角色，仍然是一个有待研究的问题。本章正是在思考这一问题的背景下，进一步深入研究的。

对于公共品供给的制度缺陷，公共选择理论运用了诸如公地的悲剧、囚徒困境博弈和集体行动的逻辑等一系列模型进行了全面而有启发性的分析。这些模型的逻辑结果几乎均是消极的，其任务多集中于分析这些消极后果的产生原因，并提出避免消极后果的可选方案。基于这些分析，许多学者提出了不同的政策建议。有些学者认为，利维坦方案①，即不受制约的中央集权制度可以避免公地的悲剧，并可以打破纳什博弈均衡，解决搭便车问题，也可以消解利益集团的特殊利益。另有学者认为，通过完全的私有化，建立明确的私有产权制度，是纠正公地悲剧、突破囚徒困境博弈、遏制搭便车行为的唯一有效路径。

2009年经济学诺贝尔奖得主 Elinor Ostrom（1990）通过对合作博弈的研究，提出了“自主治理”② 制度模型，认为利维坦或者私有化均不是有效的解决方案。她从实证的角度分析了运用非国家（集权）和非市场（私有化）的解决方案来解决公共事务的可能性。她认为人类社会中大量的公有池塘资源问题从根本上讲，并不是依赖国家，也不是通过市场来解决的，人类社会中的自我组织和自治，实际上是更为有效的管理公共事务的制度安排。

西方公共品供给机制的创新发展，为解决中国公共品的有效供给问题提供了有益的启

---

① ［英］霍布斯，黎思复、黎廷弼译：《利维坦》，商务印书馆1985年版。

② ［美］埃莉诺·奥斯特罗姆，余逊达、陈旭东译：《公共事物的治理之道》，上海三联书店、上海人民出版社2000年版。

示，但是结合中国公共品供给的现状与中国的具体国情，中国公共品的供给方式究竟应当选择以自愿供给机制为基础的完全自主治理，还是选择将政府定位于领导者的角色，发挥示范作用的供给机制，是本章要探讨的主要问题。总而言之，通过研究自愿供给机制与领导者供给机制对公共品供给水平的影响，探索一种适合中国具体国情的公共品的供给机制，具有重要的理论意义和现实意义。

3.2 国内外相关研究现状

3.2.1 国外相关研究现状

国外经济学界对公共品理论的研究起步较早，但随后一直发展较为缓慢，直至 20 世纪后期，公共品理论体系才基本成熟。随着对公共品理论研究的不断推进，越来越多的经济学家发现，将实验经济学引入公共品理论，有助于诠释传统经济学理论无法解释的难题。研究发现，引入公共品自愿供给机制，有利于解决公共品供给不足的难题，并且有助于化解公共品搭便车难题。近几年，经济学领域开始关注领导者在集体行动中的重要作用，发现领导者的示范带动作用对保证某个群体或整个社会的良好运行、解决社会问题中的困境以及提高组织内部的团队绩效都具有十分重要的意义和作用。

为了化解公共品供给不足的难题，很多实验经济学家开始重新思考公共品的自愿供给，考察公共品自愿供给机制（Voluntary Contributions Mechanism，简称 VCM），探索影响公共品自愿供给的不同因素以及如何建立起有效的公共品自愿供给机制。通过考察公共品自愿供给机制，经济学家发现在非常大的集团中或从公共品中获得的人均收益较高时，不会出现传统经济理论预测的严重的搭便车情况①。随后，在 VCM 实验的基础之上，实验经济学家又进一步研究了沟通、誓言等因素对于公共品供给水平的影响，包括 Isaac and Walker（1988）、Van de Kragt（1983）、Ostrom（1992）、Chen and Komorita（1994）等在内的许多经济学家都在这一领域进行了富有成效的研究。此外，Timothy N. Cason、Feisal U. Khan（1999）又通过实验进一步研究了在信息不完备的条件下，公共品供给水平的变化情况。

在公共品供给问题的研究中，领导者的作用问题较为特殊，起初经济学界对于这一领域并未给予足够关注。直到 Albert Schweitzer 提出了著名的"示范即领导"，许多知名学者才开始意识到领导者对于群体的良好运行的重要意义。随后，许多经济学家纷纷在这一领域展开了研究，Hermalin（1998，2003）、Arce（2001）、Foss（2001）、Meidinger and Villeval（2002）等分别通过理论模型与实验论证了领导者的作用。这些研究的成果为本章的进一步研究奠定了坚实的基础。

---

① Ledyard，J. Public goods：a survey of experimental research. The Handbook of Experimental Economics. Princeton University. Press，Princeton，1995.

3.2.2 国内相关研究现状

目前国内经济学界对公共品供给机制方面的理论研究还有待发展，对公共品问题的研究多数还停留在简单套用西方经济学相关理论的阶段。同时，国内理论准备的不足也影响了实际研究和分析的角度和深度。当前，国内经济学界对公共品供给模式的探讨比较多，对公共品需求的分析比较鲜见，而对如何实现公共品有效供给的分析更显不足。王广正（1997）从组织的角度分析了为什么要由国家供给充足的公共品。王艳萍（1999）分析了我国公共品供给的低效率，并提出了对策，但是她主要分析的是准公共品。阎坤等（2000）从需求的角度分析了如何使公共品的消费者正确显示其偏好。马怀军等（2003）从制度角度分析了公共品的供给，他们从物品属性的变化方面比较具体地阐述了市场机制何以能够供给某些公共品，但他们对公共品的自愿供给未加分析。汤玉刚（2003）从效率的角度分析了改革以来政府供给偏好转变的原因及机理，并得出结论认为，中国政府正在回归供给公共品的职能，并强调公用事业民营化的作用。卢洪友（2003）认为，由于政府和市场都有可能失灵，因此有效率的公共品供给制度选择逻辑应是先市场后政府，在此基础上，他对公共品供给效率的制度安排提出了自己的观点，认为应建立起政府与市场混合调节及公共部门与私人部门职能互补的框架。但卢洪友对公共品供给制度安排的分析存在一些缺陷，首先他没有分析非营利组织在公共品供给中的作用，他在文中提到的私人部门指的是市场组织，并不包括非营利组织；其次他对市场提供公共品的原因和条件分析不足。此外，还有很多学者分析了城市公共品的供给情况问题以及公共品的筹资问题等。

总体来看，我国公共品的研究还远未达到成熟阶段，对公共品有效供给机制的研究则更有待深入。同时，真正结合我国公共品供给现实问题建言献策的研究也并不多见。多数研究缺乏充足的实证支撑，特别是在研究领导者对公共品供给水平的作用方面，因此急需相关研究填补这一领域的空白。

3.3

公共品理论及其供给机制的实验研究综述

3.3.1 公共品理论的回顾

公共品一般是和私人物品相对而言的，其概念最初是由瑞典人林达尔（E. R. Lindahl）于 1919 年在其博士论文《公平税收》中正式提出的[①]，考察公共品理论的发展历史，主要包括如下几个发展阶段：

① Dougherty. Public goods theory from eighteenth century political philosophy to twentieth century economics. Public Choice, 2003, 117 (3 ~4): 239 ~253.

（一）研究的古典起源

公共品这一概念产生的历史至少可以追溯到原始氏族社会，在原始氏族社会人们就已经注意到了公共品问题。恩格斯在《家庭、私有制和国家的起源》中分析国家起源时指出：易洛魁人已经有“讨论公共事务的部落议事会”；部落“管辖的事情，包括低级阶段上的野蛮人的全部公共事务”[①]。这里的公共事务就是我们现在所说的公共品。

希腊哲学家亚里士多德指出：“凡是属于最多数人的公共事物常常是最少受人照顾的事物，人们关怀着自己的所有，而忽视公共的事物；对于公共的一切，他至多只留心到其中对他个人多少有些相关的事物”[②]。可见，亚里士多德不仅注意到了公共品的存在，而且开始意识到了搭便车问题。

大卫·休谟在1739年出版的《人性论》[③]中则更加明确地提出了“搭便车”理论。他写道：两个邻居商定共同浇灌一块他们共同拥有的牧场，因为他们都非常清楚，如果他不完成自己的那部分工作，那他将最终失去整个牧场。然而，对于赞同任何同样行动的一千个人来说，判定他们是否作出同样的努力将是非常困难的，实际上也是不可能的。对他们来说，执行如此复杂的设计并采取一致行动将是非常困难的，因为每个人都会寻找托词以使自己免得承担由此带来的麻烦和花费，而使其他人承担整个负担。

即使主张“自由放任”的亚当·斯密也承认政府应提供最低限度的公共服务[④]。这种最低限度的公共服务包括国家安全、社会安全、司法制度、公共事业等事项，由于“搭便车”的存在，私人缺乏提供的激励，需要政府的介入，用税收手段来筹集资金并提供这些产品。从某种意义上说，正是由于对公共品的需要才导致政府的产生。

约翰·斯图亚特·穆勒在其学术著作《政治经济学原理及其在社会哲学上的应用》[⑤]中，论述了什么情况下政府应该提供公共品。他举了灯塔的例子来说明，认为像灯塔这样的物品，个人不可能主动建造，原因在于这类物品的建造者和提供者很难对使用者收费，以补偿建造费用并获利，解决的办法只能是，由政府采用收税的办法建造和提供。也就是说，对于收费困难的物品或服务，应该由政府提供。

（二）公共思想的提出

1882年，瓦格纳通过对19世纪的许多欧洲国家和日本、美国公共支出增长情况的考察，提出了“公共支出不断增长法则”，或称“政府活动扩张法则”[⑥]。它可以表述为，由于人们对公共品的需求弹性较高，在经济发展过程中，随着人均收入的提高，人们对包括法律、警察、金融、教育、文化和医疗等公共品的需求将不断增长，并且超过人均收入的增长，因此使得政府支出的规模也相应增长。这一观点后来被人们称为“瓦格纳法则”（Wag-

① ［德］恩格斯，中共中央马克思恩格斯列宁斯大林著作编译局编：《马克思恩格斯选集（四）》，人民出版社1995年版。

② ［希］亚里士多德，吴寿彭译：《政治学》，商务印书馆1983年版。

③ ［英］大卫·休谟，关文运译：《人性论》，商务印书馆1980年版。

④ ［英］亚当·斯密，郭大力、王亚南译：《国民财富性质和原因的研究（下卷）》，商务印书馆1988年版。

⑤ ［英］约翰·穆勒，胡企林等译：《政治经济学原理》，商务印书馆1991年版。

⑥ Dougherty. Public goods theory from eighteenth century political philosophy to twentieth century economics. Public Choice, 2003, 117（3~4）: 239~253.

ner's Law)。

（三）公共品概念的提出

“公共品”一词最早由瑞典人林达尔于1919年在其博士论文《公平税收》中正式提出。林达尔指出，假如两个非势均力敌的政党谈判一项政府支出，结果将是各种最优的和非最优的产出。这是因为每个政党都试图打破均衡以更加有利于自己。但是，假如这两个政党拥有相同的谈判权力，将导致最优结果。这是因为，在民主进程中，由于平等主体的政党间的谈判，产出将位于一个“标准位置”，在这个位置上，一个政党的最后一个单位货币花费的边际价值将与另一个政党最后一个货币单位花费的边际价值相等。林达尔的最大贡献是提出了公共品供给的“林达尔均衡”思想。他分析了两个消费者共同纳税分担一件公共品的成本问题，指出每人在总税额中的应纳份额应当与他从该公共品消费中所享有的效用价值相等。这些税收份额即为他的税收价格，这个价格就是著名的“林达尔价格”，其形成的供求均衡被称为“林达尔均衡”①。这解决了公共品供给所需费用的来源问题，极大地促进了西方公共财政理论以及公共品理论的形成与发展。

（四）研究范式的建立

公共品的经典定义由萨缪尔森于1954年在《公共支出纯理论》② 一文中提出。在该文中，萨缪尔森将公共品与私人物品两个概念明确区分，他指出：集体消费产品（collective consumption goods）是指这样一种产品，“每个人对这种产品的消费都不会导致其他人对该产品消费的减少”。并且他以一个等式来精确界定这种产品：$x_{n+j} = x^{i}_{n+j}$，它表示第 i 个人对第 n + j 种产品的消费等于第 n + j 种产品的总量；它区别于个人对私人消费产品（private consumption goods）的消费：$x_{n+j} = \sum_{1}^{n} x^{i}_{n+j}$，即所有个人对第 j 种产品的消费之和等于第 j 种产品的总量。

从其数学等式我们可以推导出公共品的两个基本属性：消费的非竞争性和受益的非排他性。消费的非竞争性是指各经济主体之间的消费互不影响，某一公共品一旦被提供，则增加的消费者对该产品的消费的边际社会成本为零。当然要注意的是，增加纯公共品的产量的边际生产成本并不为零，而是一个正数。受益的非排他性是指每个人都能消费整个的公共产品，这就说明某一公共品一旦被提供，则所有社会成员都可以同时享受同样质量和数量的公共品，一部分人对该公共品的享受不能将其他人排除在外，如果将一部分人排除在外则效率受损。

正是由于这两个属性，因而很难找到一个有效的价格体系来控制公共品的消费。当公共品市场中配置资源的价格体系缺失时，政府就变成这个市场的主要配置者，或者由政府的公营企业来垄断提供。萨缪尔森指出，在两个人和两个私人产品的世界里，最优条件是 MRS1 = MRS2 = MRT。但当这两个产品中的一个变为公共品时，最优条件也就随之变为 MRS1 + MRS2 = MRT。这一新的均衡条件对市场配置资源的能力来说是一个“损失惨重”的挑战，因为市场价格机制适用所有消费者，而这些新条件需要单独的各不相同的价格去满足每

① Dougherty. Public goods theory from eighteenth century political philosophy to twentieth century economics. Public Choice, 2003, 117 (3 ~ 4): 239 ~ 253.

② Samuelson Paul. The Pure Theory of Public Expenditure. Review of Economics and Statistics, 1954, 36 (4): 387 ~ 398.

一个消费者。他指出，中央价格机制和投票或者信号机制都不能完成这项任务，自私的个人将会总是掩盖他们对公共品的真实需求。应对这个问题的办法仍然需要通过不断的研究和探索。

萨缪尔森提出公共品概念后，一些学者对它进行了批评和质疑。

Malkin 与 Wildavsky 认为“公共”二字容易引起误会，会使人认为只要是政府提供的产品就是公共品，而公共品也必须由政府提供。他们认为公共品是一种社会观念，是一种纯粹与文化相关的观念。因此，一种产品变成公共品是因为它由社会决定以哪种方式来处理它①。这种观点与公共品起源的效用相互依赖说相呼应。

Enke（1955）认为萨缪尔森公共品的概念虽然非常精炼，但概念范围太过狭窄。此概念只是定义了所有产品中的两极，一极是纯公共品，另一极是纯私人产品，而在两极中间的大量产品被忽略了。他认为萨缪尔森提出的概念太脱离现实，所以从理论回到现实就不难发现，在不计其数的各种产品或劳务中，能够完全满足萨缪尔森“灯塔”性公共品标准的物品是极其少见的，甚至是根本不存在的。

史蒂文斯认为，现实中很难找到一种公共品具有完全的消费上的非竞争性和受益上的非排他性。他指出：“大概现实中没有哪种物品会满足纯公共品的严格定义，甚至国防和制止犯罪也不是谁都可以同等得到的（公共品）。边远的阿拉斯加村民并不能得到华盛顿特区或奥马哈、尼布卡斯卡同等的防务”②。

上述批评和质疑，引发了经济学家们对公共品的概念和特征的进一步发展和深化。

通过不断地探索，经济学家普遍认为，纯公共品和纯私人产品两分法的本质，并不在于它清楚地界定了政府和市场分别应该生产哪类产品，而在于它认识到了介于这两个非现实极端之间的中间状态。因此，对公共品概念的进一步研究主要是填充萨缪尔森两极模型中的中间部分，很多经济学家对此做了大量的工作，阿特金森和斯蒂格利茨对公共品的分类进行了连续性处理。他们指出，与萨缪尔森纯公共品的定义不同，“更为一般的情况是，有一类商品具有这样一种性质：（在对该商品的总支出不变的情况下）某个人消费的增加并不会使他人的消费以同量减少。”他们继续举例说，“如果某人在一条很少使用的高速公路上行驶，则这条路对于其他人的利益只有轻微的减少”③。这里阿特金森和斯蒂格利茨描述了纯私人产品和纯公共品中间的第三种类型，可以称为非纯公共品（impure public goods）或称为准公共品。

（五）公共品理论的成型

詹姆斯·布坎南在经济学理论上的最主要贡献就是将政治决策的分析与经济理论结合了起来，与戈登·图洛克、肯尼思·阿罗等人联合创立了公共选择理论，成为现代“公共部门经济学”的起源。他在《民主进程中的财政》一书中，给公共品下的定义是“任何由集团或社会团体决定，为了任何原因，通过集体组织提供的物品或劳务，都被定义为公共

① W. Ver. Eecke. Public goods: An ideal concepts. Journal of Social Economics, 1999, 28: 139 ~ 156.

② ［美］乔．B．史蒂文斯，杨晓维等译：《集体选择经济学》，上海三联书店、上海人民出版社 2003 年版。

③ ［英］安东尼·B·阿特金森，［美］约瑟夫．E．斯蒂格利茨，蔡江南等译：《公共经济学》，上海三联书店，1992 年版。

的。”“这一广泛的范畴包括了某些萨缪尔森及其他人所说的‘纯集体的’物品，也包括了其他物品和劳务，其公共性程度从零到100%不等。由于我们的目的是分析提供公共品的组织，而不是对与组织无关的特定物品及劳务确定一个恰当的分类，所以，这一范围广泛的定义是合适的。”①

休·史卓顿等人对公共品的定义为：“我们将所有那些其供给不是由个人的市场需求而是由集体的政治选择决定的物品，即把任何由政府决定免费或以低费用供给其使用者的物品和服务，看作公共品”②。

布坎南在萨缪尔森等人的研究基础上创造性地提出了“俱乐部产品”。1965年，布坎南在《俱乐部的经济理论》一文中指出，萨缪尔森定义的公共品是“纯公共品”，现实社会中，大量存在的是介于公共品和私人物品之间的“准公共品”或“混合商品”③。所谓俱乐部产品就是这样一类产品，一些人能消费，而另外一些人被排除在外。在该文中，布坎南使用成本收益分析框架，得出了俱乐部成员的最优规模。他指出，俱乐部成员的最优数量是有限的，而且随着该俱乐部产品数量的边际收益的变化而变化；他认为俱乐部的所有者能够固化他们的价格，接受新的成员只要每个成员的边际收益不小于他或她的边际成本。这样，根据边际成本与收益分析，俱乐部通过接受愿意支付的新成员而达到规模最优。布坎南的“俱乐部产品”拉近了“公共品”与现实的距离，具有较强的实用性和操作性。

（六）公共经济学的确立

在经济学理论发展的很长时间里，公共经济学（Public Economics）或公共部门经济学（Public Sector Economics）并不是经济学理论的一个独立分支学科。直到20世纪50年代末期，美国著名学者马斯格雷夫出版了堪称经典的《财政学原理：公共经济研究》一书，第一次引用了“公共经济学”的概念④。

美国经济学家、1999年诺贝尔经济学奖获得者斯蒂格里茨教授，对公共经济学的研究领域进行了分类。他提出公共经济学主要研究三个类别的问题：一是公共部门从事哪些活动，以及这些活动是怎样组织的；二是尽可能地理解和预测政府经济活动的全部结果；三是评价政府组织公共经济活动的各种政策。

至此，成熟的公共品理论体系框架已经完全形成了。

3.3.2 公共品的特征

首先，公共产品的基本特征包括以下几方面：

（一）非排他性

所谓非排他性，指的是一旦公共品提供出来，不可能排除任何人对它的消费。严格地说，它包含三层含义：（1）任何人都不可能不让别人消费它，即使有些人有心独占对它的

① ［美］詹姆斯·布坎南，唐寿宁译：《民主进程中的财政》，上海三联书店出版社1992年版，第13页。

② ［澳］休·史卓顿、莱昂内尔·奥查德：《公共品、公共企业和公共选择：对政府功能的批评与反批评的理论纷争》，经济科学出版社2000年版，第68页。

③ James M. Buchanan. An Economic Theory of Clubs. Economica. New Series，1965，32（125）：1～14.

④ Dougherty. Public goods theory from eighteenth century political philosophy to twentieth century economics. Public Choice，2003，117（3～4）：239～253.

消费，也是或者在技术上不可能，或者虽然技术上可行，但成本过高，因而是不值得的；(2) 任何人都不得不消费它，即使有些人可能会不情愿，却无法对它加以拒绝；(3) 任何人都可以恰好消费相同的数量。否则，如果在某人消费以后，别人消费的可能性减少，那么就等于部分地排他了。比如国防服务，任何人都不可能独占国防体系，而且即使不想得到国防体系的保护，也不能把自己置于国防的保护范围之外。同时，无论是谁，都将得到作为该国居民的国防安全保障，并且这种国防保障对每一个人都是同等的。公共品的非排他性主要是由两方面的原因决定：一是公共品大都是那种在技术上不易排斥众多受益者的产品，如国防等；二是某些公共品在技术上虽然可以排他但排他的成本十分昂贵，以致经济上不可行。

而在私人物品或服务上，则不存在这种可能。如一件衣服或一个面包，购买者为此付款后就取得了该种产品的所有权，并可同时排斥他人享用这种物品。私人物品或服务在受益上必须具有排他性，因为只有在受益上具有排他性的物品或服务，人们才会为了得到这种物品付款，生产者也才会在市场上提供这种物品。

（二）非竞争性

所谓非竞争性，是指公共品被提供出来，任何消费者对公共品的消费都不影响其他消费者的利益，也不会影响整个社会的利益。非竞争性包含两方面的含义：一是边际生产成本为零，指的是增加一个消费者对供给者带来的边际成本为零，即在增加一个消费者的情况下，供给者不需要追加资源的投入；二是边际拥挤成本为零，每个消费者的消费都不影响其他消费者的消费数量和质量，即这种产品是共同消费的，而且不存在消费中的拥挤现象。因此，排除那些能从公共品消费中获得正效用的人，既无道理，也无必要。比如，国防服务一旦提供出来，公民数量增加不需额外追加资源投入，也不会妨碍其他人享受该国防体系的保护。

相比之下，私人物品或服务的情况刚好相反，它在消费上具有竞争性，即某个人或厂商对某种一定数量的私人物品或服务的享用，实际上就排除了他人或厂商对其的同时享用。比如一件衣服，当某位消费者购买了这件衣服之后，就拥有了对这衣服的所有权，它只能归属其本人及其家庭成员所使用，别的家庭的人不可能同时享用这件衣服所带来的效用，如果别的家庭的人也想使用这件衣服的效用，就只得自行购买，而这时它的边际成本显然不等于零。

除以上基本特征以外，公共产品还包括以下特征：

（一）效用的不可分割性

公共品是为全体社会成员提供的，具有共同受益或联合消费的特点，其效用为整个社会成员所共享，具有不可分割性。也就是说，要么向全体社会成员提供公共品，由全体社会成员共同受益；要么就不向任何人提供。公共品效用的不可分割性决定了其不能分割为若干部分，分别归属于某些个人或厂商享用，或者不能按照谁付款谁受益的原则限定为付款的个人或厂商享用。

对于纯公共品而言，任何一个消费者所消费的公共品数量就是全社会的公共品总量，这说明公共品在效用上是不可分割的；对于纯私人物品而言，其效用则是完全可分的，即某一商品的总量等于所有消费者所消费的该商品数量的总和，这说明私人产品在效用上具有可分割性。而对于大多数共同消费物品而言，其效用是部分可分的。在一定的供给界限之内，一个人使用一件物品部分地减少其他人使用和享受该物品，即该人每增加一个单位的使用量，都会妨碍特定一群使用者中其他人对该物品的使用。比如，汽车增加会使高速公路变得拥挤，使得汽车的行驶速度放慢，给其他的人带来不便。

（二）公共品的自然垄断性

由于公共经济的非竞争性和公共经济资源的短缺以及政府对公共部门拥有直接管理权的合法存在，导致垄断性成为公共品的一个显著特点。例如城市的水、电、气、通讯和电视网络等一旦建成，后来的投资者就不得不付出极高的再进入成本，或者是几乎不可能进行重复建设，很难形成竞争的格局。公共品的垄断性决定了，如果政府不对该领域实施必要的监控，任其垄断经营，公共部门的垄断厂商就很容易滥用垄断地位攫取超额利润，从而给社会造成福利的净损失，消费者势必为此付出高昂的代价。

（三）不可拒绝性

公共品的不可拒绝性是指，任何人都不得不消费这种公共品，即使有些人可能会不情愿，但却无法对它加以拒绝。有些公共品具有此特点，例如，国防、义务教育等，很多国家规定全体公民必须，不管愿不愿意，都得接受义务教育这种公共品；而国防这种公共品的不可拒绝性就更加显著，只要是该国居民，即使不想得到国防体系的保护，也不能把自己置于国防的保护范围之外，即无法拒绝国防安全保障这种公共品。另外，有些负外部性例如污染的消费也是不可拒绝的。

3.3.3 公共品的分类

关于公共品的分类，如上所述，布坎南在《俱乐部的经济理论》一文中指出，现实世界中的物品可分为：纯公共品、纯私人产品和介于纯公共品和纯私人物品之间的准公共品或称混合商品。不同的学者针对公共品有不同的分类，概括起来说，主要有如下几种分类方式：

首先，根据竞争性和排他性的有无可以将物品分为四类，见表3－1[①]。

表3－1　私人物品与公共品的分类

物品分类	竞争性	非竞争性
排他性	纯粹私人物品：面包、理发等	俱乐部物品：电影院、图书馆、收费公路等
非排他性	公共池塘资源：黄河水资源、地下水、地下石油、福利房等	纯公共品：共同体的和平与安全、国防、有效率的政府或制度、空气污染的治理、基础科学等

从表中可以看出，排除同时具有排他性和竞争性的纯粹私人物品外，公共品基本可以分为三类：第一类是纯公共品，即同时具有非排他性和非竞争性的物品，如国防、环境保护等；第二类公共品是在纯公共品的基础上，放松非排他性这一特点，即具有非竞争性的同时，还可以较轻易地排他的物品，布坎南将这类公共品称为俱乐部产品（club goods）[②]；第三类公共品与俱乐部物品刚好相反，在纯公共品的基础上，放松非竞争性这一特点，即具有

① 注：本表格内容根据毛寿龙、李梅：《有限政府的经济分析》，上海三联书店2000年版进行修改。

② James M. Buchanan. An Economic Theory of Clubs. Economica. New Series，1965，32（125）：1～14.

非排他性的同时在消费上具有竞争性的物品，埃利诺·奥斯特罗姆将这类物品称为公共池塘资源（common - pool resources）①。公共池塘资源指的是一个自然的或人造的自愿系统，在这个系统中，排斥因使用资源而获取收益的潜在受益者是可能的，但是成本非常之高。也有学者将俱乐部物品和公共池塘资源通称为“非纯公共品”（impure public goods）或“准公共品”（quasi - pubic goods）。非纯公共品一般介于纯公共品和纯私人物品之间，即不同时具备非排他性和非竞争性。例如，非纯公共品可能是部分竞争性的，给定公共品的数量，增加一个人使用这种物品并不会妨碍先前的使用者对此物品的使用，但会减少先前使用者的收益，这样，在准许更多的消费者使用时存在着机会成本，这种部分竞争的现象在经济学中称为“拥挤”（congestion）。而准许更多地使用公共品所带来的机会成本，或是那些已经消费的个人的收益减少，被称为“拥挤成本”。非纯公共品一般都具有“拥挤性”的特点。

其次，按公共品利益影响的范围，其可划分为全国性公共品、地方性公共品和全球公共品。全国性公共品是一种整个国家都受益的公共品，比如国防保障就是针对该国度内的全体成员的公共品；地方性公共品的受益范围通常只限于一个国家的一小部分地区，通常只限于一个城市或者地区内受益，如防洪设施或公园；还有一些公共品的影响范围超过了一国的范围，例如全球温室效应的治理、防止核武器扩散等，它们是全球公共品。

最后，按公共品是否具有物质形态，可将其划分为有形公共品（物质类公共品）及无形公共品（精神类公共品）。比较典型的有形公共品或物质类公共品包括道路、桥梁、防洪设施等等；典型的无形公共品或精神类公共品是指制度、信息、公平、自由等。

此外，按公共品的提供主体来划分，其又可以分为政府提供的公共品、市场提供的公共品以及非营利组织提供的公共品。

总体来说，通过对公共品理论发展轨迹的简要回顾以及对公共品概念和分类的归纳总结，可以得出公共品的最主要特点，即非排他性和非竞争性，而通过对公共品的准确划分，又为研究公共品的有效供给机制奠定了基础。

3.3.4 公共品供给机制的实验研究综述

（一）对公共品自愿供给机制的实验研究综述

针对公共品供给不足的问题，实验经济学家试图通过对公共品自愿供给机制的实验研究，来发现解决公共品供给中导致供给不足的问题的出路。通过对自愿供给机制的重新审视与大量针对影响公共品供给水平的因素的实验研究，实验经济学家发现，当集团的规模较大时，或当参与者通过对公共品的投资能够获得较高的人均收益时，传统经济理论中所预测的那种严重搭便车情况并不会出现②。经济学家通过多期 VCM 实验研究，证明了在实验的初始阶段，公共品的供给水平会处于很显著的高水平（平均达到效率水平的一半），而后，随着时间的流逝以及被试者经验水平的逐渐提高，公共品的供给水平会呈逐渐下降的趋势。从

① ［美］埃莉诺·奥斯特罗姆，余逊达、陈旭东译：《公共事物的治理之道》，上海三联书店、上海人民出版社 2000 年版。

② Ledyard，J. Public goods：a survey of experimental research. The Handbook of Experimental Economics. Princeton University. Press，Princeton，1995.

总体来讲，实验结果表明，在初期，“搭便车”现象并不像传统经济理论预测的那么严重，但是随着实验的继续进行，集团供给的整体水平通常开始向“搭便车”理论的预测结果趋近。

然而，这种下降趋势在某些条件下可以扭转。Isaac and Walker（1988）通过实验研究发现，如果实验的被试者能够面对面地进行交流，之后再作出自己的供给决策，那么即使是在有经验的被试者的情况下，公共品的集团供给还是能够保持在一个相当高的水平上，通常超过效率水平的80%。Kragt（1983）以及Ostrom等（1992）的研究也证明了这一点，即成员之间的相互沟通，尤其是面对面的讨论，在解决公共品的供给困境方面有显著作用。

虽然相互交流，尤其是面对面的讨论沟通，已被反复证明能够有效地促进合作，提高公共品的供给水平，然而在大集团中面对面的讨论几乎是不可能或不可行的。在这种情形下，限制性的交流，例如发誓可能比较容易实现。Chen and Komorita（1994）通过两个实验考察了发誓在解决公共品供给困境中的作用，这两个实验检验了在五种条件下，发誓对于促进合作、提高供给水平的作用，这五种条件分别是：（1）无约束发誓条件下，实验被试实际供给之前发誓，但誓言无约束力。（2）最小约束发誓条件下，实验被试的供给额至少要与所在组中供给最低数目的成员发誓供给的值相当。（3）无发誓条件下，实验被试实际供给之前无需发誓。（4）平均约束发誓条件下，实验被试的供给额至少要达到全体组成员发誓供给的平均值。（5）约束发誓条件下，实验被试被要求的供给额至少要与他们个人发誓将供给的一样多。通过对五种条件下的实验进行比较研究，结果发现两点：首先，最小约束发誓条件下实验被试的供给额要显著高于无约束发誓和无发誓条件下实验被试的供给值，并且后两种情况下供给值无显著区别。其次，最小约束发誓和平均约束发誓条件下供给值要显著高于约束发誓条件下的值。Chen和Komorita指出，之所以有这样的实验结果，是因为最小约束发誓和平均约束发誓条件都是以组为基础的发誓，要求组成员间的供给值相当，组成员所要求的最低供给量是由所有成员发誓的供给量所决定的，这使组成员有更强的组身份识别和关键性的感觉。最小约束发誓和平均约束发誓条件下，实验被试摆脱了“恐惧”和“贪婪”，组成员既不会害怕别人“搭便车”，其自身也不会因贪婪而搭别人的便车，这样组成员合作水平就会提高。

Chen和Komorita通过上述实验考察了发誓在解决公共品困境中的作用，但是，对组身份识别、关键性感觉和合作行为的因果关系并没有给出明确的解释。Xiao－Ping Chen（1996）对大量本科生的实验证明了通过发誓、组身份识别以及关键性感觉的相互作用，可以显著提高合作水平。更为重要的是，作者试图进一步评估组身份感解释、关键性感觉解释和“没有贪婪、没有恐惧”解释在促进合作行为方面的正确性，实验结果表明：组身份感是必需的，但要诱使合作行为还不够，较强的组身份感并不必然导致较高的供给，组身份感（组认同）与关键性感觉结合起来或许可以提供一个较完整的解释。但是，实验中“没有贪婪、没有恐惧”解释的正确性没有得到完全验证。

Xiao－Ping Chen的研究为沟通和发誓在解决公共品供给困境中的效果提供了旁证，沟通或者发誓在促进合作方面的作用是由被试者的关键性感觉以及组认同感被诱发的程度所决定的，组认同和关键性感觉越强，沟通或者发誓就越有效。其研究结果具有一定的现实意义，即可以通过设计一个以组为基础的制度来走出公共品的供给困境。

上述实验都有一个共同点，即信息是完备的，实验的参与者都能及时获得有关参与组供给情况的信息，这可以为下一期的合作提供决策依据。而这往往是与现实情况不一致的，在现实情况下这些信息往往是不易获得或不可能获得的，人们不得不在决策信息不完备的情况下采取行动。比如，在不同组之间相互监督成本较高导致不能完全监督时，人们一般认为被试者会有比较强的“搭便车”动机以从中获得货币收益，因而这时公共品的供给水平较低。但是，Timothy N. Cason and Feisal U. Khan（1999）通过实验进一步分析了在决策信息不完全，即不完美监督时交流的作用。结果表明，整个组的供给水平在完美和不完美监督的情况下差别不大，即使在不完美监督的条件下，只要成员之间能够相互交流沟通，组供给也能保持在一个较高的水平。

（二）对领导者机制的实验研究综述

在公共品供给问题的研究中，经济学界对于领导者的作用并不是从最初就给予了足够重视的。直到 Albert Schweitzer 提出了著名的“示范即领导”，许多知名学者才开始意识到即使在领导者没有正式权力与威慑力的情况下，其榜样的带动作用对保证某个群体或整个社会的良好运行都具有十分重要的意义，并且他们的行为证明：领导者对解决社会问题中的困境有巨大潜力并且对提高组织内部的团队绩效有重要作用。

从经验上来讲，领导者的示范效应对于解决公共品供给困境的作用应是毋庸置疑的。然而，经济学领域直到近几年才对领导者在集体行动中的重要作用予以充分的关注，究其原因，是与领导者的示范效应难以模型化的问题密不可分。尽管面临重重困难，少数经济学家还是勇敢地在这一领域展开了大胆而又富有创新性的尝试。Hermalin（1998，2003）发展出了关于领导者问题的一套正式的理论，显示出一个领导者能够通过示范或奉献的领导方式使理性个体仿效他的行动。Arce（2001）与 Foss（2001）发现领导者在其建立的模型中能够使处于社会困境的博弈达到有效率的结果。这些研究虽然在规模上以及连续性上有待提高，但其研究成果仍然是具有重要的理论意义与现实意义的。

尽管上述经济研究基于传统经济理论，对领导者的潜在作用进行了一些较为清晰的描述，但在传统经济学中，却很难通过实证数据对这种作用进行比较清晰的判别。这是因为，这种实证数据往往难以对条件的各种变化进行有效的控制，比如在其他条件不变的情况下，对一个有领导者的组织和一个没有领导者的组织进行行为对比等等，都是难以解决的问题，而实验经济学恰好弥补了这个缺陷。由于能够重复执行可控的实验，实验经济学就为研究领导者的行为及其作用提供了一种合适的工具。Meidinger and Villeval（2002）明确地验证了 Hermalin（1998）的模型，证明了领导者的作用在互惠的方式下比在信号传递的方式下更为显著。本章即在借鉴吸收前人在这一领域的研究成果的基础之上，针对公共品的有效供给问题进行了关于自愿贡献机制与领导者机制的实验研究与对比分析研究，并进一步研究了领导者的赋予方式对于公共品供给水平的影响，填补了国内相关研究的空白，丰富了这一领域的研究。

总而言之，本章首先对公共品理论的起源、发展与成熟的过程进行了较为系统且简明扼要的梳理，并重点对公共品的特征与分类进行了归纳与总结。然后，在对公共品理论总结的基础之上，本章又对国内外经济理论界在公共品供给机制的实验经济学研究领域的相关文献进行了归纳，归纳的重点便是本章所要集中研究的公共品的自愿供给机制与领导者机制。通过对这些相关的公共品供给机制的实验研究文献的综述可以发现，实验经济学通过实验的方法证明了公共品供给过程中搭便车问题的有限性，并找出了一些影响公共品自愿供给水平的因素，为提高公共品供给的效率指明了方向。更重要的是，通过本章的综述还可以看到，在这一领域的研究中，无论是传统理论界还是实验经济学界，都未能对领导者在公共品供给中的作用给予足够的重视，相关的研究还有待加强，而这恰恰又为本章的实验研究开辟了道路。因此，本章对公共品理论与相关实验经济学研究的综述，不但为本章的实验研究明确了定位，提供了必要的理论准备与铺垫，而且为本章实验的设计与实施提供了思路与方向。

3.4 自愿供给机制与领导者机制的实验分析

3.4.1 实验目的

领导者的示范作用对解决社会问题中的困境有巨大潜力，其对提高组织内部的团队绩效有重要作用，它能够通过非契约关系或等级关系（通常都是不完善的）影响其他人的行为向希望的方向发展。虽然许多经济学家意识到这一点，但直到最近，经济学领域才对这一问题予以大量关注。

因此，本章总体的实验目的是对领导者的示范作用进行一次综合的实验研究。实验主要为了实现如下具体目标：首先，通过与自愿供给机制的对比分析，重新考察在公共品实验中，领导者对供给水平的影响；其次，在经典文献的基础上，对领导者角色的赋予方式是否会影响供给行为这一问题进行比较研究，从而期望得出较为可靠的实证依据。为了实现上述实验目的，本章设计了两种对比方式，包括由一名组员固定充当领导者的方式以及由所有组员按照一种公开的既定方案共同充当领导者的方式。

3.4.2 理论模型

公共品实验的理论基础来自于自愿供给机制（即 VCM，Voluntary Contribution Mechanism），该机制是由 Issac 与 Walker（Issac and Walker，1988）提出的。其基本结构如下所示：

用 $I = \{1, \cdots, 3\}$ 代表一个由三个成员构成的小组，这个小组要进行 $t = (1, \cdots, T)$ 个时期的互动。在每个时期 t 内，个体 $i\ (\in I)$ 都有收入 e 的禀赋，这个禀赋既可以用于私人消费，也可以投资于公共品。每个个体在时间 t 的供给记为 $C_{i,t}$，其中 $0 \leqslant C_{i,t} \leqslant e$。用 C_t 代表在 t 时期内个体供给的总合，$C_t = \sum_{i=1}^{3} C_{i,t}$，此时个体 i 在时期 t 的货币收益是线性的，形式为：

$$u_{i,t}(C_{i,t}, C_t) = e - C_{i,t} + \beta C_t$$

这里，$0 < \beta < 1 < 3\beta$。由于 $\beta < 1$，每个局中人的上策就是不对公共品作任何供给。如果所有局中人都这样做，那么每个个体得到的收益就为 $u_{i,t} = e$。因为 $3\beta > 1$，所以对于全社会来说最有效率的结果（即对所有 i 的 $u_{i,t}(.)$ 的总和求最大化）本来应该是全部供给公共品，这样每个个体 i 所得到的收益为 $u_{i,t}=3\beta e$。

对于这个博弈，我们考虑两种类型：即标准的自愿供给机制与领导者机制。我们采用的对照实验是标准的 VCM，即每个小组的所有成员独立且同时决定其各自的供给水平。

领导者机制的实验在其每个回合内设有两个阶段。第一个阶段，领导者选择其供给水平 $C_{1,t}$，这个供给水平将告知跟随者。第二阶段，小组内的所有跟随者同时决定其供给水平 $C_{j,t}$（$j\neq 1$）。运用逆推法进行理论预测，可知领导者机制实验的结果应当与标准的自愿供给机制实验的结果一致，这是因为：由于 $\beta<1$，所以在第二阶段，跟随者的上策应为零供给。因此一个理性的领导者应当预期到这一点，并且在第一阶段采取搭便车的策略。

3.4.3　实验设计

实验的设计是基于前面一节所介绍的两种机制模型而展开的：作为对照的标准 VCM 实验（以下称为 C 实验）与领导者机制实验（以下称为 L 实验）。每个实验都有 12 个回合，e 设定为 100，β 设定为 0.5。

为了研究供给水平是否会依赖于领导者的任命方式，我们将会在领导者机制实验中实施两种任命领导者的方式。在固定实验（f 实验）中，三个组员中的一个将会被随机地确定为领导者，其将会在整个固定实验过程中担任领导者的角色。在轮换实验（r 实验）中，三个组员中的每一个都将会在接下来的四个连续的回合中被依次任命为领导者，轮换的顺序是预先确定的并且是告知所有被实验者的。

两种不同的任命领导者的方式会产生两种实验设计，因而要进行下列两种领导者实验：Lf 与 Lr。我们所设计的三种不同的实验的特点在表 3－2 中作了总结。这些实验与我们要研究的主要问题的关系在表 3－3 中进行了细节描述。

表 3－2　　实验总体情况

实验类型	领导者是否存在
C——对照实验	否
Lf——固定领导者实验	是
Lr——轮换领导者实验	是

表 3－3　　实验研究的问题与相应研究方法

研究的问题	研究方法
领导者机制是否能够提高供给水平	C 对（Lf，Lr）
固定领导者机制与轮换领导者机制是否有不同影响	Lf 对 Lr

所有实验的场地为南开大学行为与实验经济学实验室，实验时间为 2008 年 3 月到 4 月之间。实验由 10 个 3 人小组参加（用 partner 方式设计），对每个实验都得出了 12 组观测数据。

实验说明是所有参与者每人一份，并且通过普通话被大声朗读。对实验规则的理解程度的保证是通过一份参与者必须在实验开始之前回答的对照问卷。在每个回合之后，参与者得到其所在小组的所有参与者的供给值与收益的反馈。

3.4.4 实验过程

（一）本次实验被试者的选择

根据前文所述，实验经济学与自然科学实验如物理、化学实验等不同，它将社会中真实的人作为实验被试进行研究。由于每个人都有自己的特征，因此很难像商品分类一样将人简单地分为几类。而实验被试的差异，即人的差异会对实验结果产生巨大影响。因此，为了保证实验经济学的科学性，在进行被试者的选择时，就要尽量选择差异较小的被试者群体进行实验或者选择被试者差异与实验目的无关或者影响极小的被试者群体。

对于我国的实验经济学研究来说，由于我国高校学生所处环境比较单纯，相互差异较少，学习领会能力较强，因此选择在校本科生或者硕士研究生作为被试者用于对实践经验没有要求或者要求较小的经济学实验，效果更好，更易接近现实。因此本实验选取大学本科生作为被试者，共选取大学生被试者 30 名，分为 10 组，在全校范围内大一至大三的经济类专业及非经济类专业的学生中招募。具体招募方式为，采取自愿参与的形式，在校内论坛中发布招募信息，说明实验目的与要求，并详细告知参与实验可能得到的收益与可能付出的成本。

（二）实验具体步骤

首先，宣读实验指导语，将实验方案详细告知被试者，确认大家理解后，开始进行实验。

实验指导语是具体指导被试者如何参加实验的文件，应包括实验的各项重要信息，如实验的目的、实验室交易制度、各被试者可能采取的行动等，特别重要的是要明确说明被试者的行动与他的报酬之间有何关系。

此外，必须注意的是主试者在向被试者讲解实验的过程中，不要有意无意地把自己的意图告诉被试者。同时，指导语中关于实验目的的叙述应简明得体，使被试者容易理解，避免将实验目的表述成为某种期望效果的暗示。指导语的编写可以在参考前人已做过的类似的实验的说明书的基础上，根据自己实验的需要加以修改而成。编写出的指导语关键要做到正确、明确及易于理解。

本次实验导语参见本章附录。

3.5 实验结果

3.5.1 领导者机制对供给水平的影响

表 3 - 4 展示了对照实验、领导者实验的平均供给水平。对照实验的平均供给水平为 18.74，领导者实验的平均供给水平为 29.16，可以看出，拥有领导者的小组的供给水平要

明显高于没有领导者的小组的供给水平（$p<0.01$；Wilcoxon signed - rank 显著性检验①）。

结论 1：领导者机制可以使对公共品的供给水平显著提高。

表 3 - 4 平均供给水平

实 验	平均值
对照组实验（N = 30）	18.74
领导者实验（N = 60）	29.16

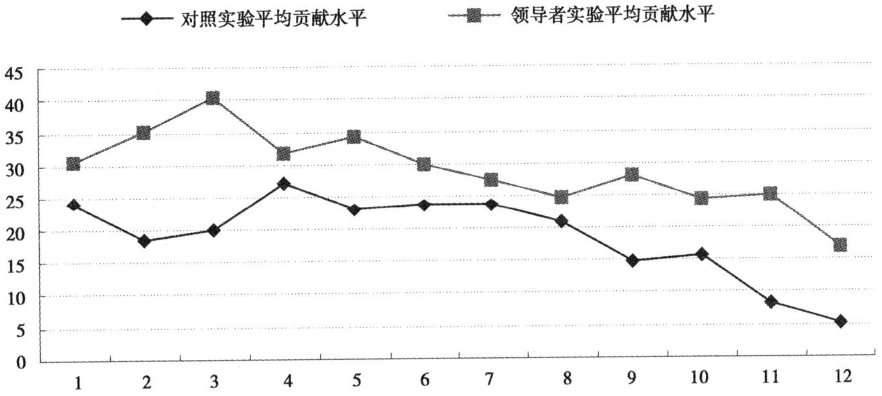

图 3 - 1 平均供给水平

图 3 - 1 显示了两大类实验的平均供给水平的时间轨迹。在每个回合中，对照实验的供给水平总是较低的，而加入领导者的实验的供给水平总是较高的。

3.5.2 领导者的任命方式的影响

表 3 - 5 展示了拥有领导者的实验的平均供给水平。此外，图 3 - 2 展示了领导者的两类实验的平均供给水平的时间轨迹。对于 L 实验，两种领导者的任命方式（Lf：一劳永逸；Lr：预先确定顺序的轮流担当方式）对整体供给水平也具有显著的影响。Lf 的整体平均供给水平为 35.94，而 Lr 的为 22.37（$p<0.01$；Wilcoxon signed - rank test）。通过图 3 - 2，也可以看出 Lf 实验的平均供给水平会显著高于 Lr 实验的平均供给水平。

表 3 - 5 不同领导方式的平均供给水平

实验类型	平均供给水平
Lf（N = 30）	35.94
Lr（N = 30）	22.37

结论 2：领导者的任命是采取一次性任命的方式还是采取预先规定顺序的轮流担当方式，对于供给水平具有显著影响，并且采取固定任命方式情形下的平均供给水平要高于采用轮换方式情形下的平均供给水平。

① 本文中所有的检验都是双侧检验。

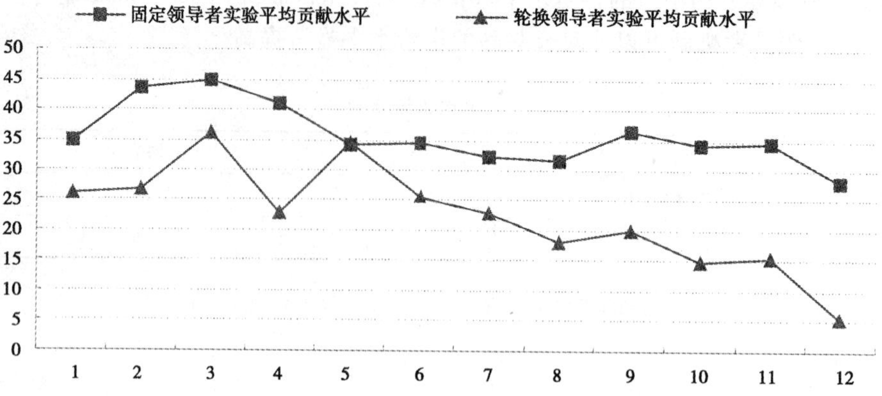

图 3－2　平均供给水平

3.5.3　领导者与跟随者的供给水平与利润水平

表 3－6 展示了领导者与跟随者的平均供给水平与利润水平在外生实验中的表现。在每组实验内部，领导者的供给水平都显著高于其所在小组跟随者的平均供给水平（$p<0.05$，Wilcoxon signed－rank test）。

但领导者与跟随者的供给水平都是高度相关的。图 3－3 与图 3－4 展示了在每组实验的各个回合中，领导者与跟随者的平均供给水平。当领导者固定时（图 3－3），领导者与跟随者的平均供给水平的走势几乎是一致的，即领导者的供给水平一般都高于供给者。Lf 的 Pearson 相关系数为 0.681（$P<0.01$）。

表 3－6　　各实验中领导者与跟随者的平均供给水平与平均利润水平

实验类型	平均供给水平		平均利润水平	
C——对照实验	18.74		109.37	
	领导者	跟随者	领导者	跟随者
Lf——固定领导者实验	46.91	30.46	107.00	123.45
Lr——轮换领导者实验	31.30	17.90	102.25	115.65

领导者与跟随者的供给水平的时间轨迹在 Lr 实验中稍有些不一致（图 3－4），但 Pearson 相关系数仍然很高并且很显著，Lr 的 Pearson 相关系数为 0.646（$P<0.01$）。

每到第四个回合时，当领导者的人选将改变时，能够观察到一个特殊的现象，即跟随者会在第四回合显著地降低其供给水平（$P<0.1$；Wilcoxon signed－rank test；$N=30$）。

这种现象可以这样总结：领导者与跟随者的供给水平都相当高并且正相关。因而，跟随者跟随他们的领导者，但同时也从领导者身上得到好处，这一点可以通过其供给水平显著低于领导者的现象中看出。

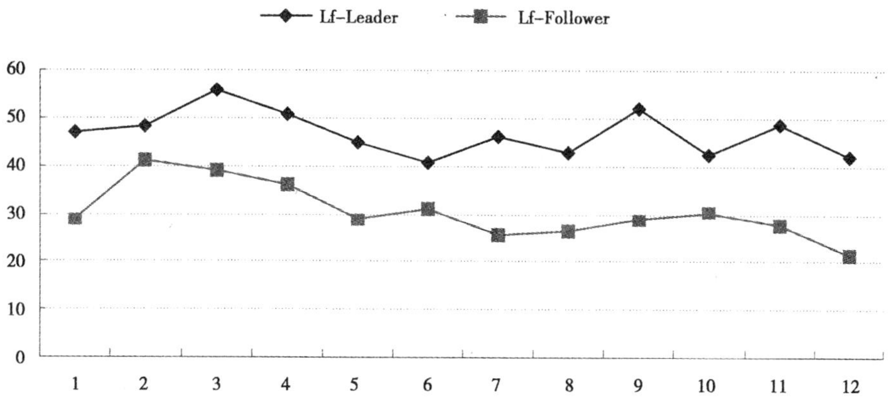

图 3－3　固定领导者实验中领导者与跟随者的供给水平

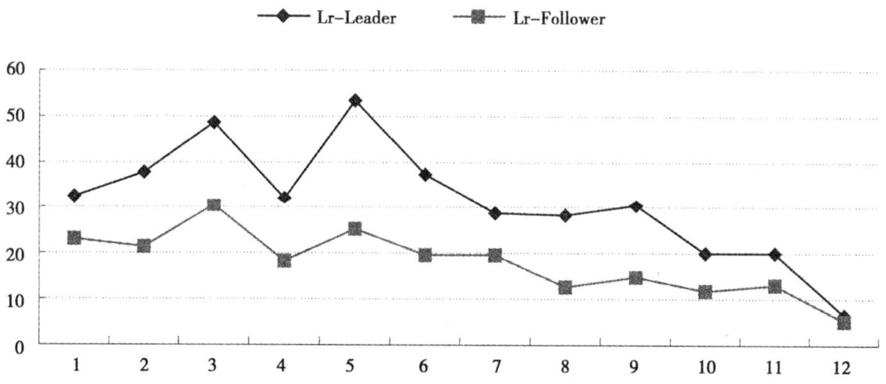

图 3－4　轮换领导者实验中领导者与跟随者的供给水平

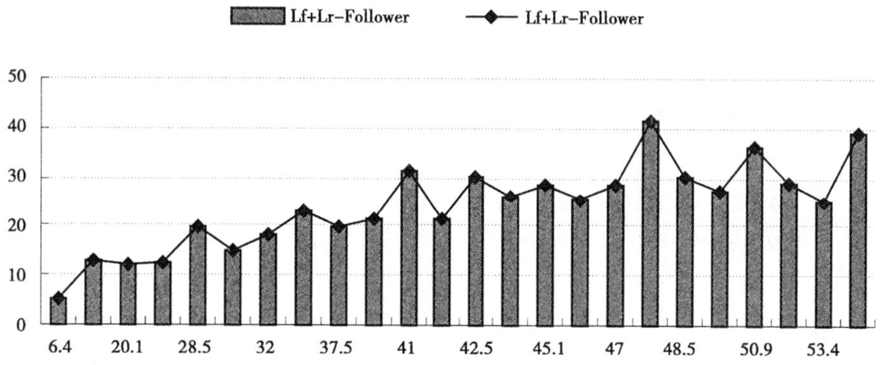

图 3－5　固定与轮换领导者实验中领导者供给水平与跟随者平均供给水平的相关性

图 3－5 展示了领导者与跟随者的供给水平的相互关系，纵轴为跟随者在每个回合的平均供给水平，而横轴为领导者在同一回合的平均供给水平。我们分别将 Lr 与 Lf 的数据放到了一起，总体上讲，跟随者的供给水平要随着领导者的供给水平正向变化。

结论 3：跟随者会根据领导者的供给水平调整他们的行为。

对于领导者与跟随者的收益情况，在表3-6的右边可以看到，通过观察数据可以发现，在任何一个实验中，跟随者的收益都要高于领导者的收益（$P<0.05$；Wilcoxon signed-rank test）。

对于领导者，很有趣的是考察他们是否能够至少高于对照实验中的平均收益水平。实际上，领导者的收益水平要略低于C实验的平均收益水平，这表明领导者机制无法使领导者自身得到收益的提升，并且这种差距达到了显著的水平（$P<0.01$，C vs. Lf；$P<0.05$，C vs. Lr；Wilcoxon signed-rank test）。而另一方面，跟随者在实验中得到的收益要显著高于C实验中的收益水平（$P<0.01$，C vs. Lf；$P<0.05$，C vs. Lr；Wilcoxon signed-rank test）。这些观察结果指引我们得到如下的结论：

结论4：比起对照实验的平均收益水平，领导者机制一般都能使跟随者收益提高，但对于领导者而言，其收益反而会有一定程度的下降。

3.6
结论及政策建议

3.6.1 主要结论

上面主要用实验的方法对公共品供给机制进行了研究，尽管设计的自愿供给机制实验和领导者机制实验远远不能完全模拟现实的中国公共品供给机制，但是通过对实验的研究和对比分析，在一定程度上反映了中国现实的公共品供给机制中，领导者对合作行为的影响力，以及领导者的任命方式对供给行为的影响。我们的实验为领导者机制提供了令人信服的案例，得出了一些有意义的结论。

（一）在中国公共品供给问题上，政府的角色必不可少

在经济改革过程中，我国公共品供给机制也发生了相应的变化，从30年改革实践来看，政府在公共品供给中的带头示范作用是非常重要的。通过自愿供给机制实验与领导者机制实验的比较分析，我们清楚地看到，在一个拥有领导者的小组中，私人对于公共品的供给水平要大大高于没有领导者的小组的供给水平。这说明，政府对公共品的投入还是十分必要的，特别是针对一些公共性较高、涉及国家安全以及成本高回收慢的基础设施类公共品。由于这类公共品具有严格的非排他性和非竞争性，如果没有政府的示范领导作用，市场上的私人很难有力量实现充分的供给，就会形成公共品的供给不足。在这种情形下，必须由政府出面率先加大投入、牵头并协调，才能实现公共品的有效充分供给，实现社会福利最大化。

（二）中国政府的现有领导模式更有利于提高公共品供给效率

通过领导者机制实验中的固定与轮换任命方式的对比分析，我们还发现，领导者的任命方式（即一个领导者被一直任命或者每个组员轮流充当领导者）会显著地影响合作。实验结果显示，固定领导者任命方式下的平均供给水平要高于轮换领导者任命方式下的平均供给水平。因此我国政府目前的执政模式，相比于多党轮流执政的政府，在公共品供给问题上更加有效率，更能够带动市场中的私人参与到公共品供给中来，为全社会提供更加充足的公共品供给。

（三）政府的示范作用能够显著拉动全社会的公共品供给

通过自愿供给机制实验与领导者机制实验的比较分析显示，跟随者的供给水平仍然是与领导者的供给水平高度相关的。示范性的领导者机制是有效的，因为跟随者会仿效他们的领导者。这意味着跟随者会根据他们的领导者的初始供给水平来调整自己的供给水平。因此，在我国公共品供给问题上，政府作为领导者带动全社会私人供给者，远比单纯依靠自愿供给公共品的方式更能够满足全社会的需求，体现全社会的公共利益。

（四）政府的非自利性决定了政府领导者的角色定位

对比自愿供给机制实验的平均收益水平，领导者机制一般都能使跟随者收益提高，但对于领导者而言，其收益反而会有一定程度的下降。由于市场中的私人是具有经济理性的，因此私人企业从事任何一种物品的提供，都是出于自身利润最大化的考虑，市场中私人供给公共品的目标同样是自身利润最大化。而政府不同于市场中的私人，政府是非自利的，其目标是全社会福利最大化，是全社会公共品的充分供给。因此，在中国的公共品供给中，政府不计较自身收益高低，通过示范、带头作用，带动全社会的私人供给者的公共品供给，提高全社会整体的福利水平。

3.6.2　政策建议

根据上述实验研究成果，借鉴西方公共品供给理论，针对中国公共品供给现实问题，汲取改革过程中的经验教训，本章旨在对政府在公共品供给中扮演的角色作出定位，提出解决问题的思路和看法。

（一）政府在公共品供给中的定位

由于大多数公共品投资时间长，投入成本高，公共品的供给不会产生收益性，而政府的资金有限，因此巨大的资金缺口会导致公共品的供给不足。因此，为了保证公共品的有效充分供给，就需要在政府的示范带动下，发动全社会的力量，带动私人提供更多的公共品。公共品的目的是为了满足公众需要，实现公共利益，但是对不同种类的公共品，政府的定位也有所不同。

对于公共性较高、涉及国家安全和私人供给成本过高的公共品，应该由政府承担供给。公共性程度的高低可以通过公共品受益人或消费者人数的多少来衡量。公共性程度越高的公共品，越能够改善和增进社会福利，其地位也就越重要。类似于纯公共品等公共性程度高的公共品，一经提供即能够使所属范围的每一个人都能享受到，并且所属范围内每个人的消费即为该物品的供给总量，任何人对公共品的消费不会妨碍和减少其他人的消费效用。对于涉及国家安全的公共品，比如司法和公共安全，如果由私人供给，则很可能会成为利益集团谋取私利、损害社会福利的工具。因此，即使私人有力量实现这些公共品的有效充分供给，也不适合由除政府以外的组织来实现。此外，有些公共品，如大型的基础设施建设等，私人由于没有足够的人力、财力及物力，很难保证公共品的有效充分供给，因此非得由政府来牵头、协调不可。

而对于其他可以由私人提供的公共品，政府应定位示范领导者角色。但是，对于由私人提供的公共品，政府也应加强制度约束和引导。而即使是当政府作为领导者的示范作用得以发挥，使私人愿意提供公共品而具有了公益性的时候，这种公益性特性也往往是从某一个角度出发，而不是作为一个整体从社会全局出发。在行为模式上，这种行为不同于政府部门的全局安排，统一考虑，一致执行。它们满足的社会需求，或者体现的公共利益，只是从某一个角度、某一个侧面出发的，因此对公共需求的满足可能缺乏宏观层面的考虑。所以为了防止私人在追求利润最大化过程中过分偏离公共利益，政府对其给予必要的监督和指导是相当重要的。

（二）政府在公共品供给中应引入激励机制

政府供给公共品，首先容易导致政府不断扩大机构规模，增加其层次，扩大其权力，造成机构重叠冗员，结果导致社会资源浪费，经济效益降低，资源配置效率低下，社会福利减少；其次由于政府开支很难做到精确计量，这有形或无形地促使政府部门开支增长，导致社会资源的浪费；再次，由于政府的经济行为往往会受到各方面利益集团的影响，寻租等腐败现象不可避免，因此导致政府政策的扭曲。由于在政府机构中不存在竞争，因此政府就会没有动力去提高效率，必然导致效率低下。政府的无限膨胀和效率递减的一个主要原因就是因为在政府中不存在市场经济中的优胜劣汰的激励机制，因此保证政府公共品的有效充分供给，还应该引入激励机制，建立一种有效的利益监督机制，将公共品供给置于公众监督之下，才能够提高政府公共品的供给效率。

（三）政府应该对公共品的未来需求进行预测及总体布局规划

良好的总体布局规划可以大大提高公共品的投资效率，然而私人企业和非政府组织一般不愿意也没有足够的力量完成全局性的规划，因此这一任务只能由政府来完成。通过中央政府的总体规划，协调各地方政府进行公共品的投资合作，这样各地方政府之间也可以取得双赢的效果。当然，这种合作必须建立在更大范围的总体布局规划之上，即由中央政府出面协调解决。比如，对我国的中小型城市而言，航空这种先进的运输方式虽然值得引进，但是限于财力和其他方面的限制，单个地方政府可能无力为之。在这种情况下，如果由中央政府进行总体布局规划，出面协调两个城市共同投资建设共享机场，就可以大大提高公共品的投资效率。

（四）中央政府与地方政府明确分工，完善公共品供给的产权划分机制

大多数公共品实际上都有其特定的受益范围，因此应根据不同公共品所具有的不同层次的地方性，由不同层级的政府来进行供给。中央政府与地方政府应根据公共品的公共性程度和规模经济的大小，明确各类公共品供给的产权划分，以明确中央政府和地方政府的事权和财权划分。显然，人烟稠密、土地肥沃的长江三角洲地区和人烟稀少、荒芜戈壁滩上的青海，土地法律的具体内容也显然不同。因此，宪法应对中央政府与地方政府明确分工，明确规定中央产权和地方产权各自提供的公共品、负责的社会经济事务，改变目前笼统规定中央负责全国经济社会的发展和稳定、地方负责当地的经济社会的发展和稳定的模糊状态，为中央、地方事权和财权的合理划分、明确分工提供法律依据。中央政府主要负责提供包括国防、社会保障、宏观经济稳定、铸造货币、信息传播、基础教育等涉及整个社会的安全、规则、福利的公共品；地方政府主要负责提供包括治安、消防、交通、卫生、保健、环境保护等涉及当地福利的公共品。

3.6.3　进一步研究的展望

本章是将实验研究方法引入公共品供给问题的一个初步的尝试，因此无论是从实验研究的方法上，还是从研究的内容上，本章都有很多值得进一步拓展的地方。

首先，从实验方法的应用上，本章主要以自愿供给机制与领导者机制的实验研究为主，对两种机制的作用效果进行了较为细致的对比分析，而未将其他一些公共品供给机制纳入横向对比分析的范畴之中，比如政府的正向激励机制、预算平衡机制等等，这是研究进一步发展与改进的方向。

其次，本章的实验设计从基本上讲主要是按照理论的结构性假设对真实世界进行了一定程度的简化，因此，在理论简化的基础之上，通过增加实验条件的复杂性，来使实验研究的环境更加接近于真实世界，从而增加研究结论的普适性与现实应用性，是未来亟待完善的重点。

总之，将实验方法应用于经济学研究，仍然在一定程度上存在着局限性，但实验经济学的丰富成果显然为人们认识世界提供了更为简单而又理想的路径。

附录：公共产品供给机制实验导语

欢迎您参与这次实验，并感谢您的合作！如果您能按时参加，您将会获得 5 元人民币。如果您能认真阅读下面的实验，就可以作出正确决策使自己赢得更多。初始的 5 元以及所有额外的金钱将在实验结束后立即以现金的方式支付给您。

在实验过程中，金钱数量将会以实验代币的方式代表。实验代币将会以如下汇率兑换为人民币：1 单位实验代币 = 0.01 元人民币。

在实验过程中严格禁止与其他参与者交流，如果您有何问题，请举手示意，我们将会单独解答您的问题。您对规则的遵守是十分重要的，否则我们必须将您从实验中排除，并且不支付任何报酬。有关实验要求介绍如下：

（一）关于实验的细节信息

实验包括 12 个相互分割的回合，在每个回合中，您将与另外两位参与者发生互动。您与其他两个人共同组成一个小组，这个小组将在 12 个回合中保持不变。您将不会知道小组中的其他两个人是谁。小组的构成对每个参与者都是保密的。

在每个回合的开始，每个参与者将会得到 100 单位实验代币。在后面的实验中，我们将把它看作您的禀赋。

（二）您的任务

您的任务（同时也是您的组中其他组员的任务）是决定：将您禀赋中的多少供给于一个项目中。没有被供给的部分，您可以自己留下（“保留单位实验代币”）。

在每个回合中，您的收入总数将由下面两部分组成：

a. “保留单位实验代币”

b. “通过项目得到的收入”

其中，“通过项目得到的收入”的计算方法是：将三个组员各自的供给加总，然后将加总值乘以 0.5，计算公式为：

通过项目得到的收入 = [0.5 ×（供给加总）] 单位实验代币

您所供给给项目的每一个单位的实验代币都会有 50% 用于提高“通过项目得到的收入”。由于“通过项目得到的收入”对一个小组中的每个组员都相等（即每个组员都会从项目中得到相同的收入），您所供给项目的每一单位的实验代币既会提高您在一个回合的收入，也会相同地提高您所在小组中的其他组员在该回合的收入。这种情况对您小组中的其他组员也是相同的。

“保留实验代币”值等于您的禀赋值减去您对项目的供给值。您所留给自己的每一单位的实验代币都会 100% 地用于提高您的“保留实验代币”以及您在这一回合的收入。也就是说，您所留给自己的每一单位实验代币都完全只属于您的收入。

（三）在每一回合中您如何与同组的其他成员互动

在您的小组中，您的身份将会用 1 至 3 之间的一个数字来代表，这个数字将在实验开始的时候分配给您专用。

每个回合都包括下面两个阶段：

a. 一个组员首先决定他/她自己的供给值。在后文中，我们将这位最先决定供给的组员称作“先行供给者”。

b. 当其余两个组员被告知先行供给者的决策情况后，他们将同时并独自决定各自的供给值。

在下个回合中，“保留实验代币”和“通过项目得到的收入”的计算方法将不变。

[轮次对局实验的参与者请阅读下面的说明：]

每个组员都会在每一回合中被依次指定为“先行供给者”，从成员 1 开始，到成员 3 结束。在后文中，我们将 3 个连续的回合称作一个“阶段”，即：

- 在阶段 1（即回合 1，2，3，4）中，成员 1 是先行供给者；
- 在阶段 2（即回合 5，6，7，8）中，成员 2 是先行供给者；
- 在阶段 3（即回合 9，10，11，12）中，成员 3 是先行供给者；

[固定对局实验的参与者请阅读下面的说明：]

在实验的开始，每个小组的一个成员会被随机地选为第 1 到第 12 个回合的“先行供给者”。

（四）在每个回合结束时您得到的信息

在每个回合结束时，您将得到如下信息：您在这一回合中的收入，您在整个实验中的总收入。

（五）您的最终的收入

您的最终的收入将会按如下方式计算：

a. 您在所有回合中的收入将会被加总。

b. 实验结果将被兑换成人民币并以现金的形式支付给您。

请安静入座等待实验开始，如果您有问题，请举手示意。

将本实验收集的数据，采用 SPSS11.5 版软件进行统计处理。

第四章

DISIZHANG

市场外部性及其纠正机制实验

4.1 现实背景

在亚当·斯密的时代，人类还没有受到环境问题的困扰。然而，也就是在亚当·斯密的时代，随着第一次工业革命的到来，经济的快速发展给自然环境造成了极大的破坏，例如臭氧空洞、全球变暖等等。由于古典经济学的时代局限，经济学家们并没有意识到环境问题其实也是一个经济问题。随着改革开放带来的经济快速增长，我国的环境问题也已经明显成为可持续发展的瓶颈。针对日益严重的环境污染，排污权交易制度作为一种控制环境的市场激励政策，近年来倍受青睐。它是在确定了可接受的环境质量水平后，通过市场机制的设置来激励市场主体，使它们自觉调整市场行为，从而达到保护环境的目的。我国在 20 世纪 80 年代中期，也开始在国内一些城市试行总量控制和排污权交易。1999 年 9 月，国家环境保护总局与美国环境保护协会（Environmental Defense）签署合作协议备忘录，在中美合作的框架下开展总量控制和排污权交易的研究，正式启动 SO_2 排放权交易试点。这些试点为我国应用市场机制控制污染作出了重要尝试。

目前，全国各地都开始计划成立排污权交易所，在全国挂牌成立的省级排污所就有北京、上海和天津 3 家。国内已经有 12 个省市申请开展排污交易试点，最具代表性的试点是浙江嘉兴的排污权交易和江苏太湖流域的排放权有偿出让。在财政部公布的 2010 年工作要点中，我国政府明确提出要“健全排污权交易制度，扩大排污权交易试点”。随着排污权交易在试点的实践和推广，这将会成为保护环境资源和加快经济发展的理想权衡之策。

虽然对排污权交易探索踊跃，试点进展顺利，但同时也折射出很多问题，尤其是关于排污权初始分配的政策安排，成了最具争议性的焦点问题。这不仅带来了理论研究的必要，也是改善我国目前环境状况的现实需要，同时，更是对促进我国经济增长方式转变具有深远意义。大量国内外的研究都是建立理论模型，或者利用数学规划和博弈论的方法探讨初始分配的有效机制。如果要在实践中检验理论的可行性和有效性的话，既受制于太多约束条件而且也不现实。因此本章利用实验的方法，对初始分配的机制设计进行了模拟，希望能从实验经济学角度为我国以后实施排污权交易提供一些政策建议。本章的创新之处是首次利用实验经济学的研究方法，设计并开发实验程序，通过程序在实验室的模拟，比较了免费分配和拍卖模式下的市场效率。

4.2 文献综述

4.2.1 理论研究综述

Pigou（1920）首次将成本区分为私人成本和社会成本，提出了外部性理论，他建议可以通过征税的方式将私人成本调整为社会成本以此达到最优配置。在 Pigou 之后，经济学家们依据“污染者付费原则（Polluter Pays Principle）”设计了一系列的经济政策来保护环境资源。而新制度经济学鼻祖 Coase（1960）则从产权的角度出发，强调了在解决外部性时产权的重要性①。自 Coase 之后，产权制度及相关的机制设计越来越成为学者们研究解决外部性问题的路径，科斯定理也被视为是排污权交易的理论基础。Croker（1966）探讨了应用产权手段控制空气污染的可能性②。Dales（1968）首次提出排污权交易的概念，主要思想就是以许可证的形式建立合法的排污权，并允许这种权利可以像商品一样买卖③。Baumol and Oates（1971）从理论上严格证明了 Croker 和 Dales 关于排污权交易的设想④。如果根据科斯定理和传统的微观经济学理论，在完全竞争的市场上，只要不存在交易费用，初始分配不会影响最终效率。Montgonmery（1972）证明了排污权交易市场的竞争均衡可以使整个区域都达到联合成本最小化⑤，并且他还证明了在总量一定的条件下，排污权的最终配置与初始分配无关⑥。

但由于现实经济中的市场并非总是完全竞争的，交易费用也不可能为零，那么排污许可的初始分配就会影响到竞争公平和市场效率。此后的经济学家又大量研究了不完全市场上排污权初始分配的问题。Hahn（1984）证明了在不完全竞争市场上，只有当具有市场势力的厂商分配到与完全竞争市场上相等的许可证数量时，它的总排污削减费用才能达到最小化，

① Coase R. H. The Problem of Social Cost. Journal of Law and Economics, 1960, 3 (1): 1 ~ 44.

② Crocker T. The Structuring of Atmospheric Pollution Control Systems. The Economics of Air Pollution [C], New York: Norton 1966.

③ Dales J. H. Pollution, Property and Prices. University of Toronto Press, 1968.

④ William J. Baumol, Wallace E. Oates. The Use of Standards and Prices for Protection of the Environment. The Swedish Journal of Economics, Vol. 73, No. 1, Environmental Economics, 1971 (3): 42 ~ 54.

⑤ Montgomery D. W. Markets in Licenses and Efficient Pollution Rights. Journal of Environmental Economics and Management, 1972, 16: 156 ~ 166.

⑥ Montgomery D. W. Markets in Licenses and Efficient Pollution Control Programs. Journal of Economics Theory, 1972 (5): 395 ~ 418.

因此初始分配对市场效率的影响至关重要①。Tietenberg（1985）认为市场势力的产生与排污许可的初始配置有直接关系②。Misiolek 和 Elder（1989）的研究结果认为，一个同时具有排污权交易市场与产品市场垄断势力的厂商能有效地操纵两个市场③，同时还验证了 Hahn 的研究结论。Westskog（1996）④、H. van Egteren and Marian Weber（1996）⑤ 扩展了 Hahn 的模型，认为市场势力会扭曲排污权市场的均衡水平，许可证的初始配置会影响到许可证的价格、环境质量状况、削减成本和实施成本。Borenstein（1998）证明了由于产品市场的不完全竞争，造成排污许可证分配给了一些低效的市场参与者，最终阻碍了排污许可证市场的有效配置⑥。Arun S. Malik（2002）发现在一定条件下具有市场支配力的工厂可能选择拥有超过他所需要的许可证数量，并使剩余许可证从交易市场上退出⑦。Zhao and Dai（2007）证明了在不完全竞争市场上，市场势力和竞争性均衡价格的偏离都可以由排污权的初始配额来表示⑧，这更验证了初始配置与市场效率的影响密切相关。

目前理论界探讨的排污权初始配置的模式主要有免费分配、拍卖以及两者结合的混合方式。Hahn and Noll（1982）还提出了一种“零收入拍卖”（Zero Revenue Auction），即政府将所有拍卖收入返还给那些排污许可分配之前的合法排污者⑨。大量文献对各种分配模式进行了比较研究，如 Van Dyke（1991）针对美国酸雨计划指出，拍卖不仅比免费分配更有效率，而且从公平角度出发，也应对 SO_2 配额进行出售而不是免费分配⑩。Rose and Stevens（1993）认为许可证免费分配将会导致效益的损失，在一定程度上妨碍竞争⑪。Borenstein（1998）等学者认为最合适的方式是由部分免费分配向完全拍卖逐渐过渡，这样可避免在宏观影响上的不利冲击⑫。Catherine 等（2000）通过建立模型证明了免费分配许可证的比例取

---

① Hahn R. W. Market Power and Transferable Property Rights [J]. Quarterly Journal of Economics, 1984, 99 (10): 753 ~ 765.

② Tietenberg T. H. Emission Trading: An Exercise in Reforming Pollution Policy. Washington, DC: Resources for the Future, 1985.

③ Misiolek W. S, Elder H. W. Exclusionary Manipulation of Markets for Pollution Rights. Journal of Environmental Economics and Management, 1989, 16: 156 ~ 166.

④ Westskog H. Market Power in a System of Tradable CO2 Quotas. Energy Journal, 1996, 17: 85 ~ 103.

⑤ Henry van Egteren, Marian Weber. Marketable Permits, Market Power, and Cheating. Journal of Environmental Economics and Management, 1996, 161 ~ 173.

⑥ Borenstein S. On the Efficiency of Competitive Markets for Operating Licenses. Quarterly Journal of Economics, 1998, 103: 357 ~ 385.

⑦ Arun S. Malik. Further Results on Permit Markets with Market Power and Cheating. Journal of Environmental Economics and Management, 2002, 44: 371 ~ 390.

⑧ Zhao W H, Dai T S. Study on the Emergence of Market Power in Emission Right Market [C]. Proceeding of 2007 International Conference on Management Science & Engineering, 2007, 9.

⑨ Hahn R. W., R. Noll. Barriers to Implementing Tradable Air Pollution Permits: Problems of Regulatory Interactions. Yale Journal on Regulation 1: 63 ~ 92.

⑩ Brennan van Dyke. Emissions Trading to Reduce Acid Deposition. The Yale Law Journal. Vol. 100, No. 8, Symposium: International Law (Jun, 1991): 2707 ~ 2726.

⑪ Rose A., Stevens B. The Efficiency and Equity of Marketable Permits for CO2 Emission [J]. Resource and Energy Economics, 1993, 15 (1): 117 ~ 146.

⑫ Borenstein S. On The Efficiency of Competitive /markets for Operating Licenses [J]. Quarterly Journal of Economics, 1998, 103: 357 ~ 385.

决于污染损害函数的特性，应根据污染损害对企业数量和排污水平的敏感程度决定拍卖和免费分配的比例①。Peter Cramton and Suzi Kerr（2002）研究了拍卖和免费分配方式的优缺点和适用条件②。

国内排污许可初始分配模式的研究更多是探讨适合我国实践的初始配置模式，如陈德湖等（2005）在比较了排污权三种不同的拍卖方式之后，认为我国应采取单一价格拍卖③。王晓敏等（2006）认为标价限量配售才是排污权初次配置的基本模式④。王小军（2007）认为排污许可证的初始分配应该采取免费分配、拍卖和定价出售相结合的方式⑤。林云华（2008）认为虽然免费分配的模式对于制度的推广起到一定促进作用，但更加公平和更加市场化才是排污权初始分配的趋势⑥。在排污权的定价机制方面，毕军等（2007）建立了一个综合考虑地区和行业差异、较好体现环境容量资源价值的排污权有偿使用初始分配定价模型，并以江苏省电厂 SO_2 排污权为例，计算了江苏省不同地区的排污权有偿使用的初始分配价格，具有一定的可操作性⑦。梅林海和戴金满（2009）研究了 IPO 定价机制在排污权初始分配中的应用⑧。邹伟进等（2009）针对当前单一的排污权分配方式导致的低效率，提出在排污权初始分配机制中引入累进性价格机制，使免费分配与有偿分配有机结合，以此改进当前单一分配方式导致的低效率⑨。

以上国内外的研究都表明只有当产品市场和许可证市场都是完全竞争时，排污权交易才是一种有效的市场机制。在不完全竞争市场上，排污权的初始配置就会影响市场效率，并且更多学者倾向于采用拍卖方式进行初始配置。

4.2.2 实验研究综述

20 世纪 60 年代实验经济学的兴起为经济学研究提供了一个新的分析工具，使经济理论的使用条件和政策的有效性在实验室的可控环境下得以检验。排污权交易的实验研究主要集中在拍卖机制、市场势力、交易成本以及有关排污权交易制度设计等方面。

由于实验经济学认为双向拍卖机制可以有效遏制市场势力的产生（Vernon Smith，1981）⑩，因此实验研究中大多采用双向拍卖方式。最早进行排污权交易实验研究的是 Plott。Plott（1983）在实验中采用双向拍卖的成交机制，结果发现若不采取任何政策，双向拍卖并

① Catherine L. Kling, Jinhua Zhao. On The Long - run Efficiency of Auctioned vs. Free Permits. Economics Letters, 2000 (69).

② Cramton P., Kerr S. Tradable Carbon Permit Auctions How and Why to Auction Not Grandfather [J]. Energy Policy, 2002, 30 (4): 33 ~ 345.

③ 陈德湖、李寿德、蒋馥："排污权拍卖方式比较研究"，《上海管理科学》，2005（2），第 40 ~ 42 页。

④ 王晓敏、万才、李利军、李艳丽："排污权的初次配置方式及其价格问题研究"，2006（2），第 116 ~ 119 页。

⑤ 王小军："论排污许可的初始分配"，《三江论坛》，2007（9），第 25 ~ 28 页。

⑥ 林云华："排污权初始分配方式的比较研究"，《石家庄经济学院学报》，2008（12），第 42 ~ 45 页。

⑦ 毕军、周国梅、张炳："排污权有偿使用的初始分配价格研究"，《环境保护》，2007（7A），第 51 ~ 54 页。

⑧ 梅林海、戴金满："IPO 定价机制在排污权初始分配中应用的研究"，《价格月刊》，2009（9），第 33 ~ 36 页。

⑨ 邹伟进、朱东元、龚佳勇："排污权初始分配的一种改进模式"，《经济理论与经济管理》，2009（7），第 39 ~ 44 页。

⑩ Smith V. L. An Empirical Study of Decentralized Institutions of Monopoly Restraint. From Essays in Contemporary Fields of Economics, edited by Horwich G. and Quirk J., Purdue University Press, 1981: 83 ~ 106.

没有使外部性内部化。他通过设置排污税、污染标准和排污权交易三种政策来纠正外部性，结果表明在一个具有外部性的产品市场上，排污权交易是一种最为有效的可行机制①。Plott为排污权交易的实践有效性提供了强有力的证据。早期还有关于拍卖机制的设计和比较的实验研究，如 Hahn（1988）通过实验检验了自己提出的零收入拍卖的构想，发现虽然价格没有总是收敛于理论值，但是通过排污权交易，市场效率确实得到提高。Franciosi 等（1993a）扩展了 Hahn 的实验模型，通过比较零收入拍卖和单一价格拍卖，发现这两种方式下的价格和市场效率非常接近②。Ledyard and Szakaly - Moore（1994）在 Franciosi 的基础上比较了零收入拍卖和双向拍卖机制，发现无论在完全竞争市场还是垄断市场中，双向拍卖的效率都更高③。Cason and Gangadharan（2005）的实验表明，歧视性价格拍卖在所有市场表现上都优于统一价格拍卖④。

理论研究已经证明了市场势力是影响效率的重要因素，这同样得到了实验的验证。如 Godby（1995）发现即使采用了双向拍卖机制也不能消除市场势力对价格的影响，但是尽管如此，排污权交易仍然大大节约了成本⑤。Godby（2000）进一步研究了市场势力对排污权交易的影响，发现当市场被垄断企业控制时，排污权交易的市场效率显著降低，最终的市场效率与初始分配和其他竞争条件有关⑥。Cason 等（2003）以 Port Phillip 海湾的排放参数为例，得出了与 Godby 类似的结论⑦。乔治林等（2009）的研究发现许可证初始分配所形成的市场势力可以影响外部性的矫正效率⑧。

Cason 等（2003）还研究了边际交易成本的变化带来的影响，发现交易成本的存在提高了排污权的交易价格，并且当边际交易成本不变时，排污权的初始分配不影响价格、交易量和市场效率；当边际交易成本减少时，排污权的初始分配会偏离有效均衡结果⑨。对排污权交易体制设计的研究主要有许可证的存储和跨期交易（Godby，1995⑩、1997⑪）、市场欺诈

---

① Charles R. Plott. Externalities and Corrective Policies in Experimental Markets. The Economic Journal, Vol. 93, No. 369 (Mar, 1983): 106 ~ 127.

② R. Franciosi et al. An Experimental Investigation of The Hahn - Noll Revenue Neutral Auction for Emissions Licenses. Journal of Environmental Economics and Management, 1993a (24): 1 ~ 24.

③ J. O. Ledyard, K. Szakaly - Moore. Designing Organizations for Trading Pollution Rights [J]. Journal of Economic Behavior and Organization, 1994 (25): 167 ~ 196.

④ Timothy N. Cason, Lata Gangadharan. A Laboratory Comparison of Uniform and Discriminative Price Auctions for Reducing Non - point Source Pollution. Land Economics, Vol. 81, No. 1, 2005 (2): 51 ~ 70.

⑤ Robert Godby. Market Power in Emission Permit Double Auctions. Laurentian University, Department of Economics, Working Paper, 1995.

⑥ Robert Godby. Market Power and Emission Trading: Theory and Laboratory Results. Pacific Economics Review, 2000.

⑦ Timothy N. Cason, Lata Gangadharan, Charlotte Duke. Market Power in Tradable Emission Markets: a Laboratory Testbed for Emission Trading in Port Phillip Bay, Victoria. Ecological Economics Vol. 46, Issue 3, 2003 (10): 469 ~ 491.

⑧ 乔治林、费方域、秦向东："初始分配与实用市场机制矫正外部效应——一个实验经济学研究"，《当代经济科学》，Vol. 31，No. 2，2009 (3)，第 117 ~ 123 页。

⑨ Timothy N. Cason, Lata Gangadharan. Transactions Costs in Tradable Permit Markets: An Experimental Study of Pollution Market Designs. Journal of Regulatory Economics, 2003: 145 ~ 165.

⑩ Robert Godby, et al. Emissions Trading with Shares and Coupons When Control Over Discharges is Uncertain. Department of Economics Working Paper No. 95 ~ 109, McMaster University, Canada.

⑪ Robert Godby. et al. Emissions Trading with Shares and Coupons When Control Over Discharges is Uncertain. Journal of Environmental Economics and Management, 1997 (32): 359 ~ 381.

行为（Egteren and Webber，1996）① 等方面的研究。

以上排污权交易的实验经济学研究主要成果是：（1）证明了排污权交易的市场有效性；（2）验证了排污权交易的初始分配、市场势力的存在等因素与市场效率的高低密切相关；（3）排污权交易的制度设计，如许可证的存储、奖励和惩罚措施等也会影响排污权交易的效率。

4.3 实践中的排污权交易

4.3.1 美国的“酸雨计划”和 SO_2 排污权交易

1990 年，美国《清洁空气法》修正案设立“酸雨项目”（Acid Rain Program），以法律形式将排污权交易应用于 SO_2 的排放控制。这项政策使得美国在 1993—2002 年间的 SO_2 排放量下降了 33%。据测算，1990—2010 年间，SO_2 排放权交易可以为实现酸雨控制目标节省 126 亿 ~180 亿元②。SO_2 排放权交易也因此被《科学》杂志认为是治理跨界污染的成功案例。

酸雨计划规定每年由美国环保局（EPA）确定 SO_2 排放许可证的数量，并逐年减少。排放许可证的初始分配有三种形式：免费、拍卖和奖励。其中无偿分配是主要方式，占初始分配总额的 97.2%，余下 2.8% 由美国国家环保局负责拍卖。环保局的年度拍卖采取歧视性价格拍卖的形式，从最高出价开始分配许可证。经过初始分配后的许可证，可以进行交易也可以将其存到排污银行留待日后使用。美国国家环保局建立了企业账户和普通账户，许可证的交易采取转账形式，并且建立了拍卖市场。拍卖市场由芝加哥商品交易所管理和经营。任何人都可以在拍卖市场上购买排污许可，包括投资者和环保主义的团体和个人，甚至政府出于宏观调控环境质量的目的也可以大量买入许可证。环保局每年会对交易单位进行审核，如果在年末实际排污量超过许可排污量，每吨超额排污量将罚款 2000 美元，并且在下年排污许可中强制扣除相应数量。如果审核有余额，则将余额转至次年账户。

4.3.2 中国“嘉兴模式”

2007 年 9 月 24 日，嘉兴市政府出台了《嘉兴市主要污染物排污权交易办法实施细则（试行）》（以下简称《细则》），在我国首次提出了排污权市场化交易的模式。2007 年 11 月 10 日嘉兴市建立全国第一家排污权储备交易中心。据统计，至 2009 年 6 月，嘉兴市有 210 多个项目通过排污权交易获得主要污染物排放指标，有 340 多家企业完成了初始排污权有偿分配。

《细则》规定，已经取得审批的排污权全部属于企业，并允许这些企业在开展排污权有

---

① Van Egteren, M. Webber. Marketable Permits, Market Power, and Cheating. Journal of Environmental Economics and Management, 1996 (30): 161 ~ 173.

② Daniel J. Dudek、秦虎、张建宇：《环境治理能力问题分析：中国二氧化硫控制及排放权交易案例报告》(2007)，第 14 ~ 15 页。

偿分配之前继续无偿使用，但企业必须削减，而且还要把指标让出来给其他企业发展。对于新、改、扩建企业的排放，必须向排污权交易中心购买排污权。嘉兴环保局通过承认所有企业既得排污权淡化了初始分配的公平性。《细则》规定排污权交易采取协议转让的方式，交易双方必须通过交易中心的平台进行，交易价格采取政府指导价的形式确定。同时，《细则》中也允许待条件成熟后，可以通过公开拍卖的方式出让排污权。

4.3.3 中国江苏太湖流域的水污染控制

2008 年 11 月，江苏省出台《江苏省太湖流域主要水污染物排污权有偿使用和交易试点方案细则》（以下简称《试点方案》），确定在江苏太湖流域推行排污权有偿使用制度，率先试点水污染物排污权有偿使用的环境管理政策。该方案通过改革主要水污染物排放指标分配办法和排污权使用方式，来建立排污权交易一级市场。2009 年 9 月 4 日，江苏省环保厅成立了排污权交易管理中心，负责全省排污权有偿使用和交易管理等工作。试点实施阶段从 2008 年 11 月至 2010 年 12 月。

《试点方案》规定的排污权初始分配采用有偿的方式，排污权价格以污染治理的直接成本为参考基础，通过地区差异系数调整。2008 年 11 月 20 日及以后各类新、改、扩建项目排污单位新增排污的指标必须从完成当地减排任务后的余量中有偿或者通过交易获得。

目前江苏省的排污权交易仍停留在一级市场上，并且基本是由政府主导。

4.3.4 小结

将美国的酸雨计划和国内的两个试点进行比较（见表 4－1），可以发现以下几个问题：

第一，初始分配引发的公平性争议。在嘉兴模式中，初始分配对新老企业实行“双轨制”，即对现存企业免费分配，对新、改、扩建企业的新增排放量有偿获取，这样的分配方式违背市场经济公平竞争的原则。

表 4－1　　美国“酸雨计划”和国内排污交易试点比较

	标的	初始分配	定价标准	交易方式	政府职能	创新
酸雨计划	SO_2	免费分配和拍卖结合	市场拍卖采用歧视性价格拍卖定价	由芝加哥商品交易所管理和经营拍卖市场，账户划转	以市场主体自由交易为主，政府以监管审核为主，参与为辅	“排污权银行”，允许经纪人和社会团体参与排污权交易
嘉兴模式	COD SO_2	免费分配	政府以平均治污水平为基础，制定指导价格	供需双方都必须通过嘉兴市排污储配交易中心交易，采用协议价格的形式。未来将向拍卖方式过渡	审核 监管 中介撮合	实行排污权强制收回；根据产业政策调节排污权交易价格；尝试通过拍卖方式进行排污权证交易，尝试排污权证抵押贷款
太湖流域	COD	定价出售	政府以平均治污水平为基础，通过地区差异系数调整，制定统一价格	暂时还没有形成二级市场	主导	初始分配采取有偿模式，突破了行政区域的限制

第二，市场主体单一，市场流动性不足。在美国的酸雨计划中，参与交易的主体有经纪人、个人团体以及政府，交易主体多元化，市场比较活跃。据统计，1994 年至 1997 年许可证市场流通率为 270%[①]。嘉兴模式中只有企业与储备交易中心参与，可供拍卖的排放量占总量的比重微乎其微，市场流动性不足。

第三，交易成本较大。对于有排放余量的企业间是自由交易还是由环保部门先收购再卖出的设置，关系到排污权交易市场效率的高低。在嘉兴，所有排污许可的申购和出让都必须通过储备交易中心进行，造成储备交易中心既是管理者又是交易者的双重身份，供需双方属于间接交易，增加了市场交换的成本。在江苏，太湖流域的排污权交易二级市场还没有发展和完善起来，主要还是由政府主导。如果二级市场不能发展起来，那么将不能充分发挥排污权交易的市场激励功能。

第四，排污交易价格的确定。在嘉兴和太湖的试点，排污交易价格都以政府制定的指导价格为基准，偏离了排污交易市场机制的内涵，失去了市场发现价格以实现资源优化配置的功能。

4.4 实验设计

4.4.1 外部性与排污许可证交易模型

本章参照 Plott（1983）的模型，在一个具有外部性的产品市场上，生产将造成外部成本。如图 4－1，由于厂商将按照私人成本进行生产，在利润最大化的驱动下，最后的市场均衡将会是 E 点，对应的价格和产量是 P_e 和 Q_e。但由于生产消耗的环境资源给社会带来的外部成本，社会最优的均衡点应该是 E′，相应的价格和产量应是 P'_e 和 Q'_e。图中的阴影部分是社会能承受的最优环境污染。可见外部性的存在使社会生产过多，而价格偏低，并且造成环境污染过多。需要强调的是，这种外部性是通过影响消费者的效用函数或者生产者的利润函数而不是市场价格来起作用的。Plott（1983）的实验就证明了这一点。在 Plott 的实验中，他验证了在这样一个具有外部性的市场中，均衡价格和产量不受外部性的影响。因此若不采取环境政策，外部性是不能通过市场机制自发矫正的。

现在，这个市场以发放排污许可证的方式来矫正外部性。如果没有许可证，厂商的排污将是违法的，而一旦许可证被分配下去，它可以像商品一样被交易。如图所示，在采用了可交易排污许可证的政策下，许可证数量应控制在产量 Q'_e 处，此时许可证均衡价格为 AE′。各个污染厂商在利益最大化的驱使下，会在购买排污许可和削减污染排放之间选择成本较小的方式从事生产。高成本的排污削减者有动机购买排污许可证，而低成本的有动机进行污染

① 陈吕军：“排污权交易制度国内外发展理论及在我国实施的可行性”，《浙江嘉兴首届排污权交易论坛文集》（2007），第 33～43 页。

物的削减，并在市场上公开出售多余的许可证。这样就能实现整个社会排污削减的成本—效益配置。

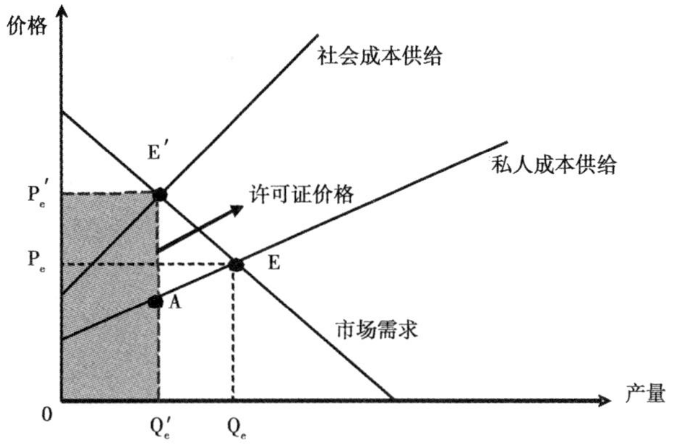

图 4－1　具有外部性的产品市场

4.4.2　指标计算

（一）市场效率（产品市场）

帕累托最优是用来衡量市场效率的一个重要指标，当社会整体的收益最大化时就实现了帕累托最优配置。在实验室中，也就是所有被试者的整体收益最大化。因此，实验市场的相对效率就是通过被试者实际得到的收益与理论最大收益的比值来衡量，即：

$$E = \frac{\sum(MV_i - P_i) + \sum(P_i - MC_i)}{\varepsilon} \times 100\%$$

其中，MV_i 表示第 i 个买方的保留价格，MC_i 表示第 i 个卖方的成本，P_i 表示实际成交价格。市场效率指标可以反映总体效率损失的状况。

（二）收敛系数

这项指标用来衡量价格变动程度以及实际价格与竞争性水平价格的差异。

$$\alpha^2 = \frac{\sum_{i=1}^{Q}(P_i - P_e)^2}{Q}$$

其中，Q 表示成交产品数量，P_i 表示第 i 次成交价格，P_e 表示完全竞争市场下的均衡价格。当实际成交价格和竞争均衡价格相等时，α^2 就为 0。

4.4.3　实验设置

本章实验参照了 Plott（1983）模型的参数设置，构建了一个由六个卖方和六个买方组成的具有外部性的产品市场，该市场只有一种产品，并且规定在这个市场上实行可交易的排污许可证制度，即只有取得排污许可证的厂商才可以进行产品市场的交易，一个许可证对应一个产品。同时，由于许可证的可交易，六个卖方之间还建立了一个许可证交易市场。实验有两组不同的设置，在实验Ⅰ中许可证免费分配，在实验Ⅱ中许可证通过拍卖方式分配。实验中的产品市场和许可证市场都采用双向拍卖的成交机制。

被试者会按表 4 –2 的设置告知各自的成本/保留价格信息，但他们之间互不知道对方的身份和私人信息。

表 4 –2　　产品保留价格和成本表

产品	卖方成本（元）						买方保留价格（元）					
序号	1	2	3	4	5	6	7	8	9	10	11	12
1	230	230	230	230	245	245	283	300	290	286	243	243
2	230	233	233	244	246	246	278	279	269	244	242	242
3	230	233	241	244	248	248	277	270	252	244	240	240
4	231	233	241	245	254	249	275	269	247	243	234	239
5	232	233	242	247	258	249	272	269	247	241	230	239
6	236	234	244	248	263	255	261	268	246	240	225	233
7	251	235	248	252	274	263		265	244	236		225
8	270	238	261	256		285		256	240	232		
9		241	295	275		305		240	228			
10		248						237				

由于假定市场存在外部性，对每笔成交的产品社会都将承担一笔环境损失（具体金额和计算方法见表 4 –3）。加入环境损失费之后，只要市场上有产品成交，无论被试者有没有参与交易，所有人都将扣除一笔相同的环境损失费。

表 4 –3　　外部性造成的社会环境损失费

环境损失费		
市场交易总数	边际环境损失费	总损失费
1	2	2
…	…	…
10	2	20
11	3	23
…	…	…
20	3	50
21	4	54
…	…	…
45	4	150

根据表 4 –2 和表 4 –3 可以得出产品市场最优成交量为 13。因此在实验 I 的免费分配模式中，将 13 个许可证按表 4 –4 的设置分配给卖方。这样设置的原因是为了检验在许可证市场具有垄断性分配的情况下产品市场的效率，这也是为了仿效现实经济中的免费分配方式造成某些企业对初始排污许可的垄断，而对新、改、扩建企业则需要支付排污许可费用的现

象。

表 4－4　　实验 I 中排污许可证的初始分配情况

卖方	1	2	3	4	5	6	合计
分配数量	1	2	0	9	1	0	13

实验Ⅱ和实验Ⅰ的产品市场与排污权二级市场的操作过程相同，区别是实验Ⅱ先通过拍卖，按照价格优先、时间优先的原则分配许可证。如果申报的许可证总量小于 13，则按照实际申报量分配。

4.4.4　理论预测

根据表 4－2 和表 4－3，若按照社会成本下的最优产量发放许可证，可以得到产品市场最优成交量为 13，均衡价格为 269（见图 4－2，成交详情见表 4－5）。

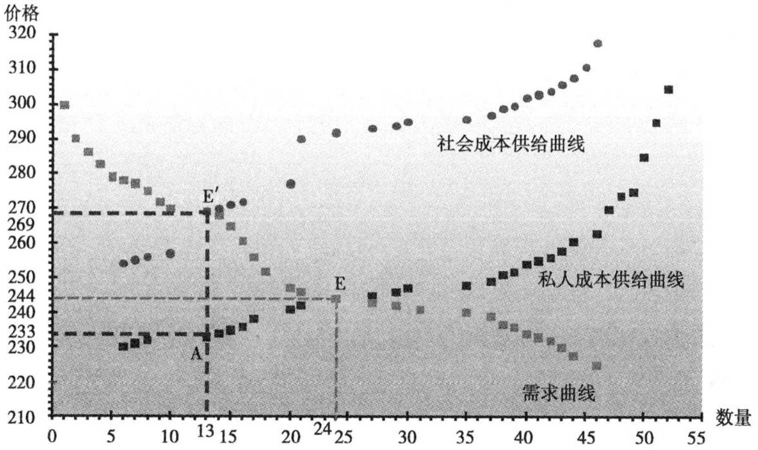

图 4－2　具有外部性的产品市场

如果许可证可交易，则许可证的均衡价格为 36（图 4－2 中 AE′的长度），成交量为 9（最终的有效配置见表 4－6）。

表 4－5　　许可证可交易时产品市场均衡状态的成交情况

被试者	1	2	3	4	5	6	7	8	9	10	11	12	合计
成交量	5	5	2	1	0	0	5	5	2	1	0	0	13

表 4－6　　许可证可交易时的最终有效配置情况

卖方	1	2	3	4	5	6	合计
初始分配	1	2	0	9	1	0	13
最终配置	5	5	2	1	0	0	13（成交量 9）

根据图 4－2、表 4－2 和表 4－3 可以得知，若许可证是可交易的，那么当市场是最优

配置时，产品成交量为 13，消费者剩余是 120，生产者剩余是 489，社会的环境损失费为 348，因此最大社会收益为 489 + 120 - 348 = 261，即 $\varepsilon = 261$。

若许可证不可交易，那么产品市场均衡价格为 272，成交量为 9（见图 4 - 3），此时社会的最大收益为 173（92 + 297 - 216）。

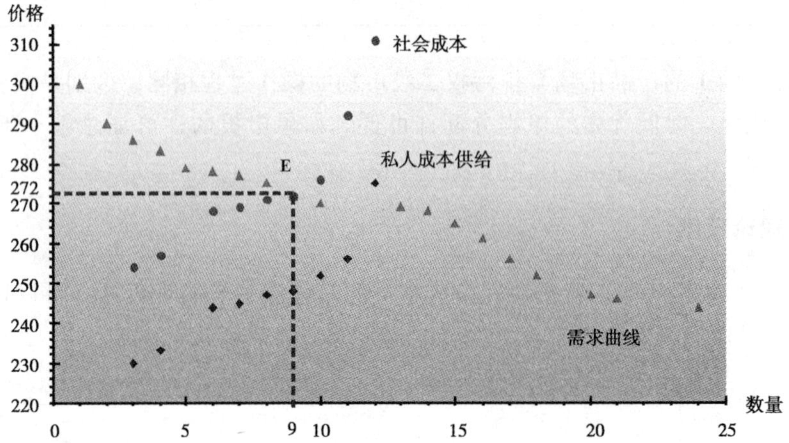

图 4 - 3　许可证不可交易时产品市场的均衡

4.5 实验过程与结果

4.5.1　实验过程

实验在南开大学经济实验教学中心采用计算机模拟的方式进行（实验导语见本章附录）。实验Ⅰ和实验Ⅱ都分别进行六轮，实验过程为两个小时。

实验被试者从南开大学本科生和研究生中选取，分 ABCD 四组，其中 A 组被试者先进行实验Ⅰ后进行实验Ⅱ，B、C、D 三组先进行实验Ⅱ后进行实验Ⅰ。这样操作的原因是 A 组被试者的 4 号在实验Ⅰ中没有认识到自己在许可证市场上的垄断性分配，基于实验的科学性，在不能提示被试者的情况下，为了让被试者能更准确的认识市场，所以在后三组的实验中，调换了实验Ⅰ和实验Ⅱ的顺序。

4.5.2　实验结果及分析

考虑到被试者在前几轮是一个试探和学习的过程，因此实验分析都是基于第六轮或后三轮的数据。

（一）实验Ⅰ——免费分配

从实验Ⅰ各组的数据可以明显看出产品市场的成交量与理论预期一致；B、C、D 三组的许可证成交量为8，也和理论值较为接近；各被试者的成交量与理论预测基本相符（见表4－7）。

从各组第六轮的数据来看（见表4－8），A组的产品成交均值267.92与理论值269最为接近，许可证的成交均值32.5略低于理论值36；B、C、D三组的产品成交价格均值偏低，对应许可证成交价格也偏低。

表4－7　　实验Ⅰ被试者在产品市场的成交情况

被试者		1	2	3	4	5	6	7	8	9	10	11	12	合计
理论值		5	5	2	1	0	0	5	5	2	1	0	0	13
实际成交量	A	5	2	2	4	0	0	5	5	2	1	0	0	13
	B	5	4	2	2	0	0	5	5	2	1	0	0	13
	C	6	4	1	2	0	0	5	4	3	1	0	0	13
	D	5	4	2	2	0	0	5	5	2	1	0	0	13

表4－8　　实验Ⅰ产品市场和许可证市场成交情况

组　次		A	B	C	D
产品市场	成交量	13	13	13	13
	均值	267.92	261.31	264.62	261.69
	标准差	1.44	0.63	1.66	1.25
许可证市场	成交量	6	8	8	8
	均值	32.50	24.50	28.00	29.25
	标准差	4.18	0.54	1.41	1.39

通过计算各组实际总收益和最大理论总收益的比值，可以得到市场效率（见表4－9）。如果禁止许可证交易的话，那么社会最大总收益为173。而许可证的可交易使得市场效率较高，并且随着实验轮数的增加，所有被试者都实现了正收益，市场效率的提高也比较显著。

尤其需要关注的是，4号被试者由于获得了许可证的垄断性初始分配，因此他的市场行为对市场效率的影响至关重要。从理论上来说，只要4号将许可证出售给具有成本优势的1号和2号，而不是用于自己生产产品，那么市场效率就会提高，而至于4号将许可证以多高的价格出售并不会影响市场效率。实验中也发现，B、C、D三组的4号认识到了自己的垄断地位，但他们仍旧将许可证售出直接获取收益，在他们的理性决策下个人收益最大化的同时也实现了社会收益最大化。A组中4号对自己的优势认识并不充分，市场效率明显低于与B、C、D三组。这也说明改变实验顺序确实发挥了一定的作用。

表4－9　　实验Ⅰ各组市场效率

市场效率	第一轮	第二轮	第三轮	第四轮	第五轮	第六轮
A	26.05%	59.00%	46.74%	86.59%	81.99%	86.97%
B	41.38%	57.47%	81.61%	88.51%	95.40%	96.17%
C	71.65%	47.51%	91.19%	96.17%	96.93%	88.12%
D	90.04%	86.97%	90.42%	85.82%	89.66%	95.79%

（二）实验Ⅱ——拍卖分配

实验Ⅱ产品市场的成交量与理论值 13 相符（见表 4－10）；被试者的实际成交量与理论值也相当吻合（见表 4－12）。

从各组第六轮的数据来看（见表 4－10），D 组的产品成交均值 264.462 较低，其他三组都较为接近 269。

实验中发现，各组在许可证拍卖阶段的均值都略高于交易阶段（见表 4－11），说明在理性的市场上，许可证交易并没有出现泡沫，并且成交价格与理论值 36 也较为接近。需要注意的是，对于一个有效的市场来说，许可证二级市场的成交量与拍卖时的分配情况有关。如果由高成本的厂商拍得许可证，那么二级市场的交易就比较活跃。若由低成本的厂商拍得许可证，那么许可证交易市场的成交量就会减少。实验过程中也确实发现，各组在后三轮的实验中基本都由低成本的厂商获得许可证，因此二级市场的成交量就明显减少，甚至在有些轮次出现了没有交易的情况（B 组第五轮和 D 组第四轮）。并且，即使是少量的交易，也是几个低成本的厂商之间调剂性的交易。这种现象也给了高成本厂商投机的可能，他们可以在一级市场以略高的价格拍得许可证，然后在二级市场将其售出获取利差收益。实验也发现有个别轮次高成本厂商买卖许可证的现象（A 组第二轮 6 号、B 组第二轮 6 号、D 组第三轮 6 号），但由于他们最终都是负收益，因此在有了学习效应之后，就基本退出了拍卖市场。因此，这虽然有理论上的可能性，但在实际操作中的高风险规避了这种现象，使得许可证市场表现出理性的均衡。

表 4－10　　实验Ⅱ产品市场成交情况

组次	A	B	C	D
成交量	13	13	13	13
组次	A	B	C	D
均值	266.69	266.85	266.08	264.46
标准差	0.75	1.14	0.76	1.61

表 4－11　　实验Ⅱ许可证市场成交情况

组次		A	B	C	D
拍卖	均值	30.33	32.00	28.00	30.00
	标准差	4.51	0	2.83	0
交易	成交量	1	3	6	2
	均值	32.00	33.00	29.67	32.00
	标准差	—	0	0.82	0

表 4－12　　实验Ⅱ被试者在产品市场的成交情况

被试者		1	2	3	4	5	6	7	8	9	10	11	12	合计
理论值		5	5	2	1	0	0	5	5	2	1	0	0	13
实际成交量	A	5	5	2	1	0	0	5	6	1	1	0	0	13
	B	5	6	1	1	0	0	5	5	2	1	0	0	13
	C	4	6	2	1	0	0	5	8	2	1	0	0	13
	D	6	4	2	1	0	0	5	5	2	1	0	0	13

实验Ⅱ中随着实验轮数的增加，各组的市场效率从第四轮开始都显著提升，最后都接近100%，说明由于许可证的拍卖和可交易，整个社会基本实现了最大收益（见表 4－13）。

需要注意的是，在拍卖阶段，无论由谁拍得许可证都不会影响市场效率，当最终获得许可证并用来出售产品的厂商是低成本厂商时，市场就是有效的。

表 4－13　　实验Ⅱ各组市场效率

市场效率	第一轮	第二轮	第三轮	第四轮	第五轮	第六轮
A	53.25%	50.57%	75.86%	86.59%	98.85%	99.62%
B	74.71%	72.80%	68.20%	83.52%	88.89%	99.62%
C	90.80%	90.80%	78.93%	86.97%	95.40%	99.23%
D	75.10%	67.82%	87.36%	97.70%	90.42%	98.85%

（三）比较分析

A、B、C、D 组各取第六轮的实验数据，通过计算实验Ⅰ和实验Ⅱ在产品市场和许可证市场的价格收敛系数（α^2）可以发现，实验Ⅱ在两个市场的收敛系数都明显小于实验Ⅰ，说明实验Ⅱ的价格都更接近理论预期（见表 4－14）。

表 4－14　　实验Ⅰ和实验Ⅱ中产品市场和许可证市场的价格收敛系数比较

组次		A	B	C	D	平均
产品市场	Ⅰ	3.24	59.57	21.98	54.97	34.94
	Ⅱ	5.89	5.95	9.12	23.20	11.04
许可证市场	Ⅰ	29.72	132.54	65.99	47.49	68.94
	Ⅱ	16.00	9.00	40.74	16.00	20.44

同样取第六轮的实验数据，将实验Ⅰ和实验Ⅱ的市场效率对比，可以发现实验Ⅱ的市场效率明显高于实验Ⅰ（见表 4－15）。

表 4－15　　实验Ⅰ和实验Ⅱ市场效率比较

组次	A	B	C	D	平均
实验Ⅰ	86.97%	96.17%	88.12%	95.79%	91.76%
实验Ⅱ	99.62%	99.62%	99.23%	98.85%	99.33%

由于实验Ⅱ的许可证是有偿获取的，因此相比实验Ⅰ，实验Ⅱ的厂商生产成本会提高，因此带来了生产者剩余的减少，这部分成本全部由政府获得。通过比较实验Ⅰ和实验Ⅱ的剩余可以发现，在拍卖许可证方式下政府获取了大部分的社会收益（见表4－16）。

表4－16　实验Ⅰ和实验Ⅱ 剩余分布比较

	生产者剩余	消费者剩余	政府收入	合计
实验Ⅰ	69.04%	30.96%	—	100.00%
实验Ⅱ	8.73%	26.10%	65.17%	100.00%

（四）非参数检验

统计实验Ⅰ和Ⅱ中六轮的市场效率均值（见表4－17），可以看出实验Ⅱ的市场效率大于实验Ⅰ。

表4－17　实验Ⅰ和实验Ⅱ市场效率情况

	均值	标准差	最小值	最大值
实验Ⅰ	78.26%	0.1515	57.28%	91.76%
实验Ⅱ	83.83%	0.1166	70.50%	99.33%

将统计数据作 Wilcoxon 符号秩检验，结果显示，在显著性水平 $\alpha=0.1$ 下，实验Ⅱ和实验Ⅰ有显著差异（表4－18）。

表4－18　Wilcoxon 符号秩检验结果

			Mean Rank	Sum of Ranks
V2－V1	Negative	1	2	2
	Positive	5	3.8	19
	total	6		
		Test Statistics		
Z	－1.78208			
Asymp. Sig.	(2－tailed)	0.074735		
a	Based on negative ranks.			
b	Wilcoxon Signed Ranks Test			

4.6 结论和建议

4.6.1　结论

理论上，在理性市场主体的参与下，如果许可证是可交易的，那么排污权交易的市场机制能自动达到帕累托最优配置，并且初始配置不影响市场最优效率的实现。本章通过设置两个不同初始分配的排污权交易实验，得出如下结论：

第一，排污权交易实现了在控制污染总量的基础上市场的最优配置，是有效的环境政策。实验研究发现，即使在免费模式下的垄断性初始分配也并没有显著降低市场效率，而在拍卖方式下，更是几乎实现了全部社会收益。

第二，与免费分配排污许可证的方式相比，拍卖模式更为有效。在拍卖模式下，市场的效率更高、向均衡收敛的速度更快、发现价格的功能更为显著。

4.6.2　政策建议

实验室的模拟对比了现实中的典型现象。例如某些大型国有企业（4 号）虽然在生产成本上没有优势，但是利用政府资源获取了大量的排污许可证。而一些新型优质的企业（1 号、2 号、3 号）却要受制于许可证初始分配的行政色彩，这样的市场环境明显违背了市场经济公平竞争的原则。虽然在实验中 4 号并没有利用自己的市场势力进行垄断行为，但是在实践中这却是有可能的，如果这些企业进行垄断操作，那必然会造成效率损失。

实验室的市场是可控的，并且排污许可证的交易是供需双方在公开市场上的直接交易，政府并没有参与其中。但是在实践中，比如“嘉兴模式”规定了排污权的交易必须通过储备交易中心，政府的从中撮合无疑增加了交易成本，会造成效率损失。另外，嘉兴还存在一个有效供给不足的困难，排除减排成本的原因，这也说明了交易成本的存在阻碍了市场流动性的提高。

实验设置中的排污权交易是一个公开的市场，排污许可证的价格是基于市场供求的真实信息。相比于实践中的操作方法，嘉兴和江苏都采用了政府指导价的形式，这样难保不会因为价格扭曲造成效率流失。

实验结果发现，在拍卖模式下，许可证在初始分配阶段就接近最优配置，使得在许可证的二级市场上交易并不活跃。据此推测，如果采用拍卖的方式，那么企业会有更大激励进行技术创新以实现节能减排，使得成本优势企业可以利用减排后的许可证余量获得收益，而那些成本劣势的企业则只能被淘汰出市场。因此，拍卖的竞争机制可以激励企业创新，并且可以加快行业的优胜劣汰，加快产业升级。

针对实践中存在的这些问题和本章的实验研究，提出以下建议：

第一，未来应该推广并完善排污许可证的拍卖分配模式；

第二，政府在参与排污权交易过程中，应该分清裁判员和运动员的身份，过分干预是对市场的扭曲；

第三，排污权交易应该在公开市场上进行，政府制定指导价格应以供求关系为基础。

4.6.3　进一步研究的空间

本章的创新之处是利用实验经济学的方法，在 Plott 的研究基础上模拟了现实经济中的排污权交易，并且首次尝试了拍卖与免费分配方式的比较，丰富了实验经济学在排污权初始分配方面的研究。本章还可以在以下几个方面深入研究：

第一，本章实验中只设定了厂商的生产成本，并没有考虑厂商的减排成本。因此不能验证排污权交易的成本最小化问题，也不能研究排污权交易对于企业减排激励和技术创新的可行性和有效性。

第二，本章研究的是竞争性的市场，未来可以考虑研究不同市场结构下排污权交易的有效性。

第三，本章实验规定了排污许可证的有效期仅限当期，未来可以考虑许可证可存储下的排污权交易机制问题。

第四，本章未考虑比较实践中的另一种分配模式，即政府定价出售许可证。

附录一：实验Ⅰ（免费分配排污许可证）

欢迎大家来参加实验！

这是一个有关市场模拟的经济学实验，整个实验过程将持续两个小时。我们将采取匿名方式进行此次实验。现在请您不要与其他参与者交流，请关闭手机等通讯工具，若有疑问请举手示意，我们将会作出解答。

这是一个模拟的市场，由6个买方和6个卖方组成，市场上只有一种产品。我们将用抽签的方式决定您在实验中的身份，请您牢记自己的身份编号，不得将自己的身份信息泄露给他人。您的身份在整个实验过程中保持不变。此次实验分为两个，实验Ⅰ每轮6分钟，实验Ⅱ每轮7分钟，每个实验重复进行6轮。实验结束后，您将会获得一定报酬，我们会根据您的实验结果，按一定的比率将实验货币兑换成现金当场支付。由于您的收益大小将取决于您在实验中的决策，所以请您确保理解以下关于实验过程和内容的说明。但无论实验最终结果怎样，您都会收到一笔5元的出场费。

（一）如果您是买方

在每一轮实验中，您都可以自由地从任一卖家那里购买任何数量的产品。但请注意，每轮实验中每次只能交易1个单位，也就是说，您不能一次购买两个及以上单位的产品。

1. 实验操作过程。

（1）根据抽签确定的号码，请在屏幕左上角输入自己的ID号，点击“确定”，如果一切准备就绪，点击“连接服务器”，等待实验开始（如图1）。

（2）实验开始后，在您屏幕的左上角，系统会提示您当前产品的保留价格、初始收益、能购买的产品数量（如图1）。其中：

产品的保留价格，是指系统设定的您愿意为此单位产品支付的最大金额。需要注意的是，保留价格并不是一成不变的，随着您买入产品数量的增加，这个保留价格将会越来越小。因此，报价之前请留意当前产品的保留价格。

初始收益是由系统设定的，注意，并不是所有的参加者都有此初始收益，且不同参加者的初始收益数额也不同。

（3）您可以在产品市场上报出自己意愿的成交价格（取整数），同时其他买家和卖家也会进行报价，所有的报价信息都将被公布（如图2），如果：

①当您报价后没有卖方和您成交，那么您可以重新报价，但新的报价必须高于刚才的价格。重新报价的时间间隔由您决定，一旦重新报价，新价格将会取代之前的报价。

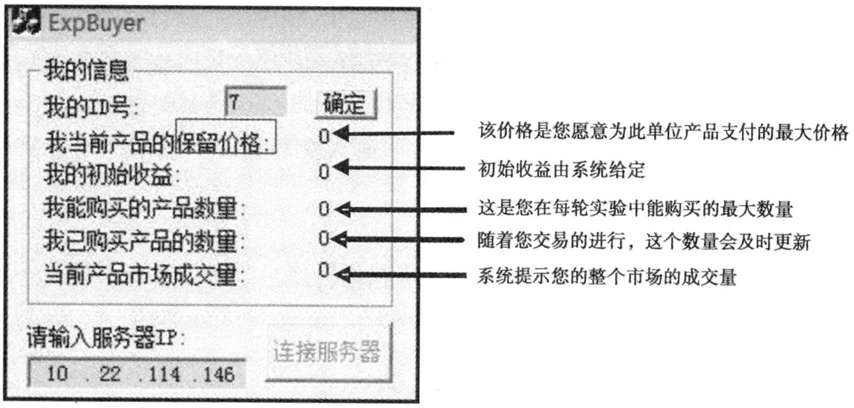

图 1

②当您报价后有卖方同意和您成交，则系统会按您的报价买入这个产品，本次交易成功。成交记录将会显示在右侧“成交结果”窗口。此时系统将会更新您下一单位产品的保留价格，您可参考这一新价格继续报价和交易。

③卖方的报价信息将会显示在左侧“所有卖家的报价”窗口，若有您意愿的价格，则可以将其选中，然后按卖方的报价购入此单位产品，此时交易成功。

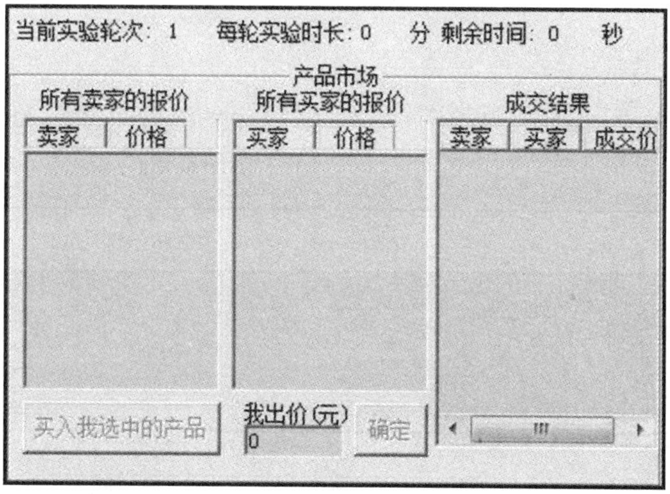

图 2

(4) 屏幕右上角将会提示您当前实验的轮次及本轮实验的剩余时间（如图 2），您在规定时间内，可以多次报价和交易，直到本轮时间结束。

注意：每轮实验结束之后，系统会重新回到初始值，即每轮实验都是独立的，上一轮的实验结果及收益不会影响下一轮。

2. 收益计算。

您每成功购买一个产品，系统将自动计算您的收益，收益情况将显示在屏幕下方的收益窗口（如图3），其中：

交易收益 = 保留价格 - 成交价格

另外，我们假定生产这个产品给社会造成了污染，因此，我们将在所有人的收益中扣除一笔环境损失费，此环境损失费用的大小与本轮实验中产品市场最终的成交量有关，其参数设置由系统给定（见表1）。无论您在本轮实验中有无交易都必须承担相同金额的环境损失费，因此，您的：

本轮净收益 = 交易收益 - 环境损失费

为了防止您在实验过程中因为承担环境损失费而造成负收益，系统给部分参加者设定了一笔初始收益。

表1　　环境损失费参数设置

环境损失费		
市场交易总数	边际环境损失费	总环境损失费
1	2	2
2	2	4
…	…	…
10	2	20
11	3	23
…	…	…
20	3	50
21	4	54
…	…	…
45	4	150

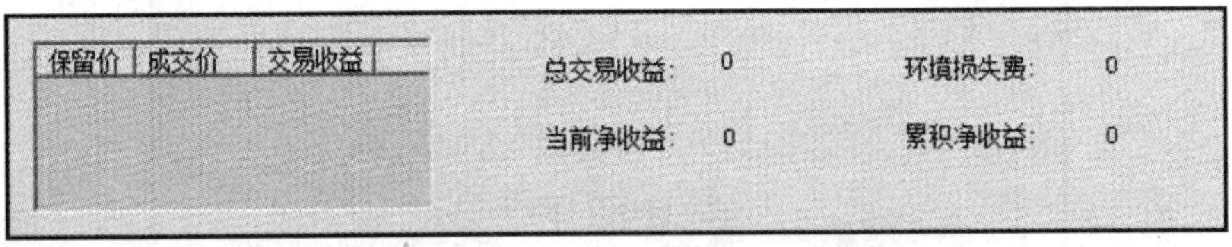

图3

3. 示例。

（1）假设在某轮实验中，您一共买入了两个产品，第一个产品的保留价格是100，成交价格是60；第二个产品的保留价格是90，成交价格是65；本轮最终的市场成交量为10个，造成的环境损失费为20，因此：

本轮交易收益 =（100－60）+（90－65）=40＋25＝65；净收益＝65－20＝45

（2）如果您没有任何交易，且此时市场总成交量为10个，造成的环境损失费为20，您的初始收益为50，因此：

本轮交易收益＝0；净收益＝50－20＝30

（二）如果您是卖方

卖方与买方最大的不同是卖方将参与两个市场的交易——许可证市场和产品市场。在每一轮中，您都可以自由地向任何一个买方卖出一定数量的产品，但前提是您必须拥有许可证。一个许可证对应一个产品的销售权。如果您没有许可证，您需要从许可证市场上购买。此实验中的许可证由系统免费分配。

1. 实验操作过程。

（1）首先选择实验类型为“实验 1”，根据抽签确定的号码，在屏幕左上角输入自己的 ID 号，点击“确定”。如果一切准备就绪，点击“连接服务器”，等待开始（如图 4）。

（2）在您屏幕的左上角，系统会告诉您在本轮交易中的库存产品、当前产品成本价格、初始收益、拥有的许可证数量，这些数值都是系统设定的参数（如图 4）。其中，初始收益是系统为您设定的一笔初始收益。注意，并不是所有的实验被试都有此初始收益，且不同实验被试的初始收益的数额也是不同的。

除此之外，随着交易的进行，系统还会提示您已卖出的产品数量、当前许可证的成本、市场上的成交总数。需要注意的是，销售每个产品的成本价格并不是一成不变的，随着您产品销售的增多，您的成本将会逐渐递增。

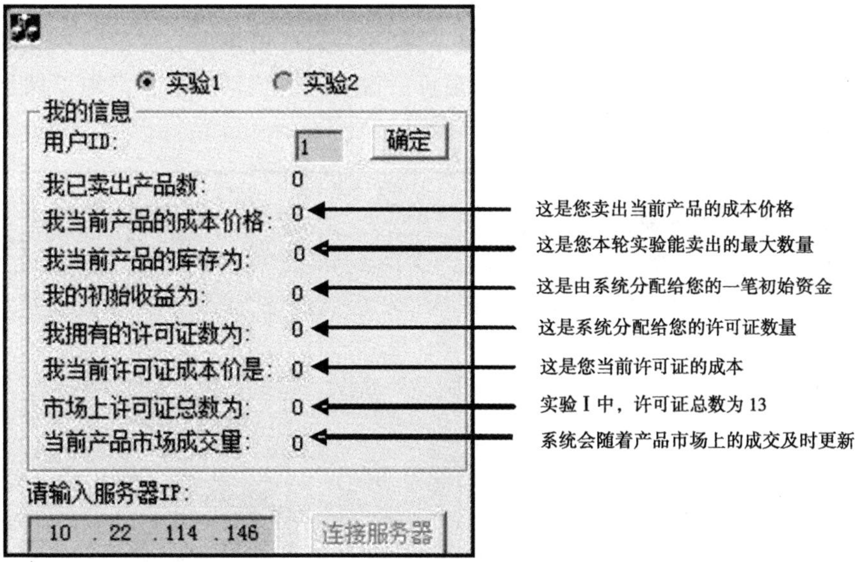

图 4

（3）若您拥有许可证，那么您可以将他们用于销售产品以实现自己的收益，也可以在许可证市场上出售获得收益。如果您在本轮实验结束时仍有未成交的许可证，那么该许可证将失效。如果您的许可证是您花钱买入的，那么这笔成本将会从你的收益中扣除。注意，所有的许可证都可自由交易，在许可证市场上，您可以将买入的许可证再次卖出或者卖出许可证之后再次买入（如图 5）。

（4）许可证市场上的报价和交易规则和产品市场上一样，只不过交易对象仅限于 6 个卖家之间。需要注意的是，如果您当前只剩一个许可证，并且已经在产品市场上有报价时，

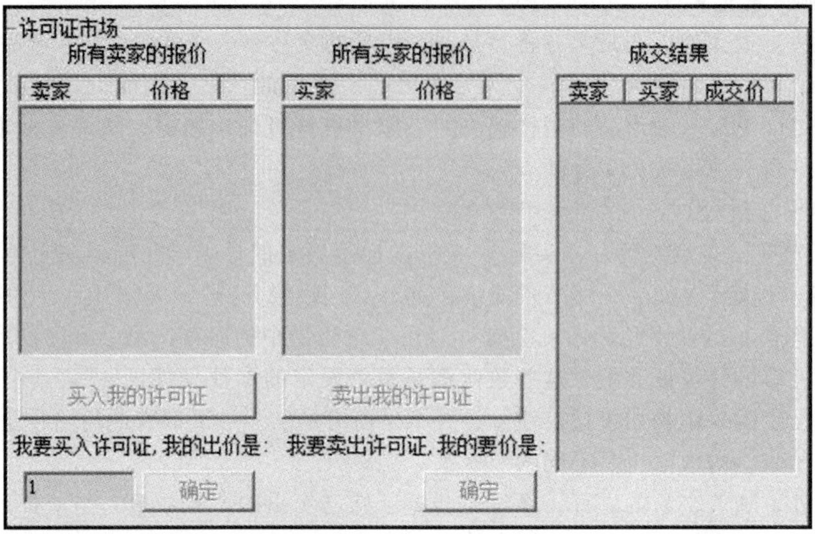

图 5

那么系统将设定该许可证不能在许可证市场上出售。

（5）您在产品市场上的交易规则和买方的相同。您可以报出自己的卖价，根据报价信息选择是否成交（如图 6）。注意，如果您报价后没有交易成功，那您必须以低于上一次的价格重新申报，新的报价将会取代您之前的报价。

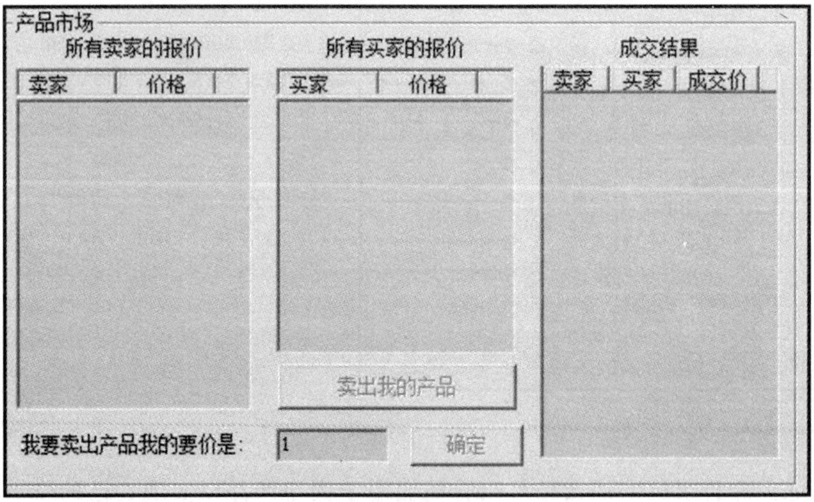

图 6

（6）屏幕右上角将会提示您当前实验的轮次及本轮实验的剩余时间，您在规定时间内，可以多次报价和交易，直到本轮时间结束。注意，每轮实验结束之后，系统会重新回到初始值，即每轮实验都是独立的，上一轮的实验结果及收益不会影响下一轮。

2. 收益计算。

当您每成功销售一个产品后，您的：

交易收益 = 成交价格 - 产品成本 - 购买的许可证价格（若是免费的则为 0）

如果在本轮实验结束后，您手上还有未用的许可证，那么这个许可证将失效，如果这个许可证是您从市场上买入的，那么您的净收益中还要扣除这笔成本；如果在本轮实验中，您成功地卖出了许可证，那么这笔收入将会计入您的收益，则您在本轮的净收益计算公式为：

本轮净收益 = 总交易收益 + 卖出的许可证价格 - 买入未使用的许可证成本

另外，我们假定生产这个产品给社会造成了污染，因此，我们将在您的交易收益中扣除一笔环境损失费，那么您的：

本轮净收益 = 总交易收益 + 卖出的许可证价格 - 买入未使用的许可证成本 - 环境损失费

3. 示例。

在某轮实验中，您一共卖出了两个单位产品，利用免费分配到的许可证出售第一个产品的成本是 60，成交价格是 110；从市场上花 20 买入一个许可证，售出第二个产品的成本是 70，成交价格是 100；从市场上花 15 买入许可证后以 18 的价格卖出；另外在本轮实验结束时，还有一个以 19 买入的许可证没有用于交易；本轮最终的市场成交量为 10，由此造成的环境损失费为 20，则：

您的交易收益 =（110 - 60 - 0）+（100 - 70 - 20）= 50 + 10 = 60

您的净收益 = 60 + 18 -（15 + 19）- 20 = 24

您在本轮实验中所有的收益情况将显示在屏幕的左下方（如图 7）。

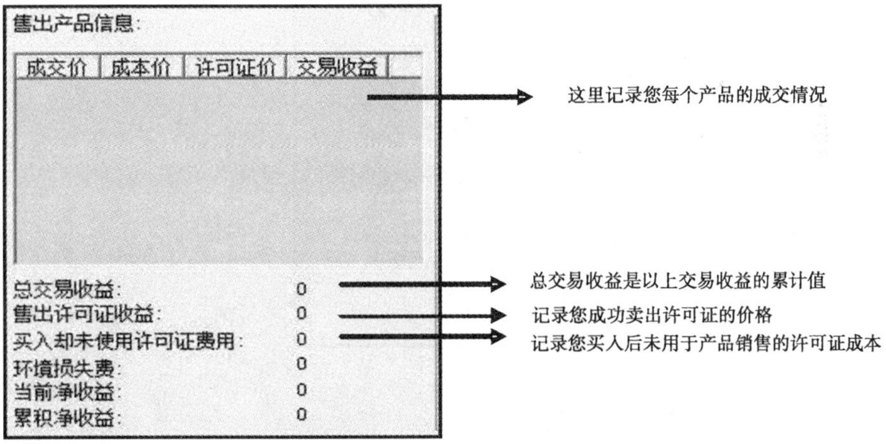

图 7

附录二：实验Ⅱ（拍卖分配排污许可证）

（一）如果您是买方

买方的实验说明同实验阶段Ⅰ。唯一的不同是，连接服务器后需要耐心等候 1 分钟，待卖方的许可证拍卖过程结束之后，方可开始交易。本阶段的收益计算同实验阶段Ⅰ的收益计算公式。

（二）如果您是卖方

实验Ⅱ的不同之处在于许可证并不是免费分配给 6 个卖方，而是通过拍卖的方式获得。因此，每轮实验有两个阶段，第一阶段需要拍卖许可证，持续时间为 1 分钟；第二阶段为产品和许可证的交易阶段，持续时间为 6 分钟。因此，每轮实验需要 7 分钟，一共做 6 轮，共计 42 分钟。

1. 许可证拍卖。

（1）一共有 13 个许可证可供拍卖，您可以向系统报出您愿意支付的价格（请慎重考虑报价，因为如果拍卖成功，此价格将作为成本计入您的净收益计算；另为计算方便，报价请取正整数）和数量（不得大于 13 个）。您将有 1 分钟的时间作出决策，并且只有一次报价的机会。如果超过 1 分钟，系统将默认为您不参加此次拍卖（如图 8、图 9）。

图 8

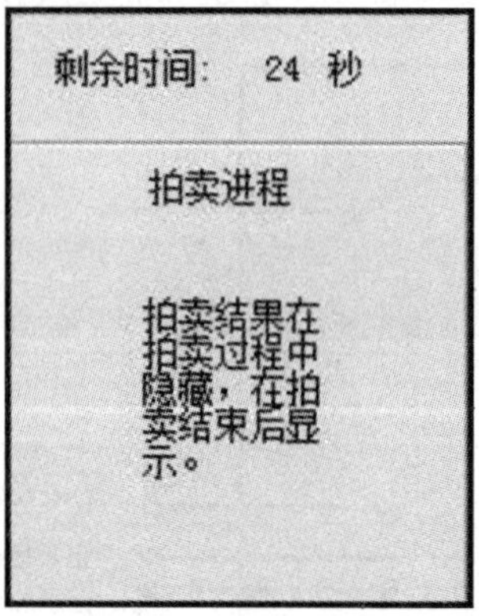

图 9

（2）1 分钟之后，系统将按照“价格优先、时间优先”的原则同时公布申报信息，出价最高者将按此价格获得申报的许可证数量，若有剩余的许可证，则分配给第二高价，以此类推，分配的最大数量为 13 个。若有报价相同者，则按照提交报价的时间先后，优先分配给先报价的人。

若本轮许可证总申报数量不足 13，则按实际申报数量拍卖。

例如，在如下报价情况中：

卖家序号	价格（元）	数量（个）
4	30	6
1	27	4
3	25	6
2	10	5
6	9	5
5	8	6

则本轮最后的分配方案为：4 号获得 6 个，每个 30 元；1 号获得 4 个，每个 27 元；3 号获得 3 个，每个 25 元；5 号和 6 号为 0。

2. 产品和许可证交易。

在许可证市场拍卖完成以后，您在拍卖许可证中支付的成本将会记录在屏幕左下方“买入未使用的许可证”一栏中（如图 10），接着将进入产品和许可证交易过程，实验操作说明同实验Ⅰ。

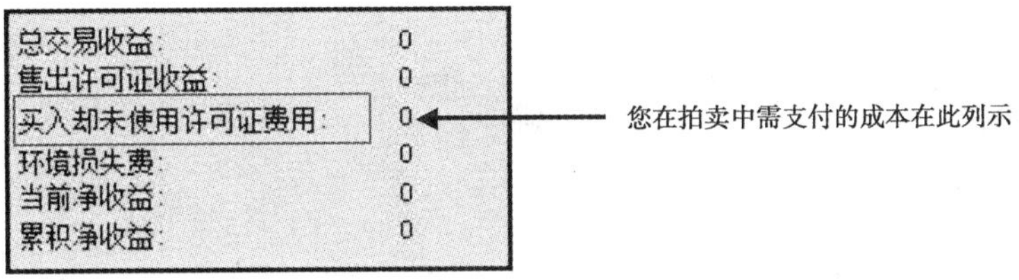

图 10

3. 收益计算同实验阶段Ⅰ。

请在实验结束后将实验说明还给实验助理，谢谢！

小测试

（1）如果您是买方，在某一轮实验中，整个产品市场的成交量为 11，总环境损失费为 23，您的产品成交记录如下表：

产品	保留价格	成交价格
1	110	90
2	100	95
3	98	96

那么，您本轮的交易收益是：____________；您本轮的净收益是：____________。

（2）如果您是卖方，在某一轮实验中，整个产品市场的成交量为 11，总环境损失费为 23，您产品的成交记录如下表，此外，在本轮实验结束时您还有 1 个许可证，该许可证是您以 12 的价格买入的。

产品	成交价格	成本价格	许可证价格
1	110	75	0
2	100	80	0
3	98	85	10

那么，您本轮的交易收益是：__________；您本轮的净收益是：__________。请认真作答，然后将本问卷上交实验助理。谢谢！

附录三：计算机程序

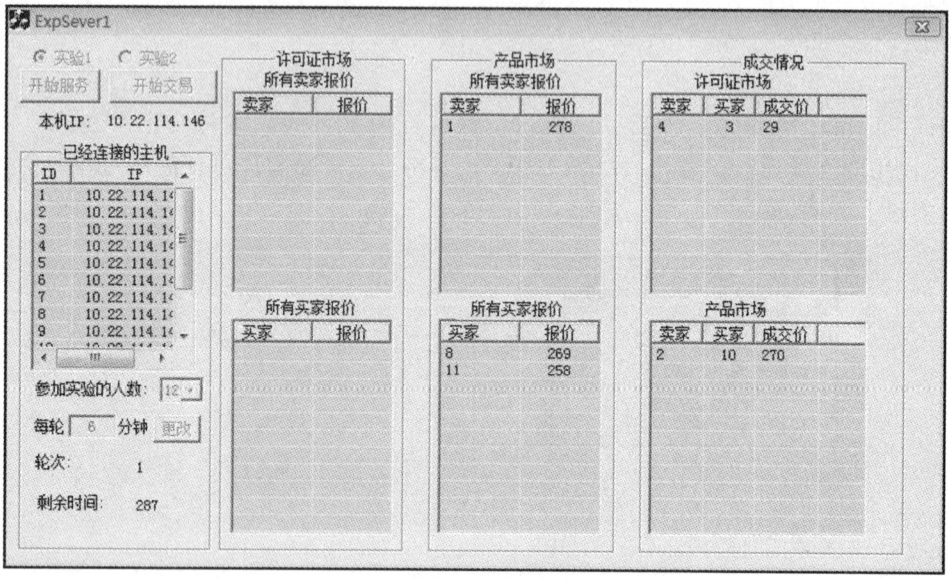

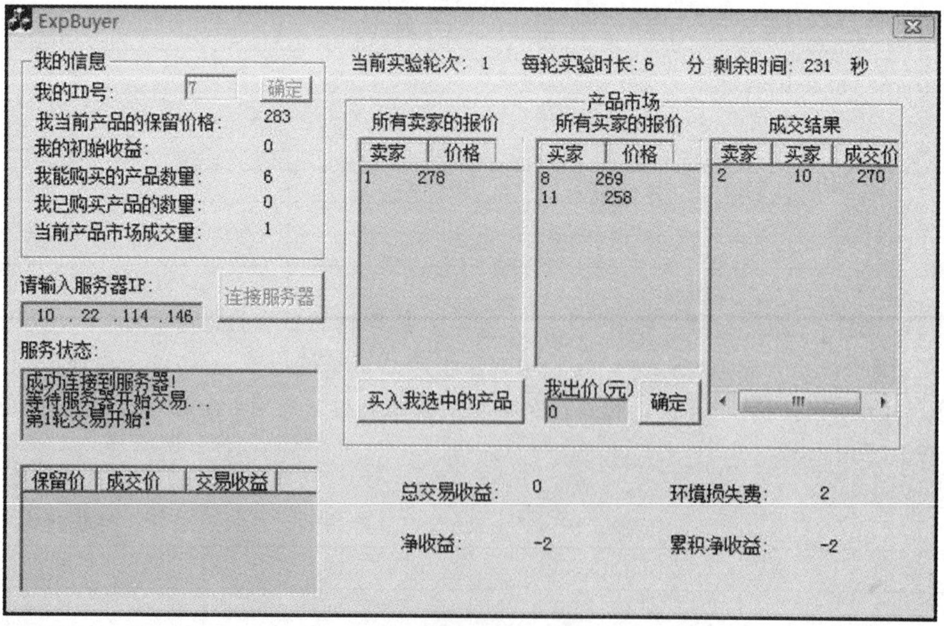

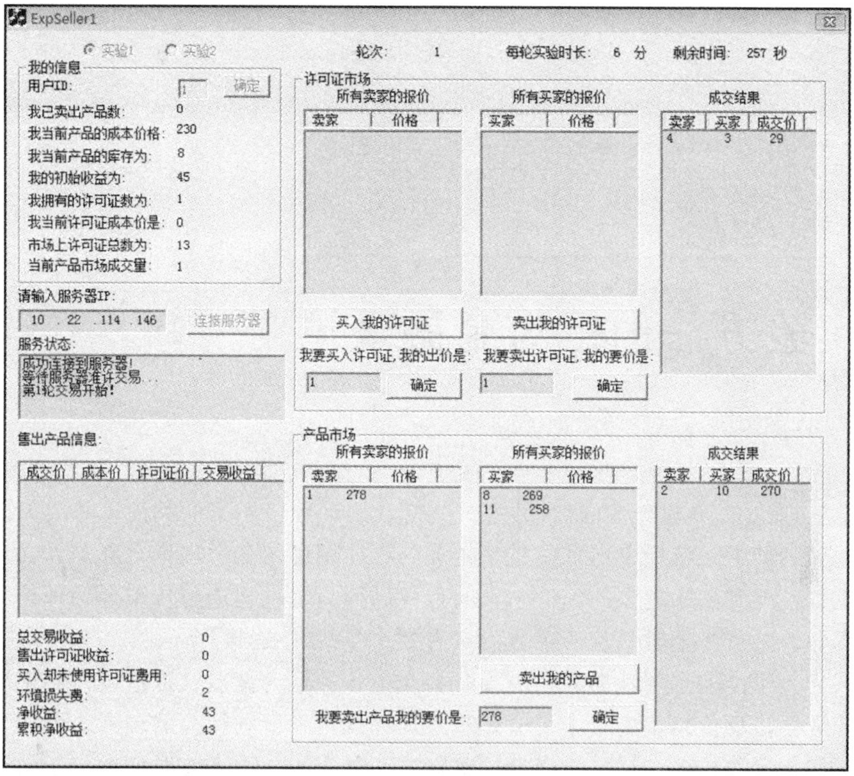
ExpSeller1
实验1
实验2
轮次: 1
每轮实验时长: 6 分
剩余时间: 257 秒
我的信息
用户ID: 1
确定
我已卖出产品数: 0
我当前产品的成本价格: 230
我当前产品的库存为: 8
我的初始收益为: 45
我拥有的许可证数为: 1
我当前许可证成本价是: 0
市场上许可证总数为: 13
当前产品市场成交量: 1
请输入服务器IP:
10 . 22 . 114 . 146
连接服务器
服务状态:
成功连接到服务器!
等待服务器准许交易...
第1轮交易开始!
许可证市场
所有卖家的报价
卖家 价格
所有买家的报价
买家 价格
成交结果
卖家 买家 成交价
4 3 29
买入我的许可证
卖出我的许可证
我要买入许可证, 我的出价是:
1
确定
我要卖出许可证, 我的要价是:
1
确定
售出产品信息:
成交价 成本价 许可证价 交易收益
产品市场
所有卖家的报价
卖家 价格
1 278
所有买家的报价
买家 价格
8 269
11 258
成交结果
卖家 买家 成交价
2 10 270
卖出我的产品
我要卖出产品我的要价是:
278
确定
总交易收益: 0
售出许可证收益: 0
买入却未使用许可证费用: 0
环境损失费: 2
净收益: 43
累积净收益: 43

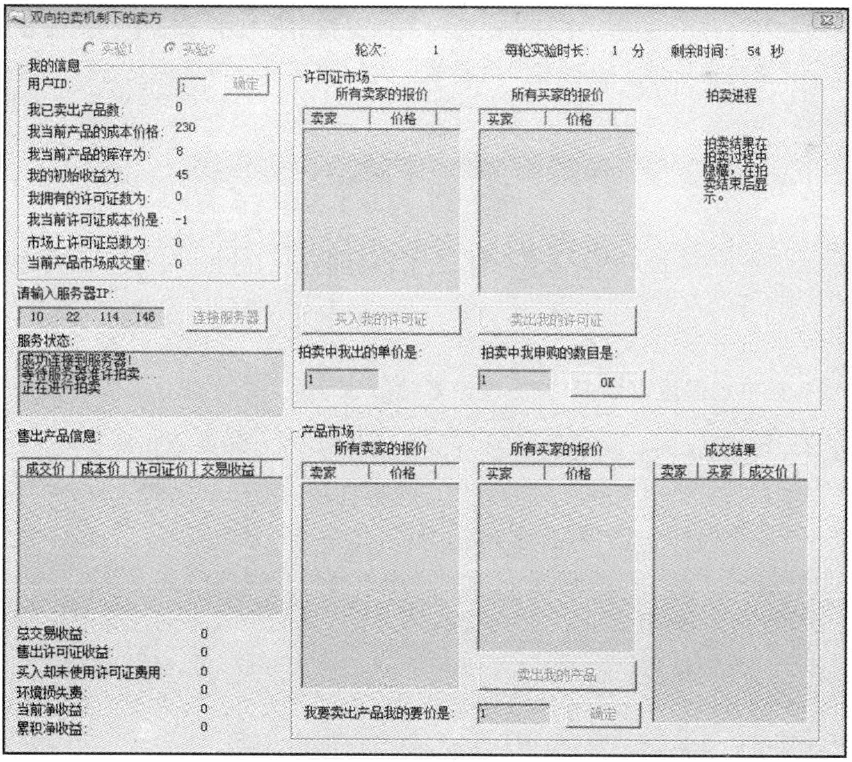
双向拍卖机制下的卖方
实验1
实验2
轮次: 1
每轮实验时长: 1 分
剩余时间: 54 秒
我的信息
用户ID: 1
确定
我已卖出产品数: 0
我当前产品的成本价格: 230
我当前产品的库存为: 8
我的初始收益为: 45
我拥有的许可证数为: 0
我当前许可证成本价是: -1
市场上许可证总数为: 0
当前产品市场成交量: 0
请输入服务器IP:
10 . 22 . 114 . 146
连接服务器
服务状态:
成功连接到服务器!
等待服务器准许拍卖...
正在进行拍卖
许可证市场
所有卖家的报价
卖家 价格
所有买家的报价
买家 价格
拍卖进程
拍卖结果在拍卖过程中隐藏, 在拍卖结束后显示。
买入我的许可证
卖出我的许可证
拍卖中我出的单价是:
1
拍卖中我申购的数目是:
1
OK
售出产品信息:
成交价 成本价 许可证价 交易收益
产品市场
所有卖家的报价
卖家 价格
所有买家的报价
买家 价格
成交结果
卖家 买家 成交价
卖出我的产品
我要卖出产品我的要价是:
1
确定
总交易收益: 0
售出许可证收益: 0
买入却未使用许可证费用: 0
环境损失费: 0
当前净收益: 0
累积净收益: 0

第五章 DIWUZHANG

基于实验方法的行为金融理论

行为金融理论在20世纪80年代才正式兴起，引起经济学家的关注，并成为现代行为经济学的主干。随着金融市场中出现的越来越多的不能用传统金融理论解释的异常现象，行为金融理论正日益受到越来越多的经济学家的重视。行为金融理论与传统金融理论争论的核心是有效市场假说。行为金融学从两个方面对有效市场理论提出了质疑：一是人的有限理性。行为金融认为人不是完全理性的，在决策时会产生各种行为偏差，这些偏差会影响证券的价格，从而使证券市场价格偏离基本价值；二是理性投资者套利行为的局限。因此，用最优决策模型将不能正确地描述和讨论投资者的实际决策过程，从而不能对证券市场的实际运行状况提供合理的解释。行为金融学在对传统理论的假设提出质疑的基础上，就证券市场的投资者行为特征、异常现象解释、价格发生机制等重大问题初步形成了独具特色的研究框架。

5.1 行为金融对有效市场假说的质疑

5.1.1 有效市场假说（EMH）的理论基础

有效市场假说是20世纪60年代由芝加哥大学教授Fama正式提出的证券市场效率理论，他在理性预期的基础上给出了一个较为严密、权威性的有效市场假说定义：假定t－1期的股票价格依赖于未来时期t的各种股票价格的联合概率分布的特征，那么市场有效性要求在决定t－1期的股票价格时，市场充分正确地运用所有可获得的信息，而这些信息又被人们用来估计t时期的股票价格的联合概率分布。那么在一个富有效率的证券市场中，股票的价格会对任何能影响它的信息作出及时、快速和准确的反应，股票价格既充分表现了股票的预期收益，也反映了股票的基本因素和风险因素，所以任何人想通过有关信息买卖股票以获得超额收益都是不可能的。其实早在1889年，经济学家Gibson在《伦敦、巴黎和纽约的证券市场》一书中就描述过市场的有效性特征，尽管当时没有使用“有效市场”这个词。最早描述和验证随机游走模型的法国经济学家 Bachelier 在其 1900 年的博士论文《投机理论》中，也探讨过“公平游戏”的原则，提出过投机者的期望收益应为零的假说。

有效市场假说的理论基础是三个逐渐放松的假定：（1）投资者是理性的，他们能够对证券的基本价值作出准确的预测。当投资者知道各种证券基本价值后，他们会对影响证券的各种信息快速作出反应，当有利好消息时，他们会推高价格，而有利空消息时，则会打压价格。这样，信息变化会在价格上及时得到反映，证券市场是有效的。（2）如果投资者并非完全理性，但由于他们的交易符合随机分布，因此能够互相抵消彼此对价格的非理性评估，使股票价格保持在其基本价值附近，证券市场仍然是有效的。（3）即使有一些非理性投资者具有相同的非理性投资行为，使股票价格偏离了其基本价值，但是他们在市场中会遇到理性的套利者，后者会消除前者对价格的影响，所以从长期来看股票价格仍然与其基本价值相符，市场仍然是有效的。

通过以上分析可知，有效市场的存在必须满足以下假设：（1）理性投资者假设。投资者是理性的，他们能够对证券进行完全理性的估价；（2）随机交易假设。信息的产生是随机的，所有可利用的信息都可以无成本、快速地到达投资者，没有交易成本，即不存在税收和佣金；即使有些投资者不是理性的，但是他们的交易表现出随机性，因此交易对价格发生的影响也会相互抵消；（3）有效套利者假设。即使这些非理性投资者之间的非理性不能相互抵消，市场仍可利用套利机制来使价格回归理性价值。在这样的市场中，当前的股票价格可以保证迅速准确地反映了所有可得的信息。

也就是说，当投资者完全理性时，他们对资产的评估建立在基本价值的基础上。一旦获得信息，投资者立即作出反应，此时资产的价格包含了所有可得信息。但投资者理性并不是 EMH 成立的必要条件，当市场中存在大量的非理性投资者，他们的交易策略互不相关，非理性交易就可能相互抵消，从而使资产价格仍接近基本价值。

随机交易假设放宽了理性投资者的假设，但仍有很强的局限性。实际上，EMH 可以在随机交易假设被放宽之后也成立。有效套利行为假设是 Milton. Friedman（1953）① 和 Fama（1965）② 提出的。套利行为的定义为“在不同的市场上由于看到价格不同造成的盈利机会，而同时购买和出售相同的或本质上非常相似的证券（Sharpe and Alexander, 1990）”③。假定某股票价格由于非理性投资者的相关交易而被高估。此时，套利者就会出售或者卖空这个被高估了的资产，同时购买其他的“本质上非常相似的”证券来规避风险。如果可替代的证券资产存在，而且套利者可以购买或出售这种资产，他就可以从中获利。此时，套利者出售某种股票的行为会使被高估的资产价格迅速回落。实际上，因为可替代的资产容易得到，并且套利者互相竞争来盈利，套利行为会非常迅速和有效，这时候资产价格不会过多地偏离其基本价值，套利者也不可能获得超额收益。由此可知，只要市场上存在可替代的资产，即使某些投资者非理性，交易需求相似，套利行为还是可以保证证券资产的价格和基本价值一

① Friedman, M., 1953, “The case for flexible exchange rate”, in *Eassys in Positive Economics*. Chicago: University of Chicargo Press.

② Fama, E., 1965, “The Behavior of Stock Market Prices”, in *Journal of Business* 38, 34 ~ 106.

③ Sharpe, W. and Alexander, G., 1990, “*Investments*” 4th edition. Englewood, NJ: Prientice Hall.

致。

5.1.2 有效市场假说的实证检验

20世纪60年代和70年代大量对金融市场的分析结果支持了EMH。总体来看，EMH的分析分为两类：第一类是价格对信息的快速和正确的反应；第二类是在无基本价值信息时价格无反应。第一类经验分析认为在EMH成立时，当影响资产价值的消息在市场中公布，价格应该快速、正确地反应并将信息融入价格。"快速"意味着那些接受信息迟的人不能从信息中获利。"正确"意味着对信息反应的平均价格调整是准确的。价格不应对公布的消息反应过度或者反应不足。在最初的价格调整后，不应该存在价格的趋势性变化或者价格的反转。"价格对信息快速、正确反应"隐含了这样一个重要命题：已知的信息对获利没有价值。第二类经验分析认为如果EMH成立，由于价格应该等于价值，当不存在关于基础价值的信息时，价格不应该改变，即如果没有关于基本价值的信息，某种资产的供给和需求量的改变本身不能改变价格。Scholes（1972）的研究发现，在许多股东大量出售股票的情况下，价格反应很小，这个结果与"无基本价值信息时价格不反应"一致①。

对于第一类检验，按证券价格对不同信息集的反映情况，将关于EMH的实证研究工作分为三类。之所以作这样的划分，是为了说明在某种信息层次上不支持市场有效的假设。这种分类最早由Roberts在1967年5月提出，后又由Fama推广②。

（一）弱式（weak form）有效市场假设

检验用过去的收益对未来收益的预测能力，信息集仅为历史价格。若该假设成立，则说明投资者无法利用过去股价所包含的信息获得超额利润。这种形式的EMH被简化为"随机游走假设"。Fama（1965）的研究发现，股票价格确实几乎服从随机游走，技术性交易策略不能获得超额利润，基于以往收益率的预测不能获得超额利润，这个结论与弱式市场有效假设一致。

（二）半强式（semi－strong form）有效市场假说

检验证券价格对公开发布信息的反应速度，信息集是所有公开的信息，如年收益的公告、股票分割等。而且信息只要一公布，立即被融入价格。若该假设成立，则说明投资者不仅无法从历史信息中获取超额利润，而且也无法通过分析当前的公开信息获得超额利润。经济学家一般运用事件研究法（event study method）进行半强式检验。"事件"通常是指公司公开发布信息、公司某些特定行为（例如发放股利）或者政府行为（如有关法律的修正）。事件研究以一至数天为窗口长度，以这段时间的累计股票收益和年（季）度会计指标为观察值，旨在确定该事件是否引起投资者对企业未来现金流的期望值的改变，从而引起显著的股价变动。Keown and Pinkerton（1981）对公司接管前后的收益率进行的研究发现，在消息公布之前目标公司的股价开始上升，这表示信息进入价格；在消息公布的当天股价发生向上跳跃，反映出目标公司的股东所获得的接管溢价；在消息公布以后价格没有继续上升或者发

① Scholes M., 1972, "The Market for Securities: Substitution versus Price Pressure and Effect of Information on Share Price", in *Journal of Business*, 45, 179～211.

② Fama E., 1965, "The Behavior of Stock Market Prices", in *Journal of Business* 38, 34～106.

生反转，说明价格对信息的反应是正确的，这个结论与半强式有效假设一致①。

（三）强式（strong form）有效市场假设

研究是否存在投资者或机构组织有与价格形成有关的信息的垄断力量，信息集还包括没有完全反映在市场价格上的内幕消息。若该假设成立，则说明投资者即使拥有内幕消息也无法获得超额利润。

强式检验研究的对象是专业投资者或内幕人士的收益率。专业投资者有能力对一个公司、一个行业甚至一个经济进行长期研究——经济学中称之为基本分析。如果能发现某一专业投资者具有重复的超越表现，则表明他具有预测能力，而他的研究成果，即所掌握的信息也就没有为市场价格所吸收。对内幕交易的研究，现已成为金融经济学、政治经济学和法学研究的重要课题之一，这方面的研究在国外已经有了相当的发展。

20 世纪 70 年代以后有关 EMH 的研究更加广泛和深入了。Fama 在 1991 年归纳了 70 年代以后 90 年代之前关于 EMH 的探索，Fama 将分类作了如下调整：

原来第一类的弱式检验主要研究过去收益的预测能力，现在则包括与收益可预测性有关的更广泛的检验。这类检验也包括用股利报酬率、利率等变量预测收益。由于 EMH 与均衡定价理论密不可分，讨论可预测性也考虑资产定价模型检验和在检验中发生的一些异象（如规模效应）。此外，关于季节效应（如元月效应）和关于证券价格波动的研究也包括在其中。第二类和第三类包括的范围不变，但建议更换名称。半强式检验该为更普通的名称——事件研究，强式检验改为更具描述性的名称——内幕信息检验②。

5.1.3　有效市场假说的涵义

基本上，EMH 认为股价会反应所有的相关信息，即使股价偏离基本价值，也是因为信息的不对称或对信息的理解差异所致。不论如何，随着时间的流逝，投资者对信息的取得越来越完全（公开信息），且投资者也会凭借学习而正确地理解相关信息，因此股价会回归基本价值。从这个定义出发，EMH 排除了利用现有信息就可以获得超额回报率交易策略的存在性（即个人投资者或者机构投资者都不可能持续获得超过市场的平均收益率）。也就是说，积极的投资者无论采用基本面分析（funda - mental analysis）还是技术分析（technical analysis）都无法“打败”市场，即不可能获取异常收益（abnormal returns）。

在经济学中，“有效率”有许多不同含义，而就一个资本市场而言，如果它在确定资产价格时利用并反映了所能获得的全部信息，那么该资本市场（从信息的角度来讲）是有效率的。有效市场假说讲述的就是对于证券价格的影响问题，包括速度和信息两方面的内容。

首先从速度方面分析。如果证券价格迅速地对所有相关信息作出完全反应，那么市场可以说是有效的；如果信息是相当慢地传播到整个市场，而且投资者要花费一定时间分析该信息，然后作出反应，而且可能反应过度或不足，这类市场就是相对非有效市场，如图 5 - 1 所示。

---

① Keown A. and Pinkerton J.，“Merger announcements and insider trading activity：an empirical investigation [J]. *Journal of Finance*, 1981, 38：855 ~ 869.

② Fama E.，1991，“Efficient Capital Markets：2”，in *Journal of Finance* 46，1575 ~ 1617.

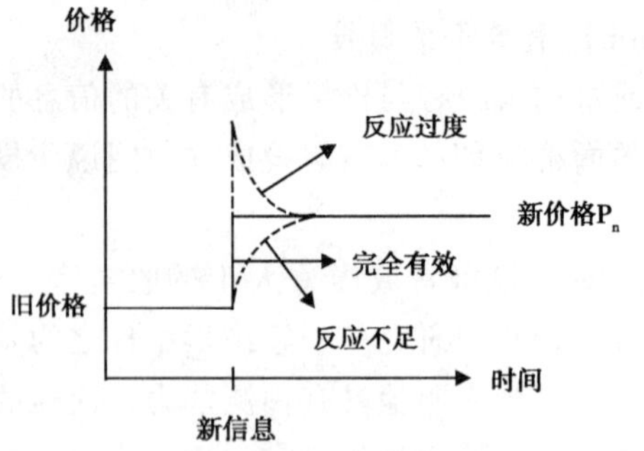

图 5-1　信息在市场中传播的三种情况

由图 5-1 可以看出，市场对新信息的反应有三种情况。首先，黑线代表了一个有效资本市场对新信息的反应。在这种情况下，证券市场收到信息，证券价格立即上扬。由于我们假定市场只收到一条信息，故证券价格不再变化。其次，下虚线代表了反应不足的情况，它是非有效的一种情况。它代表的情形可能是这样的：信息被揭露，接着全国几家大的经纪人机构得到信息，他们把信息传送到其地方机构，并开始分析这些信息的含义，证券市场受到影响。地方经纪人收到信息并开始作出他们自己的并不深入的分析。一些人可能对该证券开始交易，使得证券价格在当天轻微上升。一直到几天之后，投资机构雇用的分析专家公布报告，认为证券价格低于信息中包含的内在价值。经纪人通知他们的顾客，证券低于其当天的价格。市场参与者决定是否购买证券以及应用多少钱购买证券。以后的几天内，购买指令逐渐进入市场，导致证券价格逐渐上升至它的新的内在价值。最后，上虚线代表了反应过度的情况，这也是非有效市场的一种情形。在此情况下，投资者对信息中包含的证券价格信息非常乐观，他们认为证券新的内在价值高于 P，他们的购买行为使证券价格超过 P_n，最终认为新价格的最佳估计是 P_n 的观点占了上风。许多投资者开始卖出证券，致使证券价格得到修正，下降至 P_n 的水平。

其次，还可以从信息集的角度讨论有效市场假说。如果资本市场是竞争性的和有效率的，投资者所预期的从某种资产投资获得的收益将等于所有使用资金的机会成本。在这里，机会成本是无风险的利率 r，比如投资于国库券的利率收益。这样假定的理由是，如果资本市场是竞争性的和有效率的，那么在资本市场达到均衡时，投资于风险资产的边际收益必然等于投资于无风险资产的边际收益。如果二者不相等，那么投资者中的风险中性投资者就增加对收益较高一方资产的投资，引起资金在两类资产间的重新分布，从而使二者的收益达到均衡。

根据 EMH 的主要理论内容，可以总结出经济人“完全理性”假设到有效市场假设的理论过程：由于投资者具有“完美的”理性意愿和投资分析能力，在与非理性投资者博弈的过程中，前者将逐步主导市场，使得证券市场最终至少能达到“弱式有效”的层次。在这一过程中，“市场选择（market selection）”机制具有重要的意义，理性投资者主导市场正是通过市场选择来实现的。市场选择机制使得发生错误的非理性投资被淘汰出市场并逐渐消失，直到套利机会也随之消失，通过二级市场的投资者的“试错”，市场将逐渐接近“无套利”均衡状态，在这一过程中价格逐步接近基本价值。在资产价格的形成过程中，非理性交易者的作用是不重要的，在很大程度上他们并不能持续地影响价格。从长久来说，投资者只有根据证券的内在价值进行交易才能达到效用最大化，这是 EMH 和市场选择所隐含的结论。

通过以上分析，我们知道有效市场假说是以若干假设为条件，通过严密的逻辑推理而形成的一个科学理论体系，但是在现实中投资者受到诸多限制，所以无法达到有效市场假说的假设条件，于是市场上出现了许多无法用传统金融理论解释的异象，这也促使学者开始改变传统的金融分析方法和分析角度，着手从投资者的心理和行为等方面来寻找解释。

5.2 行为金融理论述评

5.2.1 行为金融学的概念性框架

行为金融学是行为经济学的一个分支，它研究人们在投资决策过程中认识、感情、态度等心理特征，以及由此而引起的市场非有效性。作为一个新兴的研究领域，行为金融的内涵至今还没有一个为学术界所公认的严格定义。但是不少学者提出了自己的看法。

Thaler（1993）将行为金融称为“思路开放式金融研究”（open - minded finance），只要是对现实世界关注，考虑经济系统中的人有可能不是完全理性的，就可以认为是行为金融研究的开始①。

Shiller（1997）认为行为金融是从人们决策时的实际心理特征入手研究投资者的投资决策行为，其投资决策模型建立在对人们投资决策时心理因素的假设基础之上，而这些心理因素的假设又是建立在心理学实证研究结果基础之上的②。

Fuller（2000）所下的定义是：（1）行为金融学是将心理学和决策科学与古典经济学、金融学相融合的科学；（2）行为金融学试图解释导致金融市场异常的原因；（3）行为金融学研究投资者是如何在判断中发生系统性错误的，或者说是研究“心理过失”是怎样产生的③。

Shleifer（2000）认为，在最一般的意义上，行为金融是研究竞争市场上人类易犯的错误，但又不仅仅局限于此，而是把这些错误放入竞争性的金融市场中来考虑④。

De Bondt and Thaler（1994）认为：“行为金融学打破了传统经济学中关于人类行为规律不变的前提假设，将心理学和认知科学上的成果引入到金融市场演变的微观过程中来。行为

① Thaler, Richard H. , 1993, *Advances in Behavioral Finance.* Russell Sage Foundation, New York.

② Shiller, L J, 1997, “Human Behavior and the Efficiency of the Financial System”, in *Federal Reserve Bank of New York*, February 27 ~ 28.

③ Fuller, Russell J. 2000, *Behavioral Finance and the Sources of Alpha.* CFA, February.

④ Shleifer, Andrei, 2000, Inefficient Market: An Introduction to Behavioral Finance, Oxford University Press Inc, New York.

金融学家和经济心理学家们通过个案研究、实验研究和现场研究等多种实证方法，使得人们对于经济行为人的各种经济行为的特征及其原因有了更深入的认识”①。

综合上述观点，我们可以认为行为金融就是基于心理学实验结果来分析投资者各种心理特征，并以此来研究投资者的决策行为及其对资产定价影响的学科。如上所述，传统金融学在投资者心理与证券市场效率上所持的观点是：投资者是理性人，投资者的理性会保证市场的有效以及价格的理性。然而，行为金融学则认为投资者是有限理性人，情绪与认知偏差的存在使投资者无法做到理性预期和效用最大化，并且其有限理性行为将导致市场的非有效性，资产价格偏离其基本价值。其具体差异主要表现在以下几个方面：

首先，在针对“处理信息”这个问题时，传统金融学假定投资者能够正确、恰当地使用统计工具，而不依赖于经验法则。行为金融学却认为交易者依赖启发式处理数据，如依赖“过去的业绩是对未来最好的预测依据，所以投资于具有五年好业绩的共同基金”这样的经验法则。但是，由于经验法则是不完善的，所以基于它们所形成的预期带有各种偏差。

其次，在决策问题的形式是否会影响最终决策这个问题上，传统金融学认为投资者不会因形式的不同而干扰其决策，投资者作为理性人将洞察各种不同形式，认识事物本质所在，从而作出正确的决策。但是，行为金融学认为交易者对风险和收益的理解会受到决策问题构造形式的影响，其决策是依赖于问题的形式的。相对于传统金融学假定投资者的“框定独立”，现实投资者实际上是“框定依赖”的。

最后，行为金融学认为启发式偏差和框定依赖将导致市场价格偏离其基本价值，市场不再有效。相对的，传统金融学则认为市场是有效的，即使是市场中存在少数非理性人，每种证券的价格仍与基本价值保持一致。

行为金融学的研究思想相对于传统经济学是一种逆向的逻辑。传统经济理论是首先创造理想，然后逐步走向现实，关注的中心是理想情况下应该发生什么，而行为金融理论则是以经验的态度关注实际上发生了什么以及深层的原因是什么。这种逻辑是一种现实的逻辑、发现的逻辑。从最根本上来说，行为金融学研究的是市场参与者表现出的真实情况是什么样的，以及从市场参与者表现出的特性来解释一些金融现象。在现实市场中，以有效市场假说和理性人假设为前提的传统金融学对现实金融市场的大量异象无法进行解释，而行为金融学则以其逼近真实市场行为的理论分析，展示出广阔的发展前景。

传统金融学把金融投资过程看作一个动态均衡过程，根据均衡原理，在理性人假设和有效市场假说下推导出证券市场的均衡模型。行为金融学基于心理学原理，把金融投资过程看成一个心理过程，包括对市场的认知过程、情绪过程和意志过程。

人的心理活动分为认知过程和非认知过程。前者涉及感觉、知觉、注意、学习、记忆、思维等，后者涉及情绪、人格、气质、意志等。认知心理学是行为金融学的理论基础。认知过程往往会产生系统性的认知偏差；情绪过程可能会导致系统性的或非系统性的情绪偏差；意志过程则既可能受到认知偏差的影响，又可能受到情绪偏差的影响。这些个体偏差加上金融市场上存在的群体偏差或羊群效应，可能导致投资或投资组合中的决策偏差。投资决策偏

---

① DeBondt, Werner F. M. and Thaler, R. H, 1994. “Financial Decision - Making in Markets and Firms: A Behavioral Perspective”, *NBER Working Paper* No. W4777.

差就会使资产价格偏离其内在的价值，导致资产定价的偏差。然而，资产定价偏差往往会产生一种锚定效应或框定效应，反过来影响投资者对资产价值的判断，进一步产生认知偏差和情绪偏差，这就形成了一种反馈机制。我们用图 5－2 来描述这一过程①。

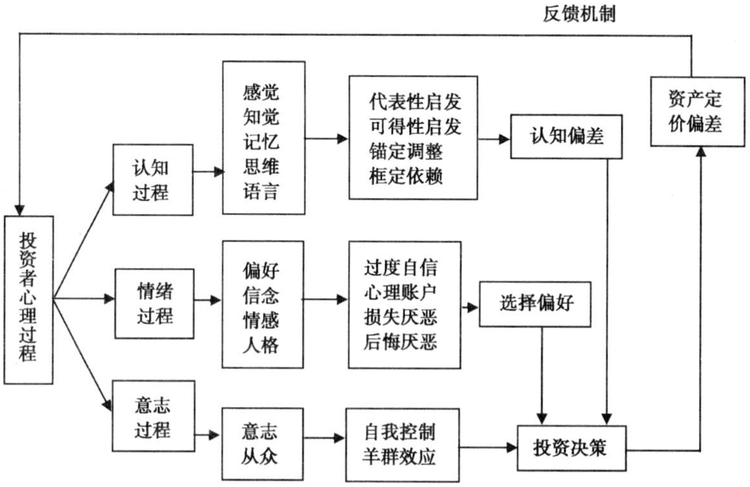

图 5－2 投资者心理过程及对资产价格的影响

行为金融学实际上就是试图探讨从投资者心理到市场的反应，再从市场表现到投资者心理这样一个交互过程的客观规律和客观机理，从而对人的行为和市场的效率作出更符合实际的解释和更富有成效的指导。

5.2.2 对理性人假设的置疑

“理性人”的定义包括两层含义：一是投资者在决策时都以效用最大化为目标；二是投资者能够对已知信息作出正确的加工处理，从而对市场作出无偏估计。最大化行为是从经济学角度，对人类天性的抽象和概括，天性即是公理，公理就无需证明。数理经济学的发展使古典经济学中的理性人假设具体化为一套以最大化为原则的经济理论体系，完全理性的经济人几乎成为标准的经济分析基础。最大化原则构成了西方经济学中最基础、最重要的前提假设，是微观经济学中各种经济主体的目标函数，其数学表述是无条件极值和条件极值的一阶偏导等于零。从经济学中的理性人定义到传统金融学的各个理论，“理性”一词又有了其特定的内涵。

首先，套利理论中的套利者根据资产的期望收益来估价每种资产，而期望收益率是未来可能收益率的概率加权平均，在套利过程中，套利者是以客观和无偏的方式设定其主观概率的，即按“贝叶斯定理”（Bayesian Theorem）不断修正自己的预测概率以使之接近实际。除此之外，套利者还是最大效用追逐者，他们会充分利用每一个套利机会获取收益；其次，现代投资组合理论中的投资者是回避风险型的理性人，他们在理性预期的基础上，以期望收

① 饶育蕾、张轮：《行为金融学》，复旦大学出版社 2005 年第二版，第 17 页。

益率和方差度量资产未来的收益与风险，并根据收益一定、风险最小或风险一定、收益最大的原则寻求均值方差的有效性；再次，资本资产定价模型中的投资者除具有现代投资组合理论中理性人的所有特点外，还强调了投资者具有同质期望性（homogeneous expectation），即所有的投资者对资产和未来的经济趋势具有相同的客观评价；最后，有效市场假说则假定投资者除能对各种可获取的信息作出无偏估计外，还能迅速地作出反应。

综合看来，传统金融学中投资者的心理具有理性预期、风险回避和效用最大化这样三个特点，即投资者是理性人。无论是期望效用理论还是主观期望效用理论，他们对投资者的假定可总结为如下两点：

第一，信念一致（consistent beliefs），即投资者会利用一切可利用的信息作出最优决策，投资者的决策不会受自身情绪和群体效应的影响。

第二，偏好一致（coherent preferences），即投资者的偏好只受切实的财富的影响，不受问题的“框架”的影响。

下面就从信念和偏好以及投资者行为三个方面回顾行为金融学对偏离传统理性的行为的解释以及做出的理论的贡献。

5.3

行为金融实验及其基本理论观点

5.3.1 行为金融学对信念一致的挑战

投资者进入证券市场也就意味着进入了一个心理王国。大量调查数据证明，投资者所犯的错误中有约70%是由心理因素引起的。心理因素成为影响人们投资行为的无形之手。行为金融理论根据心理学关于人类对信息刺激反应过程的相关理论，探讨投资者对信息的处理、理解、判断、形成决策框架、方案评价等决策过程，发现即使在封闭且确定的决策情境中，投资者仍然易出现过度自信、保守主义偏差等认知错误，从而在现实的不确定和风险决策中出现系统性偏差的概率也会大大增加。

（一）过度自信（overconfidence）

实验及现实调查研究表明，人们往往过于相信自己判断的正确性，即过度自信。多数人对自己的能力和前途有着不切实际的乐观看法。Weinstein（1980）曾举例说有90%以上被调查者认为自己的驾驶技能、与人相处的能力和幽默感要高于平均水平[①]。Odean（1999）发现散户在卖出一种股票之后往往很快买入另一种股票，但平均来说，即使扣除交易成本，他们卖出的股票比他们买入的股票表现的要好。Odean认为，这种过度交易行为可能是因为投资者过度自信。过度自信可能源于其他两种偏差：事后聪明（hindsight）和自我归因

① Weinstein, N., 1980, “Unrealistic optimism about future life events”. In *Journal of Personality and Social Psychology*, 39, 806 ~ 820.

(self - attribution)。事后聪明会使人们建立一个对过去的决策似乎是合理的事后法则，使人们对自己的决策能力感到自豪，因为如果人们相信他们对过去的预测比他们实际做得要好，则他们也可能相信他们对预测的未来比他们实际能够做到得要好。自我归因是指人们往往将好的结果归功于自己的能力，而将差的结果归罪于坏运气，长此以往会导致人们过度自信①。

过度自信有两种表现形式：（1）人们估计一个数值的置信区间太小，例如，人们给出的98%的置信区间只涵盖真实数据变动的60%左右。（2）人们估计概率时很不准确：一件人们认为百分之百会发生的事情实际上只有80%的可能性会发生，一件人们确信不可能发生的事情实际上却有20%的可能性会发生。

（二）代表性启发法则（representativeness heuristics）

Tversky and Kahneman（1982）认为人们会倾向于根据过去的传统或相类似的情况对事件加以分类，然后在评估概率高低时，会过度相信历史重演的可能。也就是在评估某事件发生的可能性时，常常过度依赖自己所感受到其他相似事件的经验却不重视整体的状况，误以为小样本也适用大数法则。代表性启发法则造成的认知误差主要有基础比率忽视（base - rate neglect）、小数法则（law of small number）和赌徒谬误（gamblers fallacy）②。

（三）可得性启发法则（availability heuristics）

Kahneman and Tversky（1973）最早提出这一概念，它是指当人们估计事件的频率或概率时，往往会在他们的记忆中寻找相关的信息。由于并非所有的记忆都具有相同的“可获得性”，所以这种方法会导致认知偏差：容易令人想起的事件会让人误以为该事件经常发生，这就是可获得性偏差。运用可得性启发法则会导致系统性认知偏差③。

（四）保守主义（conservatism）

保守主义是指人们在面对一种新现象时，他们的观念要慢慢地改变。也就是说，在面对新的证据时人们是逐渐调整自己的认知方式的。在Edwards（1968）的实验中，他发现个人能够按照正确的方向更新自己落后的观念，但是调整速度与理性贝叶斯标准相比要慢。在Edwards的实验中，有两个外壳一样的暗箱，其中一个暗箱中有700张红色筹码和300张蓝色筹码，另一个暗箱中有300张红色筹码和700张蓝色筹码。现随机选择一个暗箱，并从暗箱中重复抽取12张筹码，结果有8张红色筹码和4张蓝色筹码。当实验者问被试这些筹码来自红色筹码占多数的暗箱的概率有多大时，被试的回答大多数介于0.7～0.8之间，而事实上这一概率是0.97（$p=\frac{C_{12}^{8}0.7^{8}0.3^{4}\times 0.5}{C_{12}^{8}0.7^{8}0.3^{4}\times 0.5+C_{12}^{8}0.7^{8}0.3^{4}\times 0.5}=0.97$）。很显然，被试过度依赖于其基础比率0.5④。

保守主义和代表性启发法则看似矛盾，但是却存在使两者自然结合起来的方式。以证券

---

① Odeon T.,“Do Investors trade too much?”, in *American Economic Review*, 1999, 89, 1279～1298.

② Tversky A. and Kahneman D. “Judgment of and by representativeness”. In Kahneman D, Slovic P, Tversky A. ed. *Judgment under Uncertainty: Heuristics and Biases.* Cambridge University Press, Cambridge, 1982.

③ Tversky A, and Kahneman D. “Availability: A heuristic for judging frequency and probalility”, in *Cognitive Psychology*, 1973, 5: 207～232.

④ Edwards W., 1968,“Conservatism in human information processing”, in B. Kleinmutz, ed.: *Formal Representation of Human Judgment*, Wiley, New York.

市场上的反应不足和过度反应为例。投资者起初对要投资的公司有一定的了解。当他们得到关于该公司盈利的新信息时，保守主义使他们不会按贝叶斯法则更新自己的信念。这种行为特征使得价格对公布的盈利公告及短期变化趋势反应不足。同时，当同质的信息（比如利好消息）不断的传输给投资者时，他们不仅会放弃旧的思维方式，而且会使用代表性启发法则转而认为公司的盈利已呈增长趋势，这会引起投资者的过度反应。Barberis、Shleifer and Vishny（1998）的模型证明了这一结论①。

（五）锚定（anchoring）

Kahneman and Tversky（1974）指出，当人们估计某个数时，经常将某个特定值作为初始值，这些初始值被成为锚（anchor），然后以此为参照调整得到估计结果。实验证据表明人们对初始值的调整往往是不充分的，即人们过于锚定初始值②。如在一个实验中，实验者要求被试估计联合国中非洲国家的比重。在给出估计数之前，要求他们说出他们的估计数是高于还是低于一个随机产生的数（该数介于 0～100 之间）。实验结果表明，被试给出的估计数显著地受这个随机数的影响。当给出的随机数是 10 时，被试估计出的数是 25%，当随机数是 60 时，被试估计出的数是 45%。

锚定与保守主义有些相似，也会导致证券价格在新信息刚公布时对这些信息反应不足。Cutler、Poterba and Summers（1989，1991）、Bernard and Thomas（1992）、LaPorta（1996）的研究中发现了这种现象③。

（六）信念坚定（belief perseverance）

有许多证据表明人们一旦形成一种观念，便会长时间坚持这种观念。Lord、Ross and Lepper（1979）指出这一认知偏差有以下的表现形式：（1）人们不愿意去寻找那些与自己的观念相佐的证据；（2）即使人们发现了与自己观念相佐的证据，也会持非常怀疑的态度；（3）有一种更强的表现形式被称为证实偏差（confirmation bias），即人们一旦形成先验信念，他们就会有意识地寻找有利于证实该信念的证据，并歪曲与该信念相背的证据。以传统金融理论中的有效市场假设为例，一旦人们刚开始就相信有效市场假设，那么即使出现很明显的反面证据，他们还会继续相信这一假设④。

5.3.2 行为金融学对偏好一致的挑战

任何试图解释资产定价或交易行为的模型都含有一个基本要素，即有关投资者偏好的假设，或有关投资者评价风险赌博的假设。绝大部分模型都假设投资者根据期望效用（EU）

---

① Barberis N.，Sheleifer A.，and Vishny R.，1998，"A model of investor sentiment"，in *Journal of Financial Economics*，49，307～343.

② Tversky A，Kahneman D. "Judgment under uncertainty：Heuristics and biases"，in *Science*，1974，185：1124～1131.

③ Cutler D.，J. Porterba and L. Summers，1989，"What moves stock price?"，in *Journal of Portfolio Manage* 15，4～12.

Cutler D.，J. Porterba and L. Summers，1991，"Speculative dynamics"，in *Review of Economic Studies*，58，529～546.

Bernard V. L. and J. K. Thomas，1992，"Evidence that stock prices do not fully react the implications of current earnings for future earnings"，in Journal of Accounting and Economics，13，305～340.

LaPorta R.，1996，"Expectations and the crosssection of stock returns"，in *Journal of Finance*，51，1715～1746.

④ Lord C. G.，Ross，L.，and Lepper M. R.，1979，"Biased assimmilation and attitude polarization：The effects of prior theories on subsequently considered evidence"，in *Journal of Personality and Social Psychology*，37（11），2098～2109.

理论来评价风险赌博。EU 理论可追溯至 Von Neumann and Morgenstern（以下简称 VNM，1944），他们论证了如果投资者的偏好满足一系列公理性假定：完备性、传递性、连续性和独立性，那么一个偏好关系总能通过效用函数的期望的最大值来描述①。在 VNM 理论提出后的数十年里，出现了 Savage 的主观期望效用（SEU）理论和其他的期望效用理论的扩展形式。这些理论对决策者偏好的假设都离不开 VNM 理论最初提到的四个公理，Kahneman 将这些公理化假定总结为如下四点②：

第一，可消性（cancellation）：行为人在面临选择时，对于产生相同结果的状态可以消除，即对任意的 X，Y，Z∈（Ω，£，P）和 a∈（0，1），若 X > Y，则 aX +（1 - a）Z > aY +（1 - a）Z。这一概念整合了 Von Neumann and Morgenstem 的独立公理、Savage 的扩展确定原理（extended sure - thing principle）。

第二，传递性（transitivity）：指偏好的传递，对任意的 X，Y，Z∈（Ω，£，P），若 X≥Y，Y≥Z，则 X≥Z。

第三，占优性（dominance）：如果 A 在某一方面比 B 好，且 A 至少在其他方面不劣于 B，那么人们应该选择 A。一个稍微加强的条件是随机占优，即对于线性的风险资产，A 的累积分布函数总在 B 的右边，则 A 一阶随机占优于 B。

第四，恒定性（invariance）：即同一个决策问题即使采用不同的表现方式也将产生同样的偏好。也就是说，偏好独立于他们的描述方式。

Allais（1953）③ 和 Ellsberg（1961）④ 的实验使得理论界许多学者放弃了可消性假定，当然，还有许多实验表明决策者的行为系统而广泛地违背了传递性、占优性和恒定性的假定。为此，在 VNM 理论提出后的数十年里，理论界出现了大量所谓的非期望效用理论著作，这些著作都试图使自己的理论与实验证据相一致。非期望效用理论中较为出名的有加权效用理论（Chew and MacCrimmon，1979；Chew，1983）、内含期望效用理论（Chew，1989；Dekel，1986）、失望回避理论（Gul，1991）、后悔理论（Bell，1982；Loomes Sugden，1982）、期待效用（anticipated utility）理论（Quiggin，1982；Segal，1987，1989）以及前景理论（Kahneman and Tversky，1979；Tversky and Kahneman，1992）⑤。

在所有的非期望效用理论中，前景理论⑥是最有影响力的，因为它在解释实验结果方面

---

① Von Neumann J. and Morgenstern O. 1944, Theory of Games and Economic Behavior. Princeton NJ: Princeton University Press.

② Kahneman, D, 2000, "Evaluation by moments: Past and future", in Kahneman, D, and Tversky, A. (Eds.), *Choices, Values and Frames.* Cambrige University Press and the Russell Sage Foundation.

③ 限于条件，写于 1953 年的这篇论文无法看到原文，但在许多教科书里都可以看到阿莱本人最早提出的例子。阿莱通过对 100 名具有良好训练和概率论知识的人的选择行为进行调查，发现他们的行为系统地违背独立性公理。具体而言，给定两个选择：A 是无任何风险的 3000 元收益，B 是参加一个赌局：以 80% 的概率得到 4000 元，以 20% 的概率一无所获。大部分的被试都会选择 A 而放弃 B。但是，当被试面临另两个选择：C 是以 25% 的概率得到 3000 元（75% 的概率得到 0），D 是 20% 的概率得到 4000 元（80% 的概率得到 0），大部分人却会选择 D 而放弃 C。被试所作的选择明显地违背了期望效用理论中的独立性公理。

④ Ellsberg, D., 1961, "Risk, ambiguity, and the Savage axioms", in *Quarterly Journal of Economics* 75: 643 ~ 669.

⑤ 有关非期望效用理论的简单介绍见高鸿祯主编：《实验经济学导论》，中国统计出版社 2003 年版，第 274 ~ 276 页。

⑥ 前景理论（Prospect theory）一词在一些刊物上翻译为前景理论、预测理论、风险展望理论、视野理论、展望理论、期望理论、预期理论、远景理论、愿景理论等。

是最成功的。其他的非期望效用理论被称为半标准理论，因为他们只是稍微放松了 VNM 理论中的一些公理性假定，从而使其理论能解释实验中的一些异常结果。这些理论既想沿袭 VNM 理论的标准模式，又试图能对实验结果起解释作用，结果两边都不讨好。相反地，前景理论并没有试图成为规范化理论，它只是以尽可能简洁的方式来解释人们的偏好，无论这种偏好是否理性。Tversky and Kahneman（1983）曾指出那种梦想构建既符合规范化模式中的有关假定又能描述现实行为的理论是不现实的。Tversky and Kahneman（1986）曾指出规范化模式将注定失败，因为人们日常的选择不可能遵循规范化理论的公理性假定，他们的行为常常会违背占优性和恒定性①。

（一）前景理论（prospect theory）

Kahneman 和 Tversky 于 1979 年第一次提出前景理论。在这篇被广为引用的论文中，他们设计了如下一些至多有两种非零结果的实验赌局：（x，p，y，q）该赌局是指一个人以概率 P 获利 x，以概率 q 获利 Y，其中，x≤0≤Y 或 y≤0≤x，假设人们用如下的函数来对上述赌局赋值：π（p）V（x）+π（q）v（y）。函数 V 和 π 的形式如图 5－3 和图 5－4 所示，当面临不同的赌局时，人们会选择价值最大的赌局。

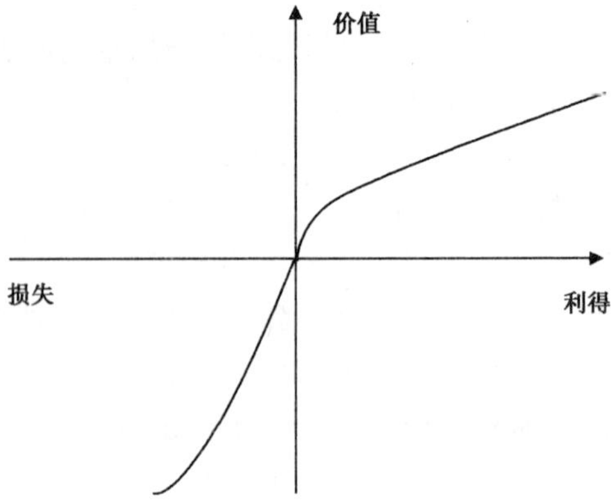

图 5－3　价值函数

上面的价值函数有许多重要的特征。首先效用取决于财富的利得或损失而不是财富的最终状态，这一思想来源于 Markowitz（1952）。这一假设与日常生活中人们描述赌局的方式自然地吻合了。更一般地说，它与人们的感知方式相符合，人们在感觉光、声音和温度时并不依赖于绝对水平，而是通过与过去的水平对比得到。Kahneman and Tversky（1979）提供了实验中对 EU 的偏离的事实来证明人们的选择主要受财富利得和损失的影响②。当问被试如下问题时，除了你原有的财富，你刚得到 1000 里拉，那你会选择如下哪个赌局：

A =（1000，0.5）

B =（500，1）

① Tversky A. and Kahneman D.，1986，"Rational choice and the framing of decisions"，in *Journal of Business*，59，67～94.

② Kahneman D，Tversky A.，1979，"Prospect theory：An analysis of decisions under risk"，in *Econometrica*，47：313～327.

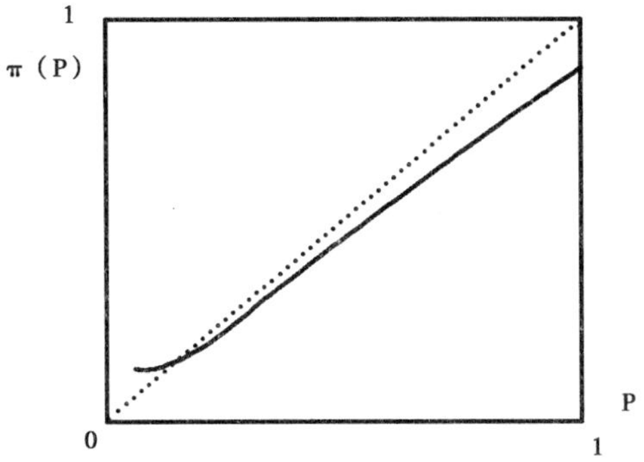

图 5－4　相对概率 P 的决策权重函数

大多数被试选择 B。当问同一批被试如下问题时，除了你原有的财富，你刚得到 2000 里拉，那你会选择如下哪个赌局：

C =（－1000，0.5）

D =（－500，1）

结果多数被试选择 C。

我们注意到上述两个赌局的最终财富状态都一样，但人们的选择却不同。很明显，被试的选择只受利得和损失的影响。

上述函数的第二个重要特征是价值函数为 s 型的函数，从上图可知它在利得区域是凹函数，在损失区域是凸函数，也就是说，人们面对财富利得时是风险规避的，面对财富损失时是风险爱好的。

最后一个特征是此价值函数在损失区域的斜率比利得区域的斜率陡。即投资者在相对应的利得与损失下，其边际损失比边际利得敏感。例如，损失一单位的边际痛苦大于获得一单位的边际利润，也就是个人有损失规避（loss aversion）的倾向。

决策权数函数有下列两个特性：

第一，决策权数不是概率，π 是 P 的递增函数，它即不符合概率公理，也不能被解释为个人预期的程度。

第二，概率转换非线性。当概率 P 很小的时候，π（P）> P，这表示个人对于概率很小的事件会过度重视（ove rweighted），但是当概率 P 一般大或很大时，π（p）< p，这可从 Kahneman 和 Tversky 的实验证据推断出，即实验中被试认为（5000 0.001）。优于(5，1)，而（－5，1）优于（－5000，0.001）。此外，当概率处于较大区间时，人们对概率变化更加敏感。例如，被试认为（3000，1）优于（4000，0.2；0，0.8），但是（4000，0.2；0，0.8）优于（3000，0.25），这违背了 EU 理论，它暗含着

$$\frac{\pi(0.25)}{\pi(0.2)} < \frac{\pi(1)}{\pi(0.8)}$$

也就是说，概率从 0.8 到 1 发生了 20% 的变动对人们的影响比概率从 0.2 到 0.25 变动了 20% 要大。特别地，与不确定的结果相比，人们赋予确定性结果更大的权重，这一特征被称为“确定性效应（certainty effect）”。

除了与实验证据相一致，前景理论还对现实中的许多问题给予了很好的阐释，如它可以解释人们对保险和购买彩票的偏好异常①。尽管价值函数 V 在财富利得区域是凹的，即人们是风险回避的，但人们对小概率赋予很大的权重，彩票正是以很小的概率获得巨大的财富，人们对彩票价值的高估使得人们热衷于购买彩票，表现出风险爱好的特征。类似地，虽然价值函数 V 在财富损失区域是凸的，即人们是风险爱好的，但当面临以很小的概率失去巨额财富时，人们对小概率赋予很大的权重，从而高估了损失的可能性，因此倾向于投保，表现出风险回避的特征。

（二）不确定性规避（ambiguity aversion）

在上述的讨论中，人们面临的赌局都有已知的客观概率。在现实中，概率并非是客观已知的。为了研究这种情形，Savage（1964）针对 EU 提出了主观期望效用（Subjective Expected Utility，SEU）理论。根据 SEU 理论，在一些公理性假定条件下，偏好关系可由效用函数的期望表示，效用函数中的权数为个体的主观概率估值。

最近几十年的实验结果也与 SEU 理论不相符合。其中 Ellsberg（1961）提到了一个经典的实验②：假设有两个暗箱，暗箱 2 中装有 100 个球，其中红色球 50 个，蓝色球 50 个。暗箱 1 中也装有红色球和蓝色球，但被试不知道两者的比例。

首先让被试对如下的赌局作出选择：

A1：从暗箱 1 中取出一球，若为红色，得 \$100，若为蓝色，得 \$0

A2：从暗箱 2 中取出一球，若为红色，得 \$100，若为蓝色，得 \$0

结果大多数被试选择 A2，接着又让同一批被试选择如下的赌局：

B1：从暗箱 1 中取出一球，若为蓝色，得 \$100，若为红色，得 \$0

B2：从暗箱 2 中取出一球，若为蓝色，得 \$100，若为红色，得 \$0

结果大多被试选择 B2。上述选择若用主观概率计算的期望效用来表示，则：

P（红－暗箱 2）U（100）+P（蓝－暗箱 2）U（0）>P（红－暗箱 1）U（100）+P（蓝－暗箱 1）U（0）

P（蓝－暗箱 2）U（100）+P（红－暗箱 2）U（0）>P（蓝－暗箱 1）U（100）+P（红－暗箱 1）U（0）

为方便推导，将效用函数 U（.）标准化为 U（0）=0

因此有：P（红－暗箱 1）<P（红－暗箱 2）=0.5

P（蓝－暗箱 1）<P（蓝－暗箱 2）=0.5，即 P（红－暗箱 1）> 0.5

这一结果与 SEU 发生了冲突：多数人选择 A，意味着被试认为暗箱 1 中红色球的个数少于 50，即被试针对红色球的主观概率少于 50%，而多数人选择 B，又意味着相反的主观概率。

在 Ellsberg 的实验中，暗箱 2 中红蓝球的数量是已知的，它们出现的概率是客观概率，但是暗箱 1 中红蓝球的数量是未知的，它们出现的概率主观概率。从被试的选择可以看到，

---

① 人们通常同时购买保险和彩票，他们在购买保险时表现出风险厌恶，但在彩票投资上却表现出一种风险爱好。这种现象又称为“弗里德曼—萨维奇困惑”（Friedman－Savage Puzzle）。

② Ellsberg D.（1961）：Risk，ambiguity and the Savage axioms，*Quarterly Journal of Economics* 75：643～669.

人们对客观概率偏好要甚于主观概率，由于主观概率具有更大的不确定性，人们对这种不确定性经常表现出厌恶或规避的倾向。

不确定性规避现象出现在大量场合。例如，一个研究者让被试估计下一场球赛中一支球队获胜的概率，被试的估计值是0.4。接着，研究者又让被试假想有这么一个随机数发生器，它以0.4的概率出现1，以0.6的概率出现0，并问被试愿意参与哪一个赌局，结果大部分被试选择与机器赌，因为球赛获胜的概率是模糊的，而机器的概率是明晰的。在此，被试呈现出不确定性规避的特征。

Heath and Tversky（1991）提出不确定性规避程度与个人估计概率分布的能力有关。当被试觉得没有能力估计一个赌局的概率分布时，他们对该赌局的不确定性规避程度就会加强。进一步的实验表明，当被试觉得有能力估计一个赌局的概率分布时，实验者观察到与不确定性规避相对应的现象，即“对熟悉的偏爱（preference for the familiar)”①。在上面的例子中，那些对足球非常熟悉的人们会选择针对球赛结果赌一把，而不是选择与机器赌。

（三）框架效应（framing）

框架指呈现和描述事物的方式。采用不同的描述方式对同一问题进行描述时，个体应该表现出相同的偏好。但是，Tversky and Kahneman（1981）却发现人们对一个备择方案或风险方案的二择一决策会受到言语表述的影响，他们将这种由于描述方式的改变而导致被试选择偏好发生改变的现象称之为框架效应。没有一个标准的选择理论可以解释这种偏好改变现象，因为理性选择的第一条原则就是选择独立于问题的陈述方式。如前所述，Tversky和Kahneman运用S状的价值函数和非线性权重函数对这个问题进行了解释，认为被试之所以会出现这一现象是因为个体在损失情景中更倾向于冒险，而在获益情景中更倾向于保守所致。例如，认知心理学家在实验中发现决策者在选择医疗方案时，该方案的治疗效果用“存活率”和“死亡率”分别表述时会导致决策者的选择完全相反，事实上，存活率和死亡率之和为100%，两个方案的效果完全相同，只是表述不同。这一实验在Tversky and Kahneman（1981）的论文中描述如下：

假设有一种叫“Asian”的疾病正威胁着600个市民的生命，现有两种救助方案（A或B）可供选择，每个方案的效果都经过科学的评估，现对第一组被试（152人）陈述如下：

A方案：100%可以救活200人的生命；

B方案：有1/3的可能性救活600人，有2/3的可能性一个人也救活不了。

结果有72%的被试选择A方案，只有28%的被试选择B方案。

接着对第二组被试（155人）陈述如下：

C方案：100%会导致400人死去；

D方案：有1/3的可能性没人死去，有2/3的可能性全部死去。

结果有78%的被试选择D方案，而只有22%的被试选择C方案。事实上，上述两组被试面临的选择方案一模一样，只是表述方式不同。为了验证这一现象的可靠性，作者又选取

① Heath C, Tversky A. 1991, Preference and Belief: Ambiguity and Competence in Choice under Uncertainty. Journal of Risk and Uncertainty, 4: 5～28.

了大学教师和医生作为被试，结果还是存在这种现象。

（四）心理账户（mental account）

人们根据资金的来源和用途等因素将资金按不同的类别看待，这种现象被称为“心理账户”。Thaler（1980）最早将心理账户这一概念用于解释人们的决策行为①。现实中，有些本应联合决策的项目，人们却分开决策。

例如，J夫妇已经为他们梦想拥有的度假小屋存了15000元，他们准备在S年内把度假小屋买下，这笔存款放在一个年息为10%的银行账户里；与此同时，他们刚通过按揭贷款买了一辆新车，这辆车总价值11000元，贷款分3年还清，年利率是15%。这个例子明显违背了金钱的完全可替代性，究其原因，可能是J夫妇对自我控制能力有清醒的认识，他们害怕把存款用于买新车就很难存够钱去买度假小屋，而银行的贷款存在按期偿还的压力。针对现实中诸如此类的现象，Thaler提出了心理账户的概念，他说：“无论是企业还是个人都存在显性和隐性的账户系统，这些账户系统经常会对决策产生意想不到的影响”②。

Kahneman and Tversky（1984）将人们决策中的心理账户分为三种账户，即最小账户（minimal account）、局部账户（topical account）和综合账户（comprehensive account）。他们通过两个实验发现当人们面临的选择即有有利的一面，又有不利的一面时，人们自发地运用局部账户来决策。局部账户又称为框架狭窄（narrow framing），即人们将一个单独的赌局与其他财富分开对待。换句话说，当面临一个赌局时，人们只是孤立地把它当作一个赌局来评价，而不会把它同前面的赌局合在一起综合评价。Redelmeier and Tversky（1992）为这种现象提供了一个简单的例子：

假设有一个赌局F=(2000，0.5，-500，0.5)，当问及被试是否愿意打赌时，有57%的被试不愿意。当问及被试愿意就这个赌局赌5次还是6次时，70%的被试选择6次。最后，当问及被试：假设你就这个赌局已经赌了5次，但你不知道输赢情况，请问你会再赌第6次吗？

结果有60%的被试拒绝赌第6次，这与前面的偏好相反。这说明有一些被试将第6次赌局与前面5次分开来单独看待，60%的拒绝比率与单个赌局的57%的拒绝比率很接近③。

主流经济学家对上述的实验证据持谨慎态度，他们认为：首先，人们重复几次后便会意识到自己的认知偏差；其次，行业内的专家，例如投资银行中的交易者，犯的错误会少很多；最后，实验中的激励增加后，这些认知偏差会消失。

尽管这些因素在某种程度上会减少认知偏差，但很少有证据表明他们能将偏差完全消除。当一种认知偏差被解释出来时，人们都能明白，但是在特殊的环境中，人们又会出现同样的认知偏差。专家的专业知识常常会妨碍他们的判断：那些能熟练运用模型的专家，比一个外行人更加过度自信。针对实验中的激励问题，Camerer and Hogarth（1999）回顾了大量的相关文献，指出激励有时可以减弱人们的认知偏差，但还没有研究证据表明单纯依靠增加

① Thaler, R. H., 1980. “Toward a positive theory of consumer choice,” *Journal of Economics Behavior and Organization*, 1 (March): 39 ~ 60.

② Thaler, R. H., 1985, “Mental accounting and consumer choice”, in *Marketing Science*, 4, 199.

③ Kahneman D. and Tversky A. (1984). Choice, Value, and Frames. *American Psychologist*, 39: 4, 341 ~ 350.

激励可以使人们偏离理性的行为消失①。

5.3.3 行为金融学中有关投资者行为的研究

（一）投资组合的分散程度不够（insufficient diversification）

有大量证据表明投资者的组合分散程度要比投资组合理论推荐的低很多。

首先，投资者呈现出明显的“家乡偏差（home bias）”。French and Poterba（1991）的论文中指明美、日、英三国投资者的证券投资总额中分别有94%、98%和82%的资金投向了国内证券。这一现象无法用理性的视角去解释②。事实上，基于理性的投资组合选择模型建议人们卖空国内股市，因为它与投资者的实物资产高度相关。

还有一些研究表明在国家内部也存在类似的“家乡偏差”。Grinblatt and Keloharju（2001）对来自芬兰的数据研究发现投资者更愿意持有和交易位于其家乡附近的公司的股票，这些公司在公司财务报告中用的是本地方言，而且公司的CEO与投资者拥有共同的文化背景。Huberman（2001）研究了美国地方贝尔运营公司（RBOCs）的股东的地域分布，研究发现投资者更喜欢持有本地的RBOCs股票。Benartzi（2001）对美国401（k）计划中的资金配置情况研究发现有很强的持有本地公司股票的偏向：在那些大公司的401（k）计划的资产中，有30%多的资金投向了投资者受雇佣公司的股票。

前述的实验证据表明人们不喜欢不确定的情形，因为此时无法了解一个赌局的概率分布；另一方面，人们对熟悉的情形又表现出过度的偏好，因为此时他们觉得自己处于一个更有利的位置。这些实验证据为我们理解上述的组合分散程度不够提供了简单的视角。投资者觉得国内股市比国外股市更加熟悉，本地公司比外地公司更加熟悉，受雇公司比其他公司更加熟悉。由于人们偏好自己熟悉的事物，所以对这些证券投资更多，而对其他证券投资甚少。这就使得资产组合不像标准模型推荐的那么分散了。

对熟悉事物的偏好并不能解释所有的家乡偏差。Coval and Moskowitz（1999）指出美国共同基金经理倾向于持有那些公司总部与基金公司总部所在地较为接近的股票。但他们发现这一现象并非是由于对熟悉事物的偏好造成的，而是由于地理位置较近的公司，对其调研成本更低③。

（二）分散投资决策的简单化

Benartzi and Thaler（2001）发现人们在进行分散化投资时，如果有N种备选资产，他们只是简单地用1/N法则分配资金，而不会仔细考虑资产的性质。Benartzi和Thaler要求被试在以下三种不同情况下分别作出资产配置的决策：（1）一只股票基金和一只债券基金；（2）一只股票基金和一只平衡基金，平衡基金指股票、债券各投一半的基金；（3）一只债券基金和一只平衡基金。实验结果是不论哪种情况，大多数被试都选择两只基金各投一半，

① Camerer C. and R. Hogarth, 1999, The effects of financial incentives in experiments: a review and capital - labor - production framework, *Journal of Risk and Uncertainty* 19, 7 ~ 42.

② French K. R., Poterba J. M.. 1991, Were Japanese Stock Prices Too High? *Journal of Financial Economies*, (29): 337 ~ 363.

③ Coval J. D. and T. J. Moskowitz, 1999, “Home Bias at Home: Domestic Equity Preference in Domestic Portfolios,” *Journal of Finance*, Vol. 54, 2045 ~ 2073.

但这种选择会导致三种不同的结果，三种情况下投资于股票的资金比例分别是54%、73%和35%。这种运用1/N法则的启发式策略及其他类似的简单的分散化投资意味着在401（k）计划中多提供一些股票基金，则投资者投资于股票的资金便会更多。为此Benartzi和Thaler检验了170个大型退休金储蓄计划。他们将退休金计划按提供股票基金的多少分为三组。结果发现投向股票的资金由最低组的49%增至中间组的60%，增至最高组的64%，这与前述的预期刚好一致。

（三）过度交易（excessive trading）

Barber and Odean（2000）利用一个全国性折扣经纪商1991—1996年的交易数据进行实证研究。他们发现，如果考虑交易成本，投资者的平均收益低于标的资产的平均收益，这主要是因为过度交易导致的交易成本上升引起的①。Odean（1999）利用美国某折扣经纪公司1987—1993年间共10000个账户的162948条交易记录研究投资者的交易是否过于频繁。实证检验结果表明，即使忽略交易成本，投资者的频繁交易仍导致其收益降低。该实证研究还发现投资者的择股能力较差，投资者买入的股票在其后一年的平均收益率要低于投资者卖出的股票在其后一年的平均收益率②。

（四）卖出决策（the selling decision）

有几项研究发现当证券价格低于投资者的买入价时，他们不愿意卖出证券，这种现象被Shefrin and Statman（1985）称为"处置效应（disposition effect）"③。Odean（1998）的研究发现相对于账面亏损的证券，个人投资者更愿意卖出账面盈利的证券④。

这种现象很难从理性人的角度去解释。如果是出于税收考虑，投资者卖出的应该是账面亏损的证券，而不是账面盈利的证券⑤。那么是投资者能预测到账面盈利股票的未来表现不好吗？答案是否定的，Odean（1998）的研究表明投资者卖出的股票的平均表现好于投资者买入的股票的平均表现。

要探究这种现象的成因，可以用前景理论和框架狭窄来解释。

假设投资者在\$50处买入某证券，若该证券涨至\$55，投资者会卖出吗？在这里，如果前景理论中的利得和损失等于该证券的卖出价减去买入价，那么在\$50处卖出的效用是V（5）。如果投资者等一段时间再卖出，并假设该证券以相同的概率涨至\$60或跌至\$50，那么等一段时间再卖出该证券的期望效用是1/2V（0）+1/2V（10）。由于价值函数V在利得区域是凹的，V（5）>1/2V（0）+1/2V（10），因此投资者会马上卖出。相反地，若该证券跌至\$45，则立刻卖出与等一段时间卖出的效用分别是V（-5）和1/2V（-10）+1/2V（0），由于价值函数V在损失区域是凸的，V（-5）<1/2V（-10）+1/2V（0），因此投资者选

---

① Barber B. M. & Odean T., 2000. The common stock investment performance of individual investors. *Journal of Finance*, LV（2）：773～806.

② Odean T. 1999, "Do investors trade too much?", in *American Economic Review*, 89（December）：1279～1298.

③ Shefrin H. and M. Statman,（1985）, The Disposition to Sell Winners Too Early and Ride Losers Too Long：Theory and Evidence, *Journal of Finance*, 777～790.

④ Odean T., 1998, "VOlume, Volatility and Profit When all Traders are Above Average", in *Journal of Finance*, 53, 1887～1928.

⑤ Odean（1998）确实发现投资者在12月偏好卖出账面亏损的股票，但在其他11个月，投资者卖出账面盈利的证券的偏好都很强。

择暂不卖出，以避免痛苦地割肉。

Coval and Shumway（2000）研究了芝加哥期货交易所中国债期货专业交易者的行为。他们认为，价值函数的曲线特征意味着交易者若在上午获利（损失），他们在下午的交易中会趋于更加保守（冒险）。这一推测得到了数据的证实。

（五）买入决策（the buying decision）

Odean（1999）提出投资者的买入决策部分取决于注意力效应。当要购买股票时，人们不愿意对上千家的上市股票进行系统地筛选，他们一般买入那些引起他们注意的股票，最引人注意的股票是过去大幅涨跌的股票。

由于卖出决策与买入决策的方式不同，因此卖出决策时的注意力效应不明显。由于受卖空限制，投资者要卖出股票时，只限于研究他们买入的几只股票。但是要买入股票时，可选的股票非常多，这时与注意力有关的因素便会影响决策。Barber and Odean（2002）利用个人投资者的账户数据进行实证研究，证实了买入决策确实比卖出决策更加受注意力效应的影响。在某个特定日期，他们用不同的标准选择出多个“引人注意”的股票，如有超常高交易量的股票、有超常高（低）收益的股票、有新闻公告的股票。第二天，他们发现个人买入这些“高度引人注意”的股票比卖出这些股票的人多。

5.3.4 对传统理性的偏离：非理性和“有限理性”

从上文的陈述可知，证券市场投资者偏离完全理性的行为种类繁多，数不胜数，但本章关注的对传统理性的偏离行为只有以下两点：

一是投资者的“过度自信”和“过度交易”，即投资者过高相信自己的判断能力，高估自己成功的机会，在行为上表现为过度交易，从而对投资者的财富造成损害。前面的陈述表明在许多领域都能发现人类过度自信的例子。投资者的过度自信是造成股价大幅波动和投机性泡沫的重要原因。毫无疑问，过度自信和过度交易是股市投资者行为非理性的表现之一，但我们更关心的是这种现象背后的深层机理。

二是投资者的启发式决策，即投资者在决策时会采用代表性启发法和可得性启发法，Kahneman、Slovi 和 Tversky 通过大量实验表明人们在判断和决策时常常运用启发法，而启发法会造成系统的认知偏差。Barberis、Shleifer and Vishny（1998）的研究发现：投资者在进行投资决策时存在代表性偏差，即过分重视近期数据，这使得投资者对新信息的反应过度。我们从这些研究中得出的一个结论是：本质上人类的判断和决策是有缺陷的，判断错误是普遍存在的。因此人们并不具备逐利的完全能力，人类的理性选择是有限的。

但要注意的是，启发式策略对我们的生活非常有价值，Reisberg（1997）指出：“启发式可以提高我们的效率。如果获得的价值要超出付出的价值，那么这种启发式就是有价值的……生活中我们无时无刻不需要进行判断和决策。如果我们花太多时间在这些判断和决策上，那么我们将整天沉浸于思考之中，从而不能向前迈进”。

总之，Olsen（2001）认为行为金融学提供了对股价波动性的令人信服的解释。Thaler（1993）也具体指出传统金融学在五个方面与实际不符。这显示了传统金融学的尴尬，现代金融理论只提供了一系列没有实证支持的资产定价模型，以及一系列没有理论支持的实证观察结果。Thaler（1999）还指出，行为金融学的观点方法将逐渐深入到金融研究的各个层面，以致最后“行为金融学”这一名词将消失。随着时间的流逝，纯理性的模型将被包含到一个更为广泛的心理学模型中去，其中完全理性将作为一个重要的特例。

5.4 行为金融学对有效市场假说的挑战

市场是否有效的争论是行为金融学与传统金融学争论的核心。直到20世纪70年代末，有效市场假说确实是20世纪经济学研究中值得骄傲的成果之一。标准的经济学理论，特别是套利理论，论证了证券市场是有效的市场，同时大量的实证检验也几乎都肯定了该理论的正确性。所以，Jenson声称该理论是最成功的经济学理论。但是，不幸的是，Jenson的言论发表不久，有效市场假说在理论与实证检验两方面同时受到了挑战。

5.4.1 非理性行为

有效市场的存在首先必须满足投资者理性这一假设。在传统金融理论中，“理性”意味着两层意思：首先，投资者的信念是正确的，他们用于预测未知变量未来的主观概率分布就是该变量未来的真实概率分布。其次，在给定他们的信念后，依据Savage的主观预期效用理论（SEL），投资者作出正常可接受的选择。但是我们知道完全理性要以确定性为条件，但是在证券市场上的投资者面临着许多不确定的情况。如上所述，不确定性是造成金融活动中经济主体行为异化（与完全理性行为的偏离），即有限理性的主要原因。在一个不确定的市场中，个人的认知偏差和集体的非理性从众行为经常出现，这些行为加剧了股价的波动，同时也使得证券市场变得更加不确定。现在有大量的心理学研究表明，当人们在不确定情况下作出决策时，往往存在多种偏差，这些偏差产生了对理性行为的系统性偏离。Fuller（2000）认为证券市场中典型的行为偏差可以分为两大类：一类是“非财富最大化行为”（non wealth - maximizing behavior）：理性人行为观点假设投资者的行为目标是追求他们投资组合的预期价值最大化，而现实中，投资者可能把最大化其他某些因素看得比财富更重要。第二类是“系统性的心理错误”（systematic mental mistakes）：启发式偏差以及其他认知偏差导致投资者犯系统性的心理错误，从而对所获信息作出错误的处理，在作出某个投资决策之前，投资者认为他们已经正确地理解和加工了信息，并以其预期财富最大化进行投资，之后他们可能才发现认知上的错误，但他们通常甚至根本意识不到这种错误。上文对此已有详细论述，在此不再赘述。

5.4.2 交易并非随机产生

如果有效市场假说的成立以理性投资者的存在为前提，那么这些心理学证据会对该理论提出非常严重甚至是致命的挑战。但是问题没有那么简单，我们前面提到过有效市场理论的第二道防线就是针对非理性的投资者的，即使存在非理性的投资者，由于他们之间的交易将会随机进行，所以他们的错误会相互抵消。那么，交易的随机性和理性套期保值者的存在，是否会消除投资者非理性行为对资产价格的影响呢？

如前所述，有效市场理论的推导逻辑性十分强：当人们是理性时，市场是有效的；当有些投资者是非理性时，交易的随机产生，使其对市场不会造成系统的价格偏差；当非理性交易者以非基本价值的价格进行交易时，他们的财富将逐渐减少，最后在市场不会有生存的空间。作为有效市场假说的创始人之一，著名经济学家 Fama 认为，尽管大量文献证明了股价长期汇报异常（long term return anomalies）的存在，市场仍是有效的，因为股价对市场信息的过度反应和反应不足同时存在，异常只是一种“偶然结果”（chance results），而且，大部分异常是与研究的方法和模型有关，适当选择方法就可以消除异常①。Kahneman and Tversky（1979）的前景理论则推翻了这一观点。心理学的研究已经表明，人们并不是偶然偏离理性，而是经常以同样的方式偏离。入市不深的投资者在多数情况下是按照自己的投资理念来买卖股票的，他们的买卖行为之间有很大相关性。他们之间的交易也并非随机进行的，而是在大致相同的时间大家都试图去买或卖同样的股票。这种羊群行为往往造成与证券基本价值有关的信息不能完全从价格中反映出来，使股票价格经常偏离其基本价值，使证券市场处于无效状态。Shiller（1984）确认了上述的行为并指出，当这些非理性投资者的行为社会化，或大家都听信相同的谣言时，这个现象会更加的明显，所以，投资人的情绪因素并非随机产生的错误，而是一种很常见的系统性的判断错误。

Kahneman and Riepe（1998）也指出，人们的行为偏差其实是系统性的。许多投资者倾向于在相同的时间买卖相同的证券。当噪声交易者通过“流言”或者跟从他人的决策而决策时，这种状况将更加严重。投资者情绪实际上反映了许多投资者的共同判断误差。个人投资者不是唯一的非理性投资者。在西方发达的金融市场中，大量的资金由代表个人投资者和公司的共同基金、养老基金的专业管理人员控制。他们既会产生个人投资者可能产生的误差，还因为他们是管理他人资金的代理人员，存在代理矛盾而带来了决策中更大的偏差。

尽管投资者存在非理性的一面，但投资者在经历几次相同的错误后，是否可能借由“学习”而学会正确的评价呢？Mullainathan and Thaler（2000）对此提出了否定的结论，他们认为由于学习的机会成本可能高过投资人所愿意负担的程度，或者学习正确的评价所需时间可能非常长，而且有些决策并没有很多的学习机会，所以“学习”的效果并没有得到很充分的证据支持。

有效市场假说理论还认为信息是完全充分的，它们的产生是随机的，可以无成本、及时到达投资者手中。但是实际上，即使是信息传播高度发达的现代社会，信息也是不充分的。在信息不充分的情况下，投资者就不能根据所有信息作出理性决策，而更多的是根据其他投资者的投资行为的判断来进行决策，这样就形成了羊群行为。另外，在不同类型的投资者之间也存在着信息不对称问题，如机构投资者相对于个人投资者而言，往往具有信息渠道更多、信息更丰富、成本低的优势。

① Fama E.，1998，“Market Efficiency, Long - term Returns, and Behavioral Finance”. in *Journal Financial Economics*, (49), 283 ~ 306.

5.4.3 套利受到限制

按照有效市场假说理论，即使有一些非理性投资者具有相同的非理性投资行为，使股票价格偏离了其基本价值，但是他们在市场中会遇到理性的套利者，后者会消除前者对价格的影响，纠正由非理性投资者的行为所导致的价格对基本价值的偏离，所以市场仍然是有效的。与有效市场假说相悖，行为金融理论的核心论点是现实中的套利不仅充满风险，而且作用有限。Shleifer and Vishny（1997）认为套利行为对价格修正的力量受到一些条件的限制，套利实际上是有限的。Mullainathan and Thlaer（2000）的研究表明，套利本身具有风险，不仅要取决于是否具有完美的替代品存在，还取决于套利期限的长短，如果这两个条件不具备，套利行为就会失败，典型的案例就是以传统主流金融理论为投资理念的 long - term capital management 投资基金的亏损事件。Nicholas Barberis and Richard Thaler（2001）认为存在着以下几种风险：

（一）基础风险（fundamental risk）

当我们在对某种证券进行套利时，我们面对着来自该证券所处行业的基础性风险，即由于基本价值的下降而带来的风险。假设当一只股票的价格低于其基本价值时，对于理性的投资者来说，此时出现了套利机会。他只要在此时买入这只股票，等到股价回归到基本价值时卖出，即可获利。但是如果出现这只股票的不利消息，导致这只股票的基本价值下跌，投资者就会损失。要消除这种基础风险就必须找到一个完美的替代证券。问题是替代证券很少是完美的，而且通常是高度不完美的，从而使得不可能消除所有的基础风险。

（二）噪声交易者风险（noise trader risk）

噪音交易者风险，由 De Long et al.（1990）首先提出[①]，并由 Shleifer and Vishny（1997）进一步研究[②]，是指被套利者利用的错误定价在短期内恶化的风险。即使我们能找到一个完美的替代证券，套利者仍然面临着原来非理性投资者变得更加非理性而使其价格更进一步偏离价值的风险。一旦承认了价格偏离其基本价值的可能性，就必须也承认未来价格变动将增大这一分歧的可能性。也就是说，当一只股票的价格偏离其基本价值时，一些悲观的投资者（噪声交易者）会认为股价可能进一步下跌，从而抛掉这只股票，导致股价越来越偏离基本价值。如果理性的套利投资者认为，从长期来看股价最终会回复至基本价值，并坚决持有这只股票，那么最后他们将纠正股价的偏差，同时获利。但事实上，他们很难做到。

噪音交易者风险之所以构成问题是因为它可能导致套利者头寸的提前结清，给他们造成了潜在的高损失威胁。为看清这点，注意大多数实际的套利者——即专业基金经理——管理的并非自己的钱，而是别人的钱。用 Shleifer and Vishny（1997）的话说，即存在“智力和资本的分离”[③]。即在股市中，作套利交易的一般是专业的投资者，他们一般是各种形式基金

---

① De Long J. B., Shleifer A., Summers L. H. and Waldmann R. J., “Noise Trader Risk in Financial Markets”, in *Journal of political Economy*, 1990, Vol. 98, No. 4, 703 ~ 738.

② Shleifer and Vishny, “A survey of corporate governance”, in *Journal of Finance*, 1997, Vol. 52, 737 ~ 783.

③ Shleifer and Vishny, “A survey of corporate governance” in *Journal of Finance*, 1997, Vol. 52, 737 ~ 783.

的管理者。虽然这些专业管理者能从长期的角度认识到套利的可行性，但缺乏专业知识的实际投资者一旦在短期内出现损失，他们就会归责于基金管理者的无能，从而撤回投资，导致基金管理者被迫抛掉股票，以致无法纠正股价。当短期收益不佳时，信贷者会看到他们的抵押品价值下降，就会收回其贷款，又进一步加剧了提前结清。

在这此情形中，由于错误定价本身的恶化引发了强制结清。然而并非总是这样。例如，为规避基础风险，很多套利者卖空证券。假如所借证券的原所有者要用到它，而套利者不能从他处借到，则可能又被迫结清其头寸。在错误定价暂时恶化时出现这种情形的风险使得套利者一开始就更加谨慎了。

在某些特殊情形下，即使专业投资者投资的是他们自己的钱，他们也不会进行套利交易。因为当噪声交易者的行为促使股价在长期内大幅下跌，以致于专业投资者认为当股价最终回复基本价值时，预期收益率会低于无风险利率。

（三）实施成本（implementation costs）

众所周知的交易成本如佣金、买卖价差和价格冲击（price impact）可使得利用错误定价变得不那么有吸引力。由于卖空对于套利过程通常很重要，我们也将卖空约束归入实施成本一类中。卖空约束是指任何使卖空不如买空有吸引力的因素，最简单的一种约束就是借入股票须支付的费用，甚至在某些情况下，套利者可能在任何价格下都无法借到所需证券。除这些费用外，可能还存在一些法律约束，例如对于很多基金经理——尤其是养老基金和互助基金经理——是不允许卖空的。

在这一类成本中也包括寻找和获知一项错误定价的成本，以及利用这项错误定价所需资源的成本。具体来说，寻找错误定价可能是一项技术性工作。人们曾经一度认为，假如噪音交易者对股价产生了任何程度的较大影响，他们的行为将立刻以收益的可预期性表现出来。Shiller（1984）和 Summers（1986）证明了这种论点是完全错误的，而且 Shiller（1984）将之称为"在经济思想史中最为显著的错误之一"。他们证明，即使噪音交易者的需求是如此旺盛以至于引起一项大的和持久的错误定价，它可能对收益的可预测性产生非常小的影响以至于事实上无法察觉[①]。总地来看，行为金融理论认为，金融市场的经济行为是社会人在相互作用过程中以客观形式外在表现出来的对经济刺激的主观反映。经济刺激（如价格指数、通货膨胀、税收以及经济信息媒介等）是经济行为产生的必要条件，而非充分条件。经济行为不仅是经济刺激的直接映射，其间还包括一系列的中介变量，如个人目标、价值观念、期望、认知方式、收集及整合信息的能力、对经济政治问题的兴趣等。因此，行为金融不但需要讨论人们应该如何决策（最优决策），而且需要建立一套能够正确反应投资者实际决策行为和市场运行状况的描述性模型来讨论投资者实际上是如何决策的，金融市场价格实际上是如何确定的，这就是行为金融要解决的问题。

（四）模型风险（model risk）

对基本价值的估计是实施套利行为的关键。我们只能从已知的理论模型中推断出基本价值。但用模型估计出来的基本价值是否正确呢？我们不能得到绝对的肯定。这种不确定性也

① Shiller, Robert J., 1984, "Stock Prices and Social Dynamics", in *The Brookings Papers on Economic.* Activity 2, 457 ~ 510.

影响着理性投资者的套利行为。

5.5 行为金融学的主要理论模型

5.5.1 DSSW 噪声交易模型

此模型的基础是 De Long - Schleifer - Summers - Waldmann（以下将用 DSSW 代替）噪声交易者模型，而噪声交易者模型本身的基础又是简化了的叠代模型①。叠代结构作为一种分析工具，可以使得代理人有短期时域（De Long et al.，1990），并避免模型需要考虑最后一期的问题，由于叠代经济是永远生存下去的，所以在最后一期中所有价格将等于基础价值。因此，这种模型对分析序贯性交易市场特别有用，而序贯性交易市场正是典型的高度投机市场。在此，我们先假设只存在理性（知情）代理人来开始我们的分析。在一个始终存在且永远持续下去的经济体中，有两种投资机会，我们先来看代理人是如何配置他们的储蓄的。第一种投资机会是供给完全弹性的无风险资产，在每一时期支付固定红利 r，在一般均衡中也可以反映经济的真实条件（实物投资的回报率）。第二种投资机会是每时期支付同样红利 r 的风险资产，但其数量是固定不变的，标准化为一单位消费品。我们可以把无风险资产想象为无风险短期债券，在任一时期可以无限制地发行并也可转化为消费品 c。因此，无风险资产表示为消费品的单位，价格为 1，一单位无风险资产抵一单位的消费品。第二种有着固定供给的资产可以想象为总股票。从总体上自 20 世纪 50 年代以来在美国通过股票市场的净融资几乎为 0，因此这种想象是有一定道理的。由于两种资产支付相同的红利 r，所以如果基础价值是由所有代理人已知的将来红利（经济永远存在）的折现值决定的，则其价格也应该相同（1 单位消费品）。然而，资产回报率是有风险的，所以如果代理人是风险厌恶的，则其价格不会等同于其基础价值。模型中的效用函数存在绝对风险厌恶系数，而这一系数仅取决于代理人生命中第二期的期望财富，即：

$$0U = e^{-(2\gamma)w} \tag{5.1}$$

其中 w 代表代理人的期望财富，γ 为绝对风险厌恶系数。假定财富是正态分布的，所以期望效用 E［U（w）］为：

$$E[U(w)] = -\int e^{-(2\gamma)w} f(w)\,dw = -e^{-\gamma(\overline{w} - r\sigma_w^2)} \tag{5.2}$$

---

① 本章也采用叠代模型。特别地，需要留意以下的区别：（1）本章使用简化了的叠代模型（DeLongetal.，1990）。代理人只关心年老时的财富（储蓄决策给定）。存在两个投资机会：固定供给并总量标准化为 1 的风险资产（总股票）和无风险资产（无风险短期债券）。不考虑人口增长和技术进步。（2）投资者是异质的。存在老练（知情）理性投资者和非理性决策的噪声交易者。因此，投资者间对于将来回报率的期望以及在风险资产上的投资量是不同的。泡沫的形成可用其中一类投资者的行为来解释。（3）采用代理人风险厌恶的效用函数（风险厌恶程度不变）。风险是噪声交易者的行为所造成的，基础价值变动的模型中也包括基础风险。

其中 f(w) 是 w 的概率密度函数，而 $w \sim N(\bar{w}, \sigma_w^2)$。因为期望效用随 $\bar{w} - \gamma\sigma_w^2$ 单调上升，因此可以转换成如下的效用函数：

$$E[U(w)] = \bar{w} - \gamma\sigma_w^2 \tag{5.3}$$

其性质是效用与财富的均值和方差有着线性关系。在此我们暂时只假设期望财富的变动（期望财富取决于风险资产在 t+1 期的价格）由一个独立同分布的正态随机变量 ε_t 引起，其均值为 0，方差为 σ_ε^2（白噪声过程）。在有两种投资机会的简化叠代模型中，知情交易者期望效用函数（5.3）式可以写成：

$$E[U_R] = C_0 + \varphi_R[r + \varepsilon_t + E_t(P_{t+1}) - P_t(1+r)] - \gamma\varphi_R^2\sigma_{P_{t+1}}^2 \tag{5.4}$$

其中 U_R 代表知情理性交易者的效用函数，C_0 为第一期劳动收入的函数（给定），φ_R 代表在 t 时买入的风险资产量，E_t（P_{t+1}）为 t 时对 P_{t+1} 的期望，$\sigma_{P_{t+1}}^2$ 是 P_t 的前一步方差，它是 σ_ε^2 不变的函数：

$$\sigma_{P_{t+1}}^2 = \sigma_\varepsilon^2(1+r)^{-2} \tag{5.5}$$

在（5.7）中将会看得更清楚。知情理性交易者将会把风险资产一代一代地传下去。当投资者年老时，他们会把手中持有的风险资产卖给新的年轻一代，而把无风险资产变成消费品，并消费掉所有他们的财富。(5.4）式最大化决定了投资者所持有的风险资产：

$$\varphi_R = \frac{r + \varepsilon_t + E_t(P_{t+1}) - P_t(1+r)}{2\gamma\sigma_{P_{t+1}}^2} \tag{5.6}$$

由于风险资产的数量是固定的并被标准化为 1，在均衡中风险资产的供给必定等于其需求，因此，$\varphi_R = 1$。所以，根据（5.6）我们可以计算出风险资产的均衡（市场出清）价格：

$$P_t = (1+r)^{-1}[r + \varepsilon_t + E_t(P_{t+1}) - 2\gamma\sigma_{P_{t+1}}^2] \tag{5.7}$$

（5.7）式实际上表示为经资产价格变动风险调整后的红利折现模型。如果没有随机变量 ε_t，则（5.7）式与平常的股票价格折现值模型完全一样，且由于模型的特殊假定，此固定期望回报率也等于折现率。(5.7）式的最后一项表示风险厌恶对资产价格的影响。价格波动率越高（$\sigma_{P_{t+1}}^2$ 值越高)，则风险厌恶使资产价格贬值得越多，因为风险厌恶会对造成持有风险资产的期望效用下降，从而造成对风险资产的需求下降。

由于我们假设代理人的期望是理性的，所以（5.7）式可以看作是理性期望模型，其中前推期望 E_t（P_{t+1}）可以通过递归求解而消掉。这是因为每一期所有代理人的信息集被假定是相同的，P_t 的前一步均值和方差独立于时间 t 且与将来接收的任何信息无关。换句话说，P_{t+1} 的无条件分布是与 P_t 同分布的，说明模型只讨论稳态均衡的情况。因此，风险资产的价格可以表示成：

$$P_t = 1 + \frac{\varepsilon_t}{1+r} - \frac{2\gamma\sigma_{P_{t+1}}^2}{r} = 1 + \frac{\varepsilon_t}{1+r} - \frac{2\gamma\sigma_\varepsilon^2}{(1+r)^2 r} \tag{5.8}$$

如果不存在由 ε_t 引起的价格变动风险，则 P_t 将等于其基础价值 P^*，它在每期是相同的。这完全对应于一个资产无限期支付固定红利 r 的价值，而折现率与红利率相等（r/r = 1）。由于基础价值在任何时期 t 代理人的信息集中，所以基础价值是不变的，E_t（P_{t+1}^*）总是等于 1。然而，由于风险厌恶的贬值效应，风险资产必须同时支付风险溢价，所以其价格很可能会比基础价值低。由（5.7）式通过计算风险资产的剩余回报率 E_t（R），就可以清楚地看到这一点。

$$E_t(R)=r+E_t(P_{t+1})-P_t(1+r)=2\gamma\sigma^2_{P_{t+1}}-\varepsilon_t \qquad (5.9)$$

价格变动风险驱使当前价格 P_t 下降，期望回报率上升，而当前已实现的随机变量 ε_t 的影响取决于它是正值还是负值。

5.5.2 投资者心态模型

(一) BSV 模型

BSV 模型是由 Barberis、Shleifer and Vishny（1998）提出的，该模型以认知心理的两个偏差为依据。(1) Kahneman and Tversky（1974）的代表性偏差：习惯将某些事件视为某一特定类别的典型，而忽视此间的概率法则，从而过分重视近期数据的变化而忽视总体历史数据情况，往往导致反应过度。例如，在证券市场上，投资者可能根据“历史”信息将某些股票当作成长型股票，却没有意识到很少有公司能够持续增长的。(2) 起因于 Edwards（1968）的保守性偏差：人们在面临新的证据时难以对先前使用的模型做出及时修正。特别是，来自反应不足的证据是与保守主义一致的。这两个偏差上文都已经进行了介绍。

在 BSV 提出的股票价格模型中收集了这两个判断偏差，并假定盈利是随机游走的，但模型中的投资者并不知晓收益是服从随机分布的。相反，他认为收益在两种状态或模式中变动，不同的状态或模式下收益的变动规律亦不尽相同。当处于第一种状态时，模型 1 决定收益；在第二种状态下，模型 2 决定收益。两种状态下的收益都非随机游走。在第一种状态下，收益是均值回归的，投资者认为收益处于模型 1 时，因为投资者错误的认为盈利的改变是暂时的，所以股票的价格对盈利改变的反应就会不足。当预料没有被后来的盈利证实时，股票的价格显示了对早期盈利的反应不足。在第二种状态下，收益是呈趋势性变动的，同样迹象的一连串盈利改变使得投资者感觉一家公司的盈利变化是趋势性的。一旦投资者确信趋势性的模型 2，他们就会错误地将这一趋势外推，从而使得股票价格反应过度。因为盈利是随机游走的，过度反应会被将来的盈利揭示出来，从而导致长期收益的反转。

BSV 模型中，收益是随机游动的（random walk），但是投资者却错误地认为存在着两种收益范式。在范式 A（投资者认为这一范式的可能性大）中，投资者认为收益是均值回归的（mean - reverting），而且这种可能性较大。当投资者认为范式 A 起作用时，股价对收益的变动反应不足，因为投资者错误地以为这种变动很可能是暂时的。当这种预期没有被未来的收益证实，就会造成股价对收益的时延反应。在范式 B（投资者认为这一范式的可能性小）中同方向收益的连续变动将导致投资者认为该公司的收益具有某种趋势。虽然投资者认为范式 B 起作用的可能性很小，一旦他们认为范式 B 在起作用，就会错误地夸大这个趋势，从而造成股价的过度反应。因为收益是随机游走的，未来的收益终将暴露过度反应，使得长期收益反转。

虽然 BSV 模型和 DHS 服模型的理论基础不同，但是它们对金融市场上的反应过度和反应不足的结论却是相同的。

(二) DHS 模型

Daniel、Irshleifer and Subrahmanyam（1998）从信息的角度建立和发展了描述投资者行

为的模型，简称 DHS 模型。DHS 模型与 BSV 模型有不同的行为基础。在 DHS 里将投资者分为知情和不知情投资者两类。不知情投资者是不服从判断偏差的。而股票的价格是由知情投资者确定的，而他们服从于两个偏差：过度自信和过分自我偏爱（有偏自我归因）。过于自信使得他们夸大了关于股票价值的私人信息的精确性。过分自我偏爱使得他们对有关价格的公共信息不够重视，特别当公共信息与他们的私人信息相抵触时。随着公共信息最终战胜了行为偏差，对私人信息的过度反应和对公共信息的反应不足，就会导致股票收益的短期连续性和长期的反转。因此，虽然基于不同的行为前提，DHS 预言与 BSV 的结论是接近的。

本模型的理论基于投资者的过度自信及由于有偏的自我归因引发的自信度变化。我们发现过度自信将会对前期的私人信号赋予更大的权重，这将导致股价的过度反应。当噪声公共信息来到时，股价的偏离会被部分修正。随着更多的公共信息的出现，股价平均来说会更加接近完全信息下的价值中枢。因此，本模型的中心主题是股价对于私人信息的过度反应及对于公共信息的反应不足。

实证的心理研究不仅表明了过度自信，还指出当投资者观察自己的行为结果时，对于自我信心的增强程度是有偏的。根据归因（attribution）理论（Bem，1965），个人将会对增强自身判断的事件更加偏爱，而会把减弱自身判断的事件归于噪声或破坏（这与认知不一致的概念相关，即个体会抵制与先前决策相抵触的信息）。

如果一个投资者基于私人信息交易，我们认为如果随后的公共信息与私人信息是一致的，则公共信息会巩固交易行为（即好消息在购买行为发生后出现，坏消息在出售行为发生后来到）。我们假定当一个投资者收到巩固性的公共信息后，他的自信会增强，但如果公共信息与私人信息不相符，投资者的自信却不会降低多少。这样的话，如果一个投资者一开始就带有有偏的信念，则公共信息平均来说会巩固私人信息。这意味着公共信息会引起对已有私人信息的更进一步的过度反应。本章将证明这种持续的过度反应会导致股票价格的动量效应，但这种动量效应会随着更多的公共信息的到来而反转，从而使股票价格回归其价值中枢。因此，有偏的自我归因会导致短期的动量效应和长期的反转效应。

图 5 -5 描绘了在时期 1 一个正向的或是负向的私人信息到达后，平均价格遵循的路径。粗实线代表信心不变时（无有偏自我归因的影响）的价格路径，粗虚线代表在有偏自我归因影响下的价格路线，细实线表示完全理性预期时的价格路径。

对私人信息的过度自信使得股价在时期 1 对于新信息过度反应。在时期 2，当噪声公共信息出现，定价的非效率偏离平均来说被部分修正。这种价格修正过程在随后的公共信息到达时继续发生，直到价格偏离最终得到纠正。我们将图中的峰与谷之前的这一部分称为过度反应阶段，而其后的为修正阶段。

过度反应和反应不足意味着时期 1 和时期 2 的价格变化的协方差，Cov（P2 - P1，P1 - P0）是负的。更进一步说，对私人信息的过度反应在时期 2 被公共信息部分地修正，并在时期 3 的公共信息完全到达时被完全修正，故 Cov（P3 - P1，P1 - P0）<0。这种价格变化的反转来源于对于时期 1 过度反应的持续修正。最后，持续修正（始于时期 2，终于时期 3）导致在公共信息到来之时和之后，价格变化是正相关的，即 Cov（P3 - P2，P2 - P1）>0。

由此，DHS 模型中的信心不变的基本模型可得出一些主要的推论。即如果投资者是过度自信的，那么由于私人信息的到达所引起的价格波动将在长期内得到逐步的修正；源于对

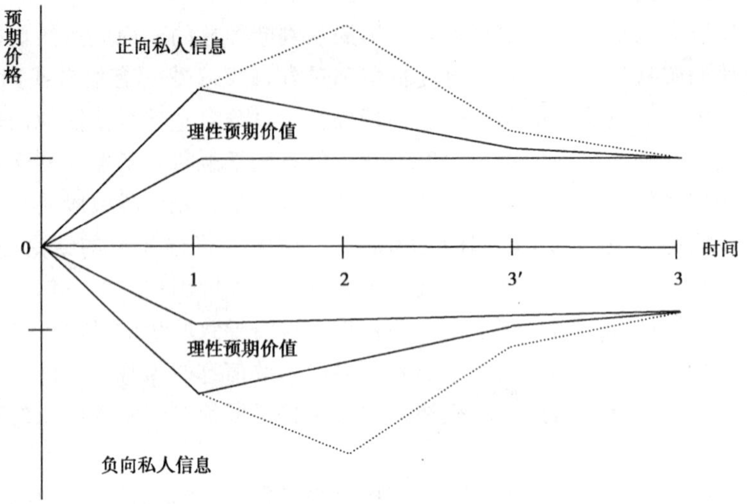

图 5-5 过度自信投资者的时间价格函数

公开信息的到达所产生的股价波动反应，将与随后的价格变化正相关。此外，如果投资者是过度自信的，那么价格变化将无条件的在短期和长期内表现出负自相关性。最后，过度自信将增加围绕私人信号的波动，可能也增加或减少围绕公共信息的波动，增加无条件的波动，而围绕私人信息的超额波动量大于围绕公共信息的超额波动量等。

（三）HS 模型（又称统一理论模型，Unified theory model）

Harrison Hong and Jeremy C. Stein（1999）提出了 HS 模型①。该模型主要从市场参与者的相互作用角度研究资产市场中反应不足、动量交易和过度反应等的异常现象。HS 模型在基本方法上有别于 BSV 和 DHS 模型之处在于，它把研究重点放在不同作用者（heterogeneous agents）的相互作用机制上，而不是在代表性作用者（representative agent）的行为心理和认知偏差方面。该模型将作用者分为“观察消息者”和“动量交易者”两类。这两类作用者按照人们通常的感觉来看都不是完全理性的，而是有限理性的：每类作用者都仅能以无偏的方式“处理”可得公共信息的某一子集。“观察消息者”根据他们个人所观察和获得的关于未来基本价值的信息来进行预测，其局限是他们完全不依赖当前或过去的价格；相比之下，“动量交易者”则完全依赖于过去的价格变化，其局限是他们的预测必须是过去价格历史的“简单”（也就是说单变量）函数。该模型的另外一个重要假设是：私人信息在“观察消息者”群体中是逐步扩散的。在上述假设基础上，该模型将反应不足和过度反应现象统一归因为关于基本价值信息的逐渐扩散，而不包含其他的对投资者情感的刺激和流动性交易的需要。模型认为，最初由于“观察消息者”对私人信息存在反应不足的倾向，使得“动量交易者”力图通过简单的套利策略来利用这一点，然而在他们这么做的时候，却往往不可避免地推动价格走向了另一个极端——过度反应。也就是说，正是反应不足现象的存在，为“动量交易者”提供了进入市场获利的机会，从而种下了过度反应的种子。

① Harrison Hong and Jeremy C. Stein, 1999, “A unified theory of under - reaction, momentum trading and overreaction in asset markets”, *Journal of Finance* 54, 2143 ~ 2184.

HS模型的分析主要分为两部分。一是只存在“信息观察者”的情况，价格对新信息调整缓慢，在此情况下只存在反应不足而没有反应过度。其原因是由于“信息观察者”并不从价格变化中来获取信息，而信息在“信息观察者”中是缓慢扩散的。二是加入了“动量交易者”，其以观察过去的价格为条件，利用“信息观察者”造成的反应不足进行套利。在存在有效的风险容忍度的情况下，可以期望其行为将促使市场接近有效。然而，在“动量交易者”只是受限于使用简单的动量交易策略的情况下，上述直觉判断是不正确的。当“动量交易者”只能在时期t根据时期t-2和时期t-1的价格变化进行交易时，其利用“信息观察者”引起的反应不足进行套利的结果，将导致最初的向基本面变化的价格最终加速，形成对信息的过度反应。特别在“动量交易者”是风险中性时尤其如此。

在此，“动量交易者”使用简单的交易策略是得到上述结果的关键，即投资者不需要以任何公开信息为条件。在上述情况下，简单的跟随策略能够获得收益，但是如果投资者能够考虑更多的信息，那么该策略在某些情况下将比在其他情况下更有优势。特别的，当这种策略在动量循环的早期能产生收益，但是在动量循环的晚期这种策略便有可能亏损，因为此时的价格已经超过了长期均衡价格水平。

从而，一个关键的结论是，早期的“动量交易者”的参与给后期参与的“动量交易者”加入了一个负的外部性。理想情况下，使用动量交易策略是由于基本面的利好信息没有在股价上得到充分体现。然而，有时价格的上涨并不是由于利好信息而是由于前期动量交易的结果。因而，由于“动量交易者”不能获得确切的信息，同时也不能判断目前处于动量循环的哪个阶段，所以动量交易者在决定购买时，不得不面对早期的动量交易者已经将股价推高到超过均衡价格的可能。

因此，在HS模型中，“信息观察者”和“动量交易者”间存在相互作用的交易机制。当“信息观察者”观察到利好信息时，即进行买入，最初的买入产生的价格动量较小，在某种程度上可理解为反应不足。其后，部分“动量交易者”观察到最初的价格动量后立即进行买入，从而其行动引起价格更大的变化（动量），对后来的“动量交易者”施加了负面影响，使他们错误地理解为有更多的利好信息到达。从而导致越来越多的“动量交易者”加入，过多的买入力量推动价格远远超过由最初的利好信息所能引起的应有涨幅，产生价格的反应过度，最终价格趋势必然反转下跌。反之亦然，当“信息观察者”观察到利空信息时，价格将向下反应过度，最终反转上升。从而在HS模型中“动量交易者”作为噪音交易者，在其与“信息观察者”的相互作用下，导致价格的反应不足与反应过度。

（四）BHS模型

该模型由Barberis Nicholas and Ming Huang（2001）和Tano Santos（2001）提出，该模型是基于均质市场的假设而建立①。与前面的三个模型不同，BHS模型没有将有偏的预期引入到模型当中，而是从资产定价的另一个方面，即投资者的风险态度的角度来考虑问题。在传统的基于消费的定价模型中，作者引入预期理论所揭示的“损失厌恶”现象和另一个关

① Barberis Nicholas and Ming Huang, 2001, “Mental accounting, Loss aversion, and individual stock returns”, *Journal of Finance* 56, 1247~1292.

Tano Santos, 2001, “Prospect Theory and Asset Prices”, in *Quarterly Journal of Economics*, 116: 1~53.

于偏好的“私房钱效应”，产生了一个随前期收益状况而变化的风险厌恶，价格升高后投资者风险厌恶程度降低，价格被进一步推高。价格降低后投资者风险厌恶程度升高，价格被进一步打压。这个模型可以解释市场方面的三个偏差想象：过度波动现象、股权溢价之谜和收益可预测性。

5.5.3 羊群行为模型

最早提出羊群行为的是 Keynes（1934），他指出“在投资收益日复一日的波动中，显然存在着某种莫名的群体偏激，甚至是一种荒谬的情绪在影响着整个市场的行为”①。其后 Festinger（1957）② 也指出，当遇到冲突时，我们的思想会潜意识地剔除那些与整体关联性最弱的看法，不自觉地寻求平衡。这种现象被称之为“认知的不一致削减”（cognitive dissonance reduction）。金融市场中的羊群行为这个概念内涵十分丰富。例如，Lakonishok、Shleifer and Vishny（1992）③ 认为羊群行为指在同一时间段，与其他投资者一样购买或出售相同的股票，这是一种比较狭义的概念。其实，羊群行为并不只局限于股票的买卖以及交易时机的趋同性，在金融市场中，投资者的许多决策都可能产生羊群行为。Scharfstein and Stein（1990）④ 认为羊群行为是指投资者违反贝叶斯理性人的后验分布法则，只做其他人都做的事情，而忽略了私有信息。目前关于羊群行为的定义较多，比如 Vernon Smith and Sorenwen（1994）在分析代理人之间的不同偏好可以导致“混乱的学习”时，将羊群行为定义为“运行趋于一致”。Avery and Zemsky（1998）⑤ 则将羊群行为定义为市场潮流使得私人信息与之相悖的投资者选择跟从。Bikhchandani and Sharma（2000）⑥ 则指出如下行为可称为羊群行为：如果一个投资者根据私人信息决定投资（或不投资），但是他在发现其他投资者没有投资（或不投资）后，决定跟从其他投资者的行为。Bikchandani 和 Sharma 的定义强调了羊群行为是投资者一种有意识的模仿。一般来讲，羊群行为是指投资者行为方式之间的关联性，但这种定义不能排除一些比如由于拥有相同信息或处境而导致的行为一致（显然不是羊群行为）。

综上所述，我们认为金融市场中的羊群行为是指由于受到其他投资者采取的某种投资策略的影响而采取相同的投资策略，即投资人的选择完全依赖于舆论（随大流），或者说投资人的选择是对大众行为的模仿，或者过度依赖于舆论，而不是基于自己所挖掘的信息。

国外学者对羊群行为的理论研究主要是在理性和非理性两个框架下来进行的。不完全理性羊群行为指投资者行为并非完全遵从贝叶斯过程，而是基于其心理情绪等因素，投资者将

---

① Keynes J. M.，（［1934］1982），*The Collected Writings of John Maynard Keynes*. Vol. 21. Edited by D. Moggridge. Cambridge：Cambridge University Press.

② Festinger L. A.，1957，*A Theory of Cognitive Dissonance*. Stanford：Stanford University Press.

③ Lakonishok、Shleifer and Vishny，1992，“The impact of institutional trading on stock prices”，in *Journal of Financial Economics*. 32：23～43.

④ David Scharfstein and Jeremy C. Stein，1990，“Herd Behavior and Investment”，In *American Economic Review*. 80（3）：465～479.

⑤ Avery，Christopher and Zemsky，Peter，1998.“Multidimensional Uncertainty and Herd Behavior in Financial Markets”，in *American Economic Review*，vol. 88（4），724～748，September.

⑥ Bikhchandani S，Sharma S.，Herd Behavior in Financial Market：A Review［R］. IMF：2000～2048.

部分或完全地放弃理性分析而盲目跟从他人。理性羊群行为则是指理性投资者在使其收益最大化的框架下，选择模仿是其最优决策。对理性羊群行为的分析由于既在一定程度上继承了现代金融理论的“理性”框架，又能对现实的异常现象作出有效解释，因此备受关注，这方面的文献也最多。

基于理性羊群行为的研究又可分为三类：支付外部性羊群行为模型（payoff externalities herding model）、信息学习羊群行为模型（information cascade herding model）和基于委托—代理关系的羊群行为模型（principal - agent herding model）。

（一）支付外部性羊群行为模型

支付外部性模型是最早被关注的一类羊群效应现象。这一模型的主要思想就是，当市场情况发生了不利的变化，使得总的财富不足以支付所有人的权益，而先到者采取的行动会危及后到者的利益（即存在外部性）的时候，所有参与者的理性选择就是争先。这一模型的经典案例就是银行的挤兑行为。我们就以银行挤兑来简要介绍此类模型。存款人之所以愿意将自己的钱存在银行，就是因为银行不但承诺保证本金的安全，而且还会提供诸如方便支付、付息等报酬。前者是银行能够吸引到资金的关键因素。如果某家银行的流动性出现了不利的变化趋势，那么银行存款人就开始担忧自己存放在该银行中的钱的安全性。而按照银行业的惯例，银行总是按照先来后到的顺序依次处理存款人的提现要求。显然，当银行存在难以满足所有存款人提款要求的风险时，对理性的存款人而言，最佳的选择无疑就是尽量在别人之前去银行取出自己的存款。当所有的人都怀着这种想法而争先恐后地赶去银行要求提取现金，那么势必会导致一家银行的流动性出现不足，甚至可能倒闭。由此可以看出，这类羊群效应模型主要是用来解释那些对有限资源争夺情况下出现的从众现象。其本质上是一种多人的常和博弈行为，每一个参与者都是为了保护自己的利益不受到损害而不约而同地采取了一个相同的行动选择，从而出现了从众现象。这反过来又会进一步加剧后来者的损失。Maug and Narayan（1995）① 从基金经理报酬的角度进行了分析，他们认为，由于在基金经理和雇主之间存在着委托—代理关系，对基金经理的业绩评估方式以及薪酬设计就有可能扭曲基金经理的投资行为，产生羊群行为，而其进一步的理论拓展就是基于委托代理关系的羊群行为模型。

（二）信息学习羊群行为模型

最早由 Bikhchandani and Sharma（2000）②、Devnow and Welch（1996）③ 等人提出的信息学习模型，分析的对象主要是行为主体只能观察到其他行为主体的行动而无法获取私有信息的情形。由于这类行为主体自己没有能力收集足够的私人信息来进行投资决策，所以他只能从其他有收集信息能力的（或者说，至少他认为的那些有收集信息能力的）交易者的投资决策行动中猜测交易对象的相关信息和价格的未来走向。在这种情况下，显然模仿那些具有信息收集分析能力的交易者的投资决策就应该是这类投资者的最优选择，于是基于信息学

---

① Maug, Ernst, and Narayan Naik, 1995, “Herding and Delegated Portfolio Management: The Impact of Relative Performance Evaluation on Asset Allocation,” Working Paper, Duke University and London Business School. Merton.

② Bikhchandani S, Sharma S. , 2000, “Herd Behavior in Financial Market: A Review”, [R] . IMF: 2000 ~ 2048.

③ Devnow, A. , Welch, I. , 1996, “Rational herding in financial markets”, [J] . *European Economic Review*, 40: 603 ~ 616.

习的羊群行为就出现了。信息串联模型强调以往投资者的行为所传递的信息积累到一定程度，以至于投资者会忽略其私人信息而采取模仿行为。Bikhchandani、Hirshleifer and Welch (1992)① 从信息串联的角度进行了研究，他们认为，在观察机制和序列决策下，个体的自利性使得他们在作出决策前都会考虑前人决策提供的信息，一旦前面的某类决策占主导，后面的决策者就会忽略私有信息而跟随前人的决策从而产生羊群行为。一般而言，这类没有足够信息收集能力的喜欢模仿其他投资者投资行为的市场参与者，由于他总是等到那些有足够私有信息的交易者作出决策后再进行投资，所以被称为后行动者。与之相对应，那些被认为有足够私有信息而被大家竞相模仿的投资者，就被称为先行动者。下面以股票投资中的羊群效应来简要说明这类行为的形成机制：首先，那些能够获得较多信息的投资者（主要是机构投资者）开始根据自己获得信息作出操作决定，例如，新的信息显示某只股票存在股价下跌的风险，这些先行动者最早开始在市场中卖出股票。由于信息收集成本过高，使得一些中小投资者并没有动力或者能力去及时获得这些新的信息，他们就转而以机构投资者的行为作为他们间接评判一只股票价格未来走势的依据。当这些中小投资者（后行动者）发现，机构投资者（先行动者）已经开始卖出股票了，那么他们就会从这些现象中推论得出该股票一定出现了不利的事情，显然在没法对该股票作出更加全面考察的情况下，这些中小投资者最好的选择就是赶紧卖出股票为宜。于是，就形成了如下这样一个传导顺序：先是机构投资者卖出股票导致一些敏感的中小投资者也开始卖出股票，这些行为又会进一步引发更多的中小投资者抛售自己的股票。先行动者的行为，总是被后行动者作为一种新的信息来加以利用。最终，最初机构投资者的卖出行为就演化成了一场投资者不断抛售该股票的羊群效应现象。

（三）委托—代理模型

委托—代理模型解释的则是另一类特定考核体系下出现的行为趋同现象。委托—代理模型最有影响力的应用就是用来分析基金经理羊群行为。Scharfstein and Stein（1990）从声誉的角度进行了解释，他们通过一个博弈模型证明了在雇主和经理人本人都不清楚经理人能力的情况下，经理人会忽略自己的私有信号而简单地模仿其他经理人的投资组合，当大部分经理人都处于类似的环境而采取同样的策略时，就产生了职业经理人之间的羊群行为。实证研究发现，基金经理在投资过程中存在着非常明显的趋同现象，主要表现在各只基金的持股结构和持股比例都存在着明显的相似性。为什么会出现这种现象？其中的主要原因就在于基金的持有人和潜在购买者最为看重的是一个基金经理与其他基金经理能力的相对高低，而不是其经营业绩的绝对水平。正是由于基金经理业绩评价体系的相对性导致了基金经理的投资指导思想发生了变化：他们追求的不再是绝对收益的领先，而只需要保持在与同业相比时排名靠前就可以了。正是这种思想的存在，使得基金经理的投资行为发生了扭曲，他们更加愿意去模仿其他基金经理的投资行为。因为，对一个基金经理而言，与其花费更多的精力、承担更大的风险来充分利用自己所收集到的私有信息赚取更高的收益，还不如更加稳妥地同其他基金经理保持相同或基本类似的投资决策。这样做首先不至于出现自己的业绩大幅低于其他

① Bikhchandani S, Hirshleifer D, Welch I., 1992, "A theory of fads, fashion, custom and cultural change as informational cascades", in *Journal of Political Economy*, 100: 992 ~ 1026.

基金经理的可能，同时还可以大大节约精力。究其原因就在于对基金经理的考核体系关注的是相对能力排名，而不是按照绝对业绩排序。研究表明，这种羊群效应同样存在于类似的看重相对排名领域中。例如，在新闻媒体对观点的报道、分析师的建议中都会发现明显的趋同倾向。

上述三类观点都是在投资者完全理性的假设下提出的，因此只能部分地解释羊群行为，在投资者非理性的极端情况下的羊群行为则需要借助建基于实验经济学方法的行为金融理论来解释。行为金融理论认为投资者是有限理性甚至是非理性的，因此可以应用心理学的信念与偏好理论来解释发生在投资者之间的羊群行为。主要理论阐释有“群体压力说”和“对权威的盲目服从说”。

（四）群体压力

对于羊群行为现象之所以产生的一个行为经济学解释就是我们常常受到来自社会各方面的压力，这种社会压力迫使我们服从社会规范。很多社会压力是法律制度方面的。例如，在红灯面前，必须停车。这种社会规范是强制性的，违背了这种社会规范你将受到惩罚。另一种社会压力是非强制性的，它可能来自我们周边的人群，虽然违背它并不一定受到惩罚，但是，我们常常不自觉地服从于这种压力，而这种服从可能导致羊群行为这种非理性行为。美国著名社会心理学家 Solomon Asch（1952）进行了一项实验，该实验被广泛解释为社会压力对个人判断的巨大影响①。假定 A 是该实验的对象，该实验设计如下：在一个房间中，呈半圆形地放着 9 个座位，座位相互挨着。A 同其他 8 人就座后，实验主持者告诉大家实验的任务是让大家判断一些线段的长度。他向大家出示两张卡片，第一张卡片上只有一条线段，第二张上面有三条线段，有一条是同第一张卡片上的线段的长度完全一样的，其他两条明显地要么长一些，要么短一些，因此很容易判断哪一条同第一张卡片上面的线段长度是一样的。实验主持人要求从座位距离 A 最远的人开始，每人说出他的判断，即第二张卡片上哪一条线段的长度同第一张卡片上的线段的长度是一样的。让 A 吃惊的是，虽然答案非常明显，但所有的其他 8 人都选择了错误的一条，而且他们选择的都是同一条。A 面临的问题是：他该选择哪一条？事实上，其他 8 人都是实验主持人的助手，即他们是按实验主持人的要求故意提供错误答案的，当然，A 并不知道这一点。Solomon Asch 将这一实验进行了 12 次，结果显示，虽然其他 8 人很明显作出了错误选择，但由于他们一致选择了同一线段，实验对象（即 A 及其他像 A 这样参与实验的人）中只有四分之一的人坚持了自己的判断，选择了正确的线段，其他四分之三的实验对象至少一次选择了错误线段，有的多次选择错误线段；一些实验对象虽然相信别人的判断是错误的，但因为不想违反他们的选择而故意选择了错误的线段；一些实验对象则表示无法判断其他 8 人是否正确，并同时怀疑自己的视力是否有问题；还有一些人则完全相信其他 8 人是对的；此外，在提供自己的答案时，即使是那些坚持自己判断的四分之一实验对象也表现出明显的不安与犹豫。Solomon Asch 认为，这显示人们担心被别人视为与众不同或者愚蠢。在另外一个类似实验中，第二张卡片上的三条线段同第一张上的线段的长度的差距不是很明显，因此很难判断哪条是正确的线段。在这一实验中，几乎所有实验对象的判断都受到实验主持者助手的判断的影响。而且，事后，几乎所有的实验对

---

① Solomon E. Asch, *Social Psychology*, New York, Englewood Cliffs, N. J., 1952.

象都表示，他们自己的判断并没有受到别人判断的影响。上述实验表明，人们常常自觉或者不自觉地倾向于使自己的行为同别人的行为一致。Solomon Asch 认为，人们之所以这么做是因为群体压力的影响。Morton Deutsch and Harold Gerard（1955）对 Solomon Asch 的上述实验稍作修改后重新进行[①]。他们的实验同 Solomon Asch 的实验唯一不同之处是，实验对象不是同其他人面对面地坐在一起，因此，实验对象不必面对面地提出同他人不同的判断。但是，在他们的实验中，实验对象提供错误答案的频率同 Solomon Asch 实验中实验对象提供错误答案的频率几乎相同。Morton Deutsch 和 Harold Gerard 认为，Solomon Asch 实验中的结果之所以产生部分原因是人们常常认为，当其他人得出一致的结论时，他们不可能全部同时犯了错误，因此 Solomon Asch 实验中实验对象表现出的不安与犹豫部分原因是实验对象感觉自己的判断不可靠。

结合证券投资行为，人们从投资者在群体压力下对股价波动的认知偏差、对股票价值的估计偏差及在股票交易中的操作偏差三个角度分析了个体产生羊群行为的机制，然后分析了群体的特征，说明了群体非理性是怎样产生羊群行为的，因此很好地解释了在投资者非理性条件下羊群行为的产生机制。

（五）对权威的服从

导致羊群行为产生的另一个原因是对权威的盲目服从。人们常常盲目服从于权威但同时却没有意识到自己的行为正是服从权威的结果。Stanley Milgram（1974）在美国的耶鲁大学进行了一项关于权威对人们行为的影响力的实验[②]。在该实验中，实验主持者为每一名实验对象委派 1 人为他/她的学生，实验对象的任务是教会委派给他/她的学生完成某项任务。实验对象的学生被固定在连接了电线的椅子上。实验主持者对实验对象的要求是，他/她的学生在完成任务过程中每出现一次错误他/她就要用电流打击学生；如果学生连续犯错误，就增加电压。电压最低为 75 伏，最高为 450 伏。事实上，该实验中所有的学生都是实验主持人的助手，也根本没有电流用以打击犯错误的学生，但学生都按主持人的吩咐在实验对象增加电流量时故意以各种方式表现出受到电流打击时的痛苦形态。当然，对于这些，实验对象都不知道。第一次实验结果是，当电压增加后，虽然那些学生表现出极度痛苦的形态，而且 450 伏的电流开关上明确标明“危险：严重电流打击”，在 40 名实验对象中，仍然有 25 人使用了最高电压，即 450 伏。虽然实验对象常常对增加电压表示异议，但是当实验主持人告诉他/她，“实验必须继续下去”或者“你没有别的选择，必须继续下去”时，绝大部分人都服从了；其次，虽然通常女性被认为心肠比较软，但使用最高电压的女性人数同男性人数一样多；最后，即使实验主持人故意离开实验室让实验对象完全自由行动时，仍然有一部分人使用了最高电压。人们也许会怀疑实验对象知道这不过是一个游戏而已——知道所谓的电击是假的，学生的痛苦表情是装的。但事实并非如此，在实验过程中，很多实验对象特别紧张，他们汗流满面，甚至发抖，要求实验主持人允许他们停止使用电击。而很多实验对象则面无表情地按要求进行实验。Stanley Milgram 的这一实验在德国的慕尼黑、意大利的罗马、

① Deutsch M. and Gerard H. B., 1955, “A study of normative and informational influences upon individual judgment” *Journal of Abnormal and Social Psychology* 51: 629 ~ 636.

② Milgram, S. (1974). *Obedience to authority: An experimental view*. New York: Harper & Row.

南非以及澳大利亚都进行过，在这些地方，甚至更多的实验对象使用了最高的电压。是什么导致这些守法而且品行良好的人（实验对象）以450伏的电流打击无辜的他人（即学生）？在实验中，如果实验对象不愿继续进行实验，他/她随时可以离开实验室而不会受到任何惩罚，但为什么没有人这么做？Stanley Milgram认为是出于对权威的服从。在美国（包括世界上很多其他地方），教授常常被视为权威，因此身为教授而主持该实验的Stanley Milgram被实验对象们视为权威。

Robert Shiller（2001）认为，基于Stanley Milgram实验结果的行为金融学解释是，经验让人们相信专家的可靠性：当专家说某件事是对的时，虽然人们明知专家的说法同事实不符，人们仍然常常相信他说的很可能就是对的，从而产生跟随所谓专家意见的投资羊群行为①。

总之，行为金融修正了有效市场假说，尽管如此，它也并非对经典金融理论全盘否定。Shiller认为行为金融学并不是要对传统金融学取而代之，有效市场假说在金融学研究中仍有它的重要位置，在一定的条件下，市场仍是令人惊奇的有效；对许多研究而言，预期效用理论仍能起到很好的解释作用；传统金融学中逻辑严密的数学模型仍在指导着金融实践。

① Robert J. Shiller, 2001, *Irrational Exuberance*, Second Edition, Paperback edition, Broadway Books.

第六章 DILIUZHANG

资本市场实验综述

资本或资本市场因价格的信息作用和交易者的双向角色而区别于其他市场。每一位交易者都可以通过买卖资产来换取资金或其他一些货币商品。虽然在其他市场中价格让参与者明确了他们的机会集，但是在资本市场中价格使交易者从本质上了解了他们的供给与需求形成的内在因素。价格之所以起到信息角色的作用，一个很重要的原因是交易者之间的信息不对称。在本章中，将运用资本市场的这个最典型的特征来贯穿整个研究。

信息的传递和聚集能够发生，但并不是在所有情况下都发生。当它确实发生时，又很少是瞬间的或完美的。尽管这样的滞后和不完美使理论学者烦恼，但是当我们考虑到交易者面对的任务的艰巨性和人类对信息处理的局限时，它们又异常渺小。相较于为了建立某种均衡而被人为引入理论模型的外生噪声因素（比如供给噪声），这种信息传递和聚集的滞后和不完美为理性预期模型（noisy rational expectations models）提供了令人信服的基础。当理论模型专注于市场中作为信息传递工具的交易价格时，实验表明了其他一些类似的交流信息渠道如叫价、出价、交易者类型及时间等的存在及重要性。同样，实验提供了一种可能，那就是，在市场信息传递方面，发展对各种工具（如套利和逻辑推理）的定义更精确的理论。

第一批关于资本市场的实验于 20 世纪 80 年代初期才得以进行。然而它们得出了大量的重要结论。阐述市场中价格信息角色重要性的海耶克假说理论得到了广泛的支持。信息从知情者到不知情者的传递，以及不同交易者不同叫价信息的聚合，都被表明是具体的、可证实的现象，为实证领域提供了抽象的理论。

当实验的镜头对准了资本市场的信息处理过程，理论的素描已经被细节、阴影、颜色以及瑕疵填满。这种对资本市场出色的描述给出了现存理论大致的轮廓，但是更加复杂，并为更深入地研究信息在市场中的作用提供了指导和挑战。

或许，从十年的实验中可以得到的最重要的发现就是，市场在统计意义上的有效并不能表明它是资产配置有效或信息有效的。在运用资本市场数据进行计量经济学的研究中，不存在有利可图的过滤规则和套利机会被认为表明了市场的信息有效。实验表明我们认为的信息非有效的市场，用这些统计上的标准衡量却可以得到相当有效的市场。

本章的第一部分回顾了市场信息有效的证据。第二部分关注市场对衍生品权益（如期权、期货和或有求偿权）的反应，以及它们对原生资本市场的影响。第三章聚焦在泡沫和伪均衡——对实验室模型非常有用的一个论题，因为取得这一领域的数据相当困难。第四部分介绍竞争市场间的学习效应。第五部分对计量经济学分析中收集的市场数据和实验室收集的数据进行了对比，而第六部分阐述了几个相互关联的投资和公共政策问题。第七部分讨论了资本市场的实验室模型，第八部分是本章的总结和一些结论性的评价。

6.1 资本市场的信息有效性

资本市场的信息有效问题是现代金融学中的焦点问题。Bachelier（1900）、Kendall（1953）、Robert（1959）、Alexander（1961）、Cootner（1964）、Fama（1965）等人先后作出了关于价格的近似布朗运动的实证检验。Samuelson（1965）运用无套利条件证明合理预期下的价格一定具有随机游走的性质。套利的原理表明当知情交易者利用自己掌握的信息套利时，价格就会向相反方向移动以消除这种套利。市场中的中性观察者能够观察到知情交易者掌握的市场未预料信息和市场价格随之而来的运动之间的这种关系。

明白了这种联系的不知情交易者甚至都能从价格的上升中推断出市场的一些交易者掌握了该资产的有利信息。在理性预期环境的自然状态下，价格是交易者最优化行为的结果（Muth，1961），而 Lucas（1972）运用收集到的数据得到了与上面所述的相反结论。信息没有被浪费：在均衡条件下，信息概括和揭示了所有交易者拥有的相关信息（Hayek，1945；Grossman，1976）。在股票市场中价格迅速地无偏地调整反映信息的变化，这一点已成为有效市场理论的标志（Fama，1970）。

6.1.1 金融市场的现场数据

从股票和商品交易中收集到的价格数据为随机游走理论的发展提供了原动力，也使研究者研究这种计量理论成为可能。在用现场数据检验有效市场理论的过程中遇到了不少问题。严格来说，这个理论的实证检验要求在考虑了产生实际数据的普遍信息条件下，用观察到的价格与正确的理论价格作对比。对于研究者来讲，要准确知道市场中成千上万的交易者在掌握私人信息下的预期不是一件简单的事情。即使能够知道这些私人信息条件，又如何确定正确的理论股票价格，比如 1993 年 6 月 1 日，以通用汽车的股价作为对比的基准，如何衡量股票市场价格的有效性？

因此，市场有效性的实证检验集中在对研究者易观察的公开或非公开事件导致的股票价格变动上。如果事先知道股东“好消息”的事件，以及该公司股票随之增长，那么就可以得出结论即股价会及时调整以反映事件所代表的信息。虽然从大量的类似研究中得到了支持的结果（也有很多模糊不清的和矛盾的结果），这种新增的方法也不能减少对市场的质疑，也就是说即使市场在小范围的变动上有效，却可能在大范围内错误定价。甚至，价格变动的有效并不能排除价格水平的非有效。

一般的规律认为市场价格反映信息是可能的，所以信息的不知情者在知情后能否有效行动并不能被现场数据检验出来。对这种现场检验有两个主要的障碍：一方面信息及其他事件发生后价格的变化，对知情交易者的鉴别是没有意义的任务；另一方面，理性预期均衡模型仅仅显示了这个规律的可行性。由于描述均衡特征的分析模型关心的是均衡过程的终点，而不是过程本身，均衡的存在并不能提供保证就一定能够达到均衡。更进一步，剥去了制度细节的分析模型，并没有告诉我们很多一般原理包含的关于市场结构和环境的信息。

6.1.2 资本市场的实验设计

资本市场信息有效性的实验研究可以分为三组。第一组的焦点集中于信息从一组完全相同的知情交易者到一组不知情交易者的传递。第二组关注更棘手的问题，即市场中个体交易者各种不同信息的集合，及信息在不同交易者之间的传播。第三组研究信息产生的内生过程，并关注同时发生在信息市场和资本市场的均衡。设计资本市场的细节可在 Sunder（1991）、Friedman and Sunder（1994）的研究中找到。

基于市场内部的经验和学习，对供给和需求的内生修正是资本市场研究的重要特征。对这一现象的实验性检验建立在上述的三种研究基础上。Miller、Plott and Vernon Smith（1977）、Plott and Uhl（1981）检查了市场中套利机会存在衍生出的需求的形成。Forsythe、Palfrey and Plott（1982）允许每个参与者在同一个市场中可以做买家或卖家，故为衍生的需求和供给创造了机会。

图 6－1 重现了 Forsythe、Palfrey and Plott（1982）等人发表的他们第一个冠以“实验 1”的论文中的图 2。市场包含八个连续的实验“年”，每个实验“年”由两个时段，时段 A 和时段 B 构成。市场中交易的证券没有不确定的分红，所以交易者之间不存在信息不对称。这个研究重点关注第二时段的均衡是否会渗透到第一时段，从而改变市场，达到从单纯到完美的预期均衡。

市场中的每位交易者在每个实验“年”期初时都拥有两个单位相同的资产和一笔无息的现金贷款（作为原始资本）。在每一个时段末，支付股息。交易者分为三种类型，股息收入随类型的不同而不同，通过证券交易获得资本收益。比如市场 1，第一种类型交易者在时段 A 和 B 得到的股息分别为 300 和 50，第二种类型分别为 50 和 300，第三种为 150 和 250。

图中时段 B 下的水平实线标注了“原始”均衡价格 300，水平虚线标注了时期 A 的“原始”均衡价格 400。然而，建立在对时段 B 市场价值的了解之上的完美预见模型（理性预期模型）比时段 A 的均衡价格高出了 200，实线标注的 600，这正是时段 A 在理性预期模型下的均衡价格。图中的每个点代表了观察到的按时间顺序排列的资产交易。图的下方显示的是每期交易的平均价格。

这个实验表明在时段 A“原始”均衡很好地描述了最初的市场行为。然而，条件固定不变的情况下重复这个实验，市场便向理性预期模型收敛。因为在时期 B 越来越多的交易者学会了如何利用掌握的信息，并在时期 A 作出相应的决策。Frank（1988）利用电脑（而非口头的）让经济学本科生重复做了 Forsythe、Palfrey and Plott（1982）等人的实验，加入

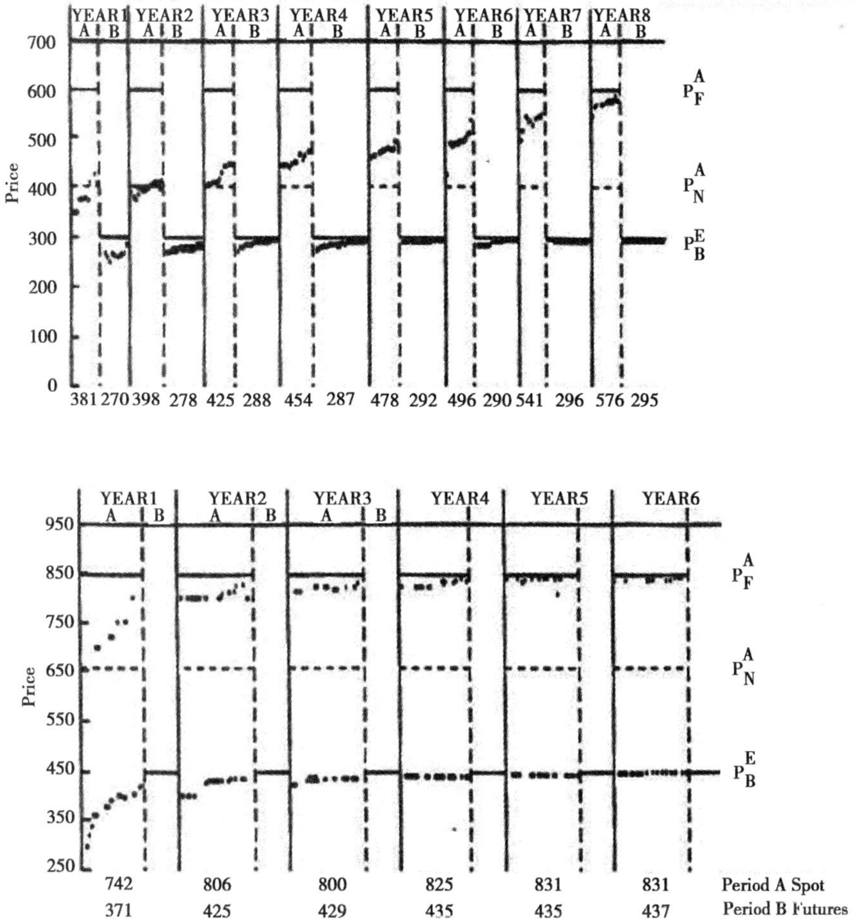

注释：顶部：交易的频率和实验 1 的平均价格；底部：实验 5 的结果。

资料来源：Forsythe、Palfrey 和 Plott（1982）图 2 和图 6。

图 6－1　信息在市场间的传递

了一次性双向拍卖机制。尽管在某些变化的环境中解释力有所下降，但理性预期模型还是很好地预测了市场的走向。

信息从时段 B 到时段 A 的传播为时段 A 创造了衍生的供给和需求，实验证明了内生的供给和需求的创造也得益于市场内部信息的聚合和传播。

6.1.3　信息的传播

Plott and Sunder（1982）设计了一个实验：交易者可交易单期的资产，每次一单位，双向拍卖。市场中有三种类型的交易者，对于每种类型的交易者而言股息有两种可能的价值，其价值取决于时段末的市场状态及其出现的概率（见表 6－1）。实际上他们简化了 Forsythe、Palfrey and Plott（1982）等人的实验，将两期改为一期并加入了股息的不确定性。市场实现的状态信息都告知了其中六位交易者（每种类型两位），而剩下的六位并不知道市场将面临的状态。实验者都知道有半数的人是状态信息的知情者，但具体是谁只有知情人自己知道。股息和概率事先选择好了，所以两状态下的价格和配置预期与理性预期均衡模型和先验信息竞争均衡模型不完全相同。

比如 Y 状态下，三种类型的知情交易者知道他们持有资产会分别获得 100、150 和 175 的股息。不知情状态的交易者会认为他们获得的股息分别价值 220、210 和 155。假设他们都是风险中性的。总资产供给数量仅限于初始禀赋 24，12 位交易者每人两个单位。一大笔营运资本贷款意味着每种交易者对资产有固定的需求。图 6－2 显示市场的供给和需求配置。上述六个价格中的最大值 220 是竞争均衡价格。由于类型一的不知情交易者认为资产价值最高，他们是先验信息均衡模型中资产的预期持有者。

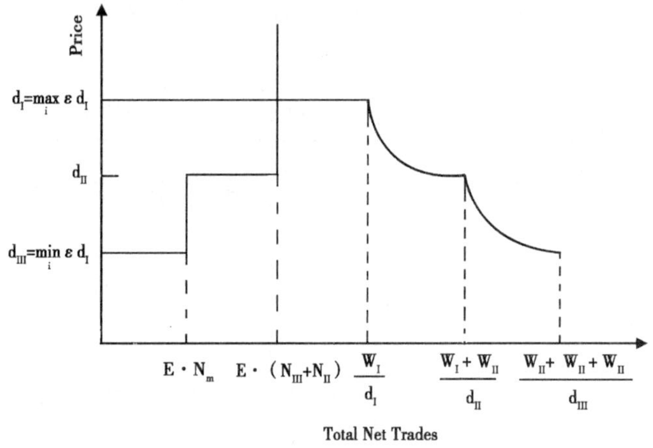

资料来源：Plott and Sunder（1982）图 1。

图 6－2　市场供给和需求方程

另一方面，理性预期模型表明先验信息均衡不能持久。类型一的不知情交易者以为花费 220 能够有 40% 的可能收获高达 400 的股息，但是会马上发现这根本不可能实现。即使状态 X 实现了，类型一的知情交易者也会以高于 220 的价格买到资产而将不知情者阻挡在市场大门之外。再退一步讲，即使不知情交易者能够以低于 220 的价格买下资产，状态 Y 下的股息支付也只有 100 而已。如果不知情交易者始终拒绝被愚弄并在不同的市场状态下不断学习，那么状态 Y 下的价格将会是 100、150 和 175 中的最大值，即 175。因此，在理性预期均衡下，状态 Y 下的资产价格为 175 且资产将为第三类交易者持有。进一步，最开始的不知情交易者逐渐从观察市场行为中了解了不同的状态，第三类资产持有者包含这样的交易者以及最开始的知情交易者。这样的实验设计说明，状态 Y 下，资产价格和配置在先验信息和理性预期均衡中是不相同的。实证问题在于这些均衡能否形成数据。理论均衡的存在没有提供任何证据证明这样的均衡会在某个具体的交易机制中实现。

表 6-1　　一个简单均衡资本市场的参数和均衡

	Dividends in States of the World		
	State X Probability = 0.4	State Y Probability = 0.6	Expected Dividend
Trader type			
I	400	100	220
II	300	150	210
III	125	175	155
RE equillbrium			
Price	400	175	
Asset holders	Trader type I	Trader type III	
PI equilibrium			
Price	400	220	
Asset holders	Trader type I. informed	Trader type I. uninformed	

资料来源：摘自 Plott and Sunder（1982）表 2 和表 3。

Plott and Sunder（1982）发现，根据不断重复实验积累的经验，市场的行为会逐渐近似集中于理性预期理论的假设，即交易者能够根据观察到的市场现象推断出市场所处的状态。

图 6-3 描绘了按时间顺序排列的 12 个时期的个体交易价格。理性预期价格（状态 X 下为 400，状态 Y 下为 175）用水平实线表示，而状态 Y 下的先验信息价格用虚线表示（状态 X 下亦为 400）。最初的两个时段仅供熟悉流程，交易者没有任何信息可参照。在状态 X 下（4、7、9）价格趋向于 400，符合两种模型的相同预期。在状态 Y 下（3、5、6、8）价格趋向于理性预期的 175 而不是先验信息模型得出的 220。图 6-3 顶部显示的期末资产持有数表明 Y 状态下资产配置比先验信息模型更一致。然而，随着交易者获得了经验，在理性预期模型的预计下资产配置变得更加一致。在第三时段，先验信息模型估计 24 单位中的 18 单位资产被第一类交易者持有，只有 6 单位被第三类交易者持有。到了第十期，只有两单位资产为第一类交易者持有，而其他 22 单位均在第三类交易者手中。

最后，在区别这两种模型时，最关键的是状态 Y 下，第一类和第三类不知情交易者的行为。RE 模型预测第一类和第二类不知情交易者会从市场中学习故拒绝支付 175 去购买那些 PI 预计期望价值为 220 或 210 的资产。它同样预测第三类不知情交易者也会从市场中学习并愿意支付 175 去买那些 PI 预计期望价值为 155 的资产。表 6-2 的第一行显示第一、第二类的不知情个体在第三期买入资产，在第五、第六期渐渐减少买入，在第八、第九期卖出了他们的所有资产。第二行显示第三类不知情个体开始在第三期平均卖出 1.5 单位资产，在第五期开始买入。在第八期和第十期，这些一开始不知情的交易者已经对他们学习和观察到的信息足够自信，每次交易平均买入比第三类知情交易者还多的资产。

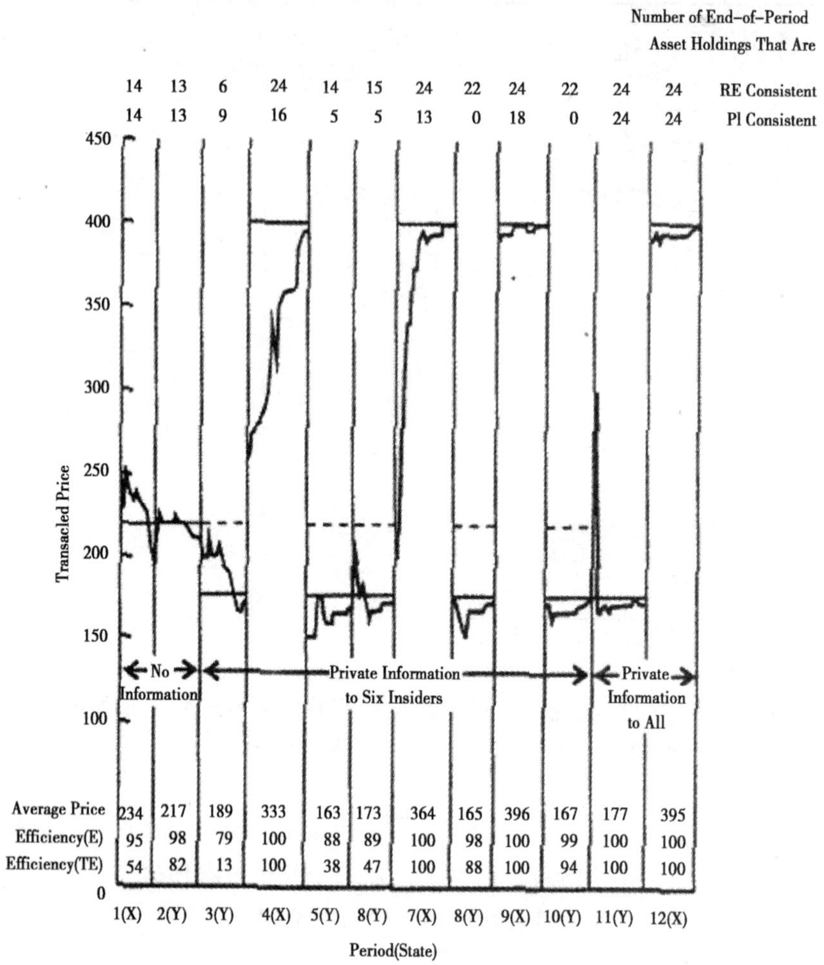

资料来源：Plott and Sunder（1982）图 4。

图 6－3　信息在市场中的传递

表 6－2　　RE 和 PI 模型下市场相反的交易方向

	Period and State							
	3	4	5	6	7	8	9	10
	Y	X	Y	Y	X	Y	X	Y
Certificates sold per uninformed agent when RE model predicts sales and PI model predicts purchases（agent types I and II）	-2.5		-0.5	-0.25		2		2
Certificates bought per informed agent when RE model predicts purchases and PI model predicts sales（agent typr III）	-1.5		0.5	1.5		5		4.5

资料来源：Plott and Sunder（1982）表 15。

重复试验是有必要的，且还未观察到瞬间达到均衡的情况。当然，Vernon Smith (1962) 发现在他早期的实验中即使简单的环境下也需要不断重复试验才能达到均衡。如果在主体面对状态不确定和很多有待学习的前提下，不需要更多经验就能达到理性预期均衡，那么这样的结果实在令人惊叹。一旦交易者明确了概率变动的范围，市场以其奇妙的经济学方式传递关于市场真实状态的信息，那就是——第一批的出价和开价。

第二重要的条件是近似收敛的性质。即使在 Vernon Smith (1962) 的简单环境实验中趋近于均衡的收敛也是不平稳和近似的。复杂性的增加伴随着噪声的增加。

然而，这样的市场实证层面的存在并不能说明所有的，甚至是大多数的市场结构和环境收敛于 RE 模型。大量的研究发现了有这样结果的市场结构和环境。Plott and Sunder (1982) 在他们的第五个实验性市场中，在上述讨论的两状态市场中加入了第三种状态，并没有显著地延迟或减弱价格和资产配置向 RE 均衡的收敛。Bank (1985) 的实验也运用了三种状态的资产并得到了相似的结论。

很少有在实验室中所做的资本市场实验运用三个或更多的离散状态，或连续的状态。随着状态数目的增加，需要更多的时段进行交易积累经验以及了解每一状态下的结果。此外，状态数增加了，每种状态下的两时段均衡价格之间的差会逐渐减小。给定任何一个水平的价格噪声，交易者会对基于自身观察推断出的价格不那么确定。增加的状态数目和均衡价格会延迟和稀释向 RE 均衡的收敛。在一个替代性的实验中 Plott and Sunder (1982) 引进了 11 种独立的状态，为的是向内部人传递不完全信息。11 期的重复试验被证明还不足以使交易者利用每个信号达到均衡。若存在内在的噪声，这样的市场即使重复很多次试验也不能达到 RE 均衡。如果说 11 期离散的状态太多了的话，那连续的状态下又会发生什么呢？对从不变环境到实际中条件随着行为不断改变的市场中得到的结果而言，类似的警示在解释理论和实验结果上是合理的。RE 模型在这样的市场中的适用边界还有待探索。

Copeland and Friedman (1987) 对交易者之间信息的连续分布做了实验。他们把每个五分钟分为四段，每段 75 秒钟。一组随机选择的交易者在第一、第二和第三段段末收到市场信息。一旦成为知情者，该交易者就会准确知道在哪个时段会出现哪种状态。Copeland (1975) 与 Jennings、Fellingham and Starks (1981) 的模型，建立在交易者并不能从观察现象中学习了解市场状态的假设之上。模型预计信息顺次传达的交易量要大于信息同步到达情况下的交易量。而实际上，信息同步传递给交易者时的交易量显著高于前者。信息的顺次到达给了不知情交易者以选择，即要么同可能拥有更多信息的对手交易，要么暂时拒绝交易等待几分钟后信息的到来。从他们的买卖差价上可反映出他们与知情交易对手交易的不情愿。初期可观察到较大的买卖差价，随后的很短时间内信息就到达了。在这样的市场中，每位交易者都知道在不少于 75 秒的时间内他或她会收到市场状态的完美信息。关于这些结果的解释之一是没有必要在信息到达之前过早交易。这一解释也被 Frank (1988) 和 Friedman (1993) 的实验所验证。他们的实验中交易者倾向于在每个时段的后期进行交易。

信息分布的范围需要多广才能保证它在市场中的传播呢？这是一个度量市场参数的问题，在实验室里得到的参数并不能轻易地或有目的地传输到现场环境中。问一个定性的问题更为有用：知情交易者数量的上升能否提高市场信息传播的速度与精度？

Plott and Sunder（1982）保持了知情交易者的数目和身份，还是12人中的6人。Sunder（1992）观察了12位交易者中只有一位为知情交易者的信息传播情况。然而，只有一位、两位甚至三位知情交易者的市场信息传播并不能被信赖。这样的“信息稀薄”市场往往倾向于出故障，特别是当交易者对他们提炼信息的能力有一定自信的时候。Von Borries and Friedman（1989）对比了以下两组实验的表现：一组是含两状态、单期及8位交易者，知情交易者数目固定在4位；另一组随机选择一位甚至没有知情者。信息在第一个市场中的4位知情交易者中传递，但在第二个市场却不是这样。结果显示信息越稀薄的市场，信息的传播越是不确定。Watts（1993）将Plott and Sunder（1982）的实验中知情交易者的数目作为随机变量，一半对一半的概率，12个交易者中有6人或没有人在交易开放之前收到市场状态的完整信息。她的结果证明市场中知情交易者的不确定性削弱了RE模型的可靠性和精确性，特别是在更低的价格条件下。

有没有可能运用数量方法分析实验室收集到的数据以探索市场中内部人的存在呢？Lundholm（1986）对比了Plott and Sunder（1982）的实验中初期没有知情交易者的数据和后期有一半知情交易者的数据，得到了肯定的结论。信息不对称的市场有更高的交易量，这可归结于内部人的活动。他开发了一个逻辑反应模型，能够以近75%的准确率预测市场中内部人的存在。这些结果能否支持从市场中得到的数据，且这些市场中内部人的存在并不是大家都知道的事情，还是个待决的问题。Camerer and Weigelt（1990a，1990b）的实验表明需要进行很多次重复试验才能从市场特征中认清信息的存在与否。

实验中内部人的数目相对较大，且数目和身份是外生确定的。一旦这些变量外生确定，要考察内部人的存在就更加困难。更进一步，不知情交易者不仅想要知道有多少知情者，而且想了解他们所知的市场状态到底是怎样的。

很少有研究者使用其他人从实验室收集的数据探索使用事后数理推断的可能性。这种技术经常运用于股票和商品交易中收集到的数据，而他们在实验室中的应用将会阐明这两种实证研究类型的关系。有意思的是，Morse（1980）的努力激发了Lundhold的热情，他运用现场数据和自己的模型检验市场行为中存在内部人的可能性。Lundhold认为，虽然运用现场数据有其他的一些好处，但是Morse的试验存在一个重要的不足——内部人存在的不可观测性。而实验室允许处理变量的准确度量。

6.1.4 信息的聚合

这部分研究旨在证明市场信息从完全知情者到不知情者的传播是可能的。那么，像聚合知情者掌握的不太完美的多样的信息，并传递给所有交易者这样细微和困难的任务也是可能的么？如果这种情况确实发生了，那么这个市场就相当于每位交易者都能得到其他人手中的信息。Hayek（1945）批判中央计划的时候表明，他相信市场有能力实现这样壮举。Grossman（1981）证明全能的了解市场所有信息的中央计划者不能够借助信息的聚合达到资产配置的帕累托最优。存不存在能够聚合和传播私人个体拥有的信息的市场呢？

Plott and Sunder（1988）在实验室中运用三种离散的股息状态建立信息聚合模型。交易者拥有两个或更多单位的单期资产。资产的股息支付依赖于当期实现的已知概率的三种可能的状态（X，Y或Z）。每位交易者在口头双向拍卖开始之前收到离散的但是不完美的关于状态的信息：如果实现的状态为X，一半的随机选择的交易参与者被告知市场状态“不是Y”，而其他人则被告知“不是Z”。这个传播信息的系统是交易者所共知的。股息和概率选择好了，故RE模型下的均衡预期不同于PI模型，也不同于交易者没有提炼出任何信息的瓦尔拉斯均衡模型。

这个实验包含了三个系列的市场。在系列A中，又包含五个市场阶段，一个单期、三个状态的资产在市场中交易，而交易者收到了真实状态的离散信息，根据他们所处的类型，从相同的资产那收到不同的股息。这些市场并没有趋向于RE均衡。系列B中的两个市场产生于对系列A市场中单个资产的分类定价，故交易者可以交易三种不同状态下的或有求偿权。修改了系列A的设计后产生了系列C的三个市场，因此所有的交易者归于相同的股息支付行列。系列B和系列C市场向RE均衡集中。

当股息随交易者的不同而不同时，市场并不能依靠交易上述单个的、含三期状态的资产来聚合信息。在这样的环境下，从其他人的买卖价差中提取已实现状态的信息的任务更加复杂了。Plott and Sunder（1988）用两种替代性处理又做了实验。在一种处理（系列C）中，所有交易者的股息都相同。知道了股息都相同这件事，交易者能够以更平和的心态理解各自的出价和叫价，并提炼信息以修正自己对市场状态的想法。

在另一种处理（系列B）中，他们将单个的三期状态资产替换为三个单期状态的资产。如果状态X实现，交易者i得到或有资产X支付的股息xi，并持有到交易期末。或有资产Y和Z也是同样的定义。

例如，表6－3显示，若状态X实现的话，或有资产X分别向类型一、二和三的交易者支付股息70、230和100，否则无支付。在状态X下，每种交易者中的两位知道状态非Y，同时也有两位知道非Z。这样，并没有集合不确定性。RE均衡为个体聚集不同的可用信息，得到状态X下的或有资产X、Y和Z的价格为230、0和0。另一方面，PI均衡认为没有信息聚合的发生。这个市场，在三种不同的资产之间交易，比单一市场复杂。

表6－3　　一个完整市场的均衡参数

	X – Asset			Y – Asset			Z – Asset		
	Dividend in State			Dividend in State			Dividend in State		
	X	Y	Z	X	Y	Z	X	Y	Z
Trader type and number									
I（4）	70	0	0	0	130	0	0	0	300
II（4）	230	0	0	0	90	0	0	0	60
III（4）	100	0	0	0	160	0	0	0	200
RE equilibrium									
State	X	Y	Z	X	Y	Z	X	Y	Z
Price	230	0	0	0	160	0	0	0	300
Asset holders (trader type)	II	—	—	—	III	—	—	—	I
PI equilibrium									

续表

	X - Asset Dividend in State			Y - Asset Dividend in State			Z - Asset Dividend in State		
	X	Y	Z	X	Y	Z	X	Y	Z
State	X	Y	Z	X	Y	Z	X	Y	Z
Price	146	146	101	58	58	49	169	208	208
Asset holders	II	II	II	III	III	III	I	I	I
(trader type with information)	(not Z)	(not Z)	(not Y)	(not Z)	(not Z)	(not Y)	(not Y)	(not Y)	(not X)

资料来源：选自 Plott and Sunder (1988，表 1 和 2)。

注释：Prob (X) = Prob (Y) = Prob (Z) = 1/3。

图 6 -4 汇聚了这些信息，即根据 X、Y 和 Z 型依存资产在 1 ~9 时期的交易价格我们绘制出了 3 个时间面板数据图。每个点代表 1 个交易，当连续两次在同一市场发生交易时，由一条线表示两个点都参加了这些交易。各个时期已实现的自回归状态显示在底部。在每一个面板中，显示了坚实的水平线理性预期的均衡价格预测（如时期 1 中 Z = 300 时的 X 值和 Y 值）。每个市场的平均资源配置有效，整体交易价格按时间显示在顶部。短短几年时间内，3 个资产价格以及分配（此处未显示）收敛贴近理性预期均衡的预测。

图 6 -4 中显示了时期 10 ~13 阶段，当这三个国家 1 ~9 期状态依存的资产被捆绑在一起作为单一资产交易时，市场无法汇总信息。通过在其他市场进行的一些尝试，Plott and Sunder (1988) 发现，在一个单一的市场行业当三个国家的或有资产无法汇总信息时，整个交易股息有所不同。

这些实验是一些潜在的理论和实验数据之间产生的很好的例子。出于好奇进行的前三个市场的实验是为了找出在 Plott and Sunder (1982) 实验中已经证明的，拍卖的双向能力能否延伸到各种信息的聚合。为了检验信息聚合假说，Plott and Sunder (1982) 将一个单一的两年资本市场修改为一个单一的三年资本市场。当这个市场无法汇总信息时，作者寻找并解释了失败的原因。他们意识到这个市场是不完整的（因为一个单一的资产不能跨越三个状态空间）。完整市场和不完整市场具有相同的理性均衡预期，但目前没有理论支持不完整市场达到均衡时存在困难或是一套更完整的交易工具将促进信息的聚合和有效性。然而，在观察不完整市场的交易进程和交易者在市场数据中提取信息时的困难，直到跨越空间状态使交易者能够根据可观察到的市场数据区分已知状态时，为交易者扩展信息（在这种情况下按不同价格计算资产）清楚地成为可能。

受此猜想的启发，研究者设计并检验了第二组市场（系列 B），在该组市场中交易一组完全状态依赖的资产。这个猜想被证明是正确的，这个系列的市场能够有效地汇总信息。我们现在需要对这个实验的结果在提高信息有效性的条件下进行理论分析。

除了经验证据表明通过特定的市场过程能达到各种各样信息汇总外，Plott and Sunder (1988) 得到了关于统计数据与市场资源配置效率之间关系的重要结果，全部八个单一证券、异质性偏好的条件下的市场未能有效汇总信息。换句话说就是，所有这些市场在资源配置和信息传递方面是相当缺乏效率的；通过对市场信息进行挖掘，潜在收益从 8% 的最小值

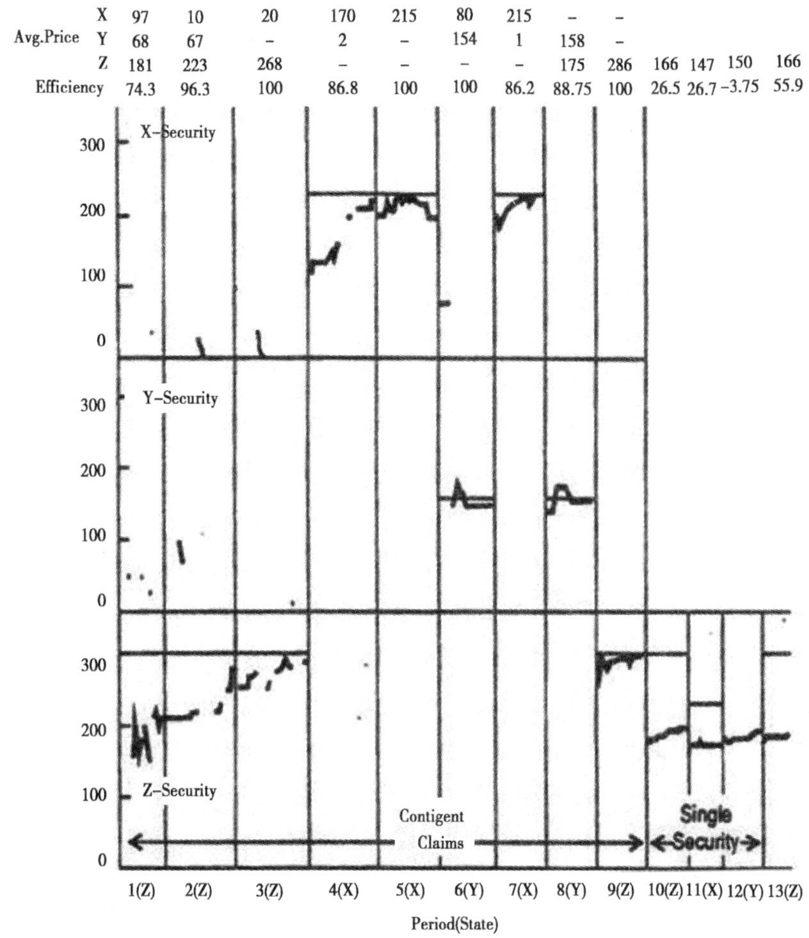

资料来源：Plott and Sunder（1988）图 4。

图 6－4　一个完整的状态依存证券市场上信息的聚合和传播

变化到 78% 的最大值。尽管总地来说信息是无效的，然而价格数据并未揭示出明显的机会，而这些机会是可以被交易者有力地挖掘出来。从这些实验产生的价格数据中提取的异质性交易法则的应用来看，这些法则主要受一种天真的购买并持有策略影响。利用这个实验获得的数据，我们可能会得出市场是有效的这个结论。但是，拥有信息和分红条件的实验者，知道这些市场在资源配置和信息效率上是十分无效的。市场统计数字的效能和套利机会消失将会成为信息效率的必要条件，然而并非充分条件。

Forsythe and Lundholm（1990）设计了具体的实验，来寻找在不完美市场异质性偏好条件下可以提高信息汇总传播效率的条件。他们观察了整张分红表格在投资者中成为公众信息且被观察的投资者都有交易经历的条件下的信息的汇总过程。另一方面，O’Brien and Srivastava（1991b）揭示了，即使在交易者中有一致的关于分红的公开消息，添加足够的复杂性的条件（例如：多时期多资产的分红的相关性，信息分布并不是公共信息）会使得信息的汇总变得困难或者不太可能。市场特征中哪一个特征对信息汇总能力的传播是至关重要的还有待于我们继续探索发掘。

O' Brien（1990）通过对市场行为状态本质事后揭示现象的启示作用。不是宣告每个时期市场的本身状态，而是等到研究期最后一期期末才公开这些东西。持有并隐瞒这些信息阻止了市场上信息效率。对状态的时候揭示，将会允许各个投资者修正，通过观察市场修正他们自己关于市场状态的递归推断的规则。

Kruse and Sunder（1988）和 Eberwein（1990）正在尝试将关于信息分布的公共知识作为一个处理变量。Plott and Sunder（1982）认为由于市场信息的不对称行，投资者行为可能会对公共信息的条件变得很敏感。Ang and Schwarz（1985）报告了一个实验，该实验是在关于信息分布的公共信息被操控的情况下进行的。由于他们的操控在单个市场的各个子时期都是连续的，但我们需要更多细节性的结果。Kruse and Sunder 设计的实验为的是将有关于信息公共知识的市场和没有关于信息作为公共信息的市场的表现进行比较。他们的设计不同于 Camerer and Weigelt' s（1990b）、Camerer and Weigelt' s（1990b）的设计中，信息交易者在每个时期随机地设定成 1 或者 6，当信息缺失的时候，信息的缺失并未成为市场中的公共信息。该实验设计看起来有点复杂，实验的复杂性几乎接近了极限，但花费了大量时间和金钱的实验却得到一些看似无用的观察结果。

这些实验结果启示我们，市场上信息汇总的效率取决于市场规则的特征、信息分布、公共信息、交易者的经验、交易标的的性质等。这些实验提供的市场特征和市场在信息方面表现的经验关系可能有助于我们将这些特征加入到对市场模型的分析中去。一些市场有信息汇总传播作用，但不是所有的市场都有这样的作用。将来研究的难点在于发掘一些更精确的因素，这些因素会促进或阻碍信息的汇总。

6.1.5 市场的信息

关于市场中信息和信息传播的研究揭示了这个过程是完全的或者即时发生的是不现实的，即使是在简化的实验条件下。即使是在无外部噪音的条件下，相对于传统模型，实验价格仍不可避免是有噪音的。如果市场瞬间完全揭示交易者以一定代价所挖掘或所购买的信息，那么对于该市场就失去了对于信息生产的激励机制。我们如何协调高昂的信息生产成本和市场上信息的传播过程？含有噪声的理性预期模型通过假定在初始均衡中资本市场揭示了一些信息来解决这一问题，而噪声信息覆盖了能使得知情交易者获得信息成本的所有正确信息（Grossman and Stiglitz，1980；Hellwig，1980；Hellwig and Verrecchia，1982；Sunder，1992）。允许交易者在单一交易期，二状态资本市场开始交易前购买关于未来资产状态的完全信息。知情交易者获得的毛利润大于不知情交易者获得的毛利润。然而，考虑到信息的成本后，两者获得毛利润的差距并不明显。资本市场中含有噪声的信息披露正好足以补偿知情交易者获得信息的成本。

在 Sunder（1992）的两年期市场实验中提供了到达均衡过程的见解。当信息被拍卖给四个（共 12 个）统一密封的最高价投标者（在第 5 次最高出价时），信息的价格处于较高的早期阶段（见图 6 – 5 上部）。然而随着一段时间经验的累积，交易商学会了观察资本市场推断市场的自然状态（图 6 – 5 底部）。并且他们降低了信息支付的意愿，创造了实验期间的价格暴跌，信息的价格只足够收回交易和资本市场中全部理性预期价格之间的小偏差。

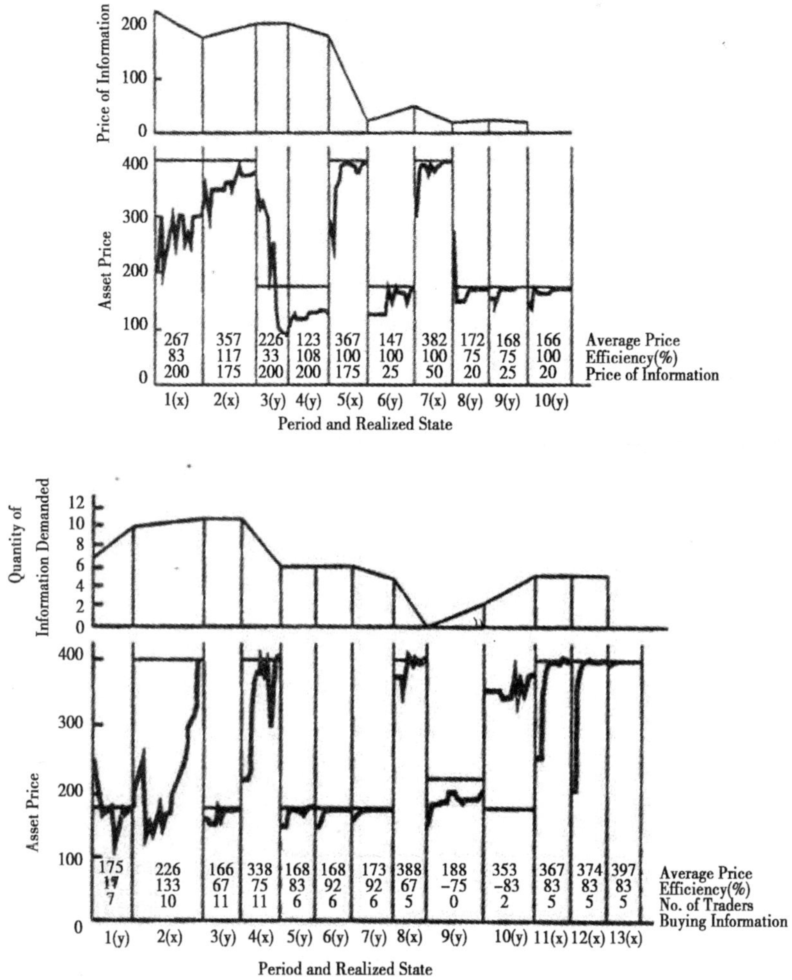

注释：上部：市场 1 的信息需求和资产价格。底部：市场 2 的信息需求和资产价格。固定提供未知拍卖价格的信息价格：双向拍卖的市场价格：需求信息是从实验者处购买固定价格信息的交易者数量。

资料来源：自 Sunder（1992，图 1 和 2）。

图 6－5　资产和信息与市场均衡昂贵的信息

在第二组的市场上，信息的价格是固定的，如果希望通过支付这个价格来了解自然状态，则交易者需要选择每个时期。买家的数量变化稳定（见图 6－5 底部面板上部）。这个市场的所有交易者本质上处于对称地位，双向拍卖不允许他们相互协调联系以购买或传达信息。其结果是，知情交易者的数目超过一个范围并不断变化。

当许多投资者购买信息时，信息是通过价格被及时发现的（参见图 6－5 较低的底部面板部分），恢复信息成本的买家剥夺了这个机会。在其他时期，只有少数人购买信息，市场偶尔不能透露的信息会使透露人赚取巨额利润。平均在多个时期，在知情和不知情的情况下净利润会趋向平等。

Copeland and Friedman（1991，1992）在早期，提供和购买信息都很昂贵的时期研究了资本市场与信息顺序到达的行为。Sunder（1992）在简单的环境中为四个单因素实验设计了最简单的影响因素，以便获得相似的结果。当他们设置更复杂的因素时，资本市场的完整信息披露变少，允许信息购买者获得较高利润和高价信息的存在。Von Borries and Friedman（1989）使用了相似的环境，Copeland and Friedman（1992）认为一单交易谁可以零成本收到信息通知存在着不确定性。在发布相关常识信息的情况下，垄断的存在使资本市场无法透露内幕信息，会导致大量赚取净内幕利润的情况。很可能的是，如果垄断者有权利将得到的内幕进行拍卖，则其他交易者的净利润会减少。

只要进入信息市场后仍然免费，那么资产和信息市场的行为与理论相一致。关于噪声理论的合理均衡预期使用了外部噪声。(例如，Grossman and Stiglitz 提供的噪声理论［1980］)。King 在建立他的实验性市场模型时使用了外部提供的噪声。然而，迄今为止从收集的数据来看我们可清楚地认识到噪声是实验市场的一种固有特性。

在实际市场中它也是存在的（见 Black，1986）。分析模型开始使用外部噪声起源于构造均衡的不确定状态。我希望有一天这些模型可以发展成内部噪声起源于行为的不确定性。自从真正固有的行为噪声在实验室和市场范围内被提出，由于自然依存状态的噪声融入实验室导致合并外部因素的优点变得不明确。

6.2

期货和期权市场实验

Forsythe、Palfrey and Plott（1982，1984）观察了两个时期的固定资本市场（排除了不确定性），发现当用第一时期的现货市场为第二时期期货市场提供分配时，加速了从聚集到均衡的过程。这里提供了第一手的实验材料去证明了 Hicks（1939），Dan - thine（1978）和 Grossman（1977）的观点：期货市场帮助传播期货计划的秘密信息和各种经济代理人的价格预期。这样提高了现货市场的信息性和配置有效性。

虽然在 Forsythe、Palfrey and Plott 的实验中没有对不确定性的补偿，完美远见的均衡不能在第一阶段达到直到交易者在整个资产寿命中的第二阶段（最后阶段）了解了均衡价格。即使受试者参与了先前资产的双向拍卖，在资产寿命的第一阶段仍需要重复 8 次交易价格（见 6 - 1 顶部面板图）。然后他们加入 A 期货交易市场中的 B 期货交易。图 6 - 1 的面板数据底部显示了交易价格。更高的点代表在现货市场发生 A 交易期间，而低点代表了交易发生在一个 B 交易期间。下面介绍两种作用的期货交易。首先，正如所指出的任何 B 交易时期点都在较低的面板（如图 6 - 1），B 时期现货市场交易将被完全耗光。其次，这一时期接近完美融合远见的现货价格达到 845 均衡水平由第一次自我测试结束（而不是在上面的面板第八行）。存在的并行期货和资本市场更容易使每个交易员估算资产时价值具有完美的远见卓识。

Forsythe、Palfrey and Plott（1984）发现，现货价格在期货市场存在的差异增加。这一结果与让更多的信息及时纳入到价格是一致的，更大波动面前现货价格的期货反映了更快速度的调节过程。他们还发现，存在期货市场时资源的配置高效性。

Friedman、Harrison and Salmon（1983）扩展了 Forsythe、Palfrey and Plott（1982，1984）的实验，在生活资产中增加了第三个时期。在他们的实验中在第一、第二期为第三期交货的学科经验和期货市场存在是两个变数。他们证实，一个期货市场以完美的预见均衡价格存在加快了收敛速度。相反的，他们还发现，期货市场的存在降低了资源配置有效性，以及价格在现货市场的波动性。作者认为低效率的期货市场行为，源自单一交易的异常行为（共出现九个）。在第三阶段，这些资产更加复杂，报告结果基于六个单元只有三到五次重复的三个时期的循环。使用计算化的拍卖方式可以进行更多重复。对这些似是而非的结果我们持保持开放态度。

在他们的第二项研究中，Friedman、Harrison and Salmon（1984）通过使用两状态、三时期资产和提出信息的不对称性等方式加入了不确定状态并将完整的信息传递给已知自然状态的三种交易者（每种类型不同）。在图 6－6 中，x 在面板上部显示，在现货市场交易价格不同步给期货市场上获得完美的均衡价格收敛造成困难（由固体水平线所示）。A 和 B 时段的期货交易说明其（为 C 时期交货）促进了信息传播给业内人士。这里可以看到在图 6－6 较低的数据面板，现货市场交易价格（x）的时期 A 和 B 更接近各自的完美远见均衡价格（由 o 表示），期货交易存在（固体水平线条表示）。与他们之前的论文一致的是，他们无法找到证据证明期货市场在现货市场可引发更高的有效性分配。期货市场的存在使交易价格稳定（变异系数低），特别是在发生不确定性时。这个发现与 Cox（1976）观察价格波动的实地研究有一些是一致的。例如，Working（1960）和 Gray（1977）在洋葱期货、Tomek（1971）在小麦期货，和 Powers（1970）在猪肉期货中发现的在这一领域价格波动性较低的并行期货市场的正常运作。另一方面，在实验室实验中，Forsythe、Palfrey and Plott（1984）就为什么会造成价格稳定的相反结论，以及有效性提出了一些合理的原因。

总之，实验研究同意期货交易在加快价格收敛到一个有效均衡的正面影响，不支持 Svensson（1976）的有关价格相反预言。迄今为止，对于价格稳定和分配效率，该实验的结果似乎不超过该领域的研究。

他们在实验中设置了三个衍生证券期权，看跌或看涨期权来考查它们对期权市场行为的影响。衍生证券扩大了经营者的信息空间，减少了市场不完整性。Plott and Sunder（1988）发现，当他们推出 Arrow－Debreu 状态依存期权时，信息和市场的有效性配置急剧增加（见图 6－3 及以上在信息聚合一节中的讨论）。Kluger and Wyatt（1990）提出了单期资产环境的两个国家认购权，结果表明，在市场上存在以高效率均衡水平速度收敛的期权价格（见图 6－7）。这些市场的配置有效性也有所增加。

Kluger and Wyatt（1990）还用观测方案和资产价格估计得到的全部信息来估算隐含的资产价格波动性，并比较资产聚合时价格的波动。结果表明，交易者用期权价格来估计整个市场状态下资产价格的变化。O’Brien and Srivastava 目前进行的试验是在一个三状态资本市场上卖出两期期权与不同的信息。该实验室的证据可以支持日期出借这一观点，即存在期权类衍生证券增加了资本市场信息的有效性。该理论（见 Ross，1976），现场数据（见 Manaster and Rendleman，1982；Jennings and Starks，1986），而实验的结果似乎得出了相同的结论。

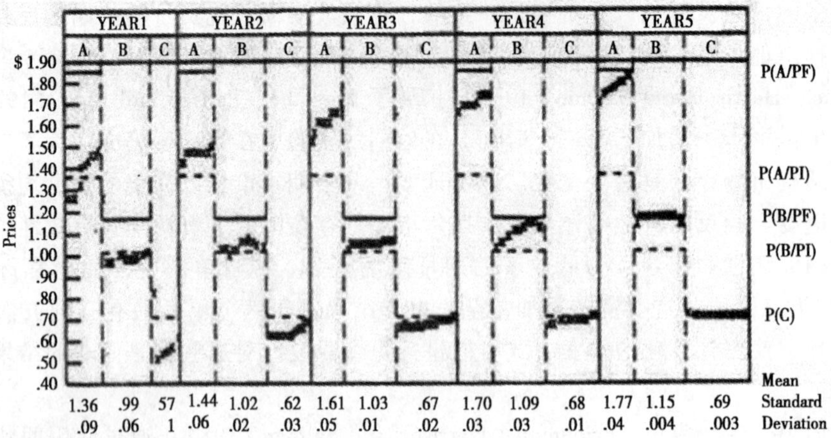

注释：

______完美均衡价格展望；------先验信息均衡价格

x：现货交易价格；o：期货交易价格

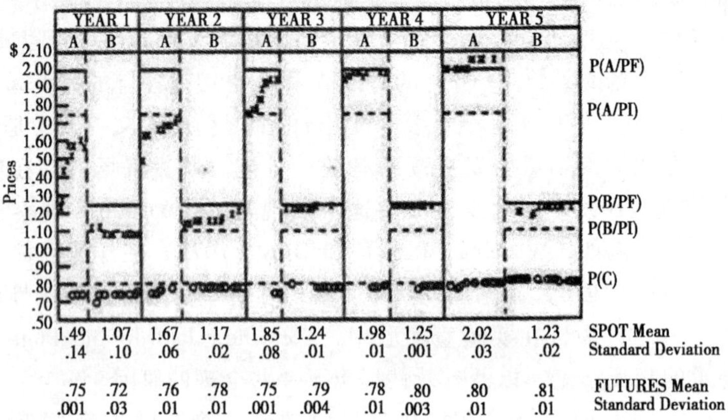

注释：顶部图为实验 1，底部图为实验 2。

资料来源：Friedman、Harrison and Salmon（1984）图 5 和图 6。

图 6－6　期货交易对资本市场的影响

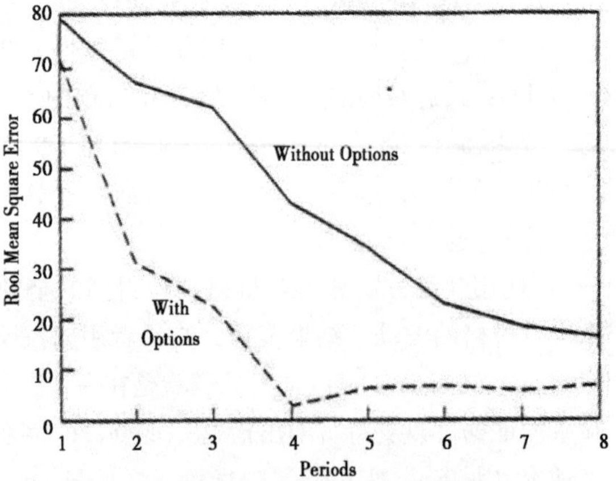

资料来源：在 Kluger and Wyatt 的数据基础上整理（1990 年，附录）。

图 6－7　平均平方资产价格与期权交易

6.3

资本市场中的泡沫与伪均衡

Keynes（1936，1956）经常被引用的“选美博弈”对股市的描述准确吗？或者，稍稍改变这个比喻，专业的投资好比报纸竞争的对手在100张照片中挑选出6个最漂亮的面孔，这个奖项是颁发给那些作为一个整体其选择最接近竞争对手的平均喜好，是认为可能赶上其他竞争者想象力的。所以，每个参赛者必须选择，而不是那些已经找到最漂亮的，所有的人在看待这个问题有相同的观点。这不是选择那些，认为自己选择了真正最漂亮的即自己的判断最佳，甚至也不是那些真正的平均观点认为最漂亮的。用我们的智慧进入第三学位，我们期待以平均观点预计平均的判断。还有一些，我相信，会有第四、第五和更高程度的做法。

当然，如果每个竞争者相信自己的意见是对别人意见的最佳估计，在这种情况下，联系竞争对手的意见，比赛结果同基础相比不会有过度差异。关于这个问题的答案，即泡沫的形成、存在和虚假的平衡取决于人们对自己的信念和期望。在不确定的世界里，基本规则被替换为基本规则预期。对当前价格泡沫理论和相互依赖的预期未来产量目前有两种学说。首先，资产价格偏离其内在价值，加剧了理性预期均衡的时间，形成一个泡沫（Tirole，1982）。当个人有限的视野影响决定且市场不完善时，不能保证资产价格不会产生这样的泡沫。其次，当“黑子”以均衡形式出现时，代理人可以肯定这种方式改变了经济的基本面，这种信念成为自我实现的信仰（Evans，1989）。

传统的模型或依赖于强烈的前提假设如理性预期，含有先验概率和似然函数的贝叶斯修正法则，抑或使用一些已有的调整过程。在经济学中，关于信念和偏好的假设占有重要的地位，然而在市场规则占优的环境中，我们对偏好与信念形成的理论的建模和检验方面所取得的成果是微不足道的。因为在该领域中取得关于信念和预期的可靠数据是困难的。由于研究者对一些信息并不是很清楚，我们几乎不可能获知当代人与该领域中泡沫破裂数据之间的关系。通过构造试验来检验泡沫现象，研究者可以获得和控制诸如市场等信息结构。因此，实验的方法现在已经应用到了对泡沫现象的研究中来。

许多关于预期形成的有趣实验都关心通货膨胀问题。Daniels、Plott and Sunder（1988），Lim、Prescott and Sunder（1994），Marimon and Sunder（1993，1994），Marimon，Spear and Sunder（1993），McCabe（1989）是这项工作的例子。然而，这些论文的实质是我们在资本市场中面临的主要问题。

Sunder（1992）对单期且含有内部消息的两种状态资产的伪市场平衡进行了观察和描述（见图6-4的下部分）。每个交易者都要决定每个时期是否在一个给定的价格上买入关于该资产的完全信息（见以上关于信息市场中设计的更多细节部分）。在实验的前期部分，12个交易中一半或更多的人选择为信息支付价格，资本市场向未购买信息者展示了理性预期所揭示的均衡状态汇聚。随着“搭便车”的现象开始出现，人们愿意为信息所支付的价格开始下降。

只有在实验的后期才会出现市场的伪平衡现象，那时，至少有一个交易者获取了信息，交易者知道获取信息者的数量，但不知道具体是谁获得了信息，卖空是受到限制的，并且买方中最多只有一个交易者获得了信息。到后期，即使不是全部，大部分交易者通过观察市场，对自己推断市场的原始状态已经有了一定的信心。

由于市场中有交易者提前获得了信息已经成为整个市场的共有信息，因此人们有理由相信各个时期的市场均衡是由获得信息者所决定的。卖空的限制阻碍了资本市场上卖方信息交易者对信息的充分挖掘，因此就干扰了信息在价格上的表现。资本市场上买方的信息垄断者由于不受其他信息交易者的竞争影响，因此有维持低价位伪市场均衡的能力。这些环境的相互作用，给伪市场均衡在五个时期中的发展创造了条件，实际上我们只能在其中三个阶段观察到这种均衡。

从理论上对这种平衡进行阐述和解释。当交易者获知资产价格的相互影响，使他们有理由相信市场多提供的信息要优于他们的私有信息，因此，他们也许会放弃私有信息，而完全依赖于市场提供的公共信息。在这种情况下，市场的变量会自我实现，优于价格状态相互影响的存在，任何价格都是稳定的。当价格维持在一种不能对已有状态相互影响的状态时，伪均衡就会被观察到。以上对 Sunder’s（1992）市场理论的描述中的一些阶段看起来似乎是相互矛盾的。仅仅通过价格来推测市场的状态，有时候会将交易者引入迷途，在以后各期中随着这种现象的增多，交易者开始对这种方法失去信心。如果验证，这种高阶学习的发生将花费更多的时间，而且需要更多试验的重复验证。实际上，所有关于操纵股价的故事都依赖或部分依赖于一些交易者通过对市场观察并得到对未来股票价格的已有信念和已有的趋势。而股价操纵者正是挖掘和利用了这种趋势，并同时加入到这种无法观测的行动中去。卖空限制是一种强制加在市场之上的外省限制。取消卖空限制有利于信息交易者充分挖掘信息至最大化，直至价格的变化消除了这种机会利润。

因此，可能是伪均衡被淘汰的卖空限制简单消除。实验室经济中的限制短期卖空的基本原理本质上同减少股票交易者破产机会的原理相同。如果限制短期卖空是造成这种低效均衡的原因，为减少福利损失并降低实际发生破产的可能性市场参与者将支付共同价格。

Camerer and Weigelt（1990b）所探讨的市场伪均衡悖论（他们称之为“海市蜃楼”）与 Sunder（1992）的相似。Sunder 实验中每个时期知情交易者的数目被选为 0 或 6（共 12 个）。与 Sunder（1992 年）实验不同，知情交易者人数在他们的实验中并未公布。在任何给定时期对知情交易者数目的未知创造了一种可能性，即一些交易者可能错误地相信当前信息。这种信念会诱发以下行为，即使市场可变因素在两种自然状态之一下接近均衡值。他们观察并报告出当知情交易者数目为零的 47 个时期可能存在的 4 种伪均衡。

例如，考虑到图 6－8 所示的时期 6 中的交易价格。三条水平的直线分别表示在各种信息条件下相关时期的三种不同的市场均衡。水平轴表示的是交易的时间顺序刻度，与之相应的纵轴表示的则是各个交易的价格。我们根据信息条件来标记时期序数，并标记对应时期中交易的平均价格。代码 W（warmup）表示为确定状态；X（Y）表示市场中半数的交易者已经获得了信息——将有分红出现，而剩下的一半交易者尚未获得该信息；N 表示尚未有人获得信息，即使信息的缺乏没有成为公共信息。在时期 6，代码 N 表明没有人知道市场处在何种状态。

无信息的均衡价格 265 如其中一条横线所示。在有信息的条件下，如 X 或 Y，理性预期的均衡价格分别为 375 或 175。从图 6－8 我们可以看到，市场上初始交易价格为 350，结束交易价格为 365，期间出现的最高价为 370。

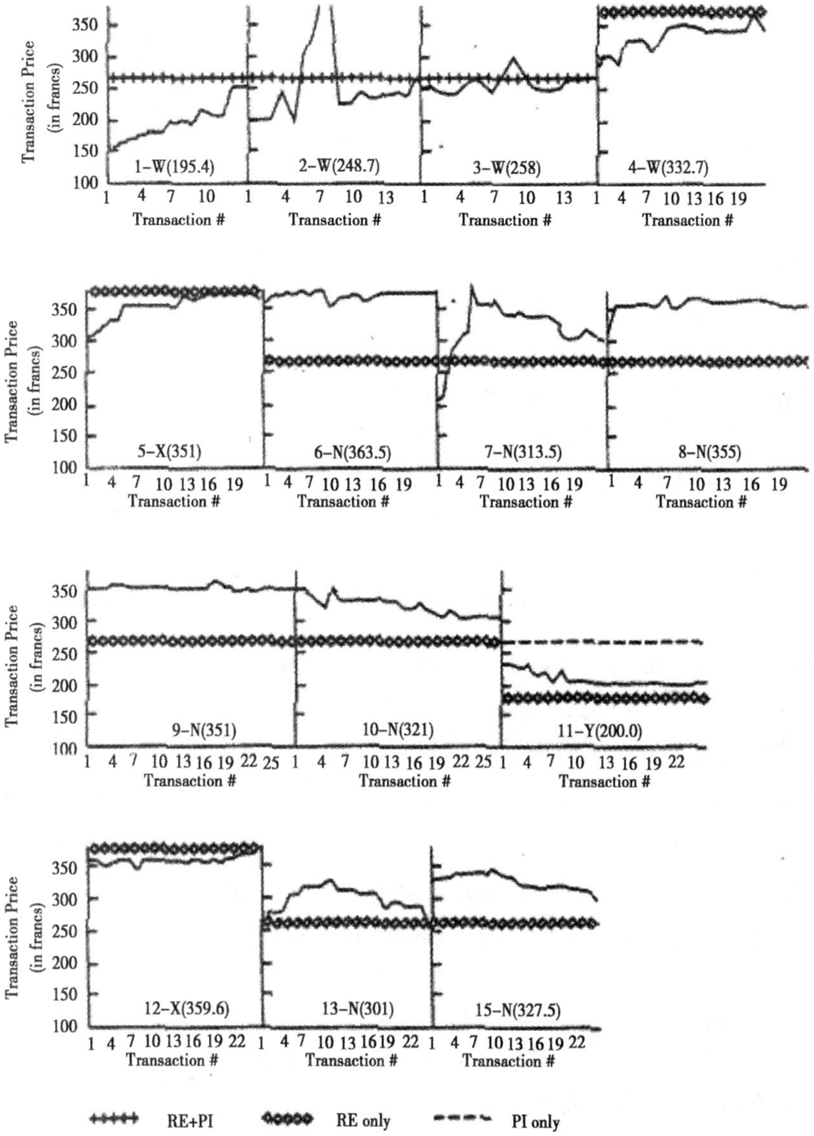

资料来源：Camerer and Weigelt（1990）图 2。

图 6－8　市场中信息幻觉的形成：交易价格的时间序列

我们从交易价格（当然也可以使用这里未显示的资产配置来代替交易价格）中可以清楚地看到在时期 6 中，交易者的表现给我们一种他们仿佛清楚地知道 X 时期的假象，而实际上并没有人有相关的任何信息。我们也发现，一些暂时的“幻觉”并不会持续一个完整的时期。图 6－8 所示的其他一些时期，价格远远偏离了均衡价格的水平；我们并不把这些归类为“幻觉”，因为这种资产配置是基于已有价格的。

Watts（1993）独立构造了一个类似的实验，并且在可能的31个时期中只有一个时期观察到了伪均衡。

与Sunder、Camerer and Weigelt报告中的伪均衡之间有一个重要的区别。在前面，伪均衡在实验后半段在以下情况下发生：在交易商得知相符的状态价格后，并发现他们只要知道市场上的其他交易商是知情的，便可以通过免费“搭便车”的方式得到市场信息。在前半段结束后，对理性预期均衡的资本市场的集中，对于交易商来说变得十分明显。理性预期均衡在资本市场的建立，造成越来越多的投资者认识到他们没有必要为了知情而购买信息。当有足够多的投资者对信息的需求下降，伪均衡出现。

另一方面，在知情交易商的数目为零或六个时，Camerer and Weigelt报告显示当内部交易存在时，用更少的不可接受的买卖价可以迅速完成更多的交易。他们在构成实验三部分中的第二部分的时期观察到伪均衡现象，他们解释说因为当时业内人士已经了解了一致的状态价格，但是还没有学会在交易节奏基础上区分得到消息投资者的存在与否。我们可能把这些伪均衡归因于投资者对一个时期前几次交易和接下来内部交易者可能存在的交易的过度反应。一旦交易者学会区分交易节奏，伪均衡就不再发生。这些文件基本上是事后的解释，并需要更详细的调查核实。实验观测的行为是否代表了在这些环境中学习过程的结束点还有待解答。

迄今最令人惊讶的结果来自Vernon Smith、Suchanek and Williams（1988），他们使用双向拍卖市场的15期资产，这些资产在每个阶段结束支付股息，是零或因子X1、X2、X3的概率分别是0.25。对于风险中性投资者，资产预期在第一期时的价值是$15\Sigma\frac{X_i}{4}$，之后每期减少$\frac{X_i}{4}$。X_i值对所有投资者和结构（包括在15期末零赎回价值）是一样的。理性的风险中立投资者，在理性的常识下，便没有理由在这种环境下交易。

然而，他们观察到28个市场交易活跃，价格从前几个时期的持续上升趋势（相对于剩余股利预期值低的水平）到令人费解的年中高价，到年底崩溃（见图6-9），这种进行交易和在价格泡沫时交易资产的倾向是由投资者的经验影响的。由于这个市场没有信息不对称，结果难以解释。或许不少投资者开始的时候在市场上存在多样化本土期望，而这种期望不会立即被实验者的指示同质化。常识可能不容易被告知。这也可能是个别投资者有不同的方式改变自己对市场的观察和见解，而且他们用来改变他们见解的模型不一定跟别人使用的一样。因此，相信存在将在未来以更高的资产价格购买资产的“大傻瓜”投资者，现在可能以超过资产基础价格的价格购买这项资产。

King等（1990）进行进一步实验，以确定泡沫的频率或大小会不会因卖空的使用、保证金交易杠杆的提供、经纪费和价格的变化限制、主体与之前泡沫试验中结果的相似度，通过取自商业世界的主体而减少。他们的研究结果更详细地讨论了公共政策节，并建议这些措施对于泡沫的发生没有明显影响。在他们测试的所有因素中，在特定环境中重复交易的经验，是唯一一个减少了泡沫的因素。Porter and Vernon Smith（1989）发现，无论是消除分红的不确定性，还是引入期货市场，都不能消除价格泡沫，虽然期货市场的存在确实明显减少

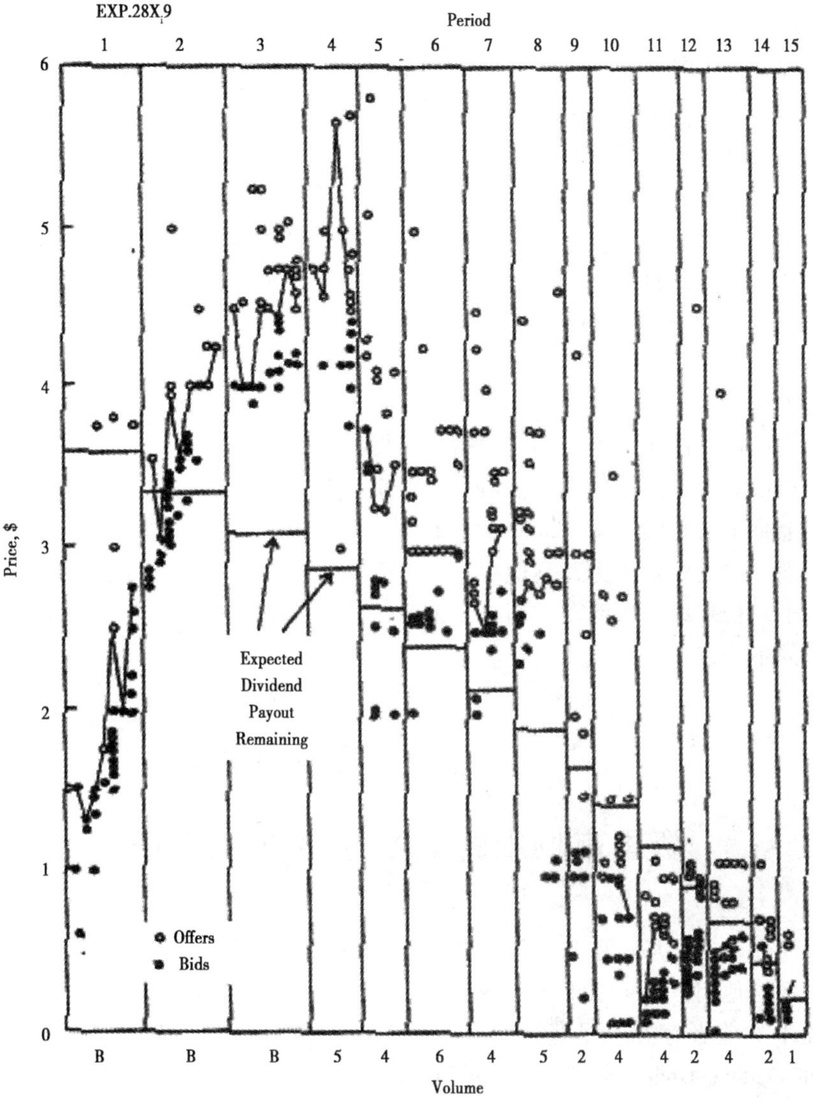

资料来源：Vernon Smith、Suchanek and Williams（1989）图 9。

图 6－9　泡沫的形成和破裂

了泡沫的大小。由于 Porter and Vernon Smith 的结果，下面的结论就不足为奇了，当 King（1990）对市场上 9 个投资者中的三四个出售关于分红完善的信息，但这对泡沫的影响并不大。

目前的工作着重于指示的仔细检查，增加市场深度，使参与者承担所支付损失的主要责任，并引进跨市场套利的机会等方面，产生了与 Vernon Smith、Suchanek and Willianms（1988）的结果相一致的解释。在这次审查时，缺乏重复经验似乎是 Vernon Smith、Suchanek and Willianms 的研究最简单，最可能的解释。在存在不确定性的资本市场中，很少能在不到 4 个或 5 个的重复试验中达到均衡。假如在单期资产情况下，每个时期都是一个试验。然而，对于一个有 15 期资产，其中 15 期的一个周期是一个试验，两个周期是两个试验，以此类推。由于一个实验项目可能时间只足够 15 期资产的一个试验，可能需要几个实验项目来达到几期单期资本市场的数据。如果这种解释成立，Vernon Smith、Suchanek and Willianms 的结果可能并不一定是如此令人惊讶的。

Camerer and Weigelt（1990a）试验用无限寿命的资产，在每期末都有 0.15 的概率被清偿。股息在主体间是多样化的，同时他们私下里都完全了解这些情况。由于一个无限寿命的资产的失效概率相当于一个折扣率，他们检查了这些市场去推定泡沫的出现。在 12 个市场中的 11 个，泡沫没有实现。第 12 个市场主体参与了人为引入物价通胀的实验。Camerer and Weigelt 的实验不能支持 Sminth 等人在 15 期市场观察到的泡沫。鉴于在 Camerer and Weigelt 的实验中给定了无限期资产，这可能是产生泡沫的一个很大的机会。这两个实验之间的差别仍然没有被予以解释。

我们也许可以在泡沫的来源和伪均衡之间做一个有用的区分。伪均衡出现的原因可能是一些投资者错误地认为证券的内在价值是 x 而实际上是 y（Sunder，1984，1992），或认为它是，而事实上是不清楚的（如 Camerer and Weigelt，1985）。另一方面，泡沫在下列情况下发生：当出现一些投资者认为，其他投资者出于某种原因，愿意支付超过该资产的价值，并希望通过付出高价获取期望的资本利得。在泡沫的试验中，有市场或战略的不确定性，即使是没有国家的不确定性。

6.4

资本市场中的学习行为和动态演进

信息如何在资本市场汇聚和传播？在这些市场上，投资者不仅要了解市场给他们提供的交易机会，而且他们也必须从市场的数据推断世界的状态。在简单的商品双向拍卖中只有上述两种情况中的前者存在。尽管取得了一些进展（Wilson，1982；Friedman，1984；Easley and Ledyard，1986；Gode and Sunder 1993a，1993b，1994），但归纳起来对这些简单的双向拍卖依旧缺乏充分的了解。信息汇聚和传播的动态更复杂，由于对交易机会的知晓会影响用于推现状的价格，而关于现状的推理本身又会反过来影响价格并改变交易机会。

6.4.1 调整路径

目前尚不清楚是否存在一个明显的学习路径来汇聚和传播资本市场信息。Jordan（1983）和 Kobayashi（1977）研究了试错调整的模型，在这个模型中代理人首先使用私人信息来表达他们的需求和供应，这样市场就收敛到一个暂时的私人信息均衡。对这个暂时均衡的了解包含在投资者的信息集合，这个集合决定他们对下一个试错迭代中的需求。这些迭代会持续直到没有投资者修改他的需求。这一过程一般收敛于理性预期均衡。这一试错迭代展现了一个从信息集合获取市场数据和从所有投资者的交易数据获取信息集合的可选步骤的同步序列。像双方竞价这种非试错过程不具有在交易期间执行这种同步序列的机制。收敛是否会实际发生在这些过程中，是一个经验观察和更详细的动力学建模问题。

实验研究表明，理性预期均衡的学习效应并不总是成功地发生在双向拍卖上。Plott and Sunder（1982，1988）、Forsythe and Lundholm（1990）、O' Brien and Srivastava（1991b，1991c）提出证据显示，正像 Jordan and Kobayashi 的模型反映的那样，私人信息均衡提供了一个更好的对早期的拍卖数据的描述；理性预期均衡作为对数据的描述的表现在以后的时期有了进步，虽然它不能主导先前信息的均衡。然而，这一进程没有捕捉到信息聚合的许多已经观察到的方面。

6.4.2 反应信息的变量

关于组建和测试在资本市场上基于试验数据的学习过程的性质的推测已经有了很多研究。虽然均衡的正式模型很大程度上（如果不是完全的）依赖价格作为对市场信息交流的媒介，投资者也会观察到许多其他变数，比如出价、要价、投资者的身份、时间安排、出价和要价的敏感度和量，还有交易。在口头拍卖中，眼神交流、声音、笑声或侧面言论提供更多传播信息的媒介。可以发现一些不寻常的事实，在经过一些反复的试验，一个时期出现的第一个交易的价格接近理性预期均衡，远离先验信息均衡（见图 6 - 3 第 8 期）。对这种观点的依据——交易价格是在市场信息传递的唯一媒介，这个主张是很容易被拒绝的。交易中未接受的出价与要价发挥了重要作用。

Dejong 等人（1991）通过对每个投资者可以获得的信息的限定，推导了 Plott and Sunder（1982）的两个双向拍卖。这些交易员在实际中只能获得这些信息：他目前的出价、目前的要价以及他们自己的交易价格；计算机掩盖了其他人的交易价格，以及与出价、要价和交易有关的交易商的身份。这些市场也会将从内部人员那里得到的信息传播到那些没有收到消息的人那里，最后收敛到理性预期均衡之中，虽然额外利润显示传播速率慢一点。出价、要价、投资者的交易价格和他们的时间分布看起来足够用于信息传播。在双向拍卖的背景下，很难发现提供给投资者的信息可能会进一步削减。

该投资者的身份在口头拍卖中是突出的，但在计算机拍卖中则不是。Plott and Sunder（1982）在每一个市场的各个时期采用了一套固定的内部交易者，并推测说，不知情交易者识别知情交易者可能是重要的。但是一个针对投资者的问卷调查并没有支持这个猜想。Banks（1985）亦推测，内部交易者的确定身份可能通过使他们的身份更容易被发现成为决定一个关键的理性预期收敛的重要因素。然而，市场的表现会持久地保持不变，虽然其中知情人的身份每期都会改变。内部交易者的身份看起来不是一个决定理性预期收敛的必要条件。无论这些辨识帮助集中依旧没有被证实。

各种市场变量的可用性和它们对不同的市场参与者的可用时间是大部分市场规则的重要特征。例如，在纽约证交所的交易板中关于等待成交的出价和要价的信息对于不在交易大厅的人是不可知的。此外，特殊交易员可能保留从投资者发来的可能无法进入交易板的订单，并在交易大厅的特殊交易员的决定下对投资者进行有选择的回应。电脑交易系统之间的交易沟通与口头竞价相比是有限的和更详细的。设计一个资本市场规则有助于更好地了解每个投资者之间沟通的各个因素的作用。

6.4.3 学习过程

在资本市场上至少有两种学习过程是可以识别的：（1）关于现实中的世界状态；（2）关于状态均衡的对应关系。在一个市场的第一阶段开始，不知情的代理人是不知道该期间的一般状态的，由于每个人股利偏好的异质性，没有代理人知道在某一状态下的价格将是什么样的。关于在市场上学习的正式模型通常把注意力集中在对世界状态的研究上。但是，只有在投资者知道各个状态的均衡价格和相应的净交易量时，有关对世界状态的学习才能发生。应用在实际市场，这种推理建议投资者必须首先了解与各个状态相关的价格，才可以希望从价格推断状态。

利润数据可以用来区分在市场上这两种类型的学习。基于 Plott and Sunder（1982）市场的稳定需求和垂直市场供应（见图 6－2），在均衡价格交易中，将全部的红利分给了均衡卖方，而没有给均衡买方。而在均衡价格的交易中，交易总的回报被平均分给均衡交易买方和卖方。如果信息是在均衡买方和卖方间平均分配的，由交易双方赚取的报酬平等，表明此时的均衡价格已经透露给投资者并且得到他们的理解。

即使对应的均衡价格为所有的投资者所了解，不知情的投资者可能无法得出关于某一特定时期实际状态的正确推论，因此其会得到相对于知情投资者较小的回报。所以知情和不知情的投资者的回报平等是对状态的了解的反应。

Plott and Sunder（1982）用均衡买方和卖方利润的收敛作为学习某一状态下价格的衡量，用期间段内知情和不知情交易者的利润作为学习在某价格下的市场状态判断的衡量。图 6－10 显示了图 6－3 所示的市场交易中均衡买方与卖方的利润比和知情与不知情投资者的利润比。通过这些衡量标准，看起来这两种学习同时进行而不是像静止比较模型描述的那样顺序发生。然而，由于利润数据是按照期间来衡量的，他们不能排除这两种学习在期间内顺序发生的可能性。

Forsythe、Palfrey and Plott（1982）指出在他们提出的两期资本市场中，期间 B 先于期间 A 收敛于均衡解（见图 6－1 上图）。这种收敛现象表明，在资本市场上，学习是有顺序的。由于所有的达到完美预测均衡所需的数据可以立即提供给投资者，期间 B 市场收敛得早。对于期间 A 完美的需求、供给和均衡的预测，依赖于对 B 期间资本市场价值的了解。因此期间 A 的均衡跟在期间 B 的均衡之后。期间 A 市场对期间 B 市场的交付的介绍，通过加速对期间 B 均衡信息的提供加快了这个过程。在任何情况下，当预测在市场行为中被观察到时，完美的预测必须通过历史的观察和经验获得。

Anderson、Johnston、Walker and Williams（1991）检查了类似 Friedman、Harrison and Salmon（1983）的口头市场的三阶段资产的计算机化市场，发现对均衡的完美预测只发生在受试者获得大量的经验基础上。

虽然目前还不清楚如何将这些很微妙的体制和程序之间的差异用来解释我们的实验和 FHS 的两个报告的行为差异，但显然有更多的因素影响而不是被简单完美的预测或先验信息模型所控制。我们的理解是以资本收益的预期为基础的交易是相当普遍。当我们观察到价格超过了在第一年交易中的 PF 均衡预测时，这是最显而易见的。目前还不清楚为什么项目在缺失以前的有关市场信息的情况下有这样的期望。但是正如 Vernon Smith、Suchanek and

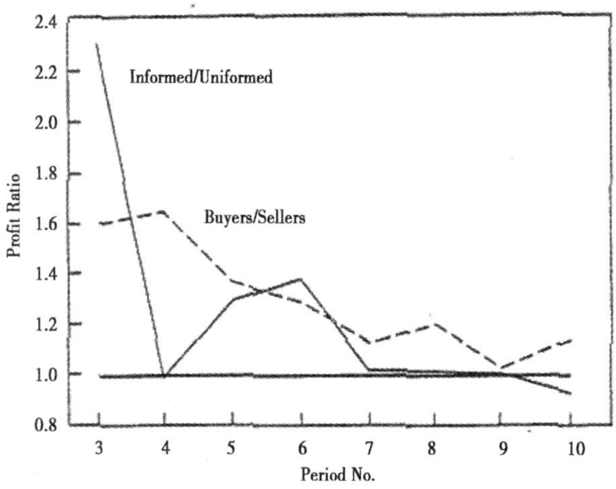

资料来源：基于 Plott and Sunder（1982）的工作底稿中给定数据整理。

图 6－10　买者/卖者的利润比和知情者/非知情者的利润比

Williams（1988）在 PLATO 双向拍卖的 15 期资本市场模型中提到的，投机性交易的价格远远高于资产的内在价值支持的股息水平。市场多年重复平稳似乎是导致了这些期望恶化的一个关键因素。在使用更有经验的主体的试验下，PF 模型预测能力的提高至少因为“学习”有很多相同的被外源股息结构支持的预期。

Bronfman（1990）通过复制 Vernon Smith、Suchanek and Williams（1988）的用每个投资者的提前一期收益预测进行调整的试验估计了投资者决定模型。他的结论是，由 Vernon Smith、Suchanek and Williams 报告的投资者行为方式更符合他们的外推市场趋势而不是内在价值的利用。以下的期间价格变动趋势解释了这次试验中收集的很重要一部分数据。很明显的内在价值也必须发挥作用，尤其是在有经验的投资者的行为。这个作用并没有被 Bronfman 单独地研究。

6.4.4　总量不确定性

信息的动态汇总看起来被总量不确定性和交易数量影响。一些实证研究表明，当世界市场状态的总量不存在不确定性时，在资本市场观察到的行为更加密切地对应均衡的预测（Plott and Sunder，1982；O'Brien and Srivastava，1991b）。Lundholm（1991）对这一命题进行了正式的测试。他改变 Plott and Sunder（1988）的资本市场设计（单周期的单、三态资产，所有投资者的同红利；见前文关于信息汇聚的部分），他增加了第四个状态，并使股息作为投资者的常识。在没有总量不确定性的市场，他把不完全信息信号分给各人，来消除总量不确定性。例如，当状态 X 实现了，其中三分之一的投资者在市场获悉状态“不是 Y”，其余各三分之一分别获悉“不是 Z”和“不是 W”。存在总量不确定性的市场就是被持有上述三种信号之一的投资者创造的。他发现当总量不确定性被消除时，资本市场的有效性提高。他还发现，一般的信念相反，投资者数量的增加并不一定增加信息精确汇聚的速度。这两种效应与风险态度和信息处理个别差异是一致的。因为总量不确定性的存在，这些个别差异变得更加重要。投资者数量的增加，如此极端情况之间的范围也扩大，使投资者更难以通过观察到的数据得出一致的推论。

6.4.5 套利的作用

前面的讨论表明，在资本市场信息的传播是一个复杂的过程，涉及许多观察量和投资者推论。一方面，找出多少信息传播和汇总可以被作为套利行为（也就是说从投资者的角度考虑去通过自身拥有的私人信息来获得无风险收益）的理解是有必要的。

例如，考虑 Plott and Sunder（1988）的 B 类市场（见前文关于信息汇聚的部分），一组完整的单一状态可能性要求在一个没有总量不确定性的环境中交易。由于每个投资者都被提供信息以确定了三种可能状态中一种的性质，市场中关于两种相对应的不是这种状态的所求的竞争市场使这些所求的价格变成零；任何一个不是零的价格都可能提供一个无风险套利的机会给不止一个投资者。一旦这些价格到零，市场关于相应于各种状态的所求的理性预期均衡可以通过套利分析，或者简单的通过对另外两个状态通过市场观察结果排除后的第三种状态来找到。当一个混合资产被交易时这种机会在一个不完全市场是不可及的；这些市场不能汇总信息。

O'Brien and Srivastava（1991c）制定了一个使用套利理论的正式论点。他们确定了“分离的投资组合”，组合的价格必须降为零，基于投资者的私人信息，如果他们在交易市场没有套利机会，而是有流动性和完全竞争的。完整的市场总是有足够数量的分离组合，因此完全探索这些市场的套利机会意味着充分聚集信息。然而，充分汇总信息并不总是要求市场能够完成在该传统意义上的要求：O'Brien 和 Srivastava 界定“信息完整性”，有足够的分离组合以确保没有尚未利用的套利机会的市场就是信息汇总。他们建议，即使是多余的证券可以在信息汇总中发挥有益的作用。

这种理论只是说，如果一个信息完整的市场是完全流动的，如果投资者没有保留任何尚未开发的套利机会，则这个市场必然理性预期均衡。一个被设计为信息完整的市场实际上是否是流动的和没有套利机会的取决于他们竞争的程度、交易机构、投资者奖励和他们的行为特征。O'Brien 和 Srivastava 从 16 双向拍卖市场交易提出经验证据：（1）被观察到的零套利和流动性（因此信息聚合），但并不总是；（2）竞争降低套利；（3）分离组合的存在有利于信息的聚集。这些实证结果与在 Plott and Sunder（1988）报告的结果一致。

6.4.6 出价和要价的生成

在他们的“泡沫”实验中，Vernon Smith、Suchanek and Williams（1988）表明，价格从 t 期到 t+1 的变化跟随在 t 期出价比要价多出的数目（或要价多出出价的数目）。他们认为，在 t 期出现的多出的出价会生成 t+1 期的资本收益预期。

O'Brien and Srivastava（1991b）提出了一个构造个体投资者基于先前在期初获得信息和从期初开始已结束交易价格出价和要价范围的简单规则，在 n 个交易已经完成后的价格为 P1，P2，…Pn，下期出价由下面公式给出：

$$P^{b}_{n+1} < \mathrm{Min}\left\{\frac{nP^{b}_{n}+P_{n}}{n+1},\ \mathrm{Max\ dividend}\right\}$$

这里 P^{b}_{0} 是给定的在期初的初始消息，出价者的期望分红。下期要价公式被定义为：

$$P^a_{n+1} > \mathrm{Max}\left\{\frac{nP^a_n + P_n}{n+1},\ \mathrm{Min\ dividend}\right\}$$

这里 P^a_0 是在给定初始消息时，卖家的期望分红。他们报告说，只有约 5% 至 18% 的实际出价不属于上述范围。这个解释能力强，尤其是当注意到这些范围是在没有考虑任何战略考量的情况下建立的。另一方面，这些范围是在安全的方向上离开范围的（低的出价和高的要价），这个规律不会被打破。

这份简短的复查表明，至今为止关于资本市场的实验性文字，集中于发现在什么状态下市场数据可能或不可能被种种均衡统计模型所解释。探索学习和动态的想法提出大多是事后的，但是建立动态理论却是产生有价值数据的基础。

6.5

现场数据和实验室数据的计量经济学比较

6.5.1　方差约束检验

LeRoy and Porter（1981）认为如果证券价格在市场有效，证券价格的方差不应超过该股息的贴现现值的方差。Shiller（1981）表明实际股票价格的方差明显超过了在今后几年实现的股息贴现现值方差。因为研究人员不知道未来的股息或折扣率，这一想法实地测试事前分配方式必然是基于一些对这个分布的假设（如：今后几年实际分布唯一）。

这种用实测数据检验理论的困难，引起了冗长的和不确定的辩论（Camerer，1989）。那些坚信市场理性的人声称他们的过度波动的假设检验成立（Marsh and Merton，1986；Shiller，1986）。在实验室环境，事前分配的股息对研究者是众所周知的，从而有可能进行比过度波动假说更强大的测试。O'Brien and Srivastava（1991b）报告了关于这两个周期证券实验室数据的一些类型的初步测试，但他们并没有利用股息的事前分布这一在实验室数据利用上众所周知的事实。方差约束试验，利用这种对长期资产的实验室数据的优势应对本次公开辩论做出有益的贡献。

6.5.2　套利关系

大量关于有效市场的文献一直认为无套利的机会意味着市场的价格反映所有提供给市场参与者的信息。这种观点认为如果在任何时候价格并不反映信息，交易者有可能通过无风险套利，直到无套利条件回复。金融实验工作的一个重要贡献就是表明无套利机会理论在非有效市场不成立。

Plott and Sunder（1982）把他们的交易价格统计数据应用在三种统计测试中：系统过滤测试、价格变动的日志序列的相关性、价格变动频率分布。所有试验都被应用在期间内的交易数据上。他们发现某些现场数据的统计特性与实验室数据相同。

对证券交易所的交易价格数据测试表明设计一个持续提供不正常的高回报率机械交易规

则很难（Alexander，1964；Fama and Blume，1966）。Plott and Sunder（1982）比较了三个交易规则的表现：（1）购买和持有：以各个时期开盘价购买证券和以清算期结束成交价格卖出获得流动性；（2）趋势过滤：观察交易开盘价格到现在价格的价格走势，在趋势向上时，购买证券如果需要持有一个证券；在趋势向下时，出售证券如果需要保持一个淡仓，以收盘价清算；（3）Y 型过滤：如果交易价格以 Y 以上一个单位上涨，届时出售证券若果要保持一个淡仓，直到价格上升 Ÿ 或更多单位；在收盘价清算。三种不同的过滤器尺寸（为 y = 1，5，25）中使用了这些测试。

在这些市场中使用的一期证券，均衡的回报是零。然而，随机买入并持有策略，在早期阶段产生正的回报，然后由于资本市场理性预期均衡收敛下降到零。趋势策略中的一法郎过滤器和 5 法郎过滤器几乎与随机买入并持有策略表现一样，而 25 法郎滤波器表现更糟糕。但是当市场收敛到均衡合理的期望时，所有的回报趋近于零。基于知识或理性预期均衡价格的交易策略产生正的回报。

Plott and Sunder（1982）发现，价格的一阶序列相关性 log（pt/pt－1）不显著不同于零。该序列相关程度似乎并不受交易存在的不均衡影响。所有这些测试表明，从证券交易所收集的数据的价格变动序列依赖与对资本市场的实验室数据的收敛到理性期望均衡相同。

Plott and Sunder（1988）在运用过滤测试检验 A 系列市场的交易价格时发现了惊人的结论。A 系列市场并不聚合信息，也不收敛于理性预期均衡，但是使用过滤规则却无法获得超额利润。更重要的是，实验使用历史数据来对比基于理性预期的交易策略和单纯买入并持有策略的表现，即使前者已经知道了理性预期均衡价格，其表现却还不如后者。之所以会产生这种矛盾的结果，正是因为市场没有收敛于理性预期价格。如果价格从来没有达到过理性预期的水平，却仍然按照理性预期的假设来交易，是不可能获利的。B 系列和 C 系列市场的价格是收敛的，实验数据显示过滤规则不能在这两个市场中获得超常收益，但是收益高于基于理性预期均衡价格的交易策略。这些结果都表明，证券价格变动的统计独立性和无套利条件不是信息效率市场的充分条件。

O'Brien and Srivastava（1991b）的研究结果证实了无套利条件和市场信息效率之间不存在一对一关系的这一结论。他们对数据分别进行了三种统计检验。首先，他们对市场上可得的买方报价和卖方报价（而不是实际观察到的成交价格）进行了追溯过滤检验。机械的交易规则在信息效率的市场上无法盈利。其次，他们对非信息聚合市场的价格序列做了 Dick and Fuller（1981）单位根检验，结果是不能拒绝信息效率市场的单位根假设。最后，他们发现在其多证券市场中，有一个多证券市场存在一个投资组合，其第一期和第二期的价格以一个固定的数额变化，而不依赖于已实现状态的信息，用数据说明了非信息聚合市场上存在合理的无风险套利关系。

有效市场理论的经验基础是建立在对市场数据的统计检验接受“市场效率”的假设之上的。这个假设的有效性在很大程度上遭到质疑。因为我们根本不知道在特定时点上市场自发的均衡价格是多少，因此任何对市场上收集的数据的质疑也无从谈起。在一定的限制条件下，实验学家让经济学家收集数据以及在各种理论下已知的均衡价格，并通过实验学的方法进行各种使用现实数据所不能进行的比较。既然可以进行这种比较，对于这种假设的统计效率与信息效率或配置效率市场之间的关系的严重质疑也随之而起。

6.6
投资与公共政策

当对现行的交易机制提出改进意见或引进新机制时，政府和私人决策者必须对可能产生的结果进行评估。大多数推陈出新的提议都不会以历史数据为基础形成观点。近些年，市场微观结构派使用技术分析来作为对这个问题的回应（例如，Gorman，1976；Mendelson，1982；Ho and Stoll，1983；Glosten and Milgrom，1983；Amihud 等，1985；Kyle，1985；Cohen 等，1986；Schwartz，1988）。然而，由于市场交易信息不完全，即便是对简单交易机制的分析也变得异常复杂。对于可替代方案以及交易机构运行特征的研究，为金融实验经济学提供了新的出路。实验性研究揭示了一些非常重要的结论，这些结论不论对于投资政策还是交易机制的设计及规范都具有非常重大的意义。下面给出了这个领域的几个研究方向。

6.6.1　暂停交易和价格变动限制

Coursey and Dyl（1990）考察了类似于 Plott and Sunder（1982）所使用的两个状态的资本市场中，暂停交易和价格变动限制对价格、成交量和市场效率的影响。在连续五个交易期后，他们改变了两种状态发生的概率，但改变的程度对于交易者来说是未知的。此后他们暂停了后面五个交易期的交易。在交易暂停期间，交易者持续对已实现状态的观察，并收到相应的股利。图 6－11 描绘了交易期的价格中值。实线表示连续交易市场的价格变动，虚线表示暂停交易市场的价格曲线。图中的两条水平线代表调整概率前后市场的均衡价格。通过两个市场价格曲线与均衡价格的对比可以发现，在暂停交易以后，价格仍然向上趋近新的均衡水平，但没有连续交易市场价格调整得快，也没有连续交易市场价格调整得准确，因而连续交易的市场配置效率更高。虽然整个交易过程本身是机制的一部分，价格对信息作出调整，但暂停交易的市场并没有作出足够的调整。暂停交易的存在导致了一部分交易者在市场中不活跃，但其支持者认为暂停交易可以减少由这些不活跃者给市场信息带来的负面影响。暂停交易导致的这方面的现象仍有待发掘。

Coursey and Dyl（1990）同样研究了对价格变动施加限制对单个交易期间的影响。他们发现，如果对前一个交易日和下一个交易日之间的价格变动设定 4% 的幅度限制，就会减慢价格对信息（即前面所讨论的股利不确定性）的调整速度，降低市场配置的有效性（图 6－11中折线所示）。但是他们的研究设计中没有考虑某些可能产生价格限制需求的环境特征，比如企业破产、保证金交易商违约、地理上分散的交易者之间存在信息优先获知的问题等等，这些都有待研究。

6.6.2　双向竞价和集合竞价

Friedman（1993a）研究比较了在 Copeland and Friedman（1993a）的不确定股利和非对

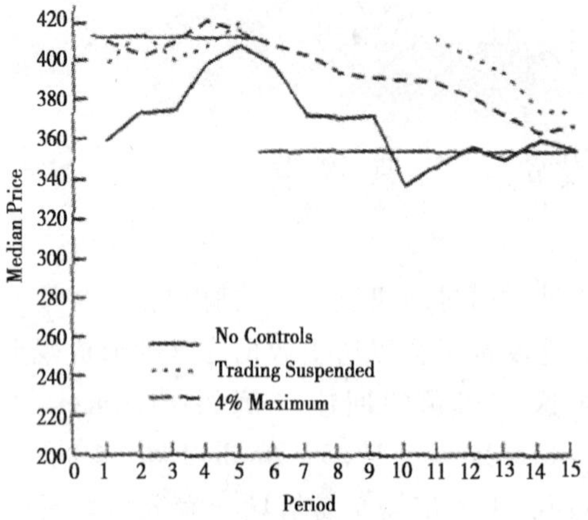

Figure 6.11.Effect of price change limits and trading suspensions in markets、Source:Coursey and Dyl 1990,figure 1.

资料来源：Coursey and Dyl（1990）图1。

图6－11　价格变动限制和暂停交易对市场的影响

称信息资本市场下，连续竞价和集合竞价的不同表现。在连续竞价下，如果市场上买方（卖方）报价被卖方（买方）所接受，则完成交易，因此不同交易阶段在各个价格上都会有一系列的买卖报价和交易产生。在集合竞价下，买方报价和卖方报价被集中起来，根据事先设定的一个条件或原则产生一个单一的成交价格，并且在此价格下成交量最大。

Friedman（1993a）发现在连续竞价下成交量要大于集合竞价，这有可能是由于连续竞价的方式下任何一个交易者都可能同时成为买方和卖方的缘故。Friedman（1993a）采用了三种衡量方法来比较双向竞价和集合竞价的有效性。集合竞价下实际的成交价格比双向竞价更接近理性预期的市场价格（均方根偏差更小），买卖价差更小，但其配置有效性与双向竞价不相上下。由于之前对资本市场的研究都是仅仅围绕双向竞价展开的，因此这些研究为实验经济学家们带来了出乎意料的结果。集合竞价的买卖价差更小，这个发现也与Ho、Schwartz and Whitcomb（1985）的理论模型预测相悖。

Liu（1992）采用计算机交易系统连续竞价和集合竞价，重复了Plott and Sunder（1988）的实验。她发现在普遍的市场利空情绪下连续双向竞价更为有效。然而，当市场同时存在掌握利空内幕信息的交易者和未获取利空信息的交易者时，集合竞价更为有效。Van Boening（1992）等在封闭式集合竞价的条件下重复了Vernon Smith、Sucharek and Williams的实验，发现采用封闭式集合竞价的方式并不改变最初的实验结果。Williams and Walker（1993）则对300个实验对象进行了开放式集合竞价的实验，也得到了类似的结论。这个领域上的研究有可能还会产生更进一步有意思的结论。尽管集合竞价可能达到更为准确的均衡价格，但是在价格未给定的情况下，连续竞价则有可能更快的找到均衡价格（即使没有集合竞价来得精确）。

6.6.3　专家特权和开诚布公

Friedman（1993b）做了一组实验，对连续竞价或集合竞价两种成交方式下的一个或多个交易者赋予各种特权，发现所有的特权都给这些受益人带来了显著的超额收益。连续竞价方式下被测试的特权有：（1）先于其他交易者收到交易指令信息流；（2）允许通过先于其他交易者的时间差对买卖双方的价差进行套利；（3）当一方交易者对对手方的报价接受受限时，允许特权人提交报价。实验发现在特权（1）和（2）下整个市场的配置有效性有轻微的上升，但是在特权（3）下效率下降。集合竞价方式下，获得（1）后发制人和（2）交易指令信息的特权人能够赚取一定利润，并且两种特权下的市场配置有效性都没有降低。他同时发现当交易指令的信息被赋予市场上所有的交易人时，市场配置有效性降低，这有可能是由于引发了交易人的战略性报价行为所导致。

6.6.4 对投机性泡沫的控制

在一个预期会产生泡沫的环境下，市场有产生价格泡沫的倾向，King 等人（1990）研究了机构因素对此市场倾向的影响。设置一个投资期限为 15 期的资产，9 到 12 个交易者可以在资产到期前的任何一个时段买卖资产。该资产每期等概率产生 0、8、28 或 60 的收益。第一期资产的均衡价格为 3.6，之后每期以 0.24 的速度递减，直至最后一期的价格为 0.24。均衡交易量为零。所有有关股利的信息都为投资者所共识，没有交易利得。这样的市场环境，将在中间的三分之一交易期间产生泡沫（参看前面章节 Vernon Smith［1988］等人关于泡沫的讨论）。

有人指出泡沫的产生是出于交易者过分乐观的情绪。引进做空机制使得那些更明智的交易人能够以过分乐观者的利益为牺牲来赚钱，这也因此构成对那些过分乐观者的市场约束和惩罚。但如果市场上没有知识更为丰富的投资者，或者没有人愿意承受卖空的高风险，这种惩罚就不会产生。更进一步，根据卖空交易的时机和抵补交易，也极有可能在交易结束前期产生反弹，导致其自身的泡沫。

允许卖空（初始禀赋为两个单位，最多能卖空四个单位）并不能减少泡沫持续的时期数，也不能削弱泡沫的程度。在卖空机制下，成交量激增，远远超过零交易的均衡水平。这个结论，以及 Kluger and Wyatt（1991）和 Rietz（1991）的实验结论都否定了“引入卖空机制可以减少资本市场的泡沫”的普遍观点。King 等人的实验数据也不支持“保证金交易能够减少泡沫”的观点。相反，如果市场中的保证金交易者都没有经验，那么产生的泡沫将更大。若同时引入保证金交易和卖空机制，似乎对泡沫的影响不大。

交易成本的存在对市场交易产生不利影响，推测其可能起到抑制泡沫的作用。然而 King 等人在实验中设计了很高昂的交易费用，结果并没有对泡沫产生影响。

Ang and Schwarz（1992）考察了资本市场中促进或抑制泡沫形成的条件。在实验中，他们修正了 Forsythe、Palfrey and Plott（1982）的两阶段资产（见设计实验性资本市场的有关讨论）。他们将确定性股利替换为不确定性股利，股利的产生取决于两种可能的自然状态中哪一个会发生，并且在每一个两阶段试验期后对个体投资者的股利类型进行轮换。其两阶段资产的投资期限比 Vernon Smith、Suchanek and Williams（1988），以及其他相关实验的短得多，以便于在每一个实验阶段都可以进行五次试验（相比起来 Vernon Smith、Suchanek and Williams 只能进行一次试验）。尽管 Ang and Schwarz 的实验中没有加入在 Plott and Sunder（1982）的实验中所使用的信息非对称性，但股利的多样性和交易利得的存在意味着投资者需要从市场信息中找到均衡价格。

图 6－12 上半部分的图显示的是其中一个基准市场——市场三中五次两阶段试验的买卖

报价。水平线表示风险中性的完全预期均衡。将其与图 6 - 1 上半部的图进行比较，可以看出，相比 Forsythe、Palfrey and Plott（1982）的市场，引入了随机不确定性股利后，价格向完全预期均衡的收敛速度变慢，并且准确性降低。Frank（1988）做了同样的实验，也得出了相同的结果。

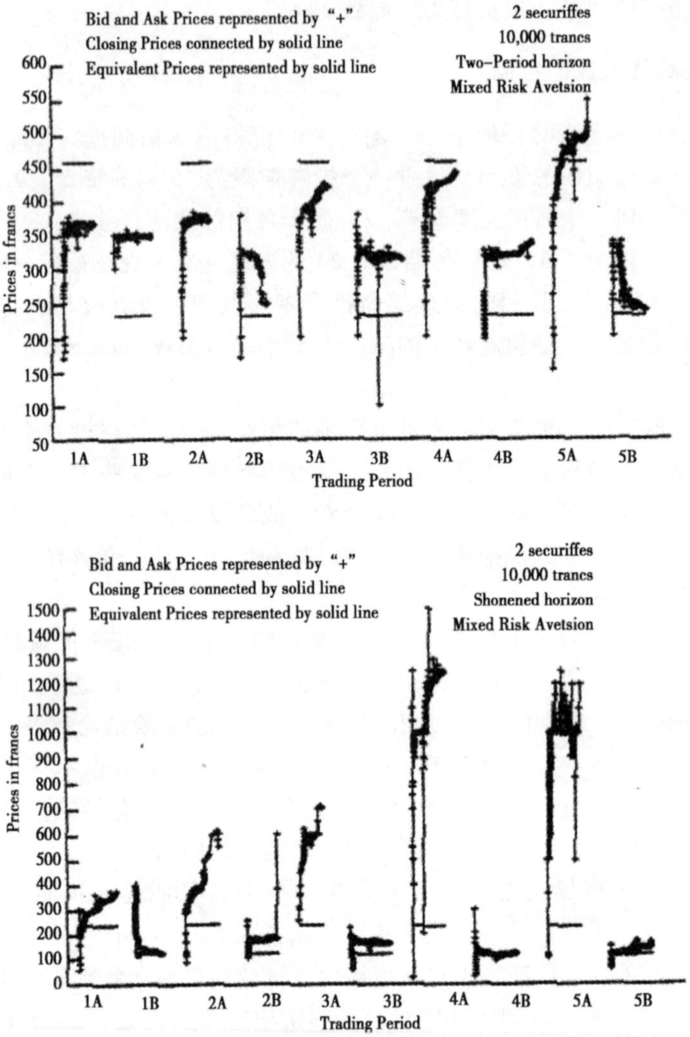

资料来源：Ang and Schwarz（1992）图 3 和图 4。

图 6 - 12　买卖报价、收盘价及均衡价格

Ang and Schwarz（1992）将上面提到的基线设计划分成额外的三组，并对三组的受试者采取不同待遇。在第一组中，受试者会根据他们现金头寸和所持有的资产组合期末的市场价值的排名得到一份不菲的奖金奖励。这种待遇设计是为了缩短受试交易人的眼界，使其按照现实世界中投资组合经理的行为方式进行投资。其结果显示在图 6 - 12 的下半部，额外的激励引发了更大的泡沫。虽然在 B 阶段价格仍然收敛于风险中性均衡，但是在五个试验期的 A 阶段中，泡沫出现渐进式的增长。只有当受试者被要求自己掏 20 元来参与这个游戏的时候，

泡沫的大小才得到部分抑制。对于那些愿意掏钱的人，自己出钱的意愿增加了其风险偏好的可能性，或者至少不比那些没有掏钱的人更加厌恶风险。

Ang and Schwarz（1992）推断这种泡沫可能是由于实验室中受试者买卖双方的力量不平衡导致的。这种不平衡在现实世界中表现为做空的限制和高成本，以及借贷做多的信贷可得性。在第二组中，Ang and Schwarz（1992）调整了基线设计以使买卖双方的力量相当，具体的做法是增加投资者的初始资产，并减少等额的现金资产，同时保留了第一组中奖金的短期利益激励。结果发现，即使有奖金的激励，泡沫却消失了。在 A 阶段资产以低于中性均衡的一个折扣价格交易。

在第三组的实验中，Ang and Schwarz（1992）使用了 Jackson（1976）个性调查表和 Jackson、Houraney、Vidmar 测试，来预检哪些测试者更加厌恶货币风险（保守者），哪些相对来说不那么厌恶风险（投机者），并将两者的表现与引入短期激励后的表现相比较。在基准实验中，投机者在 A 阶段的交易折扣要小于保守者。引入短期利益的奖金激励后，投机市场在 A 阶段产生了泡沫，而保守市场却没有。

基于这些实验，Ang and Schwarz（1992）结论指出，交易者的短视决策、偏向于买方的市场力量失衡和风险偏好交易者的存在促使了资本市场泡沫的形成。消除掉短期激励和市场力量的失衡，似乎就足以抑制泡沫的产生。他们还建议改变监管环境，以使买卖双方在执行投资的时候都面临同样的成本，这样可以减少不必要的波动。

Rietz（1991）设计了一个实验来检验一般均衡对只存在两种资产的市场的预测。该市场有两种可能发生的状态，并且每个状态发生的概率已知，每个资产的简单股利都视不同的状态而定。两种状态下的收益总和是确定的，并且交易者总可以通过使两种资产的均衡价格之比等于两种状态发生的概率之比来完全消除风险。无套利限制条件使得一般均衡对绝对价格、价格之和与资产配置有更准确的预测。这种设计的好处是，尽管风险聚集，但是绝对价格——从而价格泡沫——很明确，并且不用考虑交易者对风险的具体态度。

Rietz（1991）发现，就平均来说，交易确实能够很好地分担风险，在理想的情况下，能够进行 60% 的分摊。相对价格之比也与相应两种状态下发生的概率之比相当。但是，绝对资产价格及其总和总是超出预测，产生泡沫。这些单期资本市场上的泡沫不断出现，并且在交易人寻求效用最大化的前提假设下无法解释。泡沫的出现导致套利的机会，但即使对受试者解释和指出这些套利机会，也极少有人进行套利交易。作者将这个结果解释为“决策后悔”。然而，可能就像 Ang and Schwarz（1992）指出的，仅仅一组两组的交易经验并不能促成交易者对套利的理解和运用。

6.6.5　买卖价差

在理论模型中，买卖价差体现的是不确定性加剧（Copeland and Galai，1983），并导致交易量减少（Glosten and Harris，1988）。这两个假说都经历了实验经济学的检验。

Copeland and Friedman（1987）比较了跨期时、期间内和新信息到达时买卖价差的变化。他们发现：（1）随着测试者经验的增加，后期的买卖价差变小；（2）随着测试者获得的信息增加以及价格趋近均衡，价差变小；（3）当新的信息到达部分测试者时产生信息非对称性，买卖价差立即变大。总的来说，他们得出的实验数据和结论支持了不确定性和买卖价差之间确实存在着正向的关系。

Campbell 等人（1991）对易变质商品的连续竞价均衡价格赋予一个随机变动量，以此来增加均衡价格的不确定性，并观察其对各个时期个体交易者供求关系的影响。结果发现，相对于供求关系在不同时期保持平稳的市场，随机性增加了价差。

O' Brien and Srivastava（1991b）考察了后一阶段比前一阶段不确定性更大的两阶段证券的买卖价差。他们发现两个时期的价差变大，也即支持了不确定性假说。同时发现买卖价差与交易价格偏离理性预期均衡的标准差之间存在着正向的关联。信息结构越复杂，阶段 1 的市场趋近于理性预期均衡的难度越大，使投资者对该状态的不确定感越强。但实验并未表明成交量与买卖价差之间存在关系。

6.6.6 场外交易和大额交易

上面 Campbell 等人的实验中，还引入了场外交易（并不作为公共数据为其他交易者所知）和大额交易（每笔交易三个单位以上算大额交易，其他普通交易者每笔只交易一单位）机会。观察的结果显示，场外交易量越大则价差越大，可能是由于场外交易增加了市场环境的不确定性。大额交易的引入又增加了场外交易的数量。由于绝大多数的场外交易都是在买方和卖方的报价区间之内成交的，因此该数据支持了有关场外交易动机的假说，即“对外不表现出价格上让步的意愿，私底下则通过买卖报价之间的差额获利”。

6.7

资本市场的实验室模拟

在设计实验经济体系时，实验经济学家力图使其接近所研究的经验现象产生的自然条件。另一方面，又需要使实验经济体系接近于该现象的某种正式或非正式的模式。在实验室里重现自然环境，或者完全实现该现象形式模型的所有细节，是非常困难的，通常都不可能做到这一点。并且，提高实验经济体系与模型条件的符合度，可能会降低其与自然环境的相似度，反之亦然。那么实验学家应该怎样做呢？是应该尽可能让一个条件得到满足，还是应该在两者之间寻求一个平衡？如果是这样，又怎样寻求平衡呢？

我们来考虑一下实验模拟的目的和有用性、一个现象的实际利害关系和模型之间的联系，以及一个现象的众多模型之间的关系。如果现实性是评判一个模型好坏的主要因素，那么每一个现象本身就是它自己最好的模型。实际存在的东西只有一个。纽约证券交易所是它自己本身最好的模型。然而我们还是要塑造模型。纽约证券交易所已经在报告者的文字中被塑造、在监管者的制度中被塑造、在统计学家的数字中被塑造、在数学家的等式中被塑造、在艺术家的油画中被塑造、在建筑家的制图中被塑造、在石匠的砖瓦中被塑造、在科学家的计算机程序中被塑造、在摄影家的胶片中被塑造，还有在经济学家的实验室里被塑造。为什么我们明明知道不能够捕捉这个复杂的交易所实体的一切现实特征，还要设计这些模型来复制它？为什么我们要用这么多不同的媒质来建立一个实体的所谓“重要”的模型？

对于模型的需求源于我们自身有限的能力，无法洞察和领悟无穷复杂现实的各个方面。电视新闻上的几行字、晨报上的几个专栏、经济学书里的一个等式或一个图表，将日常事件无穷尽的细节提取成一个易于理解的模型。即使使用同一种媒介工具，从现实到模型的描绘也并不一定是唯一的。在给定的目的下，我们只须选择或者构造能满足我们需要的那些模型。

评判一个模型的好坏，在于它多大程度上捕捉了现实中我们关注的方面，多大程度上摒弃了我们所不需要的细节。模型的价值在于“简单”，而非“复杂”。在一个用途下所建立的模型的核心要素，在描述同一个现实的另一个模型中却是不必要的细节。

选择什么样的模拟工具取决于我们关注现实的哪一个方面，这个方面对于给定的建模目的来说应该是关键性的。不同的工具能够捕捉现实的不同方面。数学和实验室是经济学中两个常用的工具，就像艺术家常使用油漆和大理石来刻画一个人一样。帆布上作画能够很好地捕捉色彩，而大理石的优势在于它所体现的空间感。当然一个雕塑家也有可能使用油画或摄影来辅助创作或激发灵感，但其艺术作品还是表现在相关的最主要学科上。

同样的，比较受人文学科欢迎的数学和实验学在模拟现实经济的不同方面也有其优点和缺点。虽然实验室模拟通常是辅助性的，甚至是由已有的大量数学模型激生出的，但考查实验室作业对数学模拟的精确程度无异于考查雕刻家与摄影的相关性一样没有意义。实验室作业能够并确实为研究经济现象提供了不同的视角，这些视角是无法通过分析获得的。反之亦然。实验模拟所提供的视角潜力可以用作一个恰当的评价其价值的标准。

由模拟工具的局限性发展出了不同领域的标准操作流程和常规假设。正规分析模型和实验经济模拟也是如此。认识这些局限性对于用实验数据来检验分析模型非常重要。当实验学者从分析模型中寻求理论指导的时候，要正确区分方法上的便利和所要研究的经济问题的实质，在构建实验模型时剔除前者的影响。

对于资本市场的实验室模拟不同于对证券和商品现实市场的模拟，这种不同主要体现在以下三个方面：

第一，绝大多数实验使用的资产都是单期或两期资产，并且在每个一阶段或两阶段周期的期末会在交易人之间重新分配资产。这种设计可以使受试者在不同阶段的重复活动中获得经验，这样也能够减小（并非消除）资本市场产生泡沫的可能性。

第二，交易人通常被分成几种不同类型的投资者，不同价值的股利分别分配给这几组不同类型的投资者，然后再使其进行交易，这是为了在完全信息的环境下创造交易利得，也使得市场配置效率的界定和衡量变得有意义。

在商品现货市场，不同的产品有不同的价值，比如一块钢材对于汽车制造者的价值可能不同于其对于家具制造者的价值。在实验室资本市场模拟中，这种异化特征通常由不同交易者获得不同税率、不同消费模式，或者不同的风险态度的可能性来表征。但在资本市场中，大量的交易都是由交易者之间对于投资不同的观念和信息产生的。毕竟，资本市场的配置效率只能通过分配在竞争性投资上的不同资本来判断。对交易者分配不同的股利是实验资本市场中一项很方便的模拟技术，可以以此来表征交易者对于投资的不同观念和信息。

第三，或许也是最重要的，实验室中对资本市场模型的抽象化过程就是利用现实中一小部分互斥的状态来创造一个不确定性环境。这一小部分互斥的状态使得投资者在十几二十次不断重复的实验中观察和学习不同状态下的价格。但对于这种互斥状态或者连续状态之间的关联的学习，需要比在实验室环境中更多的经验。这种抽象化在归纳概括的过程中往往产生很多棘手的问题。

商品市场上每个交易者都有一个买者或卖者的角色，但是在资本市场却不是如此，资本市场允许交易者双向交易。交易人这种双向的身份暗含有几个条件。(1) 交易人的收益除了正常的边际收益（即成本）和持有资产的收益（即补偿价值，在资本市场上通常体现为股利）之外，还包括资本的利得和损失。(2) 投机机会的存在伴随着破产的可能性，有向对手方强行支付收益的问题。(3) 只有当不同的交易者拥有不同的成本、补偿价值和信息的时候，市场才会有交易利得，因而才能界定配置效率。

本章附录给出了一个实验室模拟的资本市场的案例，不同于第七章复杂的计算机模拟，它通过简单的纸笔实验就可以有效探讨资本市场的投机与泡沫的产生问题。

6.8 结　语

从资本市场的实验中我们可以得到什么结论？

第一，仅仅通过交易机制（而不是交易者之间的对话或新闻）来传播和聚集信息是有可能的。理性预期均衡，需要引导人们从自己的行为当中学习，这看起来似乎是不可能的，但实际上理性预期均衡是有规律的、有经验特征的、可以观察到的，并可再生的。可能仍有学者会说这种现象在一个具体的市场环境中不可能发生，但总的来说其存在性是无可争议的。

第二，理性预期不是瞬间产生的、精确的，或者不可复制的。也并不是所有市场环境下都能达到理性预期均衡。

第三，无套利条件并不是有效配置或有效信息市场的充分条件。如果一个市场不是配置有效率或者信息有效率的，那么就会产生激励去利用其无效率获利，但即便是这样，也不能推断说所有的市场必须都是有效率的。某个交易者可能拥有信息或者有激励动机，但是并不意味着他一定就会这么做。理性预期产生有效引导的条件仍然有待探究。市场信号的广延度，包括状态空间的大小、对过去已实现的状态的观察、市场环境的平稳性等，似乎是提高市场效率的重要特征。

第四，在经济繁荣的资本市场上，个人预期和观念的形成是非常复杂的、多元的，甚至是不稳定的。统计规律可以捕捉到市场预期形成的重要系统特征，但这仍需要验证。

第五，实验的方法是已经被证实了的帮助我们理解资本市场的非常有价值的工具。正确地使用这个工具，并结合理论分析和现场数据，能够帮助我们洞悉资本市场不易被理解的现象，比如泡沫的形成、市场平稳、内部交易的影响、可替代的监管政策和交易机构等。

附录：资本市场纸笔实验指导语

欢迎大家参加此次实验！本实验将建立一个资本市场。你们（实验中的交易者）将会被给予现金以及会被支付未来利息的纸质资产。交易者需要就他们的纸质资产是否有价值作出判断，以此来判断在什么价格下买卖资产。实验的细节如下：

一、交易者和资产

（一）交易团队

一共有5个交易团队：A、B、C、D、E。除了团队中的竞价同学，其他同学可以帮助控制时间，记录价格等。

（二）资产

每个团队在开始的时候分配：

（1）三种资产：每种资产都由一条彩纸代表；

（2）一张20元的现金支票，被用来购买其他资产。

（三）收益

交易团队通过以下方式获得收益：

（1）每一个资产在一个交易期结束的时候获得1元的利息支付；

（2）买卖资产；

（3）如果持有资产到最后一个交易期，获得6元。

（四）失败

每一个资产在利息支付后都有六分之一的可能失败。当一个资产失败后，将变得没有价值，我将把代表该资产的纸条撕碎。为了判断资产失败，我将于每个交易期结束的时候，到所有有资产的交易组去为每一个资产掷骰子。如果掷到1点的话，资产会被销毁，如果掷到其他点数，资产会被保留到下一周期。我们前面提到过，如果一个资产直到最后一个周期都没有被销毁，在第十期结束时将会兑换6元。

二、交易规则

（一）交易者

每个团队将提名一个人作为该队的代表或者称为本队的交易者。一旦一个交易期开始，每个队都可以在任何时间举手，当叫价时，作出如下某种表述：BID代表在一个特定的价格下买进某种资产，ASK代表同意以一个特定的价格卖出一项资产；接受其他交易者所提出的BID价格，作出卖出交易或者接受其他交易者的ASK价格，作出买入交易。

（二）BIDS

如果团队A想要以758的价格买进一项资产，A组的交易者应该以758的价格发出一个BID。报价告诉其他团队A队想要以758的价格从其他别的团队中购入一项资产。

(三) ASKS

如果交易者B想要以981的价格卖出某项资产，则B将以981的价格发出一个ASK。这个ASK告诉所有的团队，B想要以981的价格卖出这个资产给其他团队。

(四) 交易

假设最高的叫价是来自A组的758，最低的求购价是来自B组的981。任何拥有资产的其他交易者必须决定是否以758的价格卖给A交易组。如果他们想要卖出，他们必须举起他们的手，然后喊出"我接受A758的报价。"类似的，任何有足够资金的其他交易者必须决定是否以981的价格买进B的资产。如果他们想要买进，他们必须举起他们的手，喊出"我接受B的981的报价。"如果没有任何队接受其他组的报价，交易将进入下一轮的报价。

(五) BID/ASK 进展原则

我将按下面的方法记录报价和询价：

BIDS	ASKS
A 758	B 981
C 759	D 979
A 762	

一个新的报价必须比以前的最高报价要高，一个新的询价必须比以前的最低询价要低。比如A的下一次叫价必须高于A的叫价762，下一次询价将低于979。

三、交易

一个交易只有当一个交易者接受其他交易者的报价或询价时才会发生。当交易发生时，卖方必须立刻将自己代表资产的纸条交付给买方，两个队应该调整他们现金水平：买方调减资产价格的量，卖方调增资产价格的量。一旦交易完成，我将给这个价格划圈标记，同时将其他所有的价格擦掉。但是你可以重新进入当前的报价或询价。

(一) 原则

交易者可能在一个周期中能够同时进行报价和询价，但是在报价时，你必须拥有足够的现金在手里，询价时，至少拥有一个该资产。比如至少拥有一条彩纸，没有做空交易。所有的报价和询价对一个单独的资产，虽然在一个交易中你可以买卖不止一个资产。

(二) 关闭铃声

交易期在两分钟后结束，无论交易者是否已经完成了所有他们想要进行的交易。

(三) 总结

BID代表买入，ASK代表卖出。

你通过如下方法卖出：

(1) 报出其他人会接受的你的询价；

(2) 接受其他人的报价。

你通过如下方式买入：

(1) 报出其他人会接受的你的报价；

(2) 接受其他人的寻价。

你不能卖出你没有的资产。

你如果没有现金，你不能交易资产。

四、交易记录

（1）每一个交易期都有一个记录表格。请看以第一、第二周期为例所做的表格，请确定你使用了正确交易期的表格。

（2）交易字母被列在表格的左上角。请参考交易 E 的例子。

（3）参考第一周期的交易表格的例子，在第 0 行你注意到你拥有的资产为 3，现金为 2000。在交易开始时每个人的交易资产和交易现金数是相同的。

（4）第一行显示的是交易者 E 在第一周期内的第一步行动为以 625 的价格卖出一个资产，交易者 E 立刻在第一行中的买卖价格中标记这个数字，手中资产的数字从 3 减少到 2，现金额从 2000 增加到 2625。

（5）第二行显示了交易者 E 的第二步行动是以 650 的价格买入一个资产，这个价格立刻在第二行的资产交易价格中体现，手中资产的数量从 2 增加到 3，现金资产的数量从 2625 下降到 1975。

（6）第三行显示了交易者的第三步行动是买入第四个资产。

（7）交易期结束后，交易者记录自己最终的现金额在接近于表格最后一行的 A 行的位置。资产的数量乘以 100，因为每一个资产最终都会得到 100 便士的利息。在这种情况下，$4\times100=400$，400 填充到 B 行的右半边的表格中。最后一个交易期现金额是通过将 A 行和 B 行的现金量之和得到，总和被添加到 C 的位置。

（8）利息被支付之后，我们将关注每一组所拥有的资产数量，我们将掷骰子决定每一个资产。如果掷出 1 点，这个资产将被毁掉，然后剩余资产的数量将被填到表格中下一周期所拥有资产数量一栏中。本期末的现金额同样被转移到下期起初的现金数量，一共有 10 个周期。

（9）一共有 10 个交易期，任何在第 10 期利息支付完成后没有被销毁的资产将会被兑换成 6 元的现金，所有的现金收益都是提前假定的。

（10）请注意观察你们队的收入状况，有任何问题请举手提问。所有的收入都是虚拟的。

有任何问题吗？如果有问题，请举手示意，我将大声予以解答。

如果没有问题，现在请找到你们自己组第一周期的登记表。市场对于报价和询价都是公开的。请在你确认之前不要报出价格。

第七章 DIQIZHANG

资本市场信息效率实验

本章依据第六章中关于资本市场信息效率的阐述，设计了三组不同的资本市场计算机实验，对资本市场在不同的信息环境下的市场信息效率进行了实验研究。实验结果表明，在信息对称与不对称的环境下，市场都出现了成交价长期偏离基础价格；市场信息的传递不是及时有效的；随着信息不对称程度的加剧，市场的信息效率显得更加迟缓。市场中的交易者并不是完全理性的，由于个体间的认知差异，使得交易者很难形成一致的市场预期。交易者在决策时只是一个有限能力的计算者，他们的决策行为更多建立在更加直观的判断上，并表现出明显的过度自信倾向。

7.1 研究背景

如前所述，理性预期理论和有效市场假说是现代标准金融理论的两大基石。长期以来这两大理论一直指导着证券市场的发展。但越来越多的异常现象对标准金融理论提出了挑战，完美的理论预测与复杂多变的现实之间的差异变得越来越无法解释。由于市场个体的差异和信息渠道的隐蔽性，使得基于传统方法的实证研究无法准确观察和判断市场信息的来源与扩散，从而使得人们很难清楚地了解市场信息的传播效率。随着 Vernon Smith 对实验经济学和行为经济学的开创性研究，一个全新的研究方法和一个全新的研究领域使我们能够更加清楚地认识世界。

资本市场的实验研究是在实验室环境下构建一个模拟的证券交易市场，让一些被试者在这个市场中进行证券交易活动。而这个市场中的交易环境和被试者的信息知识都是实验者可以进行控制的。本章正是利用此方法，力图对资本市场的信息效率给出比较合理的研究与解释。

市场信息有效性研究，一直是金融理论重要的基础课题。标准金融理论认为，在强式有效的市场中，资产的市场价格是对其真实价值的最好反映，即在信息完全对称的条件下，理性交易者的交易行为会使资产的市场价格充分反映有关其价值的所有信息；当有新的改变投资者预期的信息出现时市场会迅速地调整到新的均衡价格。在中强有效的市场中，资产的市场价格仍然能够比较充分地反映所有可得信息，所以市场的信息效率是比较高的。但在弱式有效的市场中，市场价格对信息的反映不足，容易导致投机套利活动，导致市场效率低下。

中国的资本市场发展还不到短短的20年，加上我国传统的计划经济背景影响深远，使得资本市场发育极不完善。目前学界普遍认为，资本市场还处于弱式有效阶段，市场机制建设、政府干预机制、投资者投资理念等等还非常欠缺。中国股市普遍存在庄家炒作、市场操纵、过度投机等现象，这在很大程度上归因于我国上市公司在信息披露制度上的不足，导致资本市场上投资者之间存在严重的信息不对称。所以对信息不对称条件下市场效率进行系统研究是十分必要的。Vernon Smith、Suchanek and Williams（1988）首先对信息完全对称条件下的市场有效性进行了实验研究。他们发现共同的信息并不能形成一致的预期，市场出现了较大的价格泡沫，市场价格收敛于均衡价格的速度也远没有有效市场假说预测的那样迅速。Plott and Sunder（1982）对信息不对称情况下的市场效率进行了实验检验。随后许多其他经济学家，如Bloomfield（1999）、Flood（2002）、Theissen（2000）等也对信息不对称条件下的市场信息效率做了实验检验。

高鸿祯（2005）是较早将实验经济学引入国内的学者之一，他也是最早拿中国人做被试者对市场效率进行实验研究的。他在实验中通过对股票设置回购值作为证券的基础价值，来观察交易者的交易行为。杨晓兰等（2007）也对各种信息结构下的市场泡沫做了检验。

本章在对已有实验继承的基础上，主要做了如下三方面研究：（1）检验投资者在面临完全信息的情况下，市场的配置效率及信息的有效性。（2）检验了在多期分红的交易环境[①]下，信息不对称的程度对市场信息的扩散和市场价格收敛于均衡价格的速度的影响。（3）检验了在期末回购的交易环境下，信息不对称的程度对市场信息的扩散和市场价格收敛于均衡价格的速度的影响。

7.2

实验设计

本章中的实验是在南开大学经济学实验教学中心实施完成的。所有实验都是用自行开发设计的计算机模拟市场系统（具体说明见附录）完成的。实验采用现金激励，每个实验局结束时我们会对被试者的收益做出排名，对第一名至最后一名分别设置了30~0元（实验局2.2和3.2是15~0元）不等的报酬，以保证被试者在作出决策时是经过慎重考

① 每个交易期结束时都对证券进行分红的交易环境。后文的期末回购的交易环境指只在实验结束时以一定的价格对证券进行赎回。

虑的。共有 35 名被试者参与了本次实验，他们基本都是来自经济学相关专业的高年级本科生[①]。

本章设置了三组信息结构不同的实验。第一组实验设置的是信息完全对称的市场环境，检验交易者对共同的信息是否能够产生一致的预期，从而达到理性预期理论所预测的结果。第二组实验设置的是市场中有少数内幕人的环境，检验在信息严重不对称条件下市场的配置效率及信息的聚积和传播效率。第三组实验设置的是市场中多数交易者拥有内幕信息的环境，检验市场是否会由于内幕人的增多而趋向于更加有效。在后两组实验中，我们又分别设置了两个完全不同的实验环境分别对比检验，以提供更加有力的说明。各实验局的具体环境设置如表 7－1 所示。

表 7－1　各实验局的具体环境设置[②]

实验局		被试人数	内幕交易者人数	初始禀赋	交易期数	红利情况（元）	概率分布
1	1.1	7	7	1000 元[③]，5 股	15	40、20、8、0	0.25、0.25、0.25、0.25
2	2.1	7	2	1000 元，5 股	15	40、20、10、0	0.3、0.4、0.2、0.1
	2.2	7	2	5000 元，5 股	10	150	——
3	3.1	7	4	1000 元，5 股	15	40、20、10、0	0.3、0.4、0.2、0.1
	3.2	7	4	5000 元，5 股	10	500	——

其中，概率分布是与红利情况相对应的，指单位股票在期末分红时对应的红利值出现的概率。

本章的市场实验采用双向拍卖机制，即卖方从高往低要价，买方从低往高要价，当要价等于出价时，买卖双方成交。这一交易机制已被 simth and willians（1983）验证是效率最高的一种交易机制。

实验局 1、2、3 就是三组环境不同的实验。

在实验局 1.1 中，所有的被试者都拥有完全信息，即他们知道红利情况及对应的概率分布，他们也知道其他人知道这些信息。因此，所有的被试者都可以利用红利情况及概率分布信息去计算出单位股票的基础价格。计算方法为用概率分布乘以对应的红利值得出单个交易期单位股票的平均红利收益，再用这个平均红利收益乘以股票剩余的分红次数，即得单位股票的基础价格。根据此计算方法计算的基础价格代表了单位股票未来红利流的贴现值（不考虑贴现率）。易知，股票的基础价格是逐期递减的，从趋势图上看就是一条向右下方倾斜的直线。基础价格在理性预期理论假设下的含义是，交易者在完全理性的情况下形成共同预期时的均衡价格，除非市场出现新的信息，使交易者对未来红利的期望发生改变，否则市场价格将迅速有效地收敛于这个均衡价格。在本章中我们将此价格作为实验分析的基准。

① 实验经济学已有实验表明，被试者的背景不同对最终的实验结论影响非常小，而拿高年级本科生做实验不论在实验成本，还是在实验环境设置的理解上都是非常好的选择。

② 实验局 2.1 和 3.1 为一组对比实验，实验局 2.2 和 3.2 为另一组对比实验。

③ 本书中使用的单位“元”都是虚拟的货币单位，与现实中的货币单位无关。

而实验局 2.1 和 3.1 除了在拥有内幕信息的交易者人数上不一致外，其他的环境设置是完全相同的。这里的内幕信息是指红利的概率分布①。内幕交易者人数即指知道内幕信息的人数，这部分人可以利用这一信息去计算出股票的基础价格，而无内幕信息的人则无法准确计算出股票的基础价格。内幕交易者的确定是通过实验前的抽签随机决定的，有些签上写有概率分布信息，有些则是空签，抽到信息签的则为内幕人。

以上三局实验都设置了 15 个交易期，每个交易期持续 3 分钟，交易者可以在这 3 分钟内进行买卖活动。在两个交易期之间有 30 秒的停盘时间，系统将在这段时间按既定的概率随机决定上期的分红情况，并显示在每个交易者的交易界面上。在实验结束时，我们要求非内幕交易者对单期的股票红利值及概率分布作出预测。

实验局 2.2 和 3.2 在环境设置上与实验局 1.1、2.1、3.1 有明显的不同。这两局实验在开始时对每个交易者赋予了 5000 元虚拟资金，这是为了使交易者在决策时不受到资金上的约束而限制预期。实验有 10 个交易期，每个交易期持续 120 秒，根据国内外已有的研究这个交易时间控制是合理的。在各交易期开始前，我们要求交易者对下期的平均交易价格作出预测。这两局实验在期末不对股票进行分红，而是设置一个赎回值，在第 10 期交易结束后按照这个赎回值，对交易者账户上的股票进行赎回。显然，在这样的环境设置下股票的基础价格就等于这个赎回值，从趋势图上看即为一条水平的直线，这个价格也将作为这两局实验分析的基准。此时，内幕交易者即为知道赎回值信息的交易者，内幕交易者的决定仍然是通过抽签随机决定的。

在以上所有实验局中，我们对预测最准确的交易者给予 5 元的现金奖励，以激励他们能够认真作出预测。内幕交易者的人数对所有被试都是未知的，这与现实也是比较符合的，股民很难知道实际的内幕者比例。交易者在实验中获得的收益来自两个方面：一方面是通过买卖所获得的价格差收益；另一方面是可能获得的红利收益（或赎回收益）。

7.3

实 验 结 果

7.3.1　信息完全对称条件下的实验

理性预期理论认为在信息完全对称的条件下，理性投资者能够形成一致的预期，证券价格将处于均衡状态。我们在实验 1.1 中构造了一个信息完全对称的实验室证券市场，对理性预期理论的有效性进行检验。各期市场的平均成交价格如图 7－1 所示。

---

① 本书中的实验设置的都是事前信息不对称的环境。在无做市商的市场中，事前信息一般指红利的概率分布信息，事后信息指市场成交价格信息；在做市商市场中，事前信息指做市商的喊价信息，事后信息指做市商的要价信息。因为中国实行的是无做市商制度，且事前信息不对称是我国股市普遍存在的问题，所以本书选取了事前信息不对称的环境，来研究无做市商市场的信息效率。

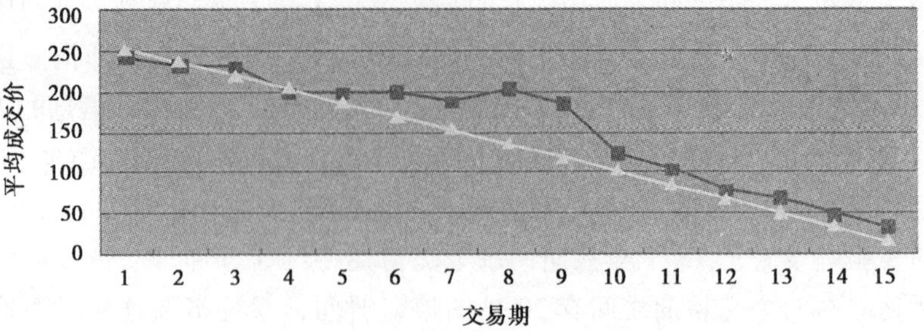

图 7-1 实验局 1.1 的成交价趋势图

图 7-1 中向右下方倾斜的直线是交易者在理性预期下各期的基础价格，而有波动的线是各期市场真实的平均成交价格。从图中可以看出，尽管所有的交易者都有共同的信息，但市场并没有形成一致的预期，交易价格并没有完全收敛于基础价格。市场从第四期开始形成价格泡沫[①]，并逐步扩大，泡沫在第八期和第九期达到顶峰，而在第十期形成了一个较大的泡沫破灭过程，并在随后的几期中逐步趋向于理性预期的均衡价格。

仅从趋势图上，我们就可以看出市场效率并不像理性预期理论假设的那样：任何时候的市场价格都是所有交易者有关证券收益预期的综合反映，它最好地代表了证券的基础价值。现实环境中的交易者并不是经济学家所假定的那样是完全理性的。由于先天或后天导致的异质性，使交易者在面临同样的信息时，可能产生不同的预期，而且往往是产生过于自信的预期。这是标准金融理论所无法解释的，而行为金融理论则对此作出了比较合理的解释。行为金融理论认为，交易者之间存在信念、偏好以及认知能力的个体差异，交易者也不具备完全的计算能力，他们是有限理性的自然人。由于交易者之间的认知偏差，使得交易者的决策，并不是通过全面“核算”而作出的，而是通过启发式决策等方式作出的。

本实验局的结果与 Simth 等在 1988 年所得出的结论基本一致。

7.3.2 内幕人环境下的实验检验

图 7-2 至图 7-5 中的斜直线或水平直线代表了股票的基础价格，波动的线条代表了各期的平均成交价。从对图形的直接观察中我们可以看出这所有的实验局都产生价格泡沫。通过对图 7-2、图 7-3、图 7-4 和图 7-5 的简单对比我们可以发现，两个内幕人时市场的价格泡沫要明显高于四个内幕人的市场环境，这说明内幕人的多少或市场信息不对称的程度对市场效率是有明显影响的。

为了更加精确地测量各个环境下市场的信息效率，我们设置了三个指标作为我们衡量比较的标准。

我们主要考虑的是市场的泡沫水平。该类指标衡量市场价格偏离基础价格的程度，从而衡量其对应的市场环境下的市场配置效率和信息有效性。泡沫水平越高，说明市场的效率越低。

---

① 一般来说只要是价格偏离了基础价格的部分都叫泡沫。所以价格可能高于基础价格形成正泡沫，也可能低于基础价格形成负泡沫，在本书中泡沫指前者。

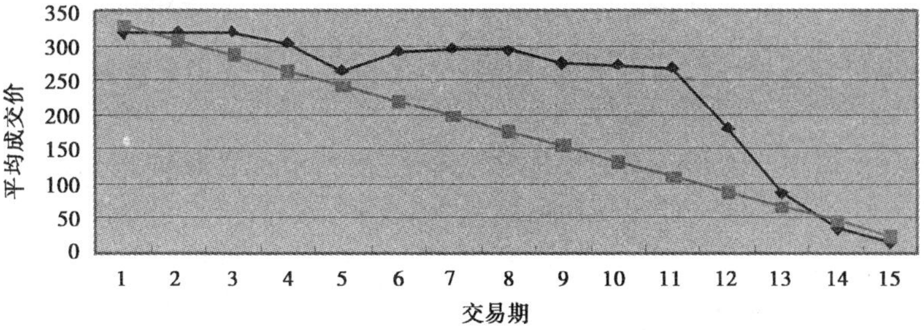

图 7－2　实验局 2.1 的成交价格趋势图

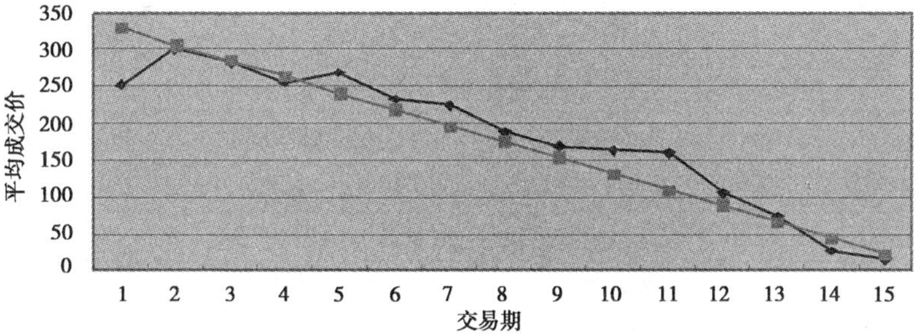

图 7－3　实验局 3.1 的成交价格趋势图

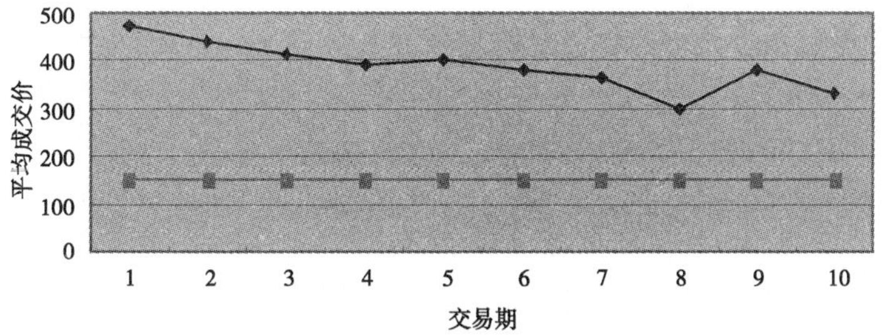

图 7－4　实验局 2.2 的成交价格趋势图

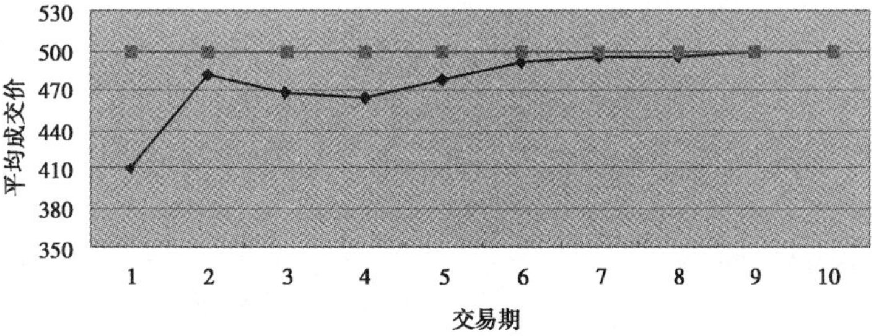

图 7－5　实验局 3.2 的成交价格趋势图

（1）总价格泡沫，指各交易期的平均成交价格与基础价格的绝对离差和。其计算公式

为 $B=\sum_{t=1}^{n}|P_t-P_t^*|$，其中 n 为总的交易期数。$P_t$ 表示第 t 个交易期的单位证券的平均市场价格，P_t^* 表示第 t 个交易期单位证券的基础价格。我们用这个公式来测量市场在所有交易期内产生的总泡沫。

（2）平均价格泡沫，指各交易期的平均成交价格与基础价格的平均绝对离差（MAE，mean absolute error）。其公式为 $MAE=\frac{1}{n}\sum_{t=1}^{n}|P_t-P_t^*|$。

（3）平均相对价格泡沫，指平均成交价格对基础价格的平均相对偏差（MRE，mean relative error）。其公式为 $MRE=\frac{1}{n}\sum_{t=1}^{n}\left|\frac{P_t-P_t^*}{P_t^*}\right|$。

根据上面的指标，得出各实验局的结果如表 7－2。

表 7－2　　各实验局的指标值

实验局	总价格泡沫	平均价格泡沫	平均相对价格泡沫
1.1	350.46	23.36	0.29
2.1	956.3	63.75	0.48
2.2	2385.5	238.55	1.59
3.1	324.2	21.61	0.17
3.2	218.5	21.85	0.04

从表 7－2 中我们容易看出，在所有的实验局中都出现了比较严重的价格泡沫，这说明不论市场的信息结构如何，市场都不能完全达到理性预期理论下的均衡价格，但各种环境下价格偏离均衡价格的程度又有明显不同的。第二组实验，即两个内幕人的信息环境下，价格偏离均衡价格的程度远高于其他两组实验。而第一组和第三组实验的泡沫水平比较接近，甚至在有小部分非内幕交易者的实验环境下，市场的效率比完全信息条件下还要好。据此，笔者认为在信息严重不对称的情况下，市场效率会受到严重制约，而当内幕人增多时，市场效率的这种扭曲会得到改善。

7.4 实验结论与政策建议

7.4.1 实验结论

1. 在所有的信息环境中，市场都出现了价格泡沫。由于交易者的认知偏差，共同的信息不足以形成共同的预期，市场价格会长期偏离理性预期理论预测的均衡价格。在非对称信息情况下市场的价格泡沫会增大，价格波动也会增加。

2. 市场的信息效率并不像有效市场假说预测的那样有效，而是存在时滞的。

通过对图 7－2 和图 7－3 的观察我们看到，有关股票价值的内幕信息直到最后三个交易期才“泄漏”到市场中。即使信息完全时（图 7－1），市场也直到第十期才开始趋向均衡价格。这说明在前期泡沫阶段交易者并没有根据股票的红利价值去预测股票的价格，或由于缺乏有效信息而无法对股票价值进行计算，而是形成了过高的价格预期；交易在经过一段市场观察之后，又好像突然感受到了红利的一些信息，开始认同红利对股票价格的决定作用，交易价格也逐步趋近均衡价格，但交易价格始终不会稳定在均衡价格上。在实验局 2.2 和 3.2 中，通过对图 7－4 和图 7－5 的分析，可以看出有关股票的回购值信息在市场中的扩散也是存在明显时滞的。在实验局 2.2 中，初始环境是只有两名交易者知道股票的回购价值，而其他五名交易者处于信息劣势；在实验局 3.2 中有四名交易者知道股票的回购价值。两局实验各期的平均成交价与基础价格的差距如图 7－6 所示。

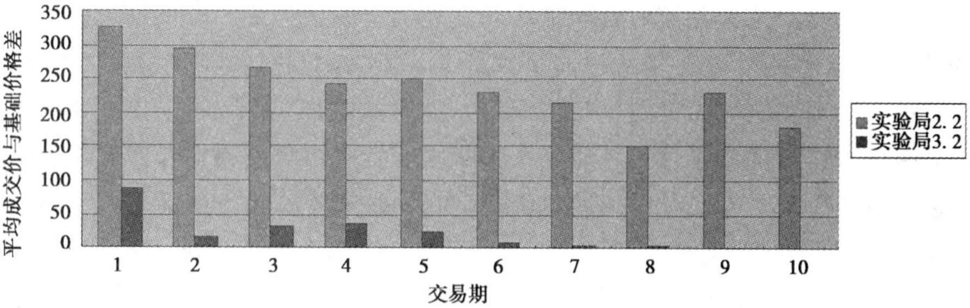

图 7－6　平均成交价与基础价格的差距

从图 7－6 可以看出，在实验局 2.2 中内幕交易者的信息始终没有泄漏给非内幕交易者，市场的成交价长期偏离基础价格，而且向基础价格的收敛也比较微弱。而在实验局 3.2 中，有关股票回购价值的信息，明显通过市场交易泄漏给了非内幕交易者，但这个向基础价格收敛的过程也持续了较长的交易期，到第六期、第七期时市场成交价才基本趋近于基础价格。

3. 从三组实验的对比中我们可以看出，在信息完全对称时，市场信息也不是完全有效的。但要高于信息不对称下的市场效率，而且信息不对称程度的扩大对市场信息效率的降低有明显影响。在实验局 2.1 和 3.1 中平均每单位资产的价格泡沫为 18.29，实验局 2.2 和 3.2 中平均每单位资产的价格泡沫为 37.2，而实验局 1.1 中平均每单位资产的价格泡沫为 10.03。所以从泡沫程度来衡量，非对称信息下的市场效率要远远低于对称信息下的市场效率。从表 7－2 中，对比第二组和第三组实验数据可以看出，内幕人比例对市场效率有明显影响，且内幕人比例很高时，市场效率有显著改善。

4. 交易者在市场交易中的价格预期和市场价格之间存在一定正反馈趋势。即交易者可能根据市场价格上升的趋势预期价格会进一步上升，从而产生价格泡沫。根据适应性预期理论，理性的交易者会根据股票红利信息理性判断股票的价值，但由于缺乏信息及个体的认知偏差，交易者在进行价格预期时，会根据他对上一期的预测价格和上一期实际的成交价格之间的差异不断调整他对下一期交易价格的预测。我们根据实验局 2.2 和 3.2 的数据，建立适应性预期模型如下：

$$P^e_{t+1} - P^e_t = \beta\,(P_t - P^e_t) + \varepsilon$$

其中，P_t^e 表示交易者在 t-1 期期末对第 t 期市场平均价格的预期；P_t 表示第 t 期实际的平均成交价格。

对实验局 2.2 的数据进行 OLS 估计结果如下：

$P_{t+1}^e - P_t^e = 0.62\ (P_t - P_t^e)\ - 18.94\ R^2 = 0.62\ t = 9.91\ DW = 2.05\ T = 63$

对实验局 3.2 的数据进行 OLS 估计结果如下：

$P_{t+1}^e - P_t^e = 0.70\ (P_t - P_t^e)\ + 2.95\ R^2 = 0.60\ t = 9.32\ DW = 2.51\ T = 62$

从上面的回归结果可以看出，大部分交易者是基本符合适应性预期模型的。这为行为金融理论中解释价格泡沫的"反馈理论"提供了支持。

7.4.2 政策建议

根据以上的实验结论，我们对资本市场的发展提出以下建议：

1. 上市公司应该及时、真实地披露公司信息，国家应设立专项法规，严惩隐瞒信息、泄漏信息给私人。证监会应加大对上市公司信息披露的监督工作，对上市公司的披露进行核查，同时应该发挥媒体的监督作用，奖励个人举报。资本市场上存在非常严重的信息不对称情况，许多机构或个人通过各种渠道获取内幕信息，这对资本市场的运行效率将产生非常不利的影响。

2. 注重培养股民的风险意识，通过宣传引导股民的非理性行为，培育股民的理性投资理念。

附录：资本市场实验说明

Ⅰ 资本市场基本实验说明

首先非常感谢您来参加本次关于资本市场的经济学实验！

当您听完我对这份实验说明的讲解后，您就已经获得了 10 元人民币的现金报酬，我们将在实验结束后计入您的实验所得中。

本次实验是为模拟真实的证券交易市场而设计的，我们将完全使用计算机实验操作系统来完成。在整个实验过程中，您将始终扮演一个证券交易者的身份，在一个 30 人构成的证券交易市场中进行交易活动，您可以根据自己所获得的信息来进行自己的交易指令。在整个实验过程中您与其他实验者不能相互交流，交易中产生的各种信息是通过计算机的交易界面来公布的。

在此我们要提醒您的是，您接下来的表现将与您最后的收益直接相关，所以请您认真对待！

一、交易环境说明

（一）参与人数

这是一个有 30 人参加的交易市场。

（二）初始禀赋

当实验开始时所有交易者都将被赋予 1000 元的虚拟货币和 5 单位的证券。实验开始后您可以用现金买入证券，也可以卖出所持有的证券。在整个实验过程中您都可以利用计算机系统，即时查询自己拥有的现金和证券数目。

（三）交易时间

在本次实验中总共有 15 个交易期，每个交易期持续 3 分钟。您需要在这 3 分钟内作出自己的交易指令。这 3 分钟是连续的，也就是说您在这 3 分钟内随时都能做出或改变您的操作。两个交易期之间，将有 30 秒的暂停时间，系统将在这个时间向每个参与人公布上个交易期股票的分红情况。在实验正式开始前将有 3 分钟的测试时间，可以用来让您熟悉操作系统。

在每期结束前一分钟我们都会通过消息框提醒您，抓紧时间交易，马上就要停盘了。

（四）交易方式

在本次实验中我们采用双向拍卖机制，即卖方从高往低要价，买方从低往高要价，当要价等于出价时，买卖双方成交。在交易过程中，所有的申卖价格（offer）将按照由高到低的顺序排列，所有的申买价格（bid）将按照由低到高的顺序排列，所有的参与人都可以看到这些报价以及报价的数量。相同的报价按照时间优先的原则被系统接受。成交数量按照买卖双方数量低的一方来确定，多余的数量仍保留在系统中。在每个周期的交易结束后，每个周期的所有交易结果，包括成交数量、成交价格、买方、卖方以及成交时间都将显示在您的电脑上。在实际的操作过程中您的计算机屏幕将出现如下界面：

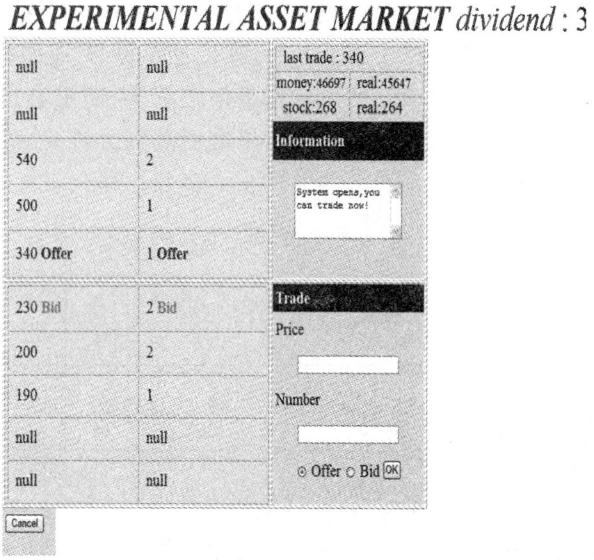

如图所示，申卖（offer）表示众多参与者中一部分愿意出卖股票的参与者所要求的价格与出售的股票数，申买（bid）表示参与者中愿意为购买股票所出的价格与想购买的股票数，右上方的成交价（last trade）表示最近撮合的交易的价格。在出现上图情况时如果您觉得自己能够承受 340 要价，那么您可以在 price 中输入 340，在 number 中输入 1 。那么系统马上会撮合您的交易要求，成交价（last trade）立即变为 340，并显示。如果交易者中同时有人输入同样的价格那么系统将根据时间先后先撮合更早提交的交易。当然您的出价可以是任意的，您并不需要一定按照上图所示进行出价，当然能不能够成交就要看市场上有没有符合您要求的买家或者卖家了。

（五）股票的红利分布

在每周期交易结束时，单位证券获得分红的分布情况是：25%的概率获得40元，25%的概率获得20元，25%的概率获得8元，25%的概率获得0元。

根据这样一种红利分布情况，在不考虑贴现率的情况下，每一周期中单位证券的理性预期的均衡价格即基础价值（股票未来分红收益贴现的期望）是：

第一周期为：（25% ×40 +25% ×20 +25% ×8 +25% ×0） ×15 =255

第二周期为：（25% ×40 +25% ×20 +25% ×8 +25% ×0） ×14 =238

第三周期为：（25% ×40 +25% ×20 +25% ×8 +25% ×0） ×13 =221

……

第十五周期为：（25% ×40 +25% ×20 +25% ×8 +25% ×0） ×1 =17

在最后一个交易期，证券获得分红之后，证券的赎回价值为零。

我们的实验只进行15期，所以上述每期价值只能作为您出价与要价的参考。因为如果您觉得您运气足够好，坚信在每期结束后的分红中都将得到40元的红利，那么如果您将股票保留15期，您在15期内的收益将绝对大于255，达到每股600的总收益，远大于255。当然我们并不是在刻意强调每期您都将获得40元红利，这是一个概率问题，如果您的运气不够好的话您也完全有可能每期都获得0元红利。所以您还是必须从您的利益最大化的角度思考应该以哪种价格收购股票，以哪种价格出售股票。

举个例子，如果在第一期结束时分红为40，那么之后的14期如果按照一般概率出现的原则在第二期股票的价格应该为238，但如果您坚信之后14期中会出现很多的交易期分红40，那么您有理由把价格出得高于238，因为如果之后真的分红40的话您完全可以弥补出价高于238的那部分，当然如果之后分红为0的占大多数，那么您将必然面临亏损。

下面再列表进行说明：

期数	1	2	3	4	5	6	7	8	9	10	11	12	13	14	15
分红	40	40	40	20	20	8	20	40	20	8	8	20	20	8	40
保留股票分红的总收益			272	232	212	208	188	148	128	120	112	92	72	64	24

假设现在是在第二期的结束之前，分红情况为40、40，而第三期开始之后出现的分红情况都只是个人的预期与判断，也就是自己感觉会出现的分红情况。那么如果在第三期开始的每一期都按上面那位参与者的预期进行，那么每期的价格就会不同于基础价值，所以每次当您在界面输入操作时都需要对之后的那些期的分红情况进行大致的判断从而得出你认为合适的价格去出售或者买入股票。

（六）您的收益

您在实验中的收益来源于两个方面：一是买卖证券获得的价格差收益，二是持有证券可以获得的分红收益。在实验结束后，系统将自动统计您获得的总收益，我们将按照一定的比例折算成人民币作为您的实验报酬。

（七）注意

（1）您的最小交易单位为1，即不论价格还是数量都不能出现小数。

（2）在交易过程中您需要不断地刷新页面（可以点击“ok键”），来获得最新的信息。

如果还有什么疑问您可以向我们的工作人员提出，我们将认真为您讲解！

Ⅱ　资本市场内部人实验说明

欢迎大家来参加本次关于资本市场的经济学实验！

请您仔细阅读这份实验说明书，并根据此说明书设定的规则来作出您的决策。在此要提醒您的是，您所作出的决策将直接影响您的最终报酬，所以请您认真对待。当您学习完这份实验说明时，您就已经获得了10元的现金报酬以感谢您来参加本次实验，我们将在实验结束时计入您的总报酬中并立即支付给您。

在学习过程中如有不理解的地方，请随时提出，我们将认真解答！

本次实验是为模拟真实的股票交易市场而设计的，我们将完全使用计算机操作系统来完成。在整个实验过程中，您将始终以一个交易者的身份进行股票买卖活动，您可以根据自己所获得的信息来进行自己的交易指令。在整个实验过程中您与其他实验者不能相互交流。

本次实验分为三个阶段，大约需要两个半小时。第一阶段是实验讲解和练习（约40分钟），第二阶段是第一局实验（约50分钟），第三阶段是第二局实验（约50分钟）。

一、第一局的交易环境说明

（一）参与人数

这是一个有30人参加的交易市场。

（二）初始禀赋

当实验开始时所有交易者都将被赋予1000元的虚拟货币和5单位的股票。实验开始后您可以用资金买入股票，也可以卖出所持有的股票。在整个实验过程中您都可以利用计算机系统，即时查询自己拥有的资金和股票数目。

（三）交易时间

在本次实验中总共有15个交易期，每个交易期持续3分钟。在这3分钟内您随时都能做出或改变交易指令。两个交易期之间，将有30秒的停盘时间，系统将在这个时间向每个参与人公布上个交易期单位股票的分红情况，这个分红价值将乘上您的股票数量加入到您的总资金账户中。在实验正式开始前将有3分钟的测试时间，用来让您熟悉操作系统。

在每期结束前30秒时我们都会通过消息框提醒您，“快要停盘，请把握好时间交易”。

（四）交易方式

在本次实验中卖方由高往低要价（offer），买方由低往高要价（bid），当要价等于出价时，买卖双方成交。在交易过程中，所有的申卖价格将按照由高到低的顺序排列，所有的申买价格将按照由低到高的顺序排列，所有的参与人都可以看到这些报价以及报价的数量。相同的报价按照时间优先的原则被系统接受。成交数量按照买卖双方数量低的一方来确定，多余的数量仍保留在系统中。

（五）股票的红利

在每周期交易结束时，单位证券可能获得40元、20元、10元或0元的分红。但具体哪种分红情况会出现是按照一定的概率分布来决定的。有关各种红利出现的概率分布的信息在本次实验中只有一部分交易者知道，但具体有几名交易者对大家来说是未知的。实验开始前我们会让大家随机抽取一些纸签，部分纸签上写着红利的分布情况，部分纸签是空白的，在您抽完后请不要告诉其他人，这将是您可利用的私有信息。

下面向大家介绍一下，理性预期下的股票基础价格的计算方法。假设（40、20、10、0）出现的概率对应为（P1、P2、P3、P4），其中 $P1+P2+P3+P4=1$，则1单位股票在每期的期望（平均）收益为 $P1\times40+P2\times20+P3\times10+P4\times0$，令其等于A，因此1单位股票的基础价格：

第一周期为：$A\times15$（股票有15次分红机会）

第二周期为：$A\times14$（股票剩下14次分红机会）

……

第十五周期为：$A\times1$（股票最后一次获得分红）

在最后一个交易期，证券获得分红之后，证券的赎回价值为零。

当然，基础价格只是作为您出价与要价的参考，股票的市场价格完全是由市场交易形成的。

例如，如果您坚信证券每期都将得到40元的红利，那么您在第一期所持有的单位证券的价值就是 $40\times15=600$，远大于262.5。换句话说，如果您将股票保留15期，则最终您的单位证券收益将是600。当然市场有风险，我们并不是在刻意强调您的每期都将获得40元红利，如果您的运气不够好的话您也完全有可能每期都获得0元红利。所以您还是必须从您认为可以接受的价格买卖证券。举个例子，如果在第一期结束时分红为40，那么之后的14期如果按照即定概率出现的原则在第二期股票的价格应该为245，但如果您坚信之后14期中会出现很多的交易期分红40，那么您有理由把价格出得高于245，因为如果之后真的分红40的很多您完全可以弥补出价高于238的那部分，当然如果之后分红为0的占大多数，那么您将必然面临亏损。

所以，抽到有概率分布的交易者，可以按此方法计算出股票各期的基础价格，以作为您的参考价格。而抽到空签的交易者，则需从市场交易的各中信息中去推测股票的基础价格，来进行自己的交易。

在每局实验结束后，我们需要您对基础价格及概率分布作个预测。我们将对预测最准确的两名实验者，每人给予5元的现金奖励，计入您最后的总收益中。

（六）您的收益

您在实验中的收益来源与两个方面：一是买卖证券获得的价格差收益，二是持有证券可以获得的分红收益。在实验结束后，系统将自动统计您获得的总收益，我们将按照您的总收益排名支付不同数量的人民币作为您的实验报酬。

第一名至第七名将分别获得30、25、20、15、10、5、0元的现金报酬（这里的单位元与实验中的货币单位元不是同一性质）。两个实验局的报酬是独立的，即两次实验都是按照这个报酬等级支付的。我们将在实验结束时加总并支付您的实验报酬。

二、实验程序说明

首先大家在 IE 浏览器中输入地址“http：//”，进入到如下登录界面。

您将纸条上的用户名和密码输入后点击“Login”键。大家将看见如下界面：

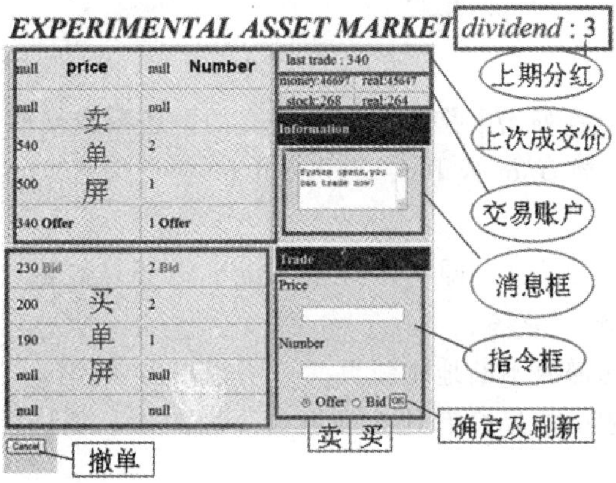

卖单屏：列出了所有卖单，第一列为价格，第二列为数量，从上至下由高到低排列。

买单屏：列出了所有买单，第一列为价格，第二列为数量，从下至上由低到高排列。

随着交易进行，卖单屏和买单屏是随时更新的。

Last trade：显示的是最近的成交价。

交易账户：money 和 stock 分别显示的是您实际拥有的资金数和股票数。两个 real 分别显示您实际可交易的资金数和股票数。

消息框：显示开盘、停盘及交易期等信息。

指令框：是您提交卖单、买单的窗口。OK 键可做确定及刷新屏幕键用。

撤单（Cancel)：撤消您的交易指令。

如图所示，申卖（offer）表示愿意出卖股票的参与者所要求的价格与出售的股票数，申买（bid）表示参与者中愿意为购买股票所出的价格与想购买的股票数，右上方的成交价（last trade）表示最近撮合的交易的价格。在出现上图情况时如果您觉得自己能够承受 340 要价，那么您可以在 price 中输入 340，在 number 中输入 1，选定 Bid，点击 OK 。那么系统马上会撮合您的交易要求，成交价（last trade）立即变为 340 并显示。如果交易者中同时有人输入同样的价格，那么系统将根据时间先后，先撮合更早提交的交易。当然您的出价可以是任意的，您并不需要一定按照上图所示进行出价，当然能不能够成交就要看市场上有没有符合您要求的买家或者卖家了。

如果您点击撤单键，将看到如下界面：

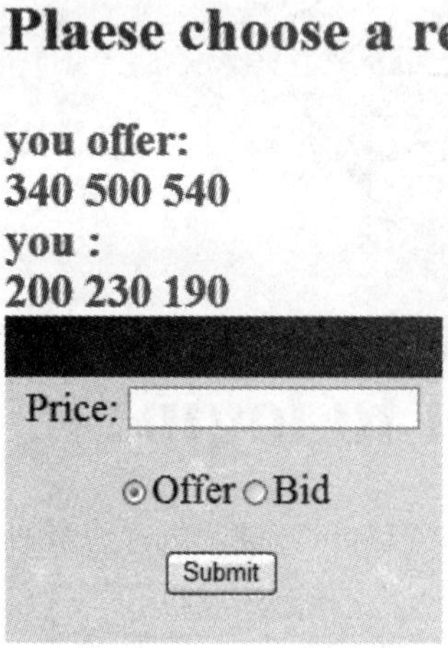

you offer 与 you bid 分别列出了您在本期所提交的但还没成交的交易指令。在 Price 中输入上面列出的数字，并选择 Offer 或 Bid，点击 Submit 提交即可。

注意：

（1）您的最小交易单位为 1，即不论价格（price）还是数量（number）都不能出成小数。

（2）在交易过程中您需要不断地刷新页面（可以点击 ok 键），来获得最新的信息。

（3）在整个实验过程中如果您有什么问题请不要出声，将您的手伸出帘外，我们的工作人员会过去向您解答。

第八章

DIBAZHANG

资本市场价格泡沫实验

本章基于实验方法来研究投资者的投资时间长短怎样影响股票价格泡沫的形成。资本市场泡沫是指证券价格偏离基础价值的部分。对偏离基础价值的泡沫现象的解释依赖于对不同类型的投资者及其预期的研究。通过在实验室中模拟出股市长期和短期投资者的行为，实验的结果对股票市场容易产生泡沫的环境给出了诸多启示：（1）投资者的持有时间长短对于股票的价格是很敏感的。（2）很长成熟期的股票（一般地，更长久期的股票），更容易形成泡沫。（3）泡沫在未来红利不确定的情况下更容易发生。（4）市场的分配效率在长期投资者主导时更高，而在短期投资者主导时则不容易被确定。

8.1 证券泡沫实验研究现状

如前所述，对泡沫问题的探讨已经成为资本市场实验经济学研究的一个主题。目前的证券市场实验研究已经涉及如下的几个方面，虽然有些领域的研究仅仅是探索性的。

8.1.1 有关信息结构的实验研究

（一）信息完全对称的实验

最早在信息完全对称的证券市场实验中发现泡沫现象的研究源自 Vernon Smith 等人①。这个研究成果引发了大量的讨论，在 Vernon Smith 实验的基础上，研究者们通过重复实验以及从不同的角度改善实验环境证明了泡沫在实验市场中的存在性和持续性，他们所得出的实验结果为解释泡沫现象提供了更为丰富的证据。这个方向的实验研究主要是针对主流经济学的理性预期理论。在主流经济学的框架内，理论指出在市场完全竞争和共同信息的前提下，

① Vernon Smith L.、Suchamek G. and Williams A.，1988，Bubbles，Crashes and Endogenous expectations in experimental spot asset marts，Ecomonetrica，56，1119～1151.

投资者对证券价格有相同的预期，因此市场能够实现理性预期的均衡价格。而在一些实验研究中，这个结论并不成立。

Vernon Smith 等人构造了一个信息完全对称的实验环境，即有关红利分布的信息对每个交易者来说都是共同知识。他们进行了多次实验，结果显示在超过一半的实验中出现了明显的泡沫现象，而且其中一次实验的参与者全部是专业的商业人士。实验结果显示，在 15 个交易阶段中，成交价格往往在开始时低于基础价值，然后价格逐步上升，直至出现了价格泡沫，之后泡沫破裂，成交价格在后面几个交易阶段才收敛于基础价值即理性预期的均衡价格。

金雪军和杨晓兰（2004）构造了一个信息完全对称的实验室证券市场，选取在校学生、金融从业人员以及公务员等具有不同职业背景的参与人作为交易者，利用来自中国的实验数据对理性预期理论的有效性进行了检验。实验结果与国外现有研究基本一致，即在信息完全对称的实验环境下均出现了价格泡沫现象，直到交易过程的最后几个阶段市场价格才逐步收敛于理性预期的均衡价格；有经验的交易者组成的市场所产生的泡沫程度显著地少于没有经验的交易者①。

林嘉永（2005）构建了信息对称的实验室资本市场，得出少数交易中资产交易价格偏离了资产的基本价值，出现了价格泡沫现象，但大多数交易中资产的价格还是接近资产的基本价值，符合有效市场假说的预期②。

（二）信息不对称的实验

为了考察信息对证券价格的影响，研究者们设置了信息不对称的实验环境。Sunder 将这类实验研究分为三类：第一类集中于研究相同的信息从一个拥有信息的内幕人那里扩散到没有信息的人；第二类关注于不同的信息从个体交易者那里集聚起来，并且在所有交易者中扩散；第三类研究设置了可以购买信息的信息市场，研究证券和信息这两个市场的均衡情况。这些实验研究的细节可以在 Plott、Sunder、Friedman 等人的文献中找到。

Plott 等人设计了一组研究信息扩散的实验，市场中有 12 个交易者，分属于三种类型，每类交易者的红利都有两种可能性，两种可能性的概率是所有交易者都已知的。有关最终哪一种状态会实现的信息，只有 6 个交易者知道，另外 6 个交易者不知道。实验表明，开始的成交价格是偏离基础价值的，随着实验的进行，没有信息的交易者通过观察价格来推测哪一种状态会实现，对基础价值的偏离开始减少。

Plott 和 Sunder 的结论是，如果通过重复实验形成经验，这些市场行为会收敛于接近理性预期均衡的价格，而且交易者能够通过观察市场推测出市场环境的状况。

Plott 等人的研究显示市场信息可能从完全拥有信息的内幕人那里扩散到没有信息的人。为了考察市场是否同样可以完成更微妙和更复杂的任务（如集聚不同个体拥有的更不完全的、更加不同的信息，然后再将信息扩散至所有的交易者），Plott 和 Sunder 在后来的实验中设置了一个信息集聚模型。实验发现，如果在同一状态下交易者所获得的红利数额是不同

① 金雪军、杨晓兰："证券市场理性预期与泡沫的试验检验"，《世界经济文汇》，2004 年第 6 期，第 32~36 页。

② 林嘉永："信息对称资本市场的实验研究"，《厦门大学学报（哲学社会科学版）》，2005 年第 2 期，第 11~15 页。

的，市场不能通过单阶段的交易过程实现信息的集聚；如果同一状态下所有交易者的红利数额都是一致的，交易者能够以一种明确的态度来解释其他人的报价和要价，而且能从中提取信息，来修正自己对实现状态的信念，从而使交易价格趋于理论价格。

Sunder 所进行的实验中允许投资者在交易开始之前购买有关分红的完全信息。实验发现，当采用统一的价格以密闭拍卖方式来拍卖信息时（出价最高的 4 个投资者获得信息），信息在开始阶段的价格相对较高，当没有信息的交易者发现他们能够从市场观察中推测出分红的状态时，他们相应减少了愿意为信息支付的金额，这导致信息价格的急剧下降。当信息价格固定时，并且每个交易者可以在任何阶段选择是否购买信息时，购买信息的交易者数目就在较大的范围内波动。如果有很多交易者购买信息，信息可以通过价格迅速被披露出来，这就剥夺了那些购买信息的人补偿成本的机会。如果仅仅有一些人购买信息，市场价格通常不能披露出信息，这使信息拥有者获取了大量额外的收益。从多阶段的平均情况看，有信息的人获得的净利润与没有信息的人趋于一致。

高鸿桢和林嘉永（2005）构建了信息不对称的实验室资本市场①，研究信息是否可以通过市场迅速传递。他们指出信息不对称情况下资本市场是非有效的，市场对信息的传递和价格反应是有条件的而且也是需要时间的，资本市场中的投资者并非完全理性，而是具有认知与行为偏差的普通人，存在过度自信和过度交易的情况；信息不对称还可能引起市场操纵行为，从而导致价格泡沫的形成。

信息不对称的证券市场实验主要关注于学习机制在交易过程中的作用，考察投资者是否能够通过观察市场价格来获取信息，从而消除价格中的泡沫成分。

8.1.2　有关交易制度的实验研究

交易制度对证券价格的形成有非常重要的作用。应用实验方法来考察具体交易制度对价格的影响有较大的实践意义。因为根据实验结果，研究者可以得出在实验环境下哪些制度会导致泡沫的产生，哪些制度对消除泡沫是有效的等结论，继而可以提出相应的政策建议。目前，实验研究已经对以下的交易制度进行了检验。

（一）卖空机制

King 的实验结果表明，卖空机制对泡沫的产生没有显著的影响。类似的结果也来自 Vernon Smith 等，他们根据实验结果指出，卖空机制不能显著地降低泡沫量以及泡沫的持续时间。

（二）期权交易

Hicks、Danthine 和 Grossman 分别在理论研究中指出，期权市场有助于经济系统中有关不同交易者价格预期的私人信息的扩散，因此能够增加现货市场的信息效率和配置效率。佛西斯等人的研究是②第一个支持上述理论的实验。他们检验了一个两阶段的资本市场（没有不确定性），发现当第一阶段的现货市场与第二阶段的期权市场相配合时，成交价格收敛于均衡价格的速度加快了。波特和 Vernon Smith 的实验结果也表明，期权市场能够加快投资者

---

① 高鸿桢、林嘉永："信息不对称资本市场的实验研究"，《经济研究》，2005 年第 2 期，第 22 ~ 26 页。

② Forsythe R. 、Palfrey T. and Plott charles R. , 1982, 537 ~ 568.

形成共同预期的过程，从而能显著地降低市场的泡沫量，但是期权市场无法消除价格泡沫。

（三）涨停、跌停制度

涨停、跌停制度是一种价格限制制度，其目的是为了防止证券市场价格的大幅度波动。这种制度是否真的能够起到稳定市场的作用？King 等人进行了 6 次实验，实验规定价格的涨幅和跌幅不能超过单阶段期望红利的两倍。实验结果显示，价格限制制度没有阻止泡沫的出现。King 等人进一步指出，价格限制制度会使泡沫现象更为严重，因为价格限制让投资者感到风险降低了，从而激发他们将泡沫量提得更高，使持续时间更长①。

（四）交易费用

证券市场实验的批评者指出，实验中投资者进行交易的成本太低，仅仅是按下按钮接受或者输入报价或要价。因此，波特和 Vernon Smith 设计了一个需要交易费用的证券市场实验，每次成交的费用是 20 美分，买方和卖方各支付 10 美分。他们的研究结果是，交易费用对泡沫的价格振幅、持续时间、股份流通量都没有明显的影响。

Lei 等人设计了一个征收资本所得税的实验市场。他们构造的市场与其他发现泡沫及其破裂的市场是类似的，唯一不同的地方是有 50% 的资本所得税，也就是在每个交易阶段结束时对资本的正的利得（除了分红以外现金流的增加）征收 50% 的税收。实验得出的结论是资本所得税没有消除泡沫，所有 3 次实验中，至少有 6 个持续阶段的平均价格高于基础价值，其中两次实验中至少有 5 个持续阶段的平均价格高于红利流的最大可能值②。

（五）红利支付制度

这类实验主要考察红利支付频率和基础价值的变化频率是否会影响泡沫的产生。Vernon Smith 等人提出了两个假设：(1) 频繁地支付红利会增加泡沫产生的可能性；(2) 频繁地变化基础价值也会增加泡沫产生的可能性。为了检验这两个假设他们创造了一种实验环境，在这个环境下证券市场的分红过程非常简单，仅在时间轴的最末端才支付红利，而且基础价值保持不变。实验结果表明，即使选取了没有经验的参与人作为交易者，在 10 次实验中，仅有 1 次出现了泡沫，其他 9 次交易价格都紧密地沿循着基础价值。Vernon Smith 等人认为，他们提出的这两个假设通过了实验检验。

针对 Vernon Smith 等人的实验结果，努塞尔进行了进一步实验。他所设计的实验环境与 Vernon Smith 实验的相同之处是基础价值保持不变，区别在于频繁地支付红利，即在每个交易阶段结束时支付，而不是在所有交易阶段结束后一次性支付。在这样的实验环境下，仍然出现了市场泡沫。努塞尔指出，泡沫的出现证明频繁支付红利是泡沫产生的主要原因，基础价值保持不变不足以消除泡沫，但基础价值保持不变情况下的市场泡沫量小于基础价值随时间递减情况下的泡沫量（用价格振幅来衡量）③。

---

① King Ronald K.、Vernon Smith L.、Willims Arlington W.、Van Boening, Mark, 1993, 183 ~ 200.

② Lei、Vivian、Charles Noussair and Charles Plott, 2002, "Asset Bubbles and Rationality: Additional Evidence From Capital Gains Tax Experiments," California Institute of Technology, Social Science working paper 1137.

③ Noussair, Charles, Price bubbles in Laboratory asset markets with constant fundamental values, Experimental Economics, 4: 87 ~ 105, 2001.

8.1.3 有关风险偏好的实验研究

有关风险偏好的实验研究主要来自心理学和行为学领域。对证券市场泡沫进行解释时，研究者大量借鉴了心理学实验和行为学实验的成果。同时，也有一些研究者直接通过构造证券市场环境来引出交易者的风险偏好，对一些偏好模型进行检验。例如，Gul（1991）提出了一个被称为失望厌恶（disappointment aversion）偏好的模型。他的范式代替了仍然在标准理论中存在的期望效用理论。失望厌恶偏好意味着对损失有强烈的厌恶。一个有失望偏好的个体对“以小概率事件出现大损失”的赌博是厌恶的，然而对“以小概率出现大收益”是偏好的。据此可以得出的结论是：有失望厌恶偏好的交易者愿意为具有彩票性质的证券支付更高的价格。Ackert 等人设计了一组实验来检验证券市场的交易行为是否与失望厌恶偏好相一致。如果按照失望厌恶偏好，具有彩票性质的证券就会溢价，也就是会存在泡沫。他们的实验中有两种证券，一种称为标准证券，一种称为彩票式证券，两种证券的红利分布情况如表 8－1 所示。可以看到彩票式证券在大部分情况下没有分红，但有 4% 的概率获得 18 元的高额分红。实验结果表明，即使这两种证券具有相同的基础价值，投资者愿意为彩票式证券支付更高的价格，彩票式证券的泡沫量和泡沫持续时间都超过标准证券。通过实验检验，Ackert 等人认为，失望厌恶偏好是彩票式证券泡沫出现的重要原因。他们用这个结论来解释网络泡沫的出现，很多网络公司尽管在会计上是亏损的，其股票价格却以令人难以置信的速度上升，这正是由于投资者相信这些公司有可能获得巨大的收益，即使这种可能性很小。

表 8－1　　标准证券和彩票式证券的红利分布

证券红利分布				红利期望值	第一阶段证券的基础价值
概率	0.48	0.48	0.04	0.72	8.64
标准证券的红利	0.50	0.90	1.20		
彩票式证券的红利	0.00	0.00	18.00		

8.1.4 有关价格对预期的反馈的实验

Vernon Smith 等人的实验要求交易者在每个阶段对下一阶段的证券价格进行预测，通过这些预测数据来直接研究预期与价格之间的关系。这种要求交易者进行预测的研究方法也被后来的实验所采用。比较特别的是 Hommes 等人的一个实验，他们专门检验了预期与价格之间的反馈作用。在实验中，参与者唯一的任务就是在每个阶段对价格进行预测，而不需要进行资本买卖的交易。证券的红利分布对每个参与者来说都是共同知识，参与者的收益由他们的预测值与市场价格之间的误差来决定，即误差越小收益越大。这个假想的市场价格则是通过一个均衡公式计算出来的，这个公式中包括了个体预测的反馈，也就是说市场价格取决于参与者对价格的预测。在所有的实验中，市场价格都偏离了由红利决定的基础价值，并且产生了泡沫。Hommes 等人的结论是，在这个简单静止的环境下出现的价格泡沫应归结于所谓的“正反馈预期”（positive feedback expectation），也就是说，参与人通过已经实现的价格来推测未来价格的走势，如果价格上升（下降）了，参与人期望价格进一步上升（下降）。这种期望价格上升（下降）是一种自我实现机制（self - fulfilling），导致价格进一步上升（下降），这种机制是泡沫形成的原因之一。

8.2

资本市场泡沫实验研究的一般方法

在实验经济学的分类中，泡沫实验是证券市场实验的内容之一。证券市场实验是在实验室中构造一个证券交易的环境，实验被试作为证券交易者进行买入或者卖出证券的决策，每个交易阶段结束时交易者所持有的证券可以获得分红。这种研究方法是由 Forsythe 等人首创，继而被 Plott 、Sunder、Friedman 等人进一步发展。泡沫实验的目的是检验市场泡沫是如何产生的，实验一方面可以通过设定不同实验环境来检验哪一个因素导致了市场泡沫的出现，另一方面通过控制市场的风险结构、收益结构引出交易者的偏好，考虑是否由于交易者的心理特征及风险偏好导致了泡沫的出现。在已有的研究中，实验设计的基本框架是相似的，主要包括以下几个要点①：

1. 交易初始每个交易者被赋予一定数量的证券和现金，证券和现金都是账面的。大部分实验只设定了一种证券，有的实验设定了两种或者更多不同种类的证券，如 Fisher 的实验有两种证券。

2. 证券交易在有限的交易阶段内进行（典型的是 10 个或者 15 个交易阶段），每个交易阶段持续 5 分钟左右。比较特别的是 Williams 报告了一个开放式的证券市场实验，持续了 8 个星期。

3. 交易采用双向拍卖（double auction）的方式，即卖方从高往低要价（offer），买方从低往高出价（bid）。实验研究表明，这种拍卖方式比英式拍卖、荷式拍卖等其他拍卖方式的效率更高。在证券市场实验中，有的研究者采用的是口头双向拍卖，而更多的是采用计算机化的双向拍卖来提高实验效率，如 Lei 等采用了加利福尼亚理工学院开发的 MUDA 计算机程序来进行实验。

4. 交易者的收益一般来源于两个方面：一是买卖证券获得的价格差收益，二是持有证券获得的分红收益。在实验结束以后，交易者要统计他们获得的总收益。实验者按照一定的比例，将总收益折算成现金或者其他形式的报酬支付给交易者。提供真实的报酬激励是引发交易者偏好的关键要素之一。

5. 分红的数量以及分红支付的方式由实验者来决定，比较常见的做法是在实验开始以前告诉交易者可能的红利分布情况，如 Porter 和 Vernon Smith 在实验中设定了 15 个交易阶段，每个交易阶段红利的分布情况是：25% 的概率不分红，25% 的概率分 8 美分，25% 的

① 金雪军、杨晓兰：“证券交易制度实验研究及其对中国的借鉴意义”，《财经理论与实践》2004 年第 11 期，第 31 ~ 34 页。

概率分 28 美分，25% 的概率分 60 美分。据此，交易者可以计算出每个阶段的期望红利是 24 美分。由于基础价值是未来收益流的贴现值，根据红利的分布情况交易者还可以看出，基础价值是一条随交易阶段递减的斜线。每个交易阶段的真实红利一般是随机决定的，例如采用掷骰子的方式，或者由计算机随机决定。

6. 每次实验的参与人一般在 5~6 人至 20 人之间，Williams 的开放式证券市场实验则有 300 多人参加。目前在已有的文献中实验被试主要是大学里的本科生、研究生。实验经济学的批评者曾对此提出疑义，认为学生远不如真实市场交易者那样富有经验。为此，已经有一些实验从真实市场中招募参与实验的行为决策者，如 Dyer、Vernon Smith、Mestelman and Feeny（1988）的实验等。他们得出的结论是，这些参与人的决策与学生作出的决策相比并不存在显著的差异性，而后者作为实验对象的费用往往远低于前者。

7. 实验者根据实验需要设定市场的信息结构。有的实验将有关红利分布的信息作为共同信息，如 Vernon Smith、Noussair 等。有的实验为了研究信息在交易者间的集聚和扩散，设定了掌握内幕信息的交易者，如 Plott 和 Sunder 等。

由于证券的红利分布是实验设计的一部分，实验者可以计算出每个阶段的证券基础价值，即未来红利流的贴现值。如果市场的成交价格高于基础价值，就可以得出市场存在价格泡沫的结论，进而可以分析这种泡沫存在的原因。证券价格的形成是一个复杂的、动态的过程。由于证券是一种未来收益流不确定的资本，交易者愿意以何种价格进行交易取决于他们对未来收益流的预期。因此，研究泡沫问题应该以交易者的预期为切入点。一般来说，交易者的预期受到两个方面因素的影响，一是交易者自身的风险偏好，二是市场客观的信息情况和交易制度，如图 8-1 所示。

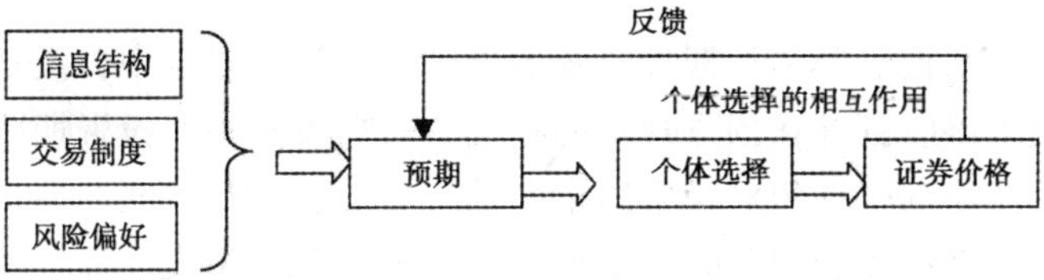

图 8-1 证券价格的形成机制

8.3 实验目的与思路

本章实验研究的前提假设为上述资本市场泡沫研究一般假设的第 1、2、3、4 和 7，简化起见，本章实验中只有一种股票且实验期间不分红，只召集本校没有实际投资经验的学生参加。本章采用实验室模拟股票市场的实验方法来研究投资者类型（长期和短期投资者）如何影响股价的形成。

8.3.1 实验目的

人们长期以来就认为短期投资者的投机导致了估价波动。投机者关心资本利得而不是未来分红，资本利得的预期取决于对市场大众心理的高级（higher order）预期。这样的话，在一个短期投资者众多的市场，价格将失去红利贴现的基准值而依赖于这样的预期，这很容易导致泡沫。

这个常识性的智慧却不被传统金融学认可。传统理论只是简单地认为股价由未来红利的贴现所决定的基本价值来决定，而不考虑投资者类型对股价的影响，甚至把短期投资者也看作可以采用未来红利的后推方法来投资股票。

另一方面，一些理论研究也说明这样的后推法可能不适用，短期投机可能引起泡沫。理性泡沫模型考虑没有终值的无限期股票，这样就无法以未来现金流后推从而也不能决定现在的价格。另外，也有一些理论模型认为投资者有不同的信息因而他们的理性也不同，短期投资者发现很难后推得知股票的基本价值。不同于有限认知和大众恐慌的心理学理论，这些模型考虑了即使理性投资者也可能因为缺少知识、信念和协调能力而很难得知基本价值，这样就显示了股价的不确定。

从这些模型中，我们可以推测到短期投资者后推得知基本价值的困难是价格泡沫产生的主要来源。但是，很少经验证据存在来支持这些理论推想。因为股票的基本价值很少被人知道，实际市场数据的实证研究就面临着基本价值被错误定义可能的困难。

实验室的实验研究能够通过参数设置来控制股票基本价值和相对于股票存续期的投资期（长期和短期），从而能够解决这个困难。在本章我们给出了这个实验设计和这个实验的结果。

实验的主设计体现在短期投资者和长期投资者的差别。在长期投资中，投资者的决策期一直到股票到期日，那时可以收到外在预先规定的红利。短期投资中，投资期刚好在股票到期前结束，那时投资者只能得到外在的对投资结束时的下一期所进行预测的股价。根据理性泡沫模型，我们预测股票价格在短期而不是长期偏离基本值。除了主设计外，我们检验了随后所描述一些与主设计相异的辅助设计①。

8.3.2 投资者类型和证券估值

在标准理论中，证券价值等于或趋向于基本价值——预期的未来红利的折现值，而不考虑投资期的影响。这个结论是从对未来红利贴现为现值而得到的。我们认为后推贴现的方法可能因为短期投资者的大量存在而失效，从而形成泡沫。下面的讨论可以帮助理解实验怎样设计以检验产生泡沫的条件和证券市场的非决定性。

让我们先考虑一个 t+m 到期的股票。为简单起见，这个股票只在 t+m 期支付红利 D。假设贴现率为零和风险中性的投资者，证券在时刻 t 的基本价值应该是：

$$F_t = E_t(D) \tag{8.1}$$

① Shinichi Hirota and Shyam Sunder, Price Bubbles sans Dividend Anchors: Evidence from Laboratory Stock Markets, 2004, 48～51.

E_t（.）是投资者在时间 t 的共同预期。

长期投资者的估值。

我们定义长期投资者是一个投资期长于或等于 m 的投资人。投资者持有股票直到股票到期并且在 t+m 时间得到红利 D。股票对投资者在时间 t 的价值 V_t（和在有很多同质投资者的市场中的价格 P_t）是：

$$P_t = V_t = E_t(D) \tag{8.2}$$

这个价格也等于基本价值 F_t。

短期投资者的估值。

考虑投资期为 k 的投资者，其投资期少于 m，即 $k<m$，他必须在股票到期日前卖出股票。投资者在时间 t 买入股票，在 t+k 时间卖出股票。股票对这个投资者的价值和在有众多同质投资者市场中的价格是：

$$P_t = V_t = E_t(P_{t+k}) \tag{8.3}$$

这里 P_{t+k}是股票在 t+k 时间的价格。等式（3）表明价格 P_t 依赖于投资者对未来卖出价格的预期 $E_t(P_{t+k})$。这就造成了如果投资者投资期少于股票到期日，那么股票价格不等于基础价值 F_t。

在标准的金融理论的倒推方法中，即使充斥着短期投资者的市场 P_t 也应该等于 F_t。在到期日前的 k 期，股票价格 P_{t+m-k}应该等于投资者在 $t+m-k$ 时对最终分红的预期 $E_{t+m+k}(D)$。如果投资者在 $t+m-2k$ 时知道这个预期，那么此时价格 P_{t+m-2k}应该等于对 P_{t+m-k}的预期，也就是 $E_{t+m-2k}(E_{t+m-k}(D))$。如果投资者在 $t+m-3k$ 时知道这个预期，那么此时价格 P_{t+m-3k}应该等于对 P_{t+m-2k}的预期，也就是 $E_{t+m-3k}(E_{t+m-2k}(E_{t+m-k}(D)))$，这样一直重复这个过程直到时间 t，我们可以得到：

$$P_t = E_t(E_t + k(E_{t+2k}(E_{t+m-k}(D)))) \tag{8.4}$$

假设所有的跨代投资者在信息集上都是同质的，我们可以用迭代预期的法则得出：

$$P_t = E_t(D) = F_t$$

8.3.3 逆推推理的困难

理性泡沫模型的文献中提到市场充斥有短期投资者时逆推推理的可能失败是价格泡沫的一个来源。

第一，当股票到期日无限延长的时候（m 趋向无穷），投资者不能得到最终价值的信息，逆推推理也就失效了。这样，价格变得没有依据，就可能偏离基本值。同样知道，即使到期日是有限的，如果有无限多次的交易机会，那么一样可能出现价格没有依据的情况。

第二，当投资者有不同的信念时，迭代预期的法则将不再适用。为了在那种情况下进行逆推推理，投资者必须形成更高阶的预期：如果每一代投资者有 k 期投资时段，t 时进入的投资者必须基于他们所相信的 t+k 期的投资者所预期的 t+2k 期投资者的预期，并且如此下去直到 t+m 期投资者的预期作出投资决策。显然这样的预期和决策都是很困难的。

第三，逆推推理假设投资者理性是共同知识：投资者不但自己理性也知道其他投资者同样理性。最近的理论研究显示当理性假设作为共同知识不再适用时，短期投资的理性投资者可以预测到未来的错误定价，但是即使知道现在的价格偏离基本价值，他们也不参与套利。

我们检验了这些理论思想的经验相关性。是否短期投资者和由于没有合理的更高阶的预期作为共同知识进行逆推推理的困难导致了价格泡沫和股价的非决定性？我们用下面的实验室实验来检验这个假设。

8.4 实验设计与实施

本实验招募南开大学三年级本科生和一年级研究生作为实验被试，在南开大学经济实验教学中心实施。实验在实验室里创造了一种证券网上交易的双向拍卖市场。该证券的交易过程被分为3分钟1次的许多交易期，证券存续期最后给持有者一次性分配红利。参与人被随机分为两类——投资者和预测者。每个投资者在初期被给与10份股票和10000点实验元，在不能卖空的情况下可以用股票和实验元自由地在多个交易阶段交易股票。在交易期结束的时候，投资者持有的证券被或者分红或者预测价格所兑现（如基础实验设置中所描述的一样）。投资者可以通过交易和他们持有的证券最后的兑现来赚钱。

预测者研究给投资者的所有指令。他们没有初始股票或实验元，也不能交易，只知道交易者最终分红的大致范围。每一期实验中的每一个交易时段结束时预测者被要求对下一期证券交易的平均价格作出预测。他们的收益取决于他们预测的准确性。除了这些收入外，所有的参与人在准时到达实验室的情况下在1~6期被额外发3元人民币，7~11期被发给5元。

8.4.1 基础实验设置：长期和短期投资者

在5局中（编号依次为3、4、5、6和7，见附录中表1），投资者被告知实验股票将在终期即结束时的第15期给予分红（预先写在他们各自的卡上）。这样设计用来对应长期投资者：投资者投资期限直到证券到期日，我们称此类投资者为长期投资者。这些实验中，如果投资者根据价格是否高于最终分红而买入卖出股票，其价格将趋向股票的基本值。如果一些投资者在15期交易中投机获得资本利得并推动价格偏离基本值，这些偏差将给长期投资者通过这些偏差和最终分红套利的机会。

在另外6局中（编号为1、2、8、9、10和11，见附录中表1），投资者被告知他们的证券如果在30期结束的话，他们将在30期末得到最终分红。但是他们也同样被告知实验也可能在预先写好的封在信封里的期数结束，而且期数很可能低于30。如果实验结束在30期前，实验人将用结束前的预测价格兑现股票。投资者因为没有兑现值的确定预期而很难后推得出证券的基本价值，这提高了泡沫产生的可能性。实验人的作用就像市场上没有能力理解基本价值的投资者一样，他们只是随大市买卖证券成为造市者，这也是泡沫产生的可能原因。

11局实验的具体设计详见附录中表1。

8.4.2 实验程序

如同所有的市场交易，我们的实验程序如下：每实验局包括12~17个交易阶段，每个阶段包括3分钟交易时间和1~2分钟纪录时间。每局开始的时候，每个投资者都得到且只能得到10股和10000点实验元。他们可以买卖股票但不允许卖空。每局开始前，每位投资者得到一个分红卡片，上面写有他本人股票最后的每股分红。在长期投资实验局中，分红是投资者实际在期末（第15期）所得到的。而在短期投资实验局中，只有实验进行到30期投资者才能得到这个分红。这个分红信息是每个投资者的私人信息（第10和第11期是公共知识）。那两期里投资者被告知分红在所公布的范围内，但每个投资者可能得到的不一样。每局实验投资者的收入等于结束时剩余的实验元加上兑现手中股票所得再减去初始时给予的实验元。

交易是连续的双向拍卖，每个投资者可以通过鼠标和键盘自由给出买盘和卖盘（价格和数量）。软件系统给出最近交易信息和投资者个人账户纪录。

所有实验局都有预测者。他们的身份由开始时抽签随机决定。预测者必须预测下一期的交易价格并且写在价格预测单上。实验人在实验每个阶段开始前收集这些信息，并且在下一阶段开始前写在黑板上给所有的人看。预测者的收入如下式确认：N为预测值与实际交易平均价格差的绝对值。如果计算为负，则收入为零。N每局初始给定值（详见附录中表1），各局不一定相同。最后，他们所得的实验元按既定比率（附录中表1）被换为人民币。

具体实验步骤如下：

（1）发放指令手册并解读，可以自由提问。

（2）2~3轮的预实验使实验人熟悉软件系统和指令。

（3）抽签决定投资者或预测者的身份。

（4）每个投资者随机抽出自己的分红信息卡。

（5）开始实验局。

8.4.3 实验设计的辅助检验

如同附录中表2所示，长期投资者和短期投资者的主设计被5个实验条件有合理变化的设计所验证。

（一）最终红利的不同

在第6、10和11局实验中，所有投资者的红利都相同。作为对比，在1~5和7~9局实验中，写在红利卡上的最终的红利对不同的投资者是不同的（比如在第1局中，2人为40点，另外两人为75点；参见附录中表1）。这个不同的红利结构的设置创造了交易获利机会且常被资本市场实验研究所采用。

（二）一阶和高阶预期的潜在不平等

在第2、4、9、10和11局中，不存在写在卡上的红利范围和对所有交易人宣布的最大红利范围的差别。比如，第2局中，3个投资者的卡上写的红利是70点，而其他3人的红利是130点，公开宣布的红利范围是70~130点。作为对比，在第1、3、5、6、7和8局实验中，存在着写在卡上的红利范围和对所有交易人宣布的最大红利范围的差别。比如，附录中表1的1局和8局中，两个投资者的卡上写的红利是40点，而其他两人的红利是75点，公开宣布的红利范围是10~300点。这个红利范围给投资者一个其他投资者可能有高达300红利的非零主观概率。如果投资者自己的红利期望（一阶期望）不同于他对其他投资者期望的期望（二阶或高阶期望），有可能即使是长期投资者也参与投机交易（买入股票希望后来卖给有更高私人红利的投资者）。这样的行为可能产生泡沫，我们将在实验中对此进行检验。

（三）预定的红利作为共同知识

在第10和11局中，写在卡上的预定红利通过公开宣布作为共同知识。在所有的其他实验局中，预定的写在卡上的红利是私人信息。

（四）对指令理解的证实

在4~11局中，指令以后进行书面问卷调查以证实实验被试理解指令和程序。另外，6~11局包括对每个实验被试答卷的审核，随后对其中的任何错误都进行解释。

（五）绝对和相对业绩的支付方式

在1~7局中，参与人赚得的实验元被预定比率兑现为人民币。而8~11局中，总的支付给实验被试的人民币被事前宣布。这些人民币将按最后参与人持有的实验元按比例进行分配。

这五个辅助实验变化和主设计被总结在附录的表2中。本章报告了附录中表1和表2所有的11局实验。这些实验在南开大学以学生为参与人进行，每局实验使用不同的新人，他们之前没有参与过类似的实验和实际的证券投资。实验局平均进行2.5小时。

8.5

实验结果与启示

8.5.1 实验结果

对实验数据的分析（详见附录中图1~11和附表）后我们得出了五个结论：

1. 在长期投资者实验局中，股票价格集中到各个投资者股票基本价值所决定的均衡水平。

在长期投资者实验中（第3、4、5、6和7局），所有投资者都知道实验将进行15局并且结束时将支付红利。在零贴现率和充分流动的环境中，基本均衡价格将等于所有交易者中的最高红利值。图2~5显示这些市场的价格由最高红利所决定并且集中于基本值。第3局（图1）出现泡沫，但随后在测试过实验人对指令的理解后的四局（4、5、6和7局）中没有重新出现。在这四局中，价格表现了很强的向基本值收敛的趋势。

这个结果说明长期投资者在对股票有效定价中起了一个重要的作用。即使价格由于投机或噪声交易而暂时偏离基本值，长期投资者的套利也会使价格回归到基本值。辅助实验也说明一阶和高阶期望的不同没有影响实验结果。在第5、6和7局中，我们没有观察到明显的交易价格和基本值的差距，而这几局实验中一阶和高阶期望是不同的。这几局实验也说明对实验指令的理解影响泡沫形成，实验局3说明了这点。

2. 在短期投资者实验局中，股票价格偏离了各个投资者股票基本价值所决定的均衡水平。

不同于长期投资者实验（第3、4、5、6和7局），图6～11表明短期投资者实验（第1、2、8～11局）显示了产生泡沫的很强趋势。在这些实验局中，投资者没有显出从他们的最终分红来后推形成价格预期的情形。这六局短期投资者实验中由于后推困难都出现了泡沫，价格不是因为对固定红利形成的预期决定的而是由对股票未来价格的期望来决定的。这样，股票价格水平就变得不可预测。我们的实验数据强烈支持这个结论。这几局实验中一阶和高阶期望的不同没有影响泡沫的大小。

3. 在长期投资者实验局中，价格期望与逆推推理形成的预期相一致。在短期投资者实验局中，价格期望与前推推理形成的预期相一致。

实验结果表明，第3、4、5、6和7局的投资者更多地从最终的分红来推测现在的价格进而作出投资决策，这样使得交易价格最终集中到最高分红所决定的基本值上。而第1、2、8－11局的投资者没有表现出类似的决策过程，而是根据对未来交易价格的预测作出投资决策，泡沫的出现证实了这一点。

4. 在长期投资者实验局中的分配效率较高，而在短期投资者实验局中分配效率变得不可预测。

分配效率就是依照基本价值均衡分配（高红利者得到所有的股票，此时分配效率为100%）的转让比例。从实验结果可以知道没有泡沫产生的实验局中，高红利者一般最终得到大部分的股票，而在有泡沫产生的短期投资者实验局中没有发生这种情况。

5. 随着泡沫的增大，投资者财富分散效应也增大。

11局实验中个人投资者的相对收益的分布（个人投资者赚得点数/初始10股的基本值－平均前式比例）方差分析列示在附录的表5中。结合图1～11，可以看出投资者相对收益的分散随着泡沫的增大而增大。

8.5.2　实验结果对我们的启示

在这次实验的11局中，我们观察到当投资时段小于股票的成熟期时，投资者将面对一个困难的后推任务，资产的价格倾向于偏离基本值而产生泡沫。在这些环境下，价格失去红利的导向而变得难以确定。一些价格形成路径与理性的泡沫相一致，其他一些则陷入了回溯放大的循环。市场参与者倾向于采用前溯推理来形成价格预期望。这些结果在辅助检验条件下仍旧是可靠的。

我们实验结果对股票市场泡沫的产生给出了诸多启示：

1. 投资者的持有时间长短对于股票的价格是很敏感的。后推推理形成价格预期失败的概率和影响在短线交易者主导时显得更明显，股票价格在这种市场中更容易偏离基本面的价格。相应的，长线投资者的存在对于稳定市场价格在基本面附近是非常重要的，这不仅仅通过他们的投资行为起作用，而且通过他们对于未来红利分配的期望而起作用。

2. 很长成熟期的股票（一般地，更长久期的股票），更容易形成泡沫。随着股票存续期的增加，投资者在投资期中以红利形式得到的部分更少，以资本利得形式得到的部分更多，而资本利得部分更依赖于高序列的期望。这些高序列期望因为后推推理失败的可能性而显得并不稳定。因此，长期的股票价格更容易偏离基本面。公司的红利政策对于波动性和股价的影响可以被加到税收、委托代理和信号理论中，这些理论都对 MM 定理提出了挑战。

3. 泡沫在未来红利不确定的情况下更容易发生。在这些情况下，投资者很难推断出其他人是怎样看待红利的前景的。投资者更容易在后推推理形成价格预期中失败，这样价格就失去了红利的锚定作用。

这些启示（包括投资者时间长短、证券成熟期、持续期和泡沫的不确定性与严重性以及泡沫所造成的影响）可以通过实证数据或者实验室中的实验来进一步验证。他们似乎与股市行为的随机观察相一致。历史上，价格泡沫经常在这些证券中出现，他们有很长的成熟期或持续期，并且基本面不容易确定，比如说高成长和新技术的股票（如 1982 年的 Blanchard and Waston 与 1983 年的 Ackley）。所谓的“. com”泡沫也是近期的一个例子。互联网的股票似乎丢掉了它们的红利参照作用而因此受累于股价的不确定性，就像我们实验室的股票在短期投资者主导时的表现一样。

我们的实验结果同样显示出市场的分配效率在长期投资者主导时更高，而在短期投资者主导时则不容易被确定。因为资本的有效分配而不是赌博被认为是证券市场的社会功能，所以很容易理解政策制定者们并不希望看到泡沫的出现。而且，有证据表明泡沫有增加财富分散的倾向，这是政策调控股市的一个重要原因。

在最近几十年，许多学者列举出很多的证据来反驳市场的有效性。Shiller 指出，在给出基本面的条件下，股价波动太明显。French 和 Roll 认为在市场开发的条件下，股价波动更厉害，他们进而得出结论——市场交易是造成波动性的根本原因。这个推断与前推推理形成价格预期是一致的。最近的行为金融学研究认为感情和心理因素对于股价有着很重要的影响，而且动量交易策略有时也是起作用的。我们的实验结果表明，当短线交易者充斥市场时，这些现象更容易被观测到，当这些投资者在后推推理形成价格预期碰壁时，他们便求助于前推推理形成价格预期。

8.5.3 实验可以拓展的方面

由于各种条件的限制，本章的研究仅仅是初步的、探索性的。更为令人置信的实验结论必定要建立在多次重复实验和多方面修正实验条件（比如参与群体的多样性）的基础上。就实验本身而言，我认为还可以进行以下几个方面的改进：（1）将不同职业、学历、地域等背景的人混和成一个市场，以检验结果的可靠性；（2）交易初始赋予交易者不同的现金总量，即构造出大户、小户的市场结构，以检验实验结果的可靠性；（3）可以考虑同样的实验条件下在不同的地域和亚文化圈进行实验以检验实验结果的可靠性。

还需要进一步考虑的是参与人的激励问题。实验开始前我们赋予了参与人一定的账面现金，而交易过程中不允许参与人出现负的现金流，因此参与人不会遭遇真正的损失，这在一定程度上会激发参与人的投机热情，而不是采取谨慎的态度，如何给参与人提供更为真实的报酬激励和风险机制，是证券市场实验研究面临的技术问题。

诚然，相对于真实世界中复杂的证券市场而言，实验室证券市场的确过于简单。然而，正如理论模型一样，实验也是对复杂世界的抽象，为我们提供了认识复杂世界的路径。从这个意义上说，资本市场实验研究能使我们对真实证券市场有更多更深入的认识。

附录一：实验设计

表1 各实验局参数设置

实验局	最终支付	分红卡	公开分红区间	初始股票	初始实验元	投资者人数	预测者人数	预测者固定N	转换率	实际交易期数	所宣布实验期数	问题和回答	澄清和纠正	备注
1	预测值	2个40 2个75	[10，300]	10	1	4	2	150	0.025	12	≤30	无	无	
2	预测值	2个40 2个75	[70，130]	10	1	6	2	100	0.015	15	≤30	无	无	
3	分红	2个40 2个75	[40，300]	10	1	6	1	100	0.015	15	15	无	无	
4	分红	2个40 2个75	[120，205]	10	1	5	2	150	0.01	15	15	有	无	
5	分红	2个40 2个75	[55，350]	10	1	5	2	130	0.012	15	15	有	无	
6	分红	2个40 2个75	[40，300]	10	1	5	1	100	0.015	15	15	有	有	
7	分红	2个40 2个75	[55，350]	10	1	6	2	130	0.012	17	15	有	有	
8	预测值	2个40 2个75	[10，300]	10	1	4	2	150	占平均比值×25	15	≤30	有	有	
9	预测值	2个40 2个75	[70，130]	10	1	5	2	150	占平均比值×26	15	≤30	有	有	
10	预测值	2个40 2个75	150	10	1	8	2	100	占平均比值×27	15	≤30	有	有	
11	预测值	2个40 2个75	75	10	1	6	2	200	占平均比值×28	15	≤30	有	有	

表 2　　实验辅助设计

		主设计：投资期	
辅助设计		长期	短期
预定红利的不同	相同的预定红利	6 周	10 和 11 局
	不同的预定红利	3、4、5 和 7 局	1、2、8 和 9 局
一阶和高阶的红利预期的不同	相同的红利预测	4 局	2、9、10 和 11 局
	不同阶的红利预测	3、5、6 和 7 局	1 和 8 局
预定红利的共同知识	红利作为共同知识		10 和 11 局
	红利作为非共同知识	3、4、5、6、7 局	1、2、8 和 9 局
对指令理解的验证	有问卷和提问回答	4、5 局	
	问卷加澄清和纠正问题	6、7 局	8、9、10 和 11 局
	都无	3 局	1、2 局
绝对业绩和相对业绩	收入取决于绝对业绩	3、4、5、6、7 局	1、2 局
	收入取决于相对业绩		8、9、10 和 11 局

附录二：实 验 导 语

总 导 语

欢迎您参加此次实验！这是一个市场决策制定的实验。指令很简单，如果您能遵守指令并作出好的决策，您将赚更多的钱，实验结束后会发给您。

在一个实验局中，我们进行一个您可以交易一种股票的市场。您将被随机指定为一个投资者一个预测者。在每局开始时，您的角色（投资者或预测者）以彩票决定，并且角色在整个实验局中保持不变。

如果您被指定为一个投资者，您可以在市场上买/卖股票。在每局结束时，您总的实验元将被折算为人民币。您赚得的实验元越多，可以带走的人民币也越多。

如果您被指定为一个预测者，您可以在每个交易期前预测平均的市场价格。您所赚的钱取决于您预测的精确度。预测越准，赚的人民币越多。

在实验局中，不管是投资者还是预测者都不能互相交流。而且您应该听从实验人的指令行事。违反指令会有减少收入的危险。

投资者导语

如果您被指定为投资人，您可以交易股票。在实验局开始时，发给您 10 股。您可以一直持有这些股票，也可以卖掉它们。同时也发给您 10000 点实验元。您可以用实验元买入股票或者一直持有这些实验元直到实验结束。交易股票需要遵守下面的法则：

实验局包括许多 3 分钟一次的交易时段。也就是，交易期 1 将在最先开始的 3 分钟进行，交易期 2 在第二个 3 分钟，这样依次进行下去。交易期不会高于 30 期。

必须有实验元才能买入股票。买入股票将减少您手中的实验元。您可以卖出持有的股票，卖出股票可以增加手中的实验元。

如果您持有一种股票，那么您将在实验期 30 收到分红。分红的数量写在实验开始时发给您的分红卡上了。分红是您自己的信息，不同的人也许有不同的分红，您不会知道别人的分红是多少。当然，分红的范围在实验开始时已经告诉给大家。

如果实验在 30 期之前结束，那么您手中的股票将以预测者所预测的下一期的平均价格被兑现为实验元。

您在实验中所赚的实验元来源于两个部分：交易收益和期末股票兑现的实验元。您的交易收益等于您的实验元账户由于交易引起的变动，期末股票兑现的实验元取决于所持有股票和兑现价格。最后您所赚的实验元将以附录中表 1 规定的比率转换为人民币的现金。

表 3　　实验收益记录卡

交易阶段	股票	实验元	收益
0			
1			
2			
3			
4			
交易收益	交易结束剩余实验元 − 初始实验元 =		
最终兑现	剩余股票 × 每股分红 = 或剩余股票 × 平均预测价格 =		
总的收益（实验元）			
总的收益（人民币）			

预测者导语

预测者被要求预测每 3 分钟一期的交易价格。在每期的开始，您通过记录在价格预测表的相应位置来预测要进行的下一个交易期的平均股价。我们会在交易开始前收集您们的预测并在交易结束后在黑板上写下平均的预测价格。

在每一期，您都可以看到买盘、卖盘和成交价格。

您的收益取决于您预测的准确度。每一个交易期您可以赚得 100 实验元减去误差绝对值。比如，您预测 960 实验元的价格，实际平均交易价格为 980 实验元，那么您可以得到 100 - 20 = 80 实验元。如果您预测 1010 实验元，您可以得到 100 - 30 = 70 实验元。

您应该在价格预测表中记录下实际的平均价格，您的预测误差（绝对值）和您的收益。在实验结束时，您应该把各个实验阶段的所有收益加总。最后您所赚的实验元将以 0.02 的比率转换为人民币的现金。

表 4　　预测者收益记录卡

交易期	我的预测价格（PP）	实际平均价格（AP）	绝对差值 ABS（PP - AP）	预测收益	累计收益
1					
2					
3					
29					
30					

您的收益：赚得的实验元 × 预定比率（元人民币）

附录三：11 局实验数据分析

表 5　　泡沫与相对收益

实验局	3	4	5	6	7	1	2	8	9	10	11
相对收益方差	3.88	1.40	0.74	0.43	0.12	0.02	8.02	3.65	2.73	9.18	0.17
泡沫大小	有	无	无	无	无	无	有	有	有	有	有
投资者类型	长期投资者					短期投资者					

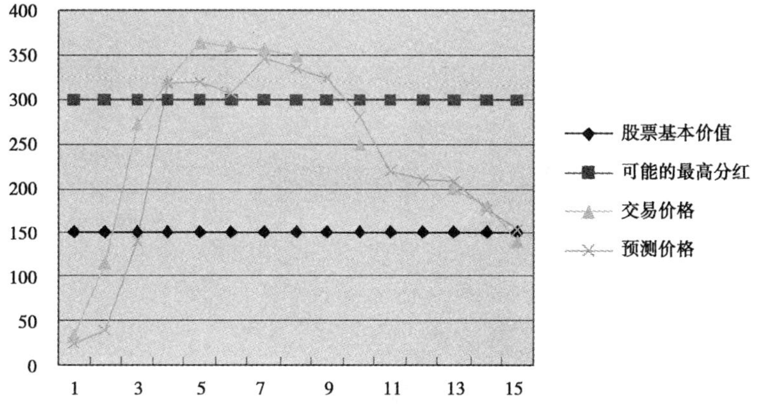

图 1　实验局 3 股票价格走势

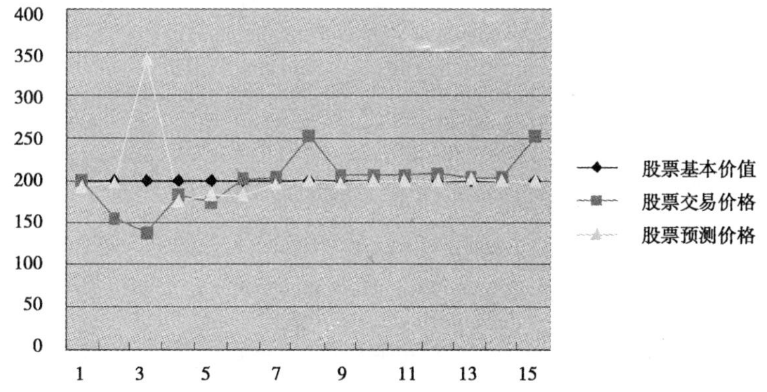

图 2　实验局 4 股票价格走势

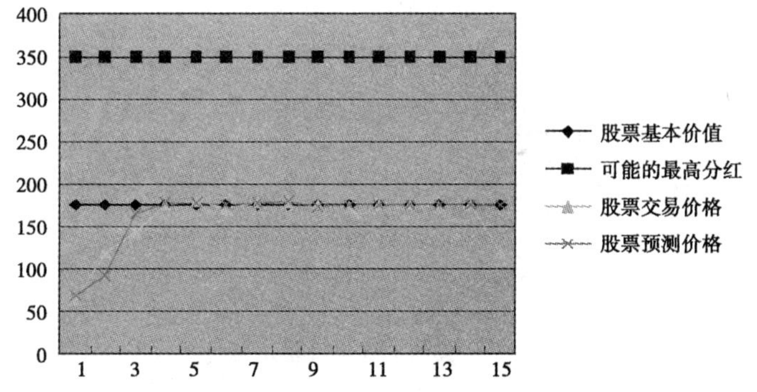

图 3　实验局 5 股票价格走势

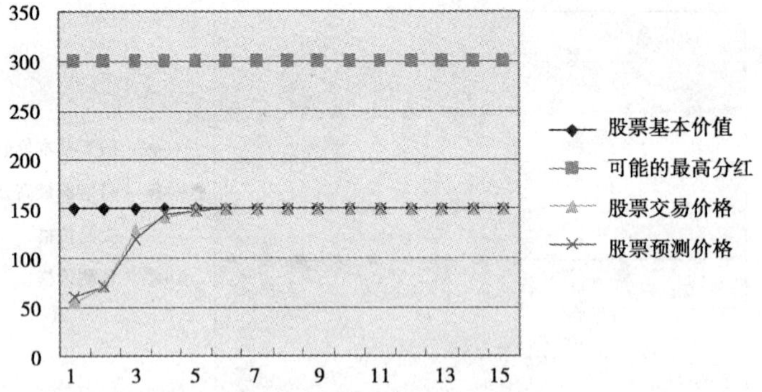

图 4　实验局 6 股票价格走势

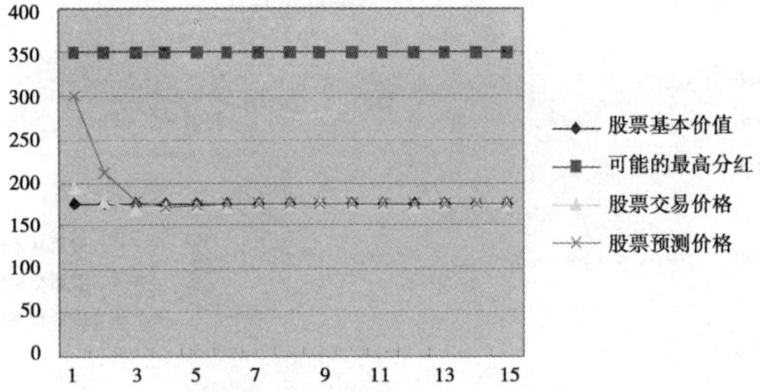

图 5　实验局 7 股票价格走势

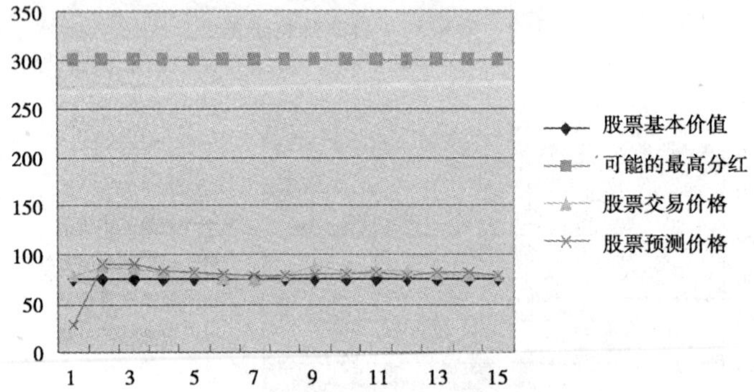

图 6　实验局 1 股票价格走势

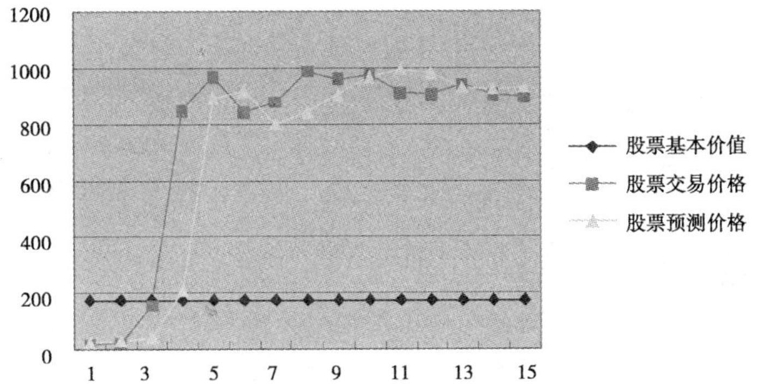

图 7 实验局 2 股票价格走势

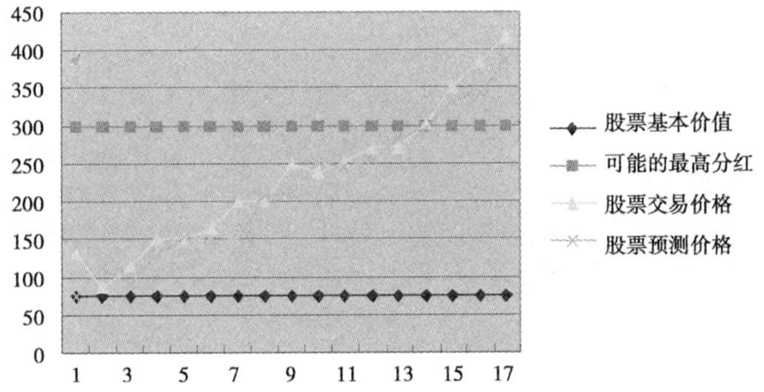

图 8 实验局 8 股票价格走势

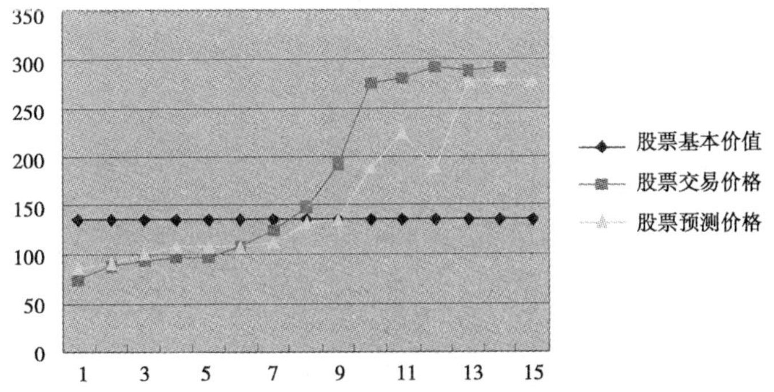

图 9 实验局 9 股票价格走势

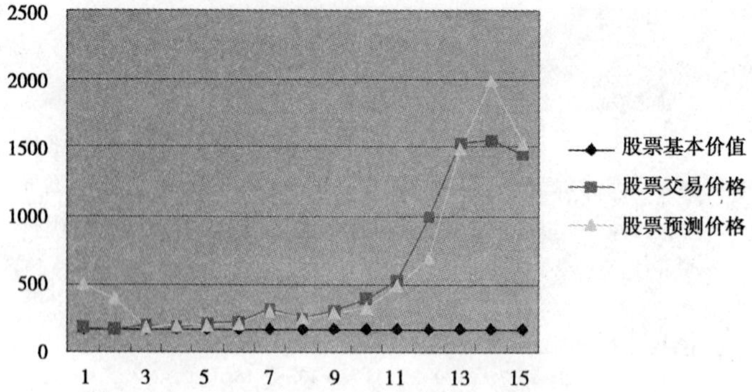

图 10　实验局 10 股票价格走势

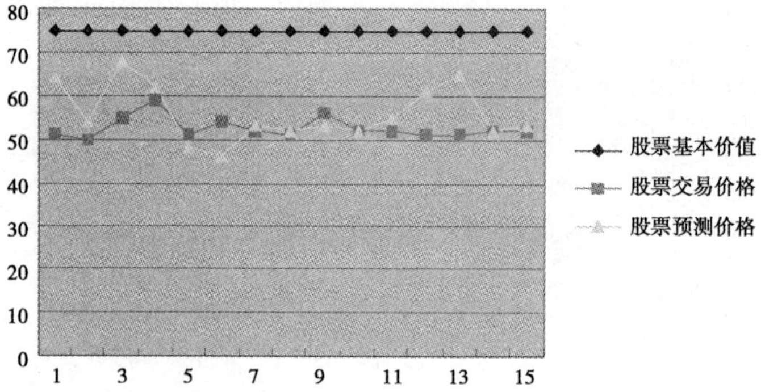

图 11　实验局 11 股票价格走势

第九章 DIJIUZHANG

公司治理激励机制实验

经理层薪酬激励约束机制设计是公司治理的核心问题之一。现代主流公司治理理论设计的经理层薪酬机制，由于是建立在自利的、追求个人效用最大化的理性人假设基础上，故只是关注了经理人激励约束的外部因素，而忽视了经理人作为一个"社会人"，除了追求个人物质利益最大化外，还关注自身与公司之间基于公平、互惠的信任关系的构建，即除了关注金钱契约外，还关注心理契约的建立与维持。本章既是从这一角度出发，将经理公平、互惠的偏好引入传统的薪酬激励模型，运用实验经济学的分析方法，在礼物交换博弈、最后通牒博弈的理论基础上设计了两阶段实验和三阶段实验两个经济学实验，来探讨公司治理中委托—代理框架下的经理层薪酬激励约束问题。实验结果表明，即使没有外部监督，较高的薪水也能激励经理作出更高的努力，说明公平、互惠的偏好对经理有着正向的激励作用。

9.1 现实背景

在经济全球化的今天，面对日趋激烈的市场竞争，企业的生存正面临日益严峻的挑战。根据达尔文主义（Darwinian）的观点，企业的生存竞争在很大程度上是企业治理机制的竞争（Kole、Lehn，1997，1999）。此外，公司治理模式的趋同化倾向，也进一步证明了公司治理制度在国际竞争中所扮演的重要角色（Rubach and Sebora，1998）。在中国，始于20世纪80年代的以公司化（corporatization）为主导的国有企业改革打破了旧有的企业内部治理格局。在政府对企业的不断放权中，经理们获得了日渐增多的自主权和控制权。这种公司权力的重新分配增进了组织效率，但也付出了相当的代价：日益显著的代理问题。面对不断膨胀的经理权力，有人声称（Qian，1995），中国公司的经理们几乎拥有不受约束的控制权，内部人控制（insider control）现象极为普遍①。近年来，一系列的会计舞弊事件和时时困扰股市的企业业绩下滑，也暴露出中国上市公司（它们大多数由优质国有企业改制而成）内部治理机制的缺陷。构建一个富有效率的公司治理机制成为国企改革（公司化道路）成败的关键，也是我国民营经济中家族制企业突破公司治理制度瓶颈，实现二次创业的关键。

9.2 文献综述

9.2.1 公司治理的相关理论综述

以职能分离为特征的现代公司，在发挥其独有的经济优势时，却带来了与之俱来的制度成本——代理问题。亚当·斯密（Adam Smith）早在1776年就注意到股份公司的这一组织性缺陷，并预言了它的经营失败。然而，他的预言并没有得到印证，现实的发展似乎恰恰相反。Berle and Means（1932）在论述公司控制权的演进时指出："在广泛分散的所有权结构下，没有明显（appreciable）控制权的财富所有权和没有明显所有权的财富控制权显然是公司发展的逻辑结果"②。这种结果在自利动机的驱动下，不可避免地会导致所有权和控制权之间的利益冲突，"因为代理人在最大化自身效用时不会总是按照委托人的利益行事"。

一般认为，公司治理是一套解决代理问题的制度安排，而代理问题则是由公司内部人和外部人利益冲突所引发的（Shleifer and Vishny，1997）。公司参与者之间的最传统利益冲突主要表现为股东与经理之间目标冲突（经理对股东期望的偏离），这种利益冲突是所有权与控制权相分离（separation of ownership and control）的产物。"因此公司治理体系就在于控制内部人的行为，并引导和激励他们最大化外部人的利益，它实际上是一套外部人用以控制内部人的激励结构（incentive structure）"③。

公司治理问题的现代探讨源于Berle and Means（1932）的讨论。Berle and Means在《现代公司和私有财产》（Modern Corporation and Private Property）一书中指出：现代公司的组织

① 这里的内部人控制是指，在公司化进程中原国有企业经理或工人对公司控制权的把持。在转型经济的公司治理结构中，内部人控制问题相当普遍（Aoki，1995）。在中国，内部人控制还应着重考虑控股股东的控制。与内部人控制相对应的治理机制是，外部股东控制或市场控制。外部股东控制或市场控制能够确保股东的主权（sovereignty）。Bemdt（2000）将美国式的分散股权结构称为外部人制度（outsider system），而将德日式的集中股权结构称为内部人制度（insider system）。然而，即使在美国式的发达经济中，由于外部控制架构的不完善，公司治理依旧存在严重的内部人控制的现象。

② Berle A. and G. Means，1932，The Modern Corporation and Private Property，66. Berle and Means观察到，所有权与控制权的分离会导致资源由股东向企业控制者转移。

③ Berle and Means（1932）的研究显示：在1929年，200家最大的美国公司中有88.5家公司是管理层控制的。Lamer（1966）发现：在1963年，200家最大的美国公司中有169家公司是管理层控制的。对比的结果表明：经理对公司的控制有上升的趋势。

形式不仅让职业经理能够发挥专业特长，同时也能让股东运用资本市场的保险机制分散风险。决策功能的分离和对职业经理的依赖（源于分工的专业化优势）迫使股东必然要给予经理更大的管理选择权（managerial discretion）。管理决策的自由度一方面可以发挥专业化分工的比较优势，另一方面也导致了分散化股东与职业经理之间的利益冲突。

股东的分散加上管理者在代理权斗争中的优势，使管理者的权力和地位不断上升，并降低了他们对所有者的依赖，以至于管理者能够在某些限度内追求他们自己的目标，并将企业导向偏离所有者所期望的利润最大化状况（菲吕博腾、配杰威齐，1972）。Jensen and Meckling（1976）指出，代理问题源于所有权和控制权的分离。经理作为股东的代理人，有激励采取非最大化委托人财富的行动。如果经理持股不足100%，经理与外部股东的利益背离就会产生代理成本。随着经理权益份额的下降，其对公司剩余索取比例的下降会驱使他剥削大量公司资源，例如，通过“在职消费”（perquisites）的形式，以及其他非现金利益（如构建帝国），或者通过转移定价侵夺外部股东的财富，甚至直接剥削公司的投资机会。此外，代理问题还会导致经理的X效率（X－efficiency）①，经理往往不愿意去找寻盈利性项目，因为这些风险项目需要更大的努力去管理，需要学习更新的技术。相反，经理会去追求价值减少但会增加权力的投资，并在这一过程中构筑管理防御（Shleifer and Vishny，1989）。总地来说，代理问题的利益冲突更多地表现在对自由现金流控制和分配的权力冲突（Jensen，1986）。

此外，公司治理还成因于正的交易费用。Hart（1995）指出：在两种条件下，一个组织会产生公司治理问题，（1）组织成员之间的代理问题或利益冲突；（2）交易成本（transaction cost）太高，以至于无法通过契约来处理这一代理问题，企业的参与者们不得不设计其他形式的控制机制。简言之，公司治理产生于代理问题和不完全契约（incomplete contract），其意义在于限制公司内部人的机会主义倾向，并尽力消除组织成员之间的代理冲突。

既然由所有权与控制权相分离所产生的代理问题，会导致有损企业价值的管理机会主义，那么为什么还需要这种职能的分离？为什么这种所谓“无效率”的组织形式并未像斯密（1776）所预言的那样，在竞争中消亡？从达尔文主义的观点来看，公司形式的存在至少说明了这种组织的经济效率和竞争能力。从企业制度的演进史来看，公司组织是规模经济和范围经济所驱动的管理创新，这种组织革新促进了经济效率（Chandler，1977），因为公司形式允许发挥专业化分工的优势，并能保证大量资本的聚集。

在Chandle论断的基础上，Fama and Jensen（1983）提供了一个更经典的分析框架。他们认为，决策功能与风险承担功能的分离之所以在公司组织里存活下去，部分地是因为管理和风险承担相分离的专业化利益，也是因为对这种分离所引致的代理问题的有效控制。这种分离是财务资本和专业化人力资本不对称分布的必然结果。由于企业组织是要素所有者之间契约结点（nexus of contracts），因此在组织剩余的分配规则中要确定相应的剩余索取者。并且，这些剩余索取者同时也是剩余风险的承担者。剩余索取权分为限制性索取权和非限制性

① X效率是指组织内因错过充分利用现有资源的机会而造成的低效率。从根本上来说，该类低效率的原因是由于缺乏有效利用各种经济机会的动力（莱本斯泰因，1981）。经理为了保护自己免受替代，会进行经理专有化（manager－specific）投资，这增加了股东替代他们的成本。通过经理专有化的投资，经理可以攫取更高的工资和更大的职务津贴，并在公司战略决策中获得更大的自由度。

索取权，其中最常见的最少限制性的剩余索取权是股份公司的普通股。非限制性的剩余索取者不被要求在组织里发挥任何作用，他的剩余索取权也可以自由转让。因此，公司的非限制性剩余索取权导致了决策管理和剩余风险承担的完全分离。

高度流动性的股票市场可以降低普通股东的风险承担成本，因为普通股东可以充分利用资本市场的保险机制，通过证券组合分散他们的投资风险（Markowitz，1952）。这种分散化行为使得股东避免把财富过于依赖于某一个企业。同时，证券市场可以允许普通股东以较低的交易成本转换管理团体，并可以让普通股东通过分散化的证券持有对冲（hedge）特定管理团队失败给他造成的损失。因此，股东对分散化组合投资策略的追求，使得他们无暇顾及公司事务。单个证券持有者通常也没有特别的个人兴趣去监督任何企业的细节行为。而且，他对某个企业的风险测定，也仅仅关注它的系统风险，而忽略非系统风险，因为非系统风险可以通过有效的组合加以分散。这种风险承担的有效分配机制使得证券持有者可在很大程度上从一个企业的控制权中解脱出来（Fama，1980）。由此看来，股份公司是一个价值创造的制度创新，因为它降低了投资者的风险（通过风险的最优分担），同时又实现了规模经济和专业化的经济优势。

然而股份公司并非没有制度成本，这种组织形式就像一把双刃剑。它在带来风险承担的有效分配和专业化决策管理效率的同时，也带来了相应的代理冲突。但无论如何，公司制的生存和发展说明了这种组织形式的效率性，它符合 Alchian（1950）的演进法则——自然选择。戴维斯和诺思（1994）指出，如果预期的净收益超出预期的成本，一项制度就会被创新。可以说，股份公司的组织演化，就是利益驱动的诱致性（induced）制度变迁。

公司治理是一套对企业相互专有化（mutual - specific）投入者之间的相互影响的行为的控制机制（Zingales，1998b）。从代理问题的角度出发，公司治理就是一套解决代理问题的控制和激励机制。因此，公司治理的目标就是解决公司这种组织形式所固有的代理问题。在公司治理结构中，公司参与者相互之间构成了多元化的代理关系。不同的公司治理模式侧重于解决不同方面的代理问题。总地来说，公司治理制度根本在于关注公司剩余或准租金（quasi - rent）的创造及其分配。无论公司治理模式倾向哪一目标，其最终要通过一定的制度安排激励企业各参与方对其各自拥有的资本或要素的有效投入，从而提高企业的生存竞争能力，并创造最大的租金和价值。作为一种针对内部人的检查和平衡机制，公司治理制度在于缓解或消除内部人（主要是经理和控股股东）与外部人（主要是外部股东）的代理冲突，并引导内部人最大化外部人的利益，进而限制或最小化管理决策与最优结果之间的差异。

Jensen（1993）将公司治理制度分为四种控制力量：（1）资本市场和控制权市场；（2）法律、政治和管制制度；（3）产品和投入要素市场；（4）以董事会为首的内部控制制度。前三种控制力量构成了公司外部治理机制。对企业而言，这些控制力量通过作用于公司外部环境来制约掌握公司控制权的内部人，它是一种外部力量。而以董事会为首的内部控制制度则构成了公司内部治理机制，它直接作用于公司内部控制体系，是一种内部力量。本章认为：外部治理制度（前三种控制力量）具有关键的作用，但它缺乏及时性而且代价高昂。它的功能运转往往会给企业和社会造成巨大的冲击，这种震荡成本有时是难以忍受的。因此，对公司管理绩效的改善应更多地依赖内部治理机制的改革①。

9.2.2　激励机制设计理论综述

在过去的20年中，经济学界以及管理学界越来越关注经理层激励机制的设计问题，或更一般的包括员工的薪酬机制设计。各方面的学者，如公司治理、人力资源、社会心理学等都从各自的角度对这一问题进行了阐述，也正因如此，在委托—代理理论框架下的最优激励机制设计理论有了长足的发展。相比较而言，对于检验委托—代理模型理论预测的有效性的尝试却为数不多。一个主要的原因是激励契约的资料不易获得，因为拥有这些资料的公司和组织通常不愿意让研究者得到它们。而实验室的实验方法可以克服上述障碍，它可以为检验委托—代理关系的主要预测提供所需要的特殊数据集合。最近学者们依此方向已经作了些尝试，获得了关于代理人和委托人行为的许多独到见解。

另外一个原因是现实契约中包括了许多被理论所忽视的特征。因而可以阐释观察到的现实契约与由代理理论预测的契约之间的差异性的因素是多方面的。现代主流公司治理理论在设计经理层薪酬激励机制时，由于是建立在自利的、追求个人效用最大化的理性人假设基础上，故只是关注了经理人外部激励的约束因素，而忽视了经理人作为一个“社会人”，除了追求其物质利益最大化之外，还关注其与企业之间基于公平、互惠的信任关系的构建，即除了关注金钱契约之外，还关注心理契约的建立与维持。

（一）互惠、利他惩罚及其激励机制

所谓互惠行为，我们可以这样理解，即“待己善者，以善待之；待己恶者，以恶待之”。所以，互惠是指这样一种行为倾向：人们倾向于对那些合作性地行事（behave cooperatively）的人进行奖励，并相应地对那些背离可接受性行为准则（norms of acceptable behavior）的人进行惩罚，即便这种奖惩行为从自利和结果导向的偏好角度来看是不合理的。这种行为的特征是：在团体中与别人合作，并不惜花费个人成本去惩罚那些破坏合作规范的人（即使这些破坏并不是针对自己的），甚至在预期这些成本得不到补偿的情况下也这样做。因此，桑塔费学派也把这种行为称作“利他惩罚”②。从中我们不难看出互惠是一种明显具有正外部性的利他行为。

许多行为博弈实验，包括最后通牒博弈、劳动市场博弈、偷袭者博弈等都证实了这点。众多实验中，美国桑塔费研究院金迪斯等人所做的跨文化最后通牒博弈论文《寻找理性人：15个小规模社会中的行为学实验》最为典型。这一实验前后历时将近10年，由12位包括经济学家、人类学家、社会学家、心理学家和博弈论专家在内的经验丰富的专家学者，在五大洲12个国家的15个有着极为不同的经济和文化环境的小规模社会中招募研究对象，但实验结果仍然出现了“与经济学规范模型假设的系统性偏离，即便是所有群体中提案支付最小的，其均值也在总值的25%以上”③。正如该文中指出的：“最近的一些研究成果高度一

① 由于外部治理机制的昂贵性，它应该是最后的选择。但要提醒注意的是，这并不是说作为最后选择的外部治理机制并非不重要。恰恰相反，有效的外部治理机制是矫正内部治理机制的外在制衡。

② Fehr et al, 2004, “The Neural Basis of Altruistic Punishment”, Science, Vol. 27 August, 305.

③ ［美］赫伯特·金迪斯、萨缪·鲍尔斯等著，汪丁丁、叶航、罗卫东主编：《走向统一的社会科学》，上海世纪出版集团2005年版，第11页。

致且显著地背离了教科书中‘理性人’这个假设所作出的预言，人是完全自利的这个经济学规范假设存在一个问题：在物质收益之外，很多的实验对象更关注公正和互惠，愿意为修正物质利益的分配而承担个人损失，同时奖励那些以合作态度行为的人，惩罚那些不合作的人，尽管这些行为对于自身来说代价不菲”①。

互惠行为的存在，不但改变了博弈者的策略集，而且改变了根据理性假设预测的博弈均衡。桑塔费研究院经济研究所所长萨缪·鲍尔斯和赫伯特·金迪斯教授在其论文《强互惠的演化：异质人群中的合作》认为②，人类行为具有的这种特征，可能是我们这个物种在漫长的进化过程中形成的一种特定的行为模式。他们通过计算机仿真技术，模拟了距今10万~20万年以前游猎——采集社会的人类生活，实验结果支持了这个假设。

互惠行为或利他惩罚既然是一种具有正外部性的利他行为，但这种行为的激励机制是什么？在得不到物质补偿的情况下，人们为什么不惜花费个人成本去惩罚那些违反合作规范的人？桑塔费学派的重要成员、苏黎世大学国家经济实验室主任恩斯特·费博士猜测，如果不能从外界得到必要的激励，互惠者只能从利他惩罚行为本身获得预期的满足。为了证实这个假设，苏黎世大学国家经济实验室使用PET（position emission tomography）即正电子发射X射线断层扫描技术对这一行为的脑神经系统进行了观察。相关研究表明，位于中脑系统的纹体（striatum）包括尾核与壳核的神经回路，是人类及灵长类动物整合激励信息与行为信息的关键部位。如果利他惩罚的发生是惩罚者预期从惩罚行为本身得到满足，通过PET应该观察到这一脑区的激活，且惩罚行为的强弱与其活跃程度正相关。实验结果证实了这个大胆的推断。2004年8月《科学》杂志以封面文章的重要地位发表了有关这一实验的报告：《利他惩罚的神经基础》。实验报告认为，最新的社会偏好模型所定义的效用函数包含了对违反公正和合作规范的惩罚愿望，这些模型比经济学传统的自利模型更好地解释了人类的实际行为。利他惩罚行为既不是一种像消化食物那样的自动机能，也不是一种基于深思熟虑、有明确目标导向的行为。这种典型的依靠愿望诱导的激励机制说明，人们可以从这种行为本身获得满足。大多数人在发现那些违反社会规范的行为未得到惩罚时会感到不舒服，而一旦公正得以建立他们就会感到轻松和满意③。

（二）劳动力市场中公平、互惠行为的实验研究

桑塔费学派的恩斯特·费尔及其同事首次对劳动力市场进行了实验研究，这一研究已经在劳动力市场、契约的非完全性及其执行问题的探讨过程中逐渐引起重视。研究的目的就是在竞争性实验市场情况下检测契约的执行以及委托人和代理人之间的谈判是否会影响他们对于互惠以及公平行为的态度。

在本领域的第一类研究是：在实验劳动力市场的框架下，验证是否存在所谓的公平工资

---

① ［美］赫伯特·金迪斯、萨缪·鲍尔斯等著，汪丁丁、叶航、罗卫东主编：《走向统一的社会科学》，上海世纪出版集团2005年版，第12页。

② Gintis & Bowles, the Evolution of Strong Reciprocity: Cooperation in Heterogeneous Populations, Theory. 中译本见：［美］赫伯特·金迪斯、萨缪·鲍尔斯等著，汪丁丁、叶航、罗卫东主编：《走向统一的社会科学》，上海世纪出版集团2005年版，第72~79页。

③ ［美］赫伯特·金迪斯、萨缪·鲍尔斯等著，汪丁丁、叶航、罗卫东主编：《人类的趋社会性及其研究》，上海世纪出版集团2005年版，第19~39页。

——努力假说①，这一假说认为随着工资的提高，员工的努力程度也会相应的提高。因此，企业会支付高于竞争性水平的工资，但这会导致产生非自愿性失业。恩斯特·费尔以及其他学者进行了基于礼物交换博弈的实验②：这是一个两阶段博弈，第一阶段是工资决定博弈，即员工（代理人）与企业（委托人）进行工资谈判并签订工作契约；第二阶段，已经和企业签订了契约的员工选择一个工作努力程度。

根据正统的理性人及自利的假设，无论向员工支付多高的工资，他们都会只付出最少的努力（因为随着努力水平的提高，努力成本也相应提高），如果企业意识到了这一点，那么它只会支付与员工最小努力程度相对应的竞争性工资（无租金）。但是，实验发现结果却并非如此，企业支付的平均工资水平普遍高于与最小努力程度相对应的竞争性工资，这其中就包含了相当一部分的租金（工资水平要比与最小努力程度相对应的竞争性工资高）。很多实证研究证明这个结果相当显著：尤其是恩斯特·费尔的一系列文章所谈到的，工资——努力程度正相关关系在不同制度安排中广为存在，如单向口头拍卖、双向拍卖、双向谈判，以及在不同规模的实验支付设置中。而且在竞争性的条件下（譬如单向口头拍卖、双向拍卖）总是存在劳动力的外生过度供给（此时，企业在博弈中处于优势地位，它可以强加给员工很不公平的契约）。但也可以观测到公平的契约以及不存在趋于均衡的学习效应。最后，令人不解的是，工资水平在双向拍卖市场（最具竞争性的市场）中与在其他双向制度安排中是一致的，这表明了员工之间的竞争即使在双向拍卖市场中对于工资水平确定作用几乎可以忽略不计，而公平和互惠因素则发挥着很大的作用。

本领域的第二类研究着重深入探讨互惠是否以及在多大程度上可以减轻所谓契约执行难题（contract enforcement problem）。这一难题是与代理关系紧密相关的，因为雇佣契约是不完备的，而员工有一定的努力程度自主决策权。一旦企业执行契约的技术有限或者面对的是理性的、纯粹自利的、不会付出最优努力程度的员工时，企业只能达到有效努力水平之下的一个最小产出值。然而另一方面，如果员工不惜牺牲金钱上的薪酬来报答他们认为是公平的行为而惩罚他们认为是不公平的行为时，我们说员工的这种做法可以视为是互惠行为。委托人和代理人之间的互惠行为会使契约的执行偏离偷懒的均衡解，因而被认为是提升员工努力程度的一个有效工具。

恩斯特·费尔等召集了141名实验被试者（为了赚钱而同意参加实验的大学生）进行了两轮实验，对比了两阶段博弈（其中只有员工可以对企业提供的契约作出互惠的反应）与三阶段博弈（其中企业以及员工双方都可以对对方的行为作出互惠反应）的实验结果。恩斯特·费尔等也通过引入非完备的监督技术变量（引入一个诸如法院的第三方以一个概率对员工的偷懒行为进行罚款）比较分析了以上两个博弈。他们的研究结论如下：

在两阶段博弈中，虽然员工会对企业提供的高于最低水平的工资做出积极的互惠反应，但企业仍然不能完全获得其理想的努力水平。在三阶段博弈中，由于企业此时也可以根据员工的表现给予奖励或者惩罚（但要注意，这样做对于企业来说成本很高，所以从均衡的角

① Akerlof G.（1982），Labor contracts as partial gift exchange，Quarterly Journal of Economics 97（4），543.69.

② Fehr E.，E. Kirchler，A. Weichbold and S. Gachter（1998），When social norms overpower competition：Gift exchange in experimental labor markets，Journal of Labor Economics 16（2），324.51.

度来看是不理性的），契约执行难题被进一步弱化。最后，外部监督以及罚款机制的引入，至少在两阶段博弈中破坏了员工与企业之间的互惠关系，从而降低了员工的平均努力程度。

这些发现表明，与以自利的理性人为假定的理论预测相比，互惠行为（尤其是双向互惠）提升了员工的努力程度，并相应地减轻了契约执行难题。所以，至少从行为学的角度来看，互惠可以看作是解决契约执行难题的一个方法，甚至它比传统的针对员工不努力工作的惩罚机制要更为有效①。西蒙和福克基于这样的观察进一步分析表明，激励契约、惩罚以及监督等显性的契约执行手段都可能会对委托人和代理人之间潜在的互惠行为形成“挤出效应”，从而降低了代理人的努力程度。他们同时指出，在重复博弈中，互惠行为对于声誉的形成发挥了很大的作用，而后者本身有助于减轻契约执行难题②。

以上大致讨论了实验经济学对于激励机制设计问题研究的贡献。尽管这一理论回顾还很不完全，但我们可以很清晰地看到实验研究方法可能是一个很有价值的工具，它可以在控制的条件下对诸多理论问题进行检验并提出挑战，诸如不同激励方案的行为特质，互惠是如何影响代理人和委托人实际作出决策的等。博弈理论以及数学模型对于交易成本理论的分析都忽略了这样一个事实：委托—代理理论以及契约理论都没有考虑人的有限理性问题（而这一问题又恰恰是交易成本引起市场失灵以及作为交易监督机制的科层形成的主要原因）。从这个角度来讲，实验研究方法在研究实际决策者的有限理性如何影响诸多代理问题的产生以及基于传统的理性自利行为假设的研究所不能很好解释的问题就很有自己的独到之处。事实上正如 Levinthal 所指出的：“我们完全可以从行为学的角度来从重新审视代理理论的理性人假定以及对经济参与人认知能力的假定。代理模型虽然很具有一般性但却不能够解释组织内部的许多行为”③。

因此，实验方法可以成为我们研究特定条件下实际决策者的行为及其对努力和风险的态度等问题提供一种很好的研究工具。此类实验的研究成果对于企业激励机制的设计者尤其具有实践意义。但与此同时，我们还需要在公司治理领域做更多的实验研究和努力。

本章就是以实验经济学方法为研究工具对公司治理中的经理层薪酬激励机制设计问题展开进一步研究，引入经理人的公平、互惠偏好，得出了一些迥异于传统理论假设下的结论，并基于此提出了构建基于信任的“和谐治理”机制的论点。

9.3 实验设计

企业所有者与经理之间的委托代理关系历来是公司治理问题的焦点，而经理层薪酬激励

① ［美］赫伯特·金迪斯、萨缪·鲍尔斯等著，汪丁丁、叶航、罗卫东主编：《人类的趋社会性及其研究》，上海世纪出版集团 2005 年版，第 147 ~ 149 页。

② Gachter S. and A. Falk (1998), Work motivation and performance: How can incomplete employment contracts be enforced?, Working Paper, University of Zurich, 20. 2.

③ Levinthal D. (1988), A survey of agency models of organization, Journal of Economic Behavior and Organization 9 (2), 153. 86.

机制设计是公司治理问题的核心之一。现代主流公司治理理论在设计经理层薪酬激励机制时，由于是建立在自利的、追求个人效用最大化的理性人假设基础上，故只是关注了经理人外部激励的约束因素，而忽视了经理人作为一个"社会人"，除了追求其物质利益最大化之外，还关注其与企业之间基于公平、互惠的信任关系的构建，即除了关注金钱契约之外，还关注心理契约的建立与持续。由于经理的公平、互惠偏好改变了其效用函数，那么，我们将公平、互惠偏好引入传统的薪酬激励模型会不会对激励机制的效果产生影响？

为了检验信任和互惠行为对经理层激励的影响，我们设计了两个实验：只有经理有机会选择互惠的两阶段实验；董事长和经理都有机会进行互惠的三阶段实验。

9.3.1　两个实验的共同特点

实验的被试来自除经济学相关专业之外的南开大学学生，实验在南开大学经济实验教学中心实施。为了把被试之间彼此认识的可能性降到最低，我们采用电话征召的方式召集实验被试。被试的实验报酬包括 10 元人民币的出场费和他们在实验过程中获得的收入。在实验过程中，收入用点数表示。实验结束后，实验人员按 100 点 =5 元的比例把点数兑换成人民币。

实验由人工控制进行。实验开始前，实验人员以随机抽签的方式将 14 名被试分成 8 名"经理"和 6 个"董事长"，而且经理和董事长分别安排在不同的房间。

实验人员首先宣读实验说明，向被试介绍本次实验的内容、他们的角色分配以及实验中收入的计算方法。之后，被试回答一份实验前的调查问卷，目的在于测试他们是否真正理解了各自的角色和收入的计算方法。

当所有被试都正确回答了问卷问题之后实验正式开始。为了研究学习行为在经理之间、董事长之间以及经理和董事长长期关系的建立中的作用，我们把两阶段实验和三阶段实验都重复了 12 轮，以获得充足的样本数据。

9.3.2　两阶段实验的实验设计

为使实验环境更接近现实的劳动力雇佣市场，我们把两阶段实验和三阶段实验的第一阶段都设计成明码标价（post – bid）市场。

本实验中，董事长每轮都拥有 100 点的初始财富。第一阶段，董事长首先出具一份雇佣合同，以待经理选择。雇佣合同内容包括工资 w 和董事长期望的经理工作努力水平 $\hat{e}$。其中，工资 w 必须是 0 到 100 之间的整数，工作努力水平 e 的取值范围和经理付出这样的努力水平所需要的成本，见表 9 – 1 所示。

表 9 – 1　　努力水平和努力成本

努力水平 e	0.1	0.2	0.3	0.4	0.5	0.6	0.7	0.8	0.9	1
努力成本 c(e)	0	1	2	4	6	8	10	12	15	18

在给定的一轮实验中，一位董事长只能提供一份雇佣合同。也就是说，一位董事长

只能雇用一名经理。董事长各自私下秘密决定自己的雇佣合同，然后由实验人员公之于众。董事长所在房间的实验人员分别把董事长的雇佣合同抄写在黑板上和文件页中，之后文件页将会被送往经理所在的房间。经理所在房间的实验人员把董事长的雇佣合同以随机顺序写在黑板上。公布完毕，经理按事先抽签随机决定的顺序选择雇佣合同。经理可以不接受任何合同，如果选择接受，也只能接受一份合同。因为有 8 名经理和 6 位董事长，经理多出两个额外的供给。因此，在任意一轮实验当中，至少有两位经理无法或者没有接受合同。

当所有经理作出决定之后，第一阶段结束。然后，第二阶段开始。

已接受了雇佣合同的经理必须决定他们的实际努力水平 e。如表 9－1 所示，经理对努力程度的选择是与努力成本相关联的。当然，董事长选择其期望的努力水平时，面临着同样的努力水平及努力成本。因此，表 9－1 是共同知识。经理将私下决定各自的努力水平，并填入实验一开始就分发给他们的表格里。经理彼此之间不会知道对方决定的努力水平。实验人员随后收集起来送到董事长所在的房间，并告知董事长与其缔结了雇佣合同的那个经理的实际努力水平。然而，董事长并不知道其经理的具体身份。

第二阶段的实验反映出了委托代理关系（即不完全契约）的一个基本特征。现实世界的经历在决定他们的实际努力水平时，大部分情况下有着很大的自主决定的余地。因此，在我们的实验设计当中，董事长只能要求一个期望的努力水平，但是却不能强制经理执行（例如，借助法律手段）。唯一强制性的努力水平是最小努力水平 0.1。

当董事长被告知他们的经理的努力水平之后，第二阶段结束，开始计算收益。

经理的收益由支付函数 $u=w-c(e)$ 给出，其中，w 表示接受的工资额；c(e) 是经理付出的实际努力水平的成本。如果某个经理没有交易，他将没有收益。

董事长的收益函数为：$\pi=ve-w$，其中，v 表示董事长的基本补偿价值（即经理付出一单位努力水平所给董事长带来的基本收益），$v=100$；w 表示董事长雇佣合同里提供的工资；e 为经理的实际工作努力水平。

9.3.3　三阶段实验的实验设计

在两阶段实验设计中，经理有机会对董事长提供的雇佣合同作出互惠反应。然而，实际上大部分的委托代理关系是长期关系，所以董事长也有机会对经理的实际努力水平作出互惠反应。

因此，我们在两阶段实验设计中加进了一个第三阶段。在此阶段中，董事长有机会去惩罚或奖励他们的经理，当然无论是惩罚还是奖励都是有成本的。当已经了解了经理付出的实际努力水平之后，董事长可以选择对他的经理进行惩罚或奖励。惩罚或奖励用变量 p 表示，$p\in[-1, 1]$。惩罚（$p<0$）或者奖励（$p>0$）对董事长来讲都是有成本代价的。仅仅在 $p=0$ 即董事长既不惩罚也不奖励的情况下，才不会产生成本。我们规定，董事长只能在经理卸责时对其进行惩罚，相反，也只有经理付出了至少是董事长期望的努力水平时奖励才有可能。惩罚将使经理在第二阶段实验结束时的所得减少 25p，反之，奖励将使经理增加 25p 的收入。表 9－2 描述了可行的惩罚或奖励水平以及相应的成本，这也是共同知识。

表 9－2（a）　　惩罚变量和董事长的惩罚成本

惩罚变量 p	0	－0.1	－0.2	－0.3	－0.4	－0.5	－0.6	－0.7	－0.8	－0.9	－1
董事长的成本 k(p)	0	1	2	3	4	5	6	7	8	9	10

注意：惩罚水平 p∈［－0.1，1］。只有在经理卸责的情况下，董事长才能选择惩罚，例如，经理的实际努力水平低于期望的努力水平。

表 9－2（b）　　奖励变量和董事长的奖励成本

奖励变量 p	0	+0.1	+0.2	+0.3	+0.4	+0.5	+0.6	+0.7	+0.8	+0.9	+1
董事长的成本 k(p)	0	1	2	3	4	5	6	7	8	9	10

注意：奖励水平 p∈［+0.1，1］。只有在经理的实际努力水平高于董事长期望的努力水平的情况下，董事长才能选择奖励。

经理被私下秘密告知董事长对他的惩罚或者奖励情况。此时，第三阶段实验结束。

第三阶段结束时经理的报酬函数为：$u = w - c(e) + 25p$，董事长的报酬函数为：$\pi = ve - w - k(p)$，其中 k(p) 表示董事长的惩罚或奖励的成本，其余变量含义同两阶段实验。

为考察经理在第二阶段实验过程中决定他们的实际努力水平的期望构成，在第三阶段我们要求经理在确定了自己的努力水平之后，还必须决定他们期望从董事长那里得到的惩罚或奖励水平。董事长没有被告知经理期望的惩罚或奖励水平。

第一和第二阶段实验过程同两阶段实验设计。实验程序和实验说明见附录。

9.4
实验结果分析

9.4.1　主要结果

关于实验结果，博弈论的理论预测是显而易见的：在两阶段实验里，无论哪一轮经理都将会选择最低努力水平 $e = 0.1$。因为越高的努力水平意味着要付出越大的成本（见表 9－1）。

另一方面，由于董事长预料到经理会作出这样的选择，于是会提供一份工资为 0，期望努力水平为 0.1 的雇佣合同。这一结果不会在三阶段实验设计中有所改善，因为第三步实验的惩罚或激励机制的设计是一个不可置信的威胁：董事长无论奖励或惩罚都会增加他的成本，因此完全理性的董事长是既不惩罚也不奖励的。所以不可置信的威胁不会改变实验参加者在第一步和第二步的决策。

然而实验的结果却显示和上述理论推测结果相背离。

结果 1：无论是在两阶段实验中还是在三阶段实验中，董事长期望的工作努力水平都是激励不相容的。

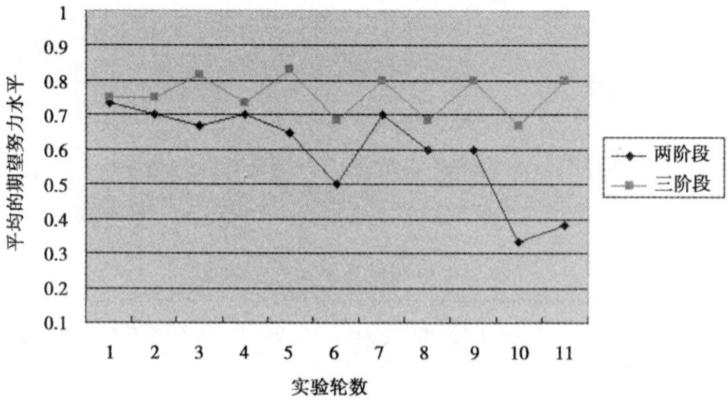

图 9－1 两阶段实验和三阶段实验中董事长平均的期望努力水平

图 9－1 显示，董事长期望的努力水平明显高于理论预测值 e＝0.1。两阶段实验中，董事长期望的经理工作努力水平平均为 0.60，标准差为 0.27；三阶段实验中，董事长期望的经理工作努力水平平均为 0.76，标准差为 0.20。

从图 9－1 我们还可以看出，三阶段实验中董事长期望的经理工作努力水平要高于两阶段实验的期望值，而且，三阶段实验中董事长期望的经理工作努力水平要比两阶段实验的稳定。

另外，无论是三阶段实验还是两阶段实验，董事长期望的经理努力水平都没有向理论解 e＝0.1 收敛的趋势。

结果 2：无论是在两阶段实验还是三阶段实验中，董事长都能诱导经理付出与激励不相容的实际工作努力水平。

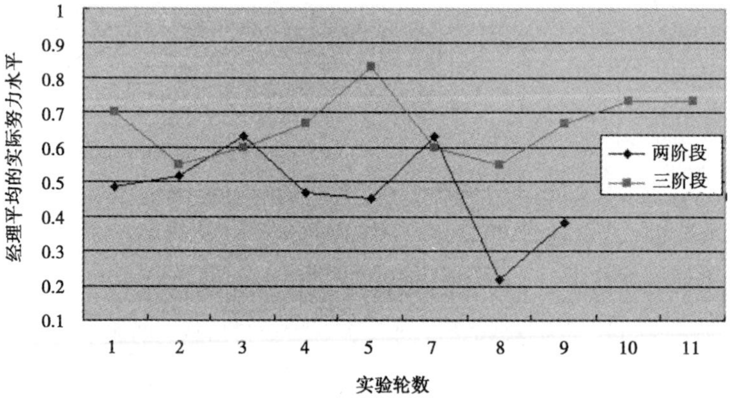

图 9－2 两阶段实验和三阶段实验经理实际工作努力水平对比①

两阶段实验中，董事长诱导的经理实际工作努力水平平均为 0.47，标准差为 0.28；三阶段实验中，董事长诱导出了经理更高的实际工作努力水平平均为 0.65，标准差为 0.297。图 9－2 表明，两个实验当中，经理的实际工作努力水平都比图 9－1 的董事长期望努力水平

① 由于样本的原因，做图时去掉了第 6 轮实验的数据，求平均值时去掉了第 6、10、11 轮的数据。

稳定性差。但即便如此，实际工作努力水平同样没有向博弈论理论解 e = 0.1 收敛的趋势。

另外，结果 2 显示董事长成功地诱导了经理付出高于激励相容水平的工作努力水平。

结果 3：比较而言，三阶段实验中的经理实际的工作努力程度平均要高于两阶段实验。

前文用博弈论的观点推测出，三阶段实验的互惠实验设计，即董事长有机会对经理的实际努力水平进行奖励或者惩罚，对经理的决策没有影响。然而从结果 2 的分析我们可以看出，三阶段实验中，经理付出的实际工作努力水平比两阶段实验平均要高出 0.18 单位。使用非参数估计曼——惠特尼 U 检验（Mann – Whitney U test）证明，这一差距是显著的。这说明，三阶段实验中加入的互惠实验设计的确对经理的行为决策产生了影响。

结果 4：三阶段实验的互惠实验设计显著地减少了经理的卸责现象，而且促使经理更加努力工作，超额努力的情况有明显增加。

表 9 – 3　　两阶段和三阶段实验中经理努力水平决策情况

实验	样本数	卸责 $e<\hat{e}$		尽职尽责 $e=\hat{e}$	超额努力 $e>\hat{e}$	
		百分比	平均卸责度 $(\hat{e}-e)$	百分比	百分比	超额度 $(e-\hat{e})$
两阶段	60	68.33%	0.31	20%	11.67%	0.18
三阶段	60	26.24%	0.54	36.17%	36.88%	0.16

为了进一步检验互惠实验设计的有效性，有必要对经理的行为决策做更为深入、细致的研究。

经理的努力情况在逻辑上可以分成三种：(1) 经理卸责，实际的努力水平低于期望的努力水平；(2) 经理尽职尽责，实际的努力水平等于期望的努力水平；(3) 经理超额努力，实际的努力水平高于期望的努力水平。表 9 – 3 显示了经理的这三种行为决策情况。

表 9 – 3 的数据分析更加证实了结果 3 的结论，那就是互惠实验设计对诱导经理作出更高的努力水平是很有效率的。经理卸责的百分比在三阶段实验中比在两阶段实验中显著降低。在两阶段实验中，经理卸责的情况占全部交易的 68.33%，平均卸责程度为 0.18。超额努力情况更是罕见，只发生了 7 次，占全部交易的 11.67%，平均卸责程度为 0.18。相对来说，经理尽职尽责的情况则更为普遍一些，占全部交易的 20%。而在三阶段实验中，卸责行为发生的次数明显比在两阶段实验中要少很多。经理卸责的情况仅占全部交易的 26.24%。然而，如果经理卸责，卸责程度却比在两阶段实验中高。尽职尽责的情况占全部交易的 36.17%，尤为有趣的是，超额努力的情况占到了 36.88%。考虑到三阶段实验中董事长期望的努力水平（0.76）已经很高的情况下，超额努力的比例可视为很高了。

9.4.2　两阶段实验经理努力水平诱导机制分析

为了研究互惠因素在本实验中对于激励经理努力工作的作用和影响，我们首先定义本实验中“慷慨”和“互惠”行为的数理表达。我们定义董事长提供的租金 $\hat{u} = w - c(\hat{e})$ 为董事长对经理的慷慨行为表现。租金 $\hat{u}$ 越高，说明董事长对经理越“慷慨”。也意味着，如果董事长想诱导经理付出较高的努力水平，董事长必须提供给经理较高的租金。另一方面，我们定义经理的实际努力水平为经理对董事长“慷慨”行为的互惠反应。那么，在两阶段实验中，经理的互惠表现在，如果董事长提供的租金越高，经理的实际努力水平也就越高。这一结论也通过了斯皮尔曼秩相关检验（相关系数 $\rho = 0.67$，$p < 0.001$）。

上面我们给出了实验的主要结果，结果显示，董事长能够获得激励不相容的经理努力水平。那么董事长是如何诱导经理付出与激励不相容的努力水平的呢？

结果5：董事长期望经理能够互惠：两阶段实验中，董事长提供的租金和期望的努力水平成正相关。

我们首先分析两阶段实验中期望的努力水平和董事长提供的平均租金的关系。如图9－3所示，期望的努力水平越高，董事长提供的租金平均水平越高。通过非参数斯皮尔曼秩相关检验（相关系数 $\rho = 0.73$，$p < 0.001$）证实了这一结论的有效性。

我们在图9－3中不难发现，在期望努力水平0.8和1的点上，租金出现了较大波动。根据我们的实验后调查问卷，董事长作出的解释是：出于对经理前面几轮实验中卸责行为的愤怒，因而选择了报复行动。有董事长甚至给出了工资额为1的雇佣合同，以不合作来表达对经理卸责的不满，尽管这样给董事长带来了巨大的代价（因为如果董事长的雇佣合同被拒绝，本轮实验中董事长将没有收益）。

根据实验结果我们还注意到，董事长倾向于过度补偿他们的经理。当董事长要求更高的期望努力水平时，他们提高的工资额度大于经理成本的增加量。这一结果明显与补偿工资无差异性的理论相矛盾。

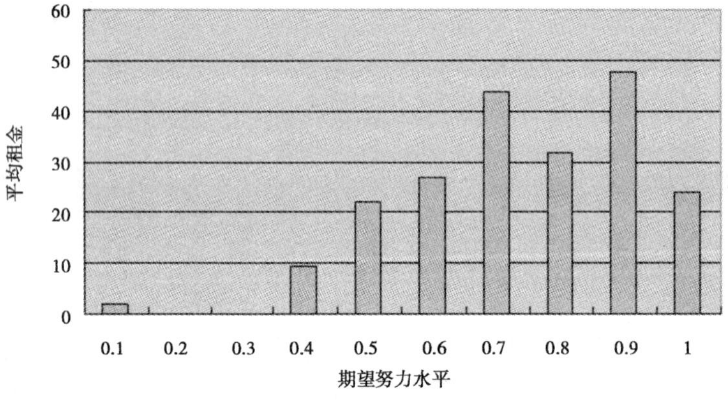

图9－3　两阶段实验中董事长的平均租金与期望的努力水平的关系

结果6：经理的确作出了互惠反应：经理的实际努力水平与董事长提供的租金成正相关关系。

图9－4表明，经理的实际努力水平和董事长提供的租金之间存在着明显的正相关关系。这也证明了董事长在两阶段实验中成功地诱导经理作出了互惠反应。

在实验结果分析的基础上，我们认为，本能的互惠反应是两阶段实验中董事长能够成功的诱导经理付出与激励不相容的努力水平的主要原因。我们在前文已经对互惠行为作了深入的分析。对绝大部分人来讲，互惠反应是一种自然的行为反应。如果你对我“好”，我也对你“好”；如果你对我“不好”，我也对你“不好”。而且，你对我越是慷慨，我就越是能够给你慷慨的回报。

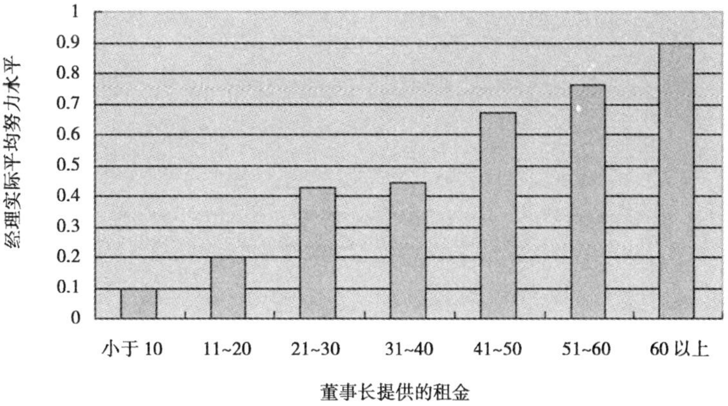

图 9－4　两阶段实验中经理的实际努力水平与董事长租金之间的关系

9.4.3　三阶段实验中经理努力水平诱导机制分析

通过结果 3 和结果 4 的分析，我们已经发现在提升经理实际工作努力水平上三阶段实验中的互惠设计是非常有效率的。下面我们分析公司在第三阶段的行为决策情况。如前所述，对此委托—代理博弈的子博弈精炼纳什均衡解为：如表 9－2 的支付函数所示，由于无论是奖励还是惩罚，公司都是要付出成本的。因此完全理性的公司既不会奖励经理的较好表现也不会惩罚经理的卸责行为。

然而，实验数据表明，公司的实际行为却与理论预测不符。

结果 7：在第三实验阶段中，面对经理的实际工作努力水平，公司作出了互惠反应：奖励经理的过度努力，惩罚经理的卸责行为。

表 9－4（a）概括总结了给定经理的实际工作努力水平，公司的奖励或者惩罚情况。10 轮实验中，经理们共出现 30 次卸责行为，有 20 次付出的实际工作努力水平超过了公司的期望水平，另外还有 10 次刚好等于公司期望的努力水平。

我们在实验中规定，只有在经理卸责的情况下公司才有可能对其进行惩罚，可选择的惩罚力度 p 的取值和相应的成本代价见表 9－2（a）。从表 9－4（a）可以看出，在经理的 30 次卸责行为中，公司惩罚了其中的 19 次，占 63.33% 的比例。而且，选择的惩罚力度平均为 －0.64。

表 9－4（a）　　公司的奖励或惩罚情况

公司实际的奖励或惩罚	卸责 $e<\hat{e}$ 30 次	尽职尽责 $e=\hat{e}$ 10 次	超额努力 $e>\hat{e}$ 20 次
$p<0$	63.33%（－0.64）	—	—
$p=0$	36.67%	70%	5%
$p>0$	—	30% （0.1）	95% （0.68）

注：括号内的数据为平均值。

另一方面，只有经理没有卸责甚至超额努力的情况下，公司才有可能对其进行奖励，可选择的奖励力度 p 和相应的成本代价见表 9－2（b）。从表 9－4（a）可以看出，经理有 20 次付出的实际工作努力水平超过了公司的期望，公司奖励了其中的 19 次，占 95% 的比例。而且，选择的奖励力度平均为 0.68。面对经理的尽职尽责，公司只奖励了其中的 30%，而且奖励程度平均只有 0.1 的水平。

从对表 9－4（a）的分析来看，公司的互惠对于提升经理的实际工作努力水平具有非常重要的作用。当经理付出的实际工作努力水平超过了公司的期望水平时，公司表现出积极的互惠行为；当经理付出的实际工作努力水平低于公司的期望水平时，公司表现出消极的互惠行为。而且，我们还可以看出面对经理的实际努力状况，公司更倾向于互惠而不是不做任何回应。这一结论的有效性通过了卡方检验的检测。无论是惩罚还是奖励，原假设都被拒绝（原假设是：如果经理卸责，公司惩罚的可能性和不惩罚的可能性相等；如果经理超额努力，公司奖励的可能性和不奖励的可能性相等）。

在前文分析两阶段实验时，我们曾在结果 6 中总结出了关于两阶段实验经理行为决策的规律：面对公司提供的正的租金，经理不但没有选择成本最小的努力水平，而且经理的实际工作努力水平与公司的租金水平之间存在着非常强的正相关关系。那么，三阶段实验中，公司的奖励或惩罚的行为是不是也存在上述的相似规律呢？为此，我们需要对公司在第三阶段的互惠做进一步的考察。

根据观察到的结果，使用斯皮尔曼秩相关检验（Spearman rank－order test）发现，当经理卸责时，经理卸责的程度（$\hat{e}-e$）越深，公司惩罚的力度越大（$\rho=-0.49$，$p<0.001$）；当经理超额努力时（$\rho=-0.07$，$p<0.339$），经理超额努力的程度（$e-\hat{e}$）和公司奖励的力度之间却没有明显的单调性的关系。但是，当进一步严格样本到公司的确做出了惩罚或奖励的情况时，我们发现，经理卸责程度越深，公司惩罚力度越大，同时，经理超额努力程度越深，公司奖励力度越大（相关系数和 p 值分别为 $\rho=-0.59$，$p<0.001$ 和 $\rho=-0.41$，$p<0.001$）。

由此，我们可以说，公司在互惠实验中的行为是具有互惠性质的。

结果 8：经理能够准确地预测到公司的奖励行为但是低估了公司对卸责行为进行惩罚的程度。

结果 8 旨在研究经理是否能够理性的预测公司在互惠实验中的行为。在第二步实验中，在经理决定了实际努力水平之后，我们曾让经理填写他们期望得到的公司奖励水平或者受到的惩罚水平。表 9－4（b）是对经理期望的奖励或惩罚水平的分析。

表 9－4（b）　经理期望的公司奖励或惩罚情况

经理期望的奖励或惩罚	卸责 $e<\hat{e}$ 30 次	尽职尽责 $e=\hat{e}$ 10 次	超额努力 $e>\hat{e}$ 20 次
$p^e<0$	54.1%（－0.42）	—	—
$p^e=0$	45.9%	40%	5%
$p^e>0$	—	60%（0.36）	95%（0.64）

注：括号内的数据为平均值。

从表中数据可以看出，在经理选择了超额努力的情况中，有 95% 也就是有 19 次交易中，经理期望公司会给予他们奖励，且期望的奖励程度平均为 0.64。

而在经理选择了偷懒的情况中，卸责的经理们则仅有 54.1% 的交易认为他们可能会受到惩罚，且期望的惩罚程度平均为 -0.42，相反的有 45.9% 的交易经理认为公司会选择不惩罚。根据卡方检验（Chi - square test）的结果，原假设——卸责的经理们认为惩罚和不惩罚的可能性是相等的——被接受。

在经理尽职尽责的情况中，经理期望了其中的 60% 会被公司奖励，期望的奖励水平的平均程度为 0.36。根据卡方检验（Chi - square test）发现，尽职尽责的经理更倾向于得到公司的奖励而不是没有奖励。

总地说来，超额努力的经理准确地预测到公司会给与他们奖励。但是，其他的两种情况下，对于公司是否给与奖励的估计，经理们过于乐观了。当经理尽职尽责了的时候，他们常常倾向于得到公司的奖励；当经理卸责的时候，经理们却低估了公司的惩罚次数。

另一方面，对比表 9 - 4（a）和 9 - 4（b）我们发现，在经理超额努力的情况下，经理们期望得到的奖励程度的平均水平是 0.64，事实上，我们可以看出，公司实际上给出了平均数为 0.68 的奖励水平。为了检验经理期望的奖励值和公司实际的奖励值是否相等，我们使用曼—惠特尼 U 检验（Mann - Whitney U test）对比了每一期经理期望的奖励值和公司实际的奖励值。结果发现，原假设——期望值和实际值相等——不能被拒绝（$p = 0.5644$）。这说明经理们不仅准确地预测到了公司会给与奖励而且也准确地预测到了公司会给与的奖励程度。也即是说，当经理们卸责的时候，面对经理“好”的互惠行为，公司倾向于做出更强的“好”的互惠反应。

然而，在经理卸责的情况下，我们使用曼—惠特尼 U 检验（Mann - Whitney U test）发现，检验的原假设——期望值和实际值相等——被拒绝，因此，备择假设——公司实际的惩罚水平要比经理期望的惩罚水平更为“严厉”——被接受（$p = 0.0109$）。这说明，经理们不仅低估了公司对于惩罚的偏好，而且还低估了公司的实际惩罚程度。也即是说，当经理们卸责的时候，面对经理“不好”的互惠行为，公司倾向于做出更为严厉的“不好”的互惠反应。

9.4.4　不可置信的威胁是否影响了实验中收入的分配

如果不考虑互惠这一因素，公司有机会可以对经理进行奖励或者惩罚的第三步实验设计就是多余的。这也即是说，一个不可置信的威胁不应该影响到第二步实验设计经理的行为决策。因此，第三步实验设计对实验中的收益分配没有什么影响。然而，我们的实验结果却和标准模型的这一推测显然是背离的。

结果 9：两阶段实验中，经理的平均收益显著高于公司，而三阶段实验中公司的平均收益明显提高，且与经理基本持平。

表 9 - 5　　经理和公司收益汇总

实验	公司	经理	总计
两阶段	315	2021	2336
三阶段	1188	2110.5	3298.5

表9－5显示的是公司和经理分别在两个实验里10轮实验的总收益。三阶段实验中公司明显比在两阶段实验中的收益要高，处境要好得多。另一方面，经理在两阶段实验中的处境要比三阶段实验要好。总地来说，经理和公司实现的总收益三阶段实验明显高于两阶段实验。

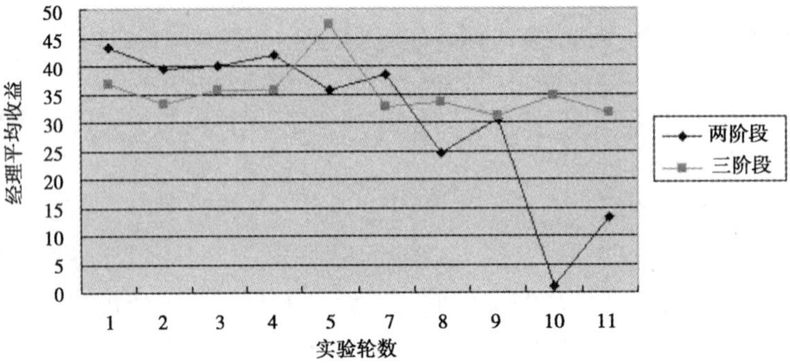

图9－5（a）　两阶段实验和三阶段实验中经理的收益情况

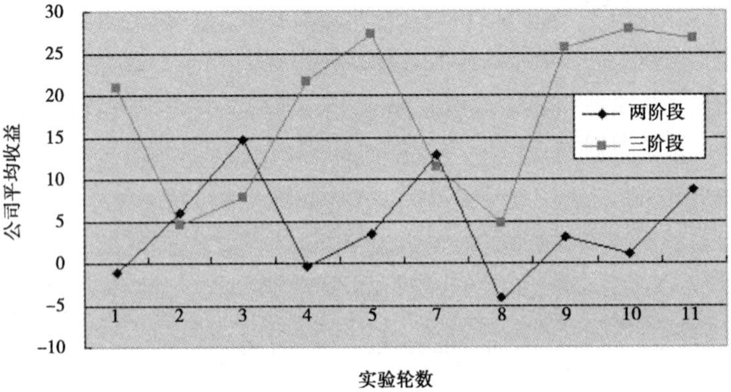

图9－5（b）　两阶段实验和三阶段实验中公司的收益情况

图9－5（a）和图9－5（b）分别说明的是在两个实验中，公司和经理收益的分期对比情况。由此我们可以得出以下的结论：当人们受到互惠的激励时，缺乏互惠到不可置信的威胁的确是能够影响到收入的分配的。和标准的理论模型相反的是，在实验中拥有最后的话语权是一个非常有效的选择。

9.5 实验结论及其启示

本章利用两阶段实验和三阶段实验检验了公平、互惠对经理层薪酬激励的影响和作用。实验结果表明，工资越高，经理的努力程度越高；即使没有外部监督，较高的薪水对经理也有正的激励作用。这说明，基于公平、互惠的心理动机会改变传统的经理层薪酬激励模型的结果。

互惠行为既不是一种像消化食物那样的自动机能，也不是一种基于深思熟虑、有明确目标导向的行为，而是一种基于心理动机的倾向性行为。这种典型的依靠愿望诱导的激励机制说明，人们可以从这种行为本身获得满足。大多数人在发现那些违反社会规范的行为未得到惩罚时会感到不舒服，而一旦公正得以建立他们就会感到轻松和满意。所以，互惠行为是委托人与代理人双方在行为交互的基础上作出的一种基于对方行为的反应，因此，薪酬激励是具有内部性的。另一方面，通过重复进行实验，我们发现，互惠行为在很大程度上是基于对对方信任回馈的一种心理预期：给定雇佣合同，董事长预期经理能够互惠；给定实际努力水平，经理预期董事会能够互惠。

这一结论，不仅具有重要的理论意义，而且对于我国转型期，以实现公司化、建立现代企业制度为主的国有企业改革具有重要的实践意义，尤其是在经理层薪酬激励机制的设计方面。

既然信任、互惠行为的引入能够对经理层薪酬激励产生正的激励作用，那么，在设计我国公司治理层面上新的经理层薪酬激励制度时，我们就不能忽略经理人作为一个“社会人”，除了追求自身物质利益的最大化之外，还关注心理支付的满足这一特征。正是从这个意义上来说，代理人的互惠动机以及其对物质奖励的追求都应该被考虑成经济现实。

因此，这一特征应该作为一种重要的组织资源被运用到我国激励体制设计中去，弥补当前我国经理层薪酬激励设计中单纯依靠外部监督控制和物质激励的缺陷，构建公司内部委托人与代理人之间基于互惠的信任关系，建立起委托人与代理人之间的心理契约，从而在企业内部营造一种“和谐”的氛围。在这种氛围中，有效率的制度设计能够使得经理的薪酬支付更为公平、公正、合理，从而起到鼓励经理作出正的互惠的反应的作用。这样一来，最终会增强董事会对经理层绩效的认同度，或者说，增强了经理人对获得社会认同的追求和满足。从而，可以在企业内部建立起一种信任机制，使得我国公司的委托人和代理人之间形成良性的互动态势，平衡彼此信任关系，从而构建起一个富有效率的公司治理机制，推进我国的国有企业改革。

附录：经理层薪酬激励机制设计实验导语

一、实验程序的一个简单概括

经理和董事长在两个不同的房间里。实验一共进行 12 轮（包括一轮实验预演）。

（一）第一阶段

1. 董事长出具包括工资 w 和期望的努力水平 $\hat{e}$ 的一份雇佣合同，其中

$w \in [0, 100]$，$\hat{e} \in [0.1, 1]$

2. 经理以事先随机决定的顺序选择雇佣合同。

（二）第二阶段

3. 经理私下秘密决定各自的实际努力水平 e，其中 $e \in [0.1, 1]$。

（仅三阶段实验设计）经理私下秘密作出期望的惩罚或奖励水平。

4. 董事长被私下秘密告知经理的实际努力水平 e。

此时经理和董事长计算两阶段实验中各自的收入。

（三）第三阶段

5. 董事长秘密选择惩罚或奖励水平 p，$p \in [-1, 1]$。

6. 经理被秘密告知他获得的惩罚或奖励水平。

此时经理和董事长计算三阶段实验中各自的收入。

二、两阶段实验说明

（一）实验的基本说明和要求

非常感谢您来参加这个实验！

在您决定参加本次实验之后，您已经获得了 10 元的出场费，实验过程中您的策略行为将决定您是否可以获得以及获得多少额外收益。因此，实验开始前请仔细阅读实验说明。

首先，是关于本实验的基本规则与要求。

1. 在实验期间，我们将用点数来代替货币单位，因此实验中收入将以点计算。实验结束后我们将按照 100 点 =5 元的比例折算您最终的货币收益。

2. 为保证您身份的匿名性，您在实验中的编号将会以随机抽取的方式确定。

3. 在我们的实验说明阶段，我们将会尽量解答您关于本实验的任何问题。然而从实验开始到结束的整个实验进行期间，请您独立思考，不要以任何方式与任何其他实验者沟通信息，否则将会视为自动退出本实验。

4. 为减少对实验的干扰，请关闭您的手机。

（二）实验的过程说明

本次实验的参加者一共 14 人，其中 6 人扮演“董事长”角色，8 人代表“经理”。在实验中您具体的角色将在实验说明之后由抽签的方式随机决定。角色确定之后，扮演“董事长”角色的参加者将由我们的实验人员引领至另一个教室进行实验。所以，“董事长”和“经理”将分别在两个教室进行实验。

1. “董事长”抽签决定自己本轮实验的编号，C_1、C_2、C_3、C_4、C_5、C_6。

本实验中，“董事长”每轮都拥有 100 点的初始财富。“董事长”首先出具一份雇佣合同，以待“经理”选择。雇佣合同内容包括您提供的工资 w 和您期望的“经理”的工作努力水平 $\hat{e}$。

其中，工资 w 必须是 0 到 100 之间的整数，工作努力水平 e 的取值范围和经理付出这样的努力水平所需要的成本见表 1 所示。

表 1　　努力水平和努力成本

努力水平 e	0.1	0.2	0.3	0.4	0.5	0.6	0.7	0.8	0.9	1
努力成本 c(e)	0	1	2	4	6	8	10	12	15	18

"董事长"作出决定之后，请"董事长"将合同内容填入"董事长雇佣合同——上交"文件页和"董事长雇佣合同——收益汇总表"文件页中相应的位置。其中前者将由我们的实验主持人员收回。我们的实验人员会将您提供的雇佣合同抄写在黑板上，分别在"董事长"和"经理"所在的房间公布。

2. 等待"董事长"提供雇佣合同期间，"经理"通过抽签决定其选择合同的先后顺序，经理的编号为 M_1、M_2、M_3、M_4、M_5、M_6、M_7、M_8。

3. 工资在"经理"所在的房间公布完毕之后，"经理"将按抽签随机决定的顺序选择您想要的雇佣合同。一名"经理"只能选择接受一份雇佣合同。当然，您有拒绝接受任何雇佣合同的权力。如果您选择接受了其中的一份雇佣合同，请告知实验主持人员。

之后，您需要考虑：在这样一个工资水平 w 下，您想付出的实际工作努力水平 e。工作努力水平 e 的取值范围和您付出这一努力水平需花费的成本见表 1 所示。

确定好实际工作努力水平 e 之后，请将您选择的"董事长"的编号和您付出的实际工作努力水平 e 填入手中的"经理努力水平——上交"文件页和"经理雇佣合同——收益汇总表"文件页中，实验人员会将前者收回，然后反馈给您的董事长。

注：只有序号在前的经理选择了董事长提供的雇佣合同之后，序号紧邻的下一位经理才能开始选择，以此类推，直到所有的董事长合同都被选择完毕之后，第 3 步结束。

4. 实验人员把收回的"经理努力水平——上交"文件页发放给相应的"董事长"，以告知"董事长"他的雇佣合同是否被接受，以及接受了他的雇佣合同的那个"经理"的实际工作努力水平 e。请"董事长"将得到的反馈信息填入"董事长雇佣合同——收益汇总表"文件页中相应的位置。

另外，请"董事长"将发放的文件页用曲别针收好。

5. 请"董事长"和"经理"分别计算您在本轮实验中获得的收益（计算规则见第三部分），并将其填入各自的"雇佣合同——收益汇总表"中。

此后，我们将重复上述实验数轮，实验持续时间大约两个小时。

（三）实验的收益计算规则

1. 对"经理"来说，您的收益 u 由下面函数给出：

$u = w - c(e)$

其中，w 表示您选择的雇佣合同中"董事长"所提供的工资，c(e) 是您选择的工作努力水平 e 所需要付出的成本。如果您没有选择任何雇佣合同或您的工资 w 为零，本轮实验您将没有任何收益。

例：如果您接受的工资额为 30，您付出的工作努力水平为 0.5，那么，您工作的努力成本 c(e) 是多少？您最终的收益是多少？

答：____________，____________。

答案：6，24。

您算对了吗？不对的话，请一定要举手示意我们的实验工作人员。我们将予以解答。

2. 对"董事长"来说，您的收益函数为：

$\pi = ve - w$

其中，v 表示您"董事长"的基本补偿价值（即经理付出一单位努力水平所给董事长带来的基本收益)，v = 100；w 表示您作为“董事长”为“经理”提供的雇佣工资；e 为“经理”的实际工作努力水平。

例 1：如果您提供的工资额为 30，您得到的“经理”的工作努力水平为 0.5，那么，您的最终收益是多少？

答：＿＿＿＿＿＿＿＿。

答案：20。

例 2：如果您提供的工资额为 15，您得到的“经理”的工作努力水平为 0.1，那么，您的最终收益是多少？

答：＿＿＿＿＿＿＿＿。

答案：-15。

您算对了吗？不对的话，请一定要举手示意我们的实验工作人员。我们将予以解答。

3. 总收益的计算：

每位参加者的最后的总收益等于实验中各轮收益点数的总和。实验结束后，我们将按照实验给出的折算比例折合人民币支付实验报酬和您的出场费。

实验说明到此结束，如存有疑问，请举手示意，实验主持人将予以解答。

在我们的实验说明阶段，我们将会尽量解答您关于本实验的任何问题。然而从实验开始到结束的整个实验进行期间，请您独立思考，不要以任何方式与任何其他实验者沟通信息，否则将会视为自动退出本实验。

如果没有问题，那么实验开始。

三、三阶段实验说明

(一) 实验的基本说明和要求

非常感谢您来参加这个实验！

在您决定参加本次实验之后，您已经获得了 10 元的出场费，实验过程中您的策略行为将决定您是否可以获得以及获得多少额外收益。因此，实验开始前请仔细阅读实验说明。

首先，是关于本实验的基本规则与要求。

1. 在实验期间，我们将用点数来代替货币单位，因此实验中收入将以点计算。实验结束后我们将按照 100 点 =5 元的比例折算您最终的货币收益。

2. 为保证您身份的匿名性，您在实验中的编号将会以随机抽取的方式确定。

3. 在我们的实验说明阶段，我们将会尽量解答您关于本实验的任何问题。然而从实验开始到结束的整个实验进行期间，请您独立思考，不要以任何方式与任何其他实验者沟通信息，否则将会视为自动退出本实验。

4. 为减少对实验的干扰，请关闭您的手机。

(二) 实验的过程说明

本次实验的参加者一共 14 人，其中 6 人扮演“董事长”角色，8 人代表“经理”。在实验中您具体的角色将在实验说明之后由抽签的方式随机决定。角色确定之后，扮演“董事长”角色的参加者将由我们的实验人员引领至另一个教室进行实验。所以，“董事长”和“经理”将分别在两个教室进行实验。

1. “董事长”抽签决定自己本轮实验的编号，C_1、C_2、C_3、C_4、C_5、C_6。

本实验中，“董事长”每轮都拥有100点的初始财富。“董事长”首先出具一份雇佣合同，以待“经理”选择。雇佣合同内容包括您提供的工资w和您期望的“经理”的工作努力水平$\hat{e}$。

其中，工资w必须是0到100之间的整数，工作努力水平e的取值范围和经理付出这样的努力水平所需要的成本见表2所示。

“董事长”做出决定之后，请“董事长”将合同内容填入“董事长雇佣合同——上交”文件页和“董事长雇佣合同——收益汇总表”文件页中相应的位置。其中前者将由我们的实验主持人员收回。然后将您提供的雇佣合同抄写在黑板上，分别在“董事长”和“经理”所在的房间公布。

表2　　　　　　　　　　　　　　努力水平和努力成本

努力水平 e	0.1	0.2	0.3	0.4	0.5	0.6	0.7	0.8	0.9	1
努力成本 c(e)	0	1	2	4	6	8	10	12	15	18

2. 等待“董事长”提供雇佣合同期间，“经理”通过抽签决定其选择合同的先后顺序，经理的编号为M_1、M_2、M_3、M_4、M_5、M_6、M_7、M_8。

3. 工资在“经理”所在的房间公布完毕之后，“经理”将按抽签随机决定的顺序依次选择您想要的雇佣合同。一个“董事长”合同只能被选择一次。一名“经理”只能选择接受一份雇佣合同。当然，您有拒绝接受任何雇佣合同的权力。如果您选择接受了其中的一份雇佣合同，请告知实验主持人员。

之后，您需要决定：在这样一个工资水平w下，您想付出的实际工作努力水平e。工作努力水平e的取值范围和您付出这一努力水平需花费的成本见表1所示。

确定好实际工作努力水平e之后，请将您选择的“董事长”的编号和您付出的实际工作努力水平e填入手中的“经理努力水平——上交”文件页和“经理雇佣合同——收益汇总表”文件页中，实验人员会将前者收回，然后反馈给您的董事长。

注：只有序号在前的经理选择了董事长提供的雇佣合同之后，序号紧邻的下一位经理才能开始选择，以此类推，直到所有的董事长合同都被选择完毕之后，第3步结束。

4. 实验人员把收回的“经理努力水平——上交”文件页发放给相应的“董事长”，以告知“董事长”他的雇佣合同是否被接受，以及接受了他的雇佣合同的那个“经理”的实际工作努力水平e。请“董事长”将得到的反馈信息填入“董事长雇佣合同——收益汇总表”文件页中相应的位置。

然后，“董事长”对比期望的经理工作努力水平$\hat{e}$和您的经理实际的努力水平e，以决定是否对经理进行奖励或惩罚，及奖励或者惩罚的程度。奖励或惩罚用变量p表示，$p \in [-1, 1]$，其中，惩罚水平p的取值范围是$[-1, 0]$，惩罚会减少经理25p的收益；奖励水平p的取值范围是$[0, 1]$，奖励会增加经理25p的收益。

注意，董事长无论是奖励或者惩罚都是需要花费成本的，不奖励也不惩罚的话没有成本。具体 p 的取值以及付出的成本代价见表 3（a/b）。

表 3（a）　　惩罚变量和董事长的惩罚成本

惩罚变量 p	0	-0.1	-0.2	-0.3	-0.4	-0.5	-0.6	-0.7	-0.8	-0.9	-1
董事长的成本 k（p）	0	1	2	3	4	5	6	7	8	9	10

注意：惩罚水平 p，p∈［-0.1，1］。只有在经理卸责的情况下，董事长才能选择惩罚，例如，经理的实际努力水平低于期望的努力水平。

表 3（b）　　奖励变量和董事长的奖励成本

奖励变量 p	0	+0.1	+0.2	+0.3	+0.4	+0.5	+0.6	+0.7	+0.8	+0.9	+1
董事长的成本 k（p）	0	1	2	3	4	5	6	7	8	9	10

注意：奖励水平 p，p∈［+0.1，1］。只有在经理的实际努力水平高于董事长期望的努力水平的情况下，董事长才能选择奖励。

作出决策之后，请“董事长”将 p 的值填入“奖励或惩罚——上交”文件页和“董事长雇佣合同——收益汇总表”文件页中，我们的实验人员会将前者收回然后反馈给您的“经理”。

另外，请董事长把发放的“经理努力水平——上交”文件页用曲别针收好。

5. 对“经理”来讲，由于您选择的董事长在得知您的实际工作努力水平 e 之后，会对比其对您的工作努力水平的期望值 $\hat{e}$ 来决定是否对您进行奖励或惩罚，以及奖励或惩罚的程度奖，而且奖励会增加您 25p 的收益；相反的，惩罚会减少您 25p 的收益。

因此，在等待“董事长”在另一个房间做决策期间，“经理”需要决定：您期望从董事长那里受到的惩罚或赢得的奖励水平 p^e 的值，具体可选择的 p 的值见表 2（a/b）。作出决定之后，将您期望的奖励或惩罚水平 p^e 的值填入“经理雇佣合同——收益汇总表”中相应的位置。

6. 实验人员把收回的“奖励或惩罚——上交”文件页发放给“经理”。“经理”在得到反馈信息后将奖励或惩罚的值填入“经理雇佣合同——收益汇总表”中相应的位置。

另外，请“经理”将收到的文件页用曲别针收好。

7. 至此，一轮实验结束。请“董事长”和“经理”分别计算其在本轮实验中获得的收益（计算规则将在第三部分说明），并将其填入各自的“雇佣合同——收益汇总表”中。

此后，我们将重复上述实验过程数轮，实验持续时间大约两个半小时。

（三）实验的收益计算规则

1. 对“经理”来说，您的收益 u 由下面函数给出：

$$u = w - c(e) + 25p$$

其中，w 表示您选择的雇佣合同中“董事长”所提供的工资，c(e) 是您选择的工作努力水平 e 所需要付出的成本，p 的符号，赢得奖励时为正，受到惩罚时为负。如果您没有选择任何雇佣合同或您的工资 w 为零，本轮实验您将没有任何收益。

例 1：如果您接受的工资额为 60，您付出的工作努力水平为 0.5，且你遭受了 p = -0.7 的惩罚。那么，您工作的努力成本 c(e) 是多少？您最终的收益是多少？

答：____________，____________。

答案：6，36.5。

例2：如果您接受的工资额为40，您付出的工作努力水平为0.8，且你赢得了 $p=0.4$ 的奖励。那么，您工作的努力成本 $c(e)$ 是多少？您最终的收益是多少？

答：____________，____________。

答案：12，38。

您算对了吗？不对的话，请一定要举手示意我们的实验工作人员。我们将予以解答。

2. 对“董事长”来说，您的收益函数为：

$\pi = 100e - w - k(p)$

其中，w 表示“董事长”提供的雇佣工资；e 为“经理”的实际工作努力水平，k（p）表示董事长惩罚或奖励的成本。

例3：如果您提供的工资额为40，您得到的“经理”的工作努力水平为0.7，且您作出了给“经理” $p=-0.5$ 的惩罚。那么，您的惩罚成本 $k(p)$ 是多少？您的最终收益是多少？

答：____________，____________。

答案：5，25。

例4：如果您提供的工资额为40，您得到的“经理”的工作努力水平为0.9，且您作出了给“经理” $p=0.4$ 的奖励。那么，您的奖励成本 $k(p)$ 是多少？您的最终收益是多少？

答：____________，____________。

答案：4，46。

您算对了吗？不对的话，请一定要举手示意我们的实验工作人员。我们将予以解答。

3. 总收益的计算：

每位参加者的最后的总收益等于实验中各轮收益点数的总和。实验结束后，我们将按照实验给出的折算比例折合人民币支付实验报酬和您的出场费。

实验说明到此结束，如存有疑问，请举手示意，实验主持人将予以解答。

在我们的实验说明阶段，我们将会尽量解答您关于本实验的任何问题。然而从实验开始到结束的整个实验进行期间，请您独立思考，不要以任何方式与任何其他实验者沟通信息，否则将会视为自动退出本实验。

如果没有问题，那么实验开始。

第十章 DISHIZHANG

最后通牒博弈实验与利益相关者治理

经理是以“股东收益最大化”还是以“利益相关者利益最大化”作为决策准则尚存在争议。但是经理仅以“股东收益最大化”为决策准则有可能导致经理产生损害非股东公司利益相关人利益的动机，其结果可能是对公司收益的负效应。我们在一个修正的最后通牒博弈框架下，运用实验经济学方法，通过测试是否个体作为代理人时他对公平因素的关注会降低；以及是否个体作为代理人且同时负有使第三方收益最大化责任时其对公平等因素的关注会降低等问题，从而为公司治理中，经理是以股东利益最大化为准则还是以利益相关人利益最大化为准则进行决策提供了实验证据。

10.1 理论背景

利益相关者思想最早源于1932年，哈佛商学院学者杜德指出，公司董事会必须成为真正的受托人，他们不但要代表股东的利益，而且也要代表其他利益主体如员工、消费者，特别是社会整体的利益[①]。20世纪60年代该理论在西方国家开始兴起，进入90年代以后受到了经济学家和管理学家的高度重视，被认为是认识和理解现实企业的工具，其理论体系也逐步完善。

10.1.1 企业所有权的利益相关者配置

（一）企业所有权的配置主体

该模式认为，现代公司由各个利益平等的利益相关者所组成，股东只是其中的一员，经理不仅要为股东还要为公司所有的利益相关者服务。公司并不是由股东主导的“分享民主”的企业组织制度，其本质上是一种受产品市场影响的企业实体。股东的利益并非靠表决权的

① 卢昌崇：《企业治理结构》，东北财经大学出版社1999年版。

保护，而是要依赖于股票市场、产品市场和经理市场的保护。经理、债权人和公司其他雇员等具有特殊资源者也同样是公司的所有者①。既然公司的所有者是其利益相关者，那么，凡是能给企业带来损益或其利益受企业行为直接影响的行为人均有可能参与或影响企业所有权的分配，应该“将所有权的权利和责任赋予那些控制关键资产的人，并且，它们将为那些投资于这些处于风险中的资产的集团提供某种保护”②。企业所有权的现实分配则取决于人力资本与非人力资本所有者之间的谈判，谈判能力的大小与他们的资产专用性程度及在企业中的相对重要性变化有关。谈判的形式是多样性的，如英美的集体谈判制、德国的共同决定制、日本的经理仲裁制等。不管谈判形式如何，其共同点都表明，企业持续发展一定是专用性资源持有者之间谈判的一个合作博弈解。也就是说，企业专用性资源的团队特征确保了企业所有权分配对参与各方都有利（至少任何一方都不受损）。

（二）企业所有权的分散对称分布

企业契约性质是利益相关者之间的关系契约，应该将集中对称的企业所有权变为分散对称。过去的研究将剩余索取权和剩余控制权（两者合称为企业所有权）③ 集中地对称分布于一方，要么是非人力资本所有者④，要么是人力资本所有者⑤，这至少意味着另一方的产权权益被剥夺了。雇主和雇员在缔约初期，由于人力资本的难以度量性及受劳动力市场完善程度的制约，人力资本很难显示，而非人力资本具有完全可抵押性并能充分显示雇主个人财富，所以雇主在谈判中有明显的优势，并且谈判发生在雇主和单个雇员之间，单个雇员的人力资本量相比太弱小了，结果雇员不得不暂时放弃对企业所有权的要求。但是，随着雇员长时期学习过程中专用性资产的增加，雇员之间所存在的共同利益促使他们采取集体行动，以及内部劳动力市场形成和发展降低了信息成本，就使雇员的人力资本有效地显示了出来。这使得雇员能够分享一定的企业所有权而参与企业治理，企业所有权就分散对称地分布于不同的产权主体之间了。

10.1.2 利益相关者共同治理结构

公司治理结构是企业所有权安排的具体化，企业所有权是公司治理结构的一个抽象概括。杨瑞龙与周业安也认为，“企业治理结构本质上是关于企业所有权分配的合约，其核心问题是，通过选择恰当的契约安排来实现剩余索取权和控制权的对应，以确保企业的决策效率”⑥。利益相关者共同治理结构的特点是不仅要使股东、债权人参与公司治理，企业还要

---

① Jones, Charles I: Time Series Tests of Endogenous Growth Models, Quarterly Journal of Economics, 1995, May. 110 (2), 495 ~ 525.

② 杨瑞龙、周业安：“一个关于企业所有权安排的规范性分析框架及其理论含义”，载《经济研究》1997 年第 7 期。

③ 张维迎：“ 所有制、治理结构及委托——代理关系”，载《经济研究》1996 年第 9 期。

④ 例如：哈特证明了将企业的剩余控制权集中对称配置给非人力资本所有者是最优的。参见哈特：《企业、契约与财务结构》，上海三联书店 1998 年版。

⑤ 马克思论证了必须把剩余索取权从资本家手里归还给工人，艾勒曼则提出了建立职工民主的公司制这一基本思想。参见马克思：《资本论》（第一卷、第三卷），人民出版社 1975 年版；艾勒曼：《民主的公司制》，新华出版社 1998 年版。

⑥ 杨瑞龙、周业安：“交易费用与企业所有权分配合约的选择”，《经济研究》1998 年第 9 期。

协调员工、供应商、客户以及社区等各利益相关者的关系。具体表现在以下几个方面:

（一）公司的最高权力机关由利益相关者的代表组成

在公司治理结构的设置上，利益相关者治理与股东主权治理类似，即最高权力机关选举决策者组成董事会，选举监督者组成监事会，再由董事会选聘经理人员负责日常的经营管理工作。两者的关键差别在于最高权力机关的构成上，股东主权治理认为只有股东才能行使最高权力，利益相关者治理理论则认为所有的利益相关者都能行使最高权力。

（二）股东权益的边界

公司可以设计出多种投票机制来实现和保障股东的权益，包括简单多数原则、一股一票原则、表决限制原则以及累积投票制度等，这些具体机制实际上规定了若干基本准则，使得股东们在这些基本准则的约束下实现和保障自身的权益。它们既赋予了股东表决权，又限制了表决权的行使方式，后者主要是考虑到股份份额的不同可能导致大股东对小股东利益的侵害。当然，既然"公司不是由其股东所'拥有'，并且股东仅仅是一组对公司拥有利益者之中的一员，那么我们就没有理由认为股东的利益会或应该优于其他利益拥有者"①，在保护股东权益的同时，不允许损害其他利益相关者的利益。

（三）债权人参与公司治理

银行在公司监督和治理方面的作用表现在许多方面，比如相互持股、提供管理资源、董事的派遣、大宗贷款和信用、受托管理、担保、筹划债券发行、投资顾问、参与重组等。银行直接参与公司治理可以强有力地约束经理人员，积极地监察贷款的使用情况，使企业经理人员无法隐藏信息，从而提高贷款资金使用率，银行的经营优势反过来得以强化。日本公司对银行信贷融资的依赖，使银行与企业关系变得十分紧密，银行持有公司的巨额股票，形成了主银行制度②。主银行不直接干预公司的业务活动，但通过财务状况的变动来监督公司的行为，或当发现公司经理人员的不轨行为时，通过表决给予惩罚。其关键角色在于，通过对企业资金收付的管理，削弱了银企之间的信息不对称。青木昌彦将其归纳为"相机治理"，并细分为事前监督、事中监督和事后监督等三个阶段③。

（四）公司职工的治理

日本公司采取终身雇佣制、年功序列制、内部晋升制等制度安排，使劳动力市场内部化，其劳资关系表现为默认契约关系，不能用明确的契约条款来解释，雇主不会轻易地解雇雇员，雇员也不会随意地离开企业。在这种传统下，形成了公司从业人员与股东同样是收益人的观念。企业为利益相关者，特别是为从业人员而存在，而不是把企业当成私有财产仅为股东所有。德国企业则通过选举职工代表参与监事会和职工委员会，来实现其参与企业管理的共同决定权。此外，丹麦、荷兰、瑞典、法国等国家也在公司法中规定职工参与公司管理的制度。在利益相关者治理模式下，雇主和雇员的界限越来越模糊，任何一方都具有雇主与

---

① 凯·西尔伯斯通:"关于'相关利益者'的争论",《经济社会体制比较》1996 年第 3 期。

② 与通常理解的主银行就是向企业提供大宗贷款，并持有该企业一定份额股票的定义不同，这里的主银行关系的性质事实上是一个包括银行贷款、与债券发行有关的服务、持股、支付协议账户、提供管理信息和资源等五个方面在内的关系矩阵。

③ Aoki. M: *The Contingent Governance of Teams: Analysis of Institutional Complementarity*, International Economic Review, 1994, 657～676.

雇员的双向身份，都是自己资本的所有者和委托人、对方资本的经营者和代理人。

（五）供应商、客户和社区关系及环境管理

研究表明，长期与一个供应商保持稳定合作关系的企业比那些同时拥有很多供应商的企业具有更高的绩效水平①，企业的供应商和客户往往共同参与企业产品的开发，供应商产品质量的改进对企业提高产品质量也具有显著影响②。设计开发能更好地满足客户需要的新产品，提供更加优质的服务，虽然在短期内会增加财务成本，但当客户认识到企业产品或服务的改进时，企业的产品销售量和未来收入将增加，同时对客户的关系投资成本下降。企业主动调整与所在社区的关系可以为企业拓宽战略选择空间，与社区建立良好的关系能为企业带来税收减免、降低调整成本、提高劳动力素质等好处，并能够增强企业的竞争优势。另外，企业对环境保护的投资则可以提高企业绩效。

利益相关者公司治理模式动摇了股东至上主义逻辑，确定了公司治理的主体由股东转变为企业的利益相关者，使传统的股东单边治理转向了利益相关者共同治理，这是契约隐喻原则的体现。马克思和恩格斯强调了企业中的契约是企业当事人之间在自由、平等、所有权与功利等原则基础上签订的③，是当事人经济关系的意志关系的法律表现④。契约的自由与平等原则要求公司治理的主体之间是独立、平等的关系，这些相互关联的主体组成了利益相关者。契约的所有权与功利原则在承认一个人追求和保护自身权益的同时，还要求其权益的行使对他人权益的尊重和保护。利益相关者模式考虑到了企业各方的权益，其意义是值得肯定与赞赏的。

然而，目前关于利益相关者公司治理模式研究的缺陷也是很明显的，主要表现在利益相关者理论的研究方法上。该理论的研究偏重于规范分析，而实证研究明显不足，这在一定程度上制约了其在学术界的地位。利益相关者理论主要有三类研究方法：描述性/实证性方法、工具性方法和规范性方法。其中描述性/实证性方法旨在说明或解释企业及其经理实际上是如何行动的；工具性方法旨在说明如果企业及其经理采取某一种方式的话，会出现什么后果；规范性方法旨在指出应该怎么做，它关注的是企业及其经理行为的道德合适性。其中规范性分析使该理论在企业目标、企业本质、企业剩余权、企业契约、企业社会责任、公司治理本质等方面的研究取得了丰硕的成果。然而，正如琼斯所指出的，“尽管利益相关者理论的规范性分析的学问确实是非常需要的，但是工具性和描述性/实证性方法也需要给予关注”，该理论在实证研究领域的成果显得比较薄弱。

传统的新古典经济学在理性和自私自利的经济人假设条件下，认为契约执行的标准方法是满足激励相容约束。实验经济学认为单纯的基于经济人的自利性假设，尤其是对公平、互惠动机的忽略会导致错误的理论预测和推论。不少经济学大师其实都宁愿相信：虽然利己是人类行为的一个基本动机，但是人们的经济行为常常也会受到道德等社会规范的影响，而表

① Atkinson A. Waterhouse J. , Wells R: *A stakeholder approach to strategic performance measurement. Sloan Management Review* ,] Spring 1997.

② Jeffrey; S. Harrison, R. Edward. Freeman: *Stakeholders, social responsibility, and performance——Empirical evidence and theoretical perspectives.* Academy of Management Journal , 1999 (10).

③ 恩格斯：《家庭、私有制和国家的起源》，人民出版社 1957 年版。

④ 马克思：《资本论》（第一卷），人民出版社 1975 年版。

现出某些并非纯粹利己（甚至是纯粹利他）的行为。1992 年获得经济学诺贝尔奖的 G. S. Becker 曾用利他主义解释慈善捐助和公共品的自愿提供；1994 年经济学诺贝尔奖得主 R. Selten曾通过大量的案例讨论人们在现实决策中的行为，发现人们的利益分配行为显著地受到社会公平、公正思想的影响；1980 年经济学诺贝尔奖得主 K. J. Arrow，1970 年诺贝尔奖得主萨默尔森 P. A. Samuelson 以及 1998 年经济学诺贝尔奖得主 A. Sen 都曾经指出过，人们的自私自利是有限的，在很多时候他们也会关心他人的利益，关心物质利益的分配是否公平。因此，企业作为当事人之间在自由、平等、所有权与功利等原则基础上签订的契约，契约的自由与平等原则要求公司治理的主体之间是独立、平等的关系，这些相互关联的主体组成了利益相关者。契约的所有权与功利原则在承认一个人追求和保护自身权益的同时，还要求其权益的行使对他人权益的尊重和保护。本章通过构建最后通牒博弈实验，着重验证市场经济主体在公平、互惠动机的驱动下的契约执行的效率问题，从而为企业利益相关者治理理论奠定了认知心理学上的基础。

10.2

最后通牒与独裁者博弈实验综述

在一个典型的最后通牒博弈实验中，实验被试被规定与陌生的对手进行博弈，其中提议者提出一个具体的出价，而回应者决定是否接受该出价（这被称为特定出价法）。该博弈实验通常有两种变形，其一是重复进行此博弈（并且规定实验被试每次遇到的对手都不同），其二是让回应者设定一个最小可接受出价而不仅仅是决定是否接受一个特定的出价。采用最小可接受支付法非常便于观察对各种可能出价的反应。如果最有趣的出价（例如给对方一个非常低的支付）很少被观察到，说明最小可接受出价起到很重要的作用。由于某种原因，经济学家通常不愿使用最小可接受出价法来进行研究（哪怕使用特定出价法几乎无法从回应者的拒绝行为中得到任何结论）。

基于对近 200 篇的最后通牒博弈的研究成果的统计表明，实验结果非常具有规律性。众数和最后通牒出价的中位数通常出现在 40% ~50% 的水平，而平均数出现在 30% ~40% 的水平。出价百分比在 0、0 ~10 和 51 ~100 的区间上都很少出现。40% ~50% 的出价水平很少会被拒绝，而低于 20% 左右的出价水平有一半被拒绝。

我们应该把导致回应者做出拒绝行为的情绪因素（称之为“气愤”），与 A 看到 B 对 C 做出某种不当行为而产生的情绪（称之为“义愤”）分别开来。气愤更个性化一些，并经常会促使被指责的集团对气愤者重新公平对待。而处于义愤的 A 会更冷酷些，他更乐于看到以别的某种方式对 B 进行惩罚。义愤意味着更冷酷。Ernst Fehr 和他的同事们在近来的研究中采用了一种“第三集团惩罚”博弈，其中 A 会牺牲一定的支付来惩罚 B 对 C 的不公平行为。

如果提议者提出一个慷慨的出价，这可能是因为提议者内心深处是公平的，或者是因为提议者担心低额出价会遭到对方的拒绝（或两种原因均有）。这两种因素在独裁者博弈中可以很轻易地被区分开来，在该博弈中回应者被剥夺了可以拒绝的权力。如果提议者在一个独裁者博弈中愿意给对方一个正的出价，即提议者没有最大化自己的收益，则说明他在最后通牒博弈中表现出来的慷慨与其内心的利他主义因素有一定关系，而不是出于策略上的考虑。

在最初的独裁者博弈中，Kahneman、Knetsch and Thaler（1986）给实验被试两种选择，其一是与另外一名学生平分 20 元，其二是不进行平分以使自己获得更多的好处（18 元，2 元）。其实验结果表明四分之三的实验被试选择了平分（10 元，10 元）。

许多人认为关于最后通牒结果的主要问题在与搞清提议者提出的方案是基于内心的公正还是仅为策略上的考虑（只是为了防止被对方拒绝）。但其中的关键是“回应者的拒绝”，这使得提议者做出慷慨的决定。Forsythe 等（1994）第一次彻底地对独裁者博弈和做好通牒博弈进行了比较实验，其中独裁者可以自由选择出价（而不是在两种分配方案中进行选择）。该实验中的独裁者表现得不像 Kahneman 等人所报告的那么慷慨，但是平均出价是总额的 20% 左右，这表明存在着一些纯粹的利他行为。独裁者的出价远小于提议者在最后通牒的考虑（多付出一些以防止被拒绝），也是处于利他主义动机。早期的实验结果显示，在给出实际的拒绝模式下，出价的平均值与最大化预期收益是提议者的出价相趋近（比如 Roth 等，1991），这暗示提议者仅是出于策略考虑的。之后更多的分析表明实际的出价必在考虑最大化自身收益时的出价更慷慨一些，甚至在风险规避时也是如此（Henrich 等，2001；Lin and Sunder，2002）。在一个允许无均衡信念（包括学习过程）的模型中，Costa - Gomes and Zauner（2001）发现提议者的信念通常有点过于悲观。

许多关于最后通牒博弈和独裁者博弈的研究对实验条件和实验被试的身份进行了变更，以使研究内容更为丰富。这种因素分为五类。方法论上的因素是指对实验方式进行改变——如奖金、匿名实验、重复进行等。人口统计方法（demographic）因素是指对不同人群的行为方式进行观测（极少数这种效应被证明是显著或可再现的，即使存在着由人种、年龄和相貌所带来的效应）。当考虑不同的文化因素时，其重要程度是明显的：在具有更多“市场一体化”的简单社会中，最后通牒的分出额更接近平均分配。描述性因素是指改变对博弈的描述而不是其结构。结构因素是指通过增加可能的行动来改变博弈本身。方法论上的、人口统计方法上的以及描述性的因素变更已被证明在研究中只有有限的作用。文化上的和结构上的变更具有更大的效应，并且对于建立社会性偏好理论具有很大作用。

10.3

利益相关者治理的实验验证

我们认为，通过对委托—代理关系条件下受资本收益最大化约束的市场参与人的行为进行实验研究，有助于我们探析改变公司治理的效率的方法。正如上所说，最后通牒博弈实验在认知心理学、行为经济学的基础上进行了广泛而深入的讨论。我们藉此实验试图探讨的是，人的行为是仅受收益最大化影响还是有其他的准则会对人的行为造成影响。其结果将对公司治理中的利益相关者治理研究具有重要意义。

我们通过对传统的最后通牒博弈进行修正试图验证：（1）是否个体作为第三方代理人时他对公平的关注度会降低；（2）是否个体作为第三方代理人且同时负有使第三方收益最大化责任时，他对公平的关注度会降低。此实验设计与公司治理研究中，高层经理是否应视为股东的代理人，以及高层经理是否应负有使股东收益最大化的责任这两个问题相关联。据我们所知，虽然基于最后通牒博弈的实验经济学文献汗牛充栋，但尚未被用以公司治理相关问题研究。因此，我们相信，我们的实验是最早应用最后通牒博弈来研究不同公司治理模式的。

10.3.1 实验设计与实施

我们在不同时段进行了两次实验。第一次实验分为两种实验设置，分别是：直接匿名交易和代理交易。第二次实验分为三种实验设置，分别是：直接匿名交易、具名交易和委托—代理交易。两次实验的参与人分别是南开大学经济学院2005级硕士生和2006级硕士生，他们来自不同的专业方向。第一次实验在2005年11月17日进行，有38位学生参加。第二个实验在2006年11月15日进行，有34位学生参加。共计72位学生参与实验。

我们的实验除了第二次实验中有一轮是具名实验外，其余均为匿名进行的。因为我们认为，当实验被试不考虑到声誉问题时，实验结果将更为可信。我们通过以下方法做到这一点：随机发给每个学生不同的号码，并告诉他们在任何形式的实验报告中，他们的行为都只通过号码来加以识别，且他们的导师绝对不会知道他们在实验中的行为。且实验结果对其他实验被试也是保密的，即便对他在实验中的交易对手也是如此。当然，为了验证在匿名和非匿名两种不同情况下，双方分配额间的差异性，我们也在第二次实验中设计了一轮具名（非匿名）实验。通过叫到他们号码时举起手的方式，以便让交易对手得知他们是和谁一组。

10.3.2 第一次实验

在2005年11月17日进行的第一次最后通牒博弈实验，分为两种实验设置，即直接匿名交易和通过代理人进行交易。在给同学们结合实验说明书阐述实验梗概并确保每一位实验被试均已经明确实验的交易规则和过程之后，把所有同学随机分成两组。为了减少组与组之间的交流，让两组人分两列分别坐在教室的左右两端。即使在同一组中的人，也被告知在实验过程中不要讨论他们的答案。一组人作报价方，另一组人作应价方。每个同学都填了一张表，内容是年级、学号、性别、年龄等。为确保别人过后不会知道他们在实验中的行为，对每个人进行编号。报价方的号码是从P101～P119，应价方的号码是R101～R119。

（一）第一轮（匿名直接交易情况）

在第一轮博弈中，通过随机抽签决定报价方和应价方并分列教室两侧坐定后，实验开始。实验假设赋予每一报价方50元人民币的初始禀赋。让他们写下他们会给自己留下多少，给应价方多少。让应价方在纸上写下他们会接受的最低数额，即他们的“保底线”。双方也均被告知，如果应价方会接受的最低数额小于或等于报价方给应价方的金额，那么交易将被视为达成，双方会得到按报价方的方案分配的金额；如果应价方会接受的最低数额大于报价方分给应价方的金额，那么交易将被视为失败，双方都不会得到任何东西。

（二）第二轮（匿名代理交易的情况）

在第二轮实验，在报价方创造委托—代理关系。要求他们将其各自的编号写在卡片上，并将卡片封存在信封中。然后将信封收上来，打乱之后重新发给报价方。具体实验说明过程为：首先，报价方被告知："在这一轮中，博弈的基本规则是和上一轮一样的。与第一轮不同的是，在此轮中，你们将作为别人的代理人。应价方仍然代表他们自己的利益"，"每个报价方会在信封中发现一张空白的卡片。在卡片上写上你们自己的编号，然后将卡片放回信封中，封好"。

（将收上来的信封次序打乱，再重新发给报价方）

"不要将信封打开，将您的号码写在信封外面"。

"在这一轮中，报价方不代表你们自己，而是代表你们手中的信封里的身份卡片所表示的人"。

"假设现在我给每一个报价方 50 元。每个报价方要作为代理人与相应的应价方之间分配这 50 元"。

"记住如果应价方拒绝这一分配方案的话，那么交易失败，双方都得不到任何东西"。

注意：以上说明可以使报价方以别人的代理人身份在交易中出现，并代表别人而非自己的利益。同时以上说明并没有暴露被代理人的身份。

10.3.3　第二次实验

在 2006 年 11 月 15 日进行的第二次实验进行了三轮。与第一次实验一样，在阐明实验说明后，把所有同学随机分成报价方和应价方两组并分别坐在教室左右两端。即便是在同一组中的人，也被告知在实验过程中不要讨论他们的答案。为确保匿名性，每人随机抽取一个编号。报价方的号码是从 P101 ~ P117，应价方的号码是 R101 ~ R117。

（一）第一轮（匿名直接交易情况）

第一轮实验与第一次实验中的匿名直接交易设计完全一样，此不赘述。

（二）第二轮（具名直接交易情况）

在第二轮中，学生们被告知他们的交易对手的具体身份。这通过让 P101 和 R101 一起举手的方式完成的。所有 17 对都是如此。从而，在该回合中学生们得知了交易对手的身份，且此时他们代表自己的利益进行选择。

（三）第三轮（"委托—代理"交易情况）

如同在第一次实验的第二轮中一样，我们在报价方创造委托—代理关系。每个报价方被要求在卡片上写上他们自己的编号，然后将卡片放回信封中，封好。将收上来的信封次序打乱，再重新发给报价方。然后，报价方被告知：

"在这一轮中，报价方不代表你们自己，而是作为你们手中信封里的身份卡片所代表的人的代理人进行决策。博弈规则是报价方有责任使委托人从交易中得到最大收益。用您的判断和决策为您所代理的一方争得最大的实际利益。你们尽全力为被代理人获得最大利益这一点确实是非常重要的"。

"假设现在我给每一个报价方 50 元。每个报价方要代表委托人与相应的应价方之间分配这 50 元"。

“记住如果应价方拒绝这一分配方案的话，那么交易失败，双方都得不到任何薪酬”。

以上说明使报价方以别人的代理人身份在交易中出现，并代表别人而非自己的利益。同时以上说明并没有暴露被代理人的身份。此实验与第一次实验中第二轮的区别在于，此时报价方多了一个行为准则，即要以被代理人利益最大化为行为准则。

10.4 实验结果

10.4.1 第一次实验结果

第一次实验两轮的结果如表 10－1 和表 10－2 所示。第一轮（双方匿名直接交易），报价方从 50 块钱中分给应价方的钱数平均为 22.05 元，具体从 10～30 元不等。应价方的保底线平均是 17.05 元，具体从 1～30 元不等。19 对中有 11 对达成了交易，这意味着 58% 的组合中，报价方分给应价方的钱数大于或等于应价方的保底线。

在第二轮中（匿名代理交易的情况），报价方从 50 块钱中分给应价方的钱数平均为 22.84 元，具体从 5～35 元不等。应价方的保底线平均是 17.05 元，具体从 0～35 元不等。19 对中有 11 对达成了交易，即 58% 的成功率。

这两轮实验的结果总结于下表。两轮实验中，钱数的分配的平均值非常接近，方差分析表明，它们间无显著性差异。$F(1,\ 18)=0.216$，$P=0.616$。

表 10－1　第一次实验中两种不同情况下报价方分给应价方的平均钱数

情形	均值	标准差	标准误差
第一轮（无代理）	22.0526	4.8244	1.1068
第二轮（有代理）	22.8421	5.8335	1.3383

对报价方自己保留的钱数进行研究，也有类似结果。下表总结了不同情形下的保留钱数。平均值无显著性差异，$F(1,\ 18)=0.179$，$P=0.677$。

表 10－2　第一次实验中两种不同情况下应价方保留价格的平均钱数

情形	均值	标准差	标准误差
第一轮（无代理）	17.5789	10.5847	2.4283
第二轮（有代理）	17.0526	11.4962	2.6374

令人震惊的是：两轮实验的实验结果是如此的接近！两种不同情况下，报价方分给应价方的平均钱数没有实质改变（仅增长了 0.79 元）。在 19 对中仅有 9 对因代理关系改变了分配额。6 位报价方增加了分配给应价方的钱，只有 3 位减少了分配数额。

应价方的要求也几乎没有变化。平均保底钱数降低了 0.53 元，19 位应价方中仅有 8 位改变了保底钱数，其中 4 位增加，4 位减少了分配数额。

值得进一步研究的是为什么在第二轮中代理关系的存在并没有带来人们行为决策上的显著变化。在与第二次实验的实验结果进行比较后，其意义将更为显著。

10.4.2　第二次实验结果

第二次实验进行了三轮：第一轮（匿名直接交易情况），第二轮（具名交易情况），第三轮（“委托—代理”责任情况）。结果总结在以下的表 10 – 3 ~ 表 10 – 5。

在匿名直接交易中，报价方分给应价方的钱平均为 19.76 元，具体从 10 ~ 26 元不等。应价方的保底线平均是 15.82 元，具体从 1 ~ 25 元不等。17 对中有 12 对达成了交易，交易成功率 71%；在具名交易中，报价方分给应价方的钱平均为 21.47 元，比第一轮增长了 1.71 元，具体从 10 ~ 35 元不等。应价方的保底线平均是 14.59 元，比第一轮降低了 1.24 元，具体从 1 ~ 25 元不等。17 对中有 14 对达成了交易，交易成功率 82%；最后，在报价方构建委托—代理关系，且报价方作为代理人有责任使委托从交易中得到最大收益的第三轮实验中，钱数的分配有了巨大的变化。报价方分给应价方的钱平均为 16.94 元，相对于上一轮下降了 4.5 元，具体从 10 ~ 30 元不等。应价方的保底线相对于上一轮的降幅不如报价方的分配额明显，平均是 14 元。17 对中有 9 对达成了交易，交易成功率仅为 53%。

我们将本次实验三轮的实验结果汇总为表 10 – 3 和表 10 – 4，使其结果对比更加鲜明，我们发现委托—代理因素对实验结果的确产生了显著影响。

（一）不同情况下报价方的分配额

报价方的分配额总结如下表 10 – 3 所示：

表 10 – 3　　第二次实验中三种不同情形下报价方分给应价方的平均钱数

情形	均值	标准差	标准误差
第一轮（匿名交易）	19.7647	5.5060	1.3354
第二轮（具名交易）	21.4706	10.2761	1.5222
第三轮（委托—代理）	16.9412	5.4253	1.3158

对不情况下的平均值方差进行分析，存在显著性差异。$F(2, 32) = 4.457$，$P < 0.05$。上表表明，第三轮方差小于第一轮和第二轮。

正如前述，对数据源进行两种假设分析。第一种方法是假定所有数都服从同一正态分布，那么对应于此就有单一的均值和方差。第二种方法是假定不同的因素下（这里用“1”“2”“3”来表示）有不同的正态分布（可能多于 3 种），那么对应于此就会有单一的方差和 3 个不同的均值。代入数据可以检验哪一种假设是更为合理的。这是通过计算不同假定下的可能性比率进行比较。这一可能性比率是 F 检验值。多因素分布假设下的 F 值会比较大。这里，$F(2, 32) = 4.457$，比 1 大很多倍（1 是标准比率）。2 和 32 代表统计检验中样本的个数，P 值表示这些数据服从单正态分布的可能性很小。

为了更多地了解不同情形对实验结果的影响，我的助研做了一个用虚拟变量代表三个不同情形的分配额的衰退式模型。以第二种情形下的分配额为基准。表 10 – 4 显示了这一收敛模型的模型参数（标准误差、标准值、显著性）。

表 10－4　　第二个实验中不同情况下的分配额

	测量值	标准误差	标准值	显著性	
C0	21.4706	1.3942	15.3995	0.000	* * *
C1	－1.7059	1.9718	－0.8652	0.1956	
C3	－4.5294	1.9718	－2.2971	0.0130	*

C0 的数值表示第二种情况下的平均值，即基准值。虚拟变量 C1 代表第一种情况下的第一个值，0 代表其他。虚拟变量 C2 代表第三种情况下的第一个值，0 代表其他。在这一模型中，我们将 C1 定义为第一种情形下，分配额偏离基准值上下波动，C2 定义为第三种情形下，分配额偏离基准值上下波动。正如上表所示，与知道交易对手时相比，匿名时分配额将降低 1.71。当报价方作为代理人出现在交易中，并负有使被代理人收益最大化责任时，分配额将降低 4.53（与知道交易对手是谁并代表本身利益时相比）。

关于这一模型的统计说明如下：系数 C0. 在 0.001 水平下具有显著性，此时 C1 没有显著性；C3 在 0.05 水平下具有显著性。可靠性一般由显著性水平来表示，一般来说有 <0.05（*），<0.01（* *）或 <0.001（* * *）几种情况。数越小，则系数由实验中系统因素以外的其他随机因素催生的可能性就越小。

这意味着，在统计上，我们可以确切地说，报价方分配给应价方金钱的基准值比 0 大，以及在第三种情况下，下降额也比 0 大。

从这一模型中我们得知，第三种情况的分配额较低。我们也可以说第三种情况下分配额比第二种情况下的分配额低 4.53 元（或低 9%）（4.53/50＝9%）。换言之，这一实验表明，当报价方代表第三方利益并负有使第三方利益最大化职责时，在进行分配时，他会变得更小气，应价方得到的钱会更少。

（二）不同情形对保留额的影响

我们用同样的方法来检验不同情形下应价方的保留额。不同情形下得出的结果近似（见表 10－5），不具显著性。F（2，32）＝2.111，P＝0.138。

表 10－5　　第二个实验不同情形下应价方的保留额

情形	均值	标准差	标准误差
第一轮（匿名配对）	15.8235	8.9529	2.1714
第二轮（配对/无代理）	14.5882	9.5594	2.3185
第三轮（代理/确定责任）	14.0000	8.6241	2.0917

虽然保留额呈下降趋势，但是幅度很小，统计上也没有显著性。形式上，因为差异非足够大，所以我们可以假定所有情形下的保留额是相同的。

10.5
结论与启示

10.5.1　结论

我们的研究通过“最后通牒博弈”实验这一经典的单次、非合作的“公平”博弈，探究公平准则在市场参与人行为决策中的重要性，从而为利益相关者治理理论寻求认知经济学的实证证据。实质上，实验的最重要发现是第二次实验中第三轮的结果。通过创造一个委托—代理关系，并加诸使第三方之资本收益最大化的职责，此情形类似于公司高层经理所处情景：公司高层经理有使股东收益最大化的职责。因为第三轮实验中，报价方分给应价方的钱比第一、二轮中少，所以其直接结论是：公司高管的委托—代理责任使他对非股东的公司利益相关者如员工变得更苛刻。从而，这一结论也反证了“利益相关者法则”，利益相关人法则旨在使公司高管在进行相关公司决策时应以公平准则为基础。

与第二次实验的第三轮的显著效果相比，第一次实验的不具显著效果也值得关注。在第一次实验中，在创造代理关系的同时并没有加诸使委托人资本收益最大化这一准则，此时，有无代理关系存在对实验结果是没有显著影响的。如果这一结果是真实的，那么可以说法律条例对公正、公平及建诸其上的利益相关者治理的影响甚于代理关系。我们的研究结果是戏剧性的。我们的研究发现，当市场参与人以代理人身份出现，并以资本薪酬最大化为目标时，他对公平的关注急剧下降；当他不以资本薪酬最大化为唯一目标时，则不然。我们认为这一研究结果表明西方大部分现有公司法可能促使代理人或公司高管在追求股东利润最大化的同时，有可能损害第三方的利益。这一分析可能在以下方面给于我们启示。

个体以个人效用最大化为目的进行理性选择。这是大部分经济理论的理论基础。虽然古典经济学对于“自利”未做精确定义，也未考虑相关参数。不过，大多数古典经济学理论对理性选择持上述观点。这一理性自利的观点在许多经济学甚至法律理论中有广泛的应用。

大多数经济和法学理论学者已经意识到传统的法律和经济学的局限性。传统经济学没能认识到人除了自利还有其他方面的行为特征。越来越多的理论学者用行为心理学来研究人的经济和法律行为，从而对个体行为有更为深入和全面的理解。实验与行为经济学研究者将个体的行为和决策受多方面因素的影响这一常识提升到理论高度。在多种因素中，仅有一部分可称之为自利，对行为选择影响度更深的是其他相关因素（other regarding）。这些因素包括兴趣、需求、偏好、对他人的需要等，而效用最大化只是行为选择遵循原则之一。有些行为与效用最大化毫无关系，但却很容易用社会心理和行为现象解释。

10.5.2　启示

公司法研究是传统法律和经济学的最后堡垒之一。在公司法研究中，公司被视为理性和效用最大化的经济人之间的内在联系和无形契约。虽然这一模型在国外的公司法教育和研究界占据主导地位，但它忽略了公司中个体的行为受其他因素影响的可能性，即忽略了非效用最大化的趋动因素。这在公司立法中直接体现为：虽然美国诸州的公司法中有许多保护和增进公司股东之外其他利害关系人利益的条款，但大多限于在公司董事会面临敌意收购的威胁时，授权或者要求董事会为了非股东利益相关者的利益而采取必要的防御措施。虽然德国的《共同决定法》等相关法律中设有职工监事制度，但在其《股份法》和《有限责任公司法》的总则中缺乏强调公司社会责任的一般条款。

我们说，公司既具有营利性，也具有社会性。既然公司具有社会性，就不能将公司利益仅仅还原为股东利益。公司理应对其劳动者、债权人、供应商、消费者、公司所在地的居民、自然环境和资源、国家安全和社会的全面发展承担一定责任。股东与其他利益相关人的利益既相互对立，又辩证统一于公司利益基础之上。公司的社会责任既包括商法上的社会责任。为体现以人为本的科学发展观，我国新《公司法》在追求股东价值最大化的同时，强化了公司的社会责任。新《公司法》第 5 条明确要求公司从事经营活动，必须“承担社会责任”。这是我国社会主义公司法的一大特色，也是我国立法者对世界公司法的一大贡献。

新《公司法》不仅将强化公司社会责任理念列入总则条款，而且在分则中设计了一套充分强化公司社会责任的具体制度。例如，新《公司法》进一步完善了职工董事制度与职工监事制度。就职工监事制度而言，新《公司法》第 52 条第 2 款、第 71 条和第 118 条要求监事会应当包括股东代表和适当比例的公司职工代表，其中职工代表的比例不得低于三分之一，从而有助于扭转一些公司中职工监事比例过低的现象。就职工董事制度而言，新《公司法》第 45 条第 2 款和第 68 条要求两个以上的国有企业或者两个以上的其他国有投资主体投资设立的有限责任公司以及国有独资公司的董事会成员中有公司职工代表；第 45 条第 2 款和第 109 条第 2 款允许其他有限责任公司和股份有限公司设立职工代表董事制度。因此，新《公司法》在公司设立、治理、运营、重组等各个环节的适用与解释应当始终弘扬公司社会责任的精神。例如，应当授权董事会决策（包括制定反收购措施）时考虑并增进职工、消费者等利益相关者利益。又如，根据公司社会责任的立法理念，公司维持原则应当得到充分尊重。法院在公司解散诉讼、公司破产诉讼、公司设立无效诉讼中要尽量维持公司的生命力。法官在行使自由裁量权的时候，对于可解散、也可不解散的公司，坚决不予解散；对于可破产清算、也可实行破产重整的公司，坚决予以破产重组；对于可确认无效、也可采取瑕疵补救措施确认公司有效的公司，坚决采取瑕疵补救措施。实验经济学对公司法及其研究有重要的潜在意义。也许实验经济学不仅对现行公司法中存在的经济理性假设前提提出了质疑，而且为未来公司治理模式的发展方向奠定了实证上的依据。基于此，我们认为公司治理模式的未来发展路径为：

（一）构建新型的包括企业全部生产要素所有者在内的共同治理模式

公司治理实质上是关于企业所有权安排的契约关系。按照契约平等、自由、所有权与功利原则，企业所有权应由各种生产要素所有者共同分享，每种生产要素都有对企业所有权的要求权。企业所有权在要素所有者之间的分配，其份额应该与生产要素的贡献率相对应，进行分散对称性安排，这是按生产要素分配原则的扩展。当然，企业所有权的现实配置还取决于要素所有者拥有的谈判力强弱。

（二）保护生产要素所有者的权益

由全体生产要素所有者组成要素所有者团体，选举产生企业的董事会与监事会，再由董事会选聘经理人员负责日常的经营管理工作。构建以股东、经营者、职工、债权人、供应商等生产要素所有者为主体的共同治理结构，按照要素的性质和数额实行平等待遇。企业任何要素所有者在实现自身的利益时不得损害其他要素所有者的利益，要建立健全相关制度保护生产要素所有者的权益。例如，为了保护小股东利益，可以建立社会公众股股东表决制度，规定上市公司再融资等重大事项须经参加表决的社会公众股股东所持表决权的半数以上通过，并应披露参加表决的前十大社会公众股股东的持股和表决情况。为了保护债权人、职工和其他要素所有者的利益，应在法律上明确这些要素所有者代表的董事地位。增强董事会的独立性，赋予独立董事在关联交易、聘用和解聘会计师事务所、独立聘请审计机构和咨询机构方面的特别职权。引入外部董事，建立独立审计制度。监事会成员应当具备形式和实质上的独立性，由要素所有者团体选举产生的职工代表的监事和股东代表的监事在数量上应该基本相等，且应该有一定比例的其他生产要素所有者代表。

（三）强化债权人治理功能，健全经理人才市场

发挥银行的监督作用，硬化债务约束，赋予债权人在公司治理中的直接参与权，建立完善的偿债保障机制和债权人法律救济机制，强化公司管理层和控股股东的偿债责任。健全经理人才市场，可以把来自控股大股东提名的管理层候选人作为关联事项，由社会公众股股东表决决定，从而在一定程度上削弱控股大股东对经理人任命的控制权。建立动态化、长期化的激励机制，采取股权激励等方式使管理层自身利益与公司利益紧密联系起来。

（四）培育规范、有序、有利的市场环境

建立规范化的中介机构和自律组织，制定严格和可行的职业（行业）标准，依据国际会计准则等高质量会计标准、审计标准和其他相关标准生成、审计、披露信息，进一步提高信息披露制度的执行效率。保证公平、真实、准确、完整、及时地披露与公司有关的全部重大问题，包括公司治理结构状况、经营状况、所有权状况、财务会计状况等信息。

参考文献

CANKAOWENXIAN

[1] Abdolkarim Sadrieh. The Alternating Double Auction Market: A Game Theoretic and Experimental Investigation, Springer - Verlag Berlin Heidelberg, Germany, 1998.

[2] Avery C. and P. Zernsky. Multidimensional uncertainty and herd behavior in financial markets, American Economic Review 1998 (88), 724 ~ 748.

[3] Ball、Sheryl B. and Charles A. Holt. "Classroom Games: Bubbles in an Asset Market," Journal of Economic Perspectives, 12: 1 (Winter), 1998 , 207 ~ 218.

[4] Chang Cheng JW, Khorana A. an Examination of herd Behavior in Equity Markets: and International Perspective [J]. Journal of Banking & Finance 2000, 24: 1651 ~ 1679.

[5] Charles R. Plott. Externalities and Corrective Policies in Experimental Markets. The Economic Journal, Vol. 93, No. 369 (Mar. , 1983): 106 ~ 127.

[6] Chen X. P. and Komorita S. S. The effects of communication and commitment in a public goods social dilemma. Organizational Behavior and Human Decision Processes, 1994, 60 (3): 367 ~ 386.

[7] Coase R. H. The Problem of Social Cost. Journal of Law and Economics, 1960, 3 (1): 1 ~ 44.

[8] Cutler D. , J. Poterba and L. Summers (1989). "Speculative Dynamics and the Role of Feedback Traders", American Economic Review, 80: 63 ~ 68.

[9] Cutler, D. , J. Poterba and L. Summers (1991). "Speculative Dynamics", Review of Economic Studies, 58: 529 ~ 546.

[10] Davis, Douglas D. and Charles A. Holt, 1993. Experimental Economics, Princeton: N. J . : Princeton University Press. 98 ~ 111.

[11] De Bondt, R. H. Thaler. Further Evidence on Investor Overreaction and Stock Market Seasonality. Journal of Finance, 1987, 42 (3): 557 ~ 581.

[12] De Bondt、Werner F M、Richard Thaler. Does the Stock Market Overreact? Journal of Finance 1985, 186 (40): 793 ~ 805.

[13] DE Long、Addaier Shleifer、Lawrence Sunnenk et al. Noise Trader Risk in Financinl Markets. Jomnal of political Economy, 1990, 115 (14): 703 ~ 738.

[14] DeLong, J. B.、A. Shleifer、L. Summers and R. Waldmann. Positive feedback investment strategies and destabilizing rational speculation. Journal of Finance 1990 (45): 379 ~ 395.

[15] Dewatripont M. and J. Tirole (1994). "A Theory of Debt and Equity: Diversity of Securites and Manager – Shareholder Congruence", Quarterly Journal of Economics, CIX: 1027 ~ 1054.

[16] Dougherty. Public goods theory from eighteenth century political philosophy to twentieth century economics. Public Choice, 2003, 117 (3 ~ 4): 239 ~ 253.

[17] Douglas Dyer、John H. Kagel and Dan Levin. A Comparison of Naive and Experienced Bidders in Common Value Offer Auctions: A Laboratory Analysis. The Economic Journal, 1989, 99 (394): 108 ~ 115.

[18] Fama E., (1970). "Efficient Capital Markets: A Review of Theory and Empirical Work", Journal of Finance 25: 383 ~ 417.

[19] Fischbacher U. Zurich toolbox for readymade economic experiments. Working Paper No. 21, University of Zurich, 1999.

[20] Forsythe R、Palfrey T and Plott Charles R., 1982. "Asset valuations in an experimental market", Econometrica, 50, 537 ~ 568.

[21] Foss N. J. Leadership, beliefs and coordination. An explorative discussion. Industrial and Corporate Change, 2001, 10 (2): 357 ~ 388.

[22] Friedman、Daniel and Shyam Sunder, 1994. *Experimental Methods: A Primer for Economists*, Cambridge, UK., and New York: Cambridge Universtiy Press 122 ~ 128.

[23] Gibbons Michael、Patrick Hess. Day of the Week Effects and Asset Returns. Journal of Business, 1981, 112 (54): 88 ~ 102.

[24] Harrison Hong and Jeremy C. Stein. A Unified Theory of Underreaction, Momertum Trading, and Overreaction in Asset Markets. Journal of Finance, 1999, 115 (6): 2143 ~ 2184.

[25] Hermalin B. E. Toward an economic theory of leadership: Leading by example. American Economic Review, 1998, 88 (5): 1188 ~ 1206.

[26] Isaac and Walker. Communication and free – riding behavior: the voluntary contributions mechanism. Economic Inquiry, 1988, 26 (4): 585 ~ 608.

[27] James M. Buchanan. An Economic Theory of Clubs. Economica. New Series, 1965, 32 (125): 1 ~ 14.

[28] Kahneman D. and A. Tversky. Prospect Theory: An analysis of decision under risk, Econometrica, 47 (2), 1979.

[29] King Ronald R.、Smith VernonL.、Williams Arlington W. and VanBoening Mark, 1993. "The Robustness of Bubbles and Crashes in Experimental Stock Markets", in R. H. Day and P. Chen, eds., Nonlinear Dynamics and Evolutionary Economics, New York: Oxford University Press, 183 ~ 200.

[30] Lakonishok、Josef and Edwin Maberly. The weekend effect: lrading patterns of individual and institutional investors, Journal of Finance 1990 (45): 231 ~ 243.

[31] Ledyard J. Public goods: a survey of experimental research. The Handbook of Experimental Economics. Princeton Univ. Press, Princeton, 1995.

[32] Lei、Vivian、Charles Noussair and Charles Plott, 2002. "Asset Bubbles and Rationality: Additional Evidence From Capital Gains Tax Experiments", California Institute of Technology, Social Science working paper 1137.

[33] Montgomery D. W. Markets in Licenses and Efficient Pollution Rights. Journal of Environmental Economics and Management, 1972, 16: 156 ~ 166.

[34] Morris S., 1996. Speculative Investor Behavior and Learning, Quarterly Journal of Economics, 111, 1111 ~ 1134.

[35] Muth, John F., 1961. "Rational Expectations and the Theory of Price Movements", Econometrica, 29, 315 ~ 355.

[36] Plott、Charles R.、Shyam Sunder. Efficiency of Experimental Security Markets with Insider Information: An Application of Rational Expectations Models, J. Journal of Political Economy, 1982, 90 August: 663 ~ 698.

[37] Plott、Charles R. and Shyam Sunder, 1982. "Efficiency of Experimental Security Markets with Insider Information: An Application of Rational – Expectations Models", Journal of Political Economy, 90: 4 (August), 663 ~ 698.

[38] Plott、Charles R and Porter. Industrial Organization Theory and Experimental Economics. Journal of Economic Literature, 1982, 20 (4): 1485 ~ 1527.

[39] Plott、Charles R. and Vernon L, Smith. An Experimental Examination of Two Exchange Institutions. Review of Economic Studies, 1978, 45 (2): 133 ~ 153.

[40] R. Andrew Muller, Stuart Mestelman. "What Have We Learned from Emission Trading Experiments". Managerial and Decision Economics, Vol. 19, No. 4/5, Laboratory Methods in Economics, 1998 (7 – 8): 225 ~ 238.

[41] R. Franciosi et al. An Experimental Investigation of the Hahn – Noll Revenue Neutral Auction for Emissions Licenses. Journal of Environmental Economics and Management, 1993a (24): 1 ~ 24.

[42] Robert Godby, et al. Emissions Trading with Shares and Coupons When Control Over Discharges is Uncertain. Department of Economics Working Paper No. 95 ~ 109, McMaster University, Canada.

[43] Schwartz、Thomas and Aug, JamesS., 1989, Speculative bubbles in the asset market: An experimental study, Paper resented at the American Finance Association Meetings, Atlanta.

[44] Shefrim H, L Statman. Behavioral Capital Asset Pricing Theory. Journal of financial and Quantitative Analysis, 1994, 29 (3): 323 ~ 349.

[45] Smith, V. L. Economics in the laboratory, Journal of Economic Perspectives (winter), 1994.

[46] Smith、Vernon. L. An experimental study of competitive market behavior, Journal of Political Economy1962, 70 (3), 111 ~ 137.

[47] Smith、Vernon. L. Theory, experiments and economics, Journal of Persoectives (winter) 1989, 151 ~ 161.

[48] Smith、Vernon. L. An Empirical Study of Decentralized Institutions of Monopoly Restraint. From Essays in Contemporary Fields of Economics, edited by Horwich G. and Quirk J., Purdue University Press, 1981: 83 ~ 106.

[49] Smith、Vernon. L. The Effect of Market Organization on Competitive Equilibrium, *Quarterly Journal of Economics*, 1964, 78, 181 ~ 201.

[50] Smith、Vernon. L.、Gerry L. Suchanek and Arlington W. Williams. Bubbles, Crashes and Endogenous Expectations in Experimental Spot Asset Markets, *Econometrica*, September 1988, 56, 1119 ~ 1151.

[51] Smith、Vernon. L、GerryL. Suchanek、Arlington W. Williams, 1988. Bubbles, Crashes, and Endogenous Expectations in Experimental Spot Asset Markets, Econometrica, Vol 56, NO 5.

[52] Sunder、Shyam. Experimental Asset Markets: A Survey. In Roth, Alvin, and John Kagel, eds., *Handbook of Experimental Economics.* Princeton: Princeton University Press, 1995, 445 ~ 500.

[53] Sunder、Shyam. Experimental Asset Markets: A Survey, in A. J. H. Kagel, A. E. Roth, Eds. *The Handbook of Experimental Economics*, C. Princeton, N. J. Princeton University Press, 1995: 445 ~ 500.

[54] Theissen Erik. Market Structure, Informational Efficiency and Liquidity: An Experimental Comparison of Auction and Dealer Markets, Journal of Financial Markets, 2000, June.

[55] Tietenberg T. H. Emission Trading: an Exercise in Reforming Pollution Policy. Washington, DC: Resources for the Future, 1985.

[56] Timothy N. Cason, Lata Gangadharan, Charlotte Duke. Market Power in Tradable Emission Markets: a Laboratory Testbed for Emission Trading in Port Phillip Bay, Victoria. Ecological Economics Vol. 46, Issue 3, 2003 (10): 469 ~ 491.

[57] Timothy N. Cason, Lata Gangadharan. Transactions Costs in Tradable Permit Markets: An Experimental Study of Pollution Market Designs. Journal of Regulatory Economics, 2003: 145 ~ 165.

[58] Timothy N. Cason, Feisal U. Khan. A laboratory study of voluntary public goods provision with imperfect monitoring and communication. Journal of Development Economics, 1999, 58 (2): 533 ~ 552.

[59] Tirole, J. 1985, "Asset Bubbles and Overlapping Generations". Econometrica, 53, 1499 ~ 1528.

[60] Van De Kragt A.、Orbell J. and Dawes R. M. The minimal contributing set as a solution to public goods problems. American Political Science Review, 1983, 77 (11): 112 ~ 122.

[61] Vernon L. Smith, 1989. Theory, experiments and economic, Journal of Perspectives (winter). 151 ~ 161.

[62] Vernon L. Smith、Suchanek G and Williams A., 1988. Bubbles, crashes, and endogenous expectations in experimental spot asset markets, Econometrica, 56, 1119～1151.

[63] Vernon L. Smith. An experimental study of competitive market behavior. The Journal of Political Economy, 1962, 70 (2): 111～137.

[64] Vernon L. Smith. Experimental auction markets and the Walrasian hypothesis. The Journal of Political Economy, 1965, 73 (4): 387～393.

[65] Vernon L. Smith. The Experimental Economics: Induced Value Theory, 1967.

[66] Vernon L. Smith、GL. Schaech and AW. Williams. Bubbles, Crashes and Endogenous Expectations in Experimental Spot Asset Markets. Econometrica, 1988, 56 (5): 1119～1151.

[67] W. Ver.. Eecke. Public goods: An ideal concepts. Journal of Social Economics, 1999, 28 (2): 139～156.

[68] Xiao－Ping Chen. The Group－Based Binding Pledge as a Solution to Public Goods Problems. Organizational Behavior and Human Decision Processes, 1996, 66 (2): 192～202.

[69] Zhao W H, Dai T S. Study on the Emergence of Market Power in Emission Right Market [C]. Proceeding of 2007 International Conference on Management Science & Engineering, 2007, 9.

[70] [美] Scott J. Callan, Janet M. Thomas, 李建民、姚从容译:《环境经济学与环境管理理论、政策和应用》(第3版), 清华大学出版社2006年版。

[71] [美] 埃莉诺·奥斯特罗姆, 余逊达、陈旭东译:《公共事物的治理之道》, 上海三联书店、上海人民出版社2000年版。

[72] [美] 丹尼斯·缪勒, 王诚译:《公共选择》, 商务印书馆1992年版。

[73] [美] 弗农·史密斯:《经济学中的实验方法》,《新帕尔格雷夫经济学大辞典》, 经济科学出版社1996年版。

[74] [美] 曼瑟尔·奥尔森, 陈郁等译:《集体行动的逻辑》, 上海三联书店、上海人民出版社1995年版。

[75] [美] 乔.B. 史蒂文斯, 杨晓维等译:《集体选择经济学》, 上海三联书店、上海人民出版社2003年版。

[76] [美] 詹姆斯·布坎南, 唐寿宁译:《民主进程中的财政》, 上海三联书店、上海人民出版社1992年版。

[77] [美] 詹姆斯·布坎南:《自由、市场和国家》, 北京经济学院出版社1998年版。

[78] [英] 安东尼·B·阿特金森, [美] 约瑟夫.E. 斯蒂格利茨, 蔡江南等译:《公共经济学》, 上海三联书店1992年版。

[79] 安德瑞·史莱佛著, 赵英军译:《并非有效的市场——行为金融学导论》, 中国人民大学出版社2003年版, 第2～36页。

[80] 毕军、周国梅、张炳:"排污权有偿使用的初始分配价格研究",《环境保护》, 2007 (7A): 第51～54页。

[81] 蔡志明:"经济学中的实验方法与技术——兼论实验经济学的发展",《华东师范大学学报(哲社版)》, 1997年第9期, 第26～28页。

[82] 陈德湖、李寿德、蒋馥："排污权拍卖方式比较研究"，《上海管理科学》，2005（2）：第40～42页。

[83] 陈德湖："排污权交易理论及其研究综述"，《外国经济与管理》，Vol. 26，No. 5，2004（5）：第45～48页。

[84] 戴平生："用实验方法研究市场理论"，《统计与决策》，2003（4）：第12～13页。

[85] 戴园晨："股市泡沫生成机理以及由大辩论引发的深层思考"，《经济研究》，2001年第4期，第14～18页。

[86] 高鸿桢、林嘉永："信息不对称资本市场的实验研究"，《经济研究》，2005年第2期，第22～26页。

[87] 高鸿桢："实验经济学的理论与方法"，《厦门大学学报》，2003（1）：第5～14页。

[88] 赫什·舍夫林著，贺学会译：《超越恐惧和贪婪》，上海财经大学出版社2004年版，第2～39页。

[89] 洪进、刘仲林、汤书昆："实验经济学：跨学科研究的新典范"，《科技进步与对策》，2004（7）：第6～8页。

[90] 胡昌生：《金融异象与投资者心理》，武汉大学出版社2005年版，第15～26页。

[91] 金雪军、杨晓兰："证券交易制度实验研究及其对中国的借鉴意义"，《财经理论与实践》，2004年第11期，第31～34页。

[92] 金雪军、杨晓兰："证券市场理性预期与泡沫的试验检验"，《世界经济文汇》，2004年第6期，第22～26页。

[93] 金雪军、杨晓兰：《实验经济学》，首都经济交易大学出版社2006年版，第73～79页。

[94] 金煜、梁捷："行为的经济学实验：个人、市场和组织的观点"，《世界经济文汇》，2003年第5期，第11～16页。

[95] 李彬："实验经济学研究综述"，《经济学动态》，2002年第9期，第29～31页。

[96] 李心丹：《行为金融学——理论及中国的证据》，上海三联书店2004年版，第11～165页。

[97] 林嘉永："信息对称资本市场的实验研究"，《厦门大学学报（哲学社会科学版）》，2005年第2期，第11～16页。

[98] 罗伯特·J·希勒：《非理性繁荣》，中国人民大学出版社2001年版，第14～99页。

[99] 饶育蕾、刘达锋：《行为金融学》，上海财经大学出版社2003年版，第19～106页。

[100] 宋国君：《排污权交易》，化学工业出版社2004年版。

[101] 孙鹤、王瑞杰："实验经济学及其在中国的应用前景"，《上海经济研究》，2003（11）：第71～74页。

[102] 王军、覃俊波："实验经济学的发展与应用"，《前沿》，2003（9）：第75～95

页。

[103] 阎坤、王进杰："公共品偏好表露与税制设计研究"，《经济研究》，2000 (10)：第 61 ~ 66 页。

[104] 杨晓兰：《证券市场泡沫问题的实验经济学研究》，浙江大学出版社 2007 年版。

[105] 易阳平：《行为金融论》，上海财经大学出版社 2005 年版，第 12 ~ 56 页。

[106] 周星、林清胜："实验经济学最新发展动态述评"，《学术月刊》，2004 (8)：第 72 ~ 78 页。

[107] 朱庆：" Vernon Smith 与实验经济学"，《外国经济与管理》，2002 (11)：第 7 ~ 10 页。

[108] 朱庆："实验经济学：兴起、应用与意义"，《国际经济合作》，2002 (11)：第 62 ~ 63 页。